浙江文化名人传记精选修订丛书

原 主 编：万 斌

执行主编：卢敦基

禹贡传人

谭其骧传

葛剑雄 著

浙江人民出版社

图书在版编目（CIP）数据

禹贡传人 ：谭其骧传 / 葛剑雄著. -- 杭州 ：浙江人民出版社，2024. 12. -- ISBN 978-7-213-11710-7

Ⅰ. K825. 8

中国国家版本馆CIP数据核字第2024MZ1501号

禹贡传人：谭其骧传

YUGONG CHUANREN TAN QIXIANG ZHUAN

葛剑雄 著

出版发行	浙江人民出版社（杭州市环城北路177号 邮编 310006） 市场部电话:(0571)85061682 85176516
责任编辑	汪 芳
责任校对	何培玉
责任印务	程 琳
封面设计	王 芸
电脑制版	杭州天一图文制作有限公司
印 刷	浙江新华数码印务有限公司
开 本	710毫米×1000毫米 1/16
印 张	25.25
字 数	381千字
插 页	6
版 次	2024年12月第1版
印 次	2024年12月第1次印刷
书 号	ISBN 978-7-213-11710-7
定 价	98.00元

“浙江文化研究工程成果文库”总序

有人将文化比作一条来自老祖宗而又流向未来的河，这是说文化的传统，通过纵向传承和横向传递，生生不息地影响和引领着人们的生存与发展；有人说文化是人类的思想、智慧、信仰、情感和生活的载体、方式和方法，这是将文化作为人们代代相传的生活方式的整体。我们说，文化为群体生活提供规范、方式与环境，文化通过传承为社会进步发挥基础作用，文化会促进或制约经济乃至整个社会的发展。文化的力量，已经深深熔铸在民族的生命力、创造力和凝聚力之中。

在人类文化演化的进程中，各种文化都在其内部生成众多的元素、层次与类型，由此决定了文化的多样性与复杂性。

中国文化的博大精深，来源于其内部生成的多姿多彩；中国文化的历久弥新，取决于其变迁过程中各种元素、层次、类型在内容和结构上通过碰撞、解构、融合而产生的革故鼎新的强大动力。

中国土地广袤、疆域辽阔，不同区域间因自然环境、经济环境、社会环境等诸多方面的差异，建构了不同的区域文化。区域文化如同百川归海，共同汇聚成中国文化的大传统，这种大传统如同春风化雨，渗透于各种区域文化之中。在这个过程中，区域文化如同清溪山泉潺潺不息，在中国文化的共同价值取向下，以自己的独特个性支撑着、引领着本地经济社会的发展。

从区域文化入手，对一地文化的历史与现状展开全面、系统、扎实、有序的研究，一方面可以借此梳理和弘扬当地的历史传统和文化资源，繁荣和丰富当代的先进文化建设活动，规划和指导未来的文化发展蓝图，增强文化软实力，为全面建设小康社会、加快推进社会主义现代化提供思想保证、精神动力、智力支持和舆论力量；另一方面，这也是深入了解中国文化、研究中国文化、发展中国文化、创新中国文化的重要途径之一。如今，区域文化研究日益受到各地重视，成为我国文化研究走向深入的一个重要标志。我们今天实施浙江文化研究工程，其目的和意义也在于此。

千百年来，浙江人民积淀和传承了一个底蕴深厚的文化传统。这种文化传统的独特性，正在于它令人惊叹的富于创造力的智慧和力量。

浙江文化中富于创造力的基因，早早地出现在其历史的源头。在浙江新石器时代最为著名的跨湖桥、河姆渡、马家浜和良渚的考古文化中，浙江先民们都以不同凡响的作为，在中华民族的文明之源留下了创造和进步的印记。

浙江人民在与时俱进的历史轨迹上一路走来，秉承富于创造力的文化传统，这深深地融汇在一代代浙江人民的血液中，体现在浙江人民的行为上，也在浙江历史上众多杰出人物身上得到充分展示。从大禹的因势利导、敬业治水，到勾践的卧薪尝胆、励精图治；从钱氏的保境安民、纳土归宋，到胡则的为官一任、造福一方；从岳飞、于谦的精忠报国、清白一生，到方孝孺、张苍水的刚正不阿、以身殉国；从沈括的博学多识、精研深究，到竺可桢的科学救国、求是一生；无论是陈亮、叶适的经世致用，还是黄宗羲的工商皆本；无论是王充、王阳明的批判、自觉，还是龚自珍、蔡元培的开明、开放，等等，都展示了浙江深厚的文化底蕴，凝聚了浙江人民求真务实的创造精神。

代代相传的文化创造的作为和精神，从观念、态度、行为方式和价值取向上，孕育、形成和发展了渊源有自的浙江地域文化传统和与时俱进的浙江文化精神，她滋育着浙江的生命力、催生着浙江的凝聚力、激发着浙江的创造力、培植着浙江的竞争力，激励着浙江人民永不自满、永不停息，在各个不同的历史时期不断地超越自我、创业奋进。

悠久深厚、意韵丰富的浙江文化传统，是历史赐予我们的宝贵财富，也是我们开拓未来的丰富资源和不竭动力。党的十六大以来推进浙江新发展的实践，使我们越来越深刻地认识到，与国家实施改革开放大政方针相伴随的浙江经济社会持续快速健康发展的深层原因，就在于浙江深厚的文化底蕴和文化传统与当今时代精神的有机结合，就在于发展先进生产力与发展先进文化的有机结合。今后一个时期浙江能否在全面建设小康社会、加快社会主义现代化建设进程中继续走在前列，很大程度上取决于我们对文化力量的深刻认识、对发展先进文化的高度自觉和对加快建设文化大省的工作力度。我们应该看到，文化的力量最终可以转化为物质的力量，文化的软实力最终可以转化为经济的硬实力。文化要素是综合竞争力的核心要素，文化资源是经济社会发展的重要资源，文化素质是领导者和劳动者的首要素质。因此，研究浙江文化的历史与现状，增强文化软实力，为浙江的现代化建设服务，是浙江人民的共同事业，也是浙江各级党委、政府的重要使命和责任。

2005年7月召开的中共浙江省委十一届八次全会，作出《关于加快建设文化大省的决定》，提出要从增强先进文化凝聚力、解放和发展生产力、增强社会公共服务能力入手，大力实施文明素质工程、文化精品工程、文化研究工程、文化保护工程、文化产业促进工程、文化阵地工程、文化传播工程、文化人才工程等“八项工程”，实施科教兴国和人才强国战略，加快建设教育、科技、卫生、体育等“四个强省”。作为文化建设“八项工程”之一的文化研究工程，其任务就是系统研究浙江文化的历史成就和当代发展，深入挖掘浙江文化底蕴、研究浙江现象、总结浙江经验、指导浙江未来的发展。

浙江文化研究工程将重点研究“今、古、人、文”四个方面，即围绕浙江当代发展问题研究、浙江历史文化专题研究、浙江名人研究、浙江历史文献整理四大板块，开展系统研究，出版系列丛书。在研究内容上，深入挖掘浙江文化底蕴，系统梳理和分析浙江历史文化的内部结构、变化规律和地域特色，坚持和发展浙江精神；研究浙江文化与其他地域文化的异同，厘清浙江文化在中国文化中的地位和相互影响的关系；围绕浙江生动的当代实践，深入解读浙江现象，总结浙江经验，指导浙江发展。在研究力量上，通过课题组织、出版资助、重点研究基地建设、加强省内外大院名校合作、整合各地各部门力量等途径，形成上下联动、学界互动的整体合力。在成果运用上，注重研究成果的学术价值和应用价值，充分发挥其认识世界、传承文明、创新理论、咨政育人、服务社会的重要作用。

我们希望通过实施浙江文化研究工程，努力用浙江历史教育浙江人民、用浙江文化熏陶浙江人民、用浙江精神鼓舞浙江人民、用浙江经验引领浙江人民，进一步激发浙江人民的无穷智慧和伟大创造能力，推动浙江实现又快又好发展。

今天，我们踏着来自历史的河流，受着一方百姓的期许，理应负起使命，至诚奉献，让我们的文化绵延不绝，让我们的创造生生不息。

2006年5月30日于杭州

目录

第一章　家世和童年

谭氏出于春秋时的谭国（在今山东济南市章丘区）。据谭氏族谱记载：嘉兴谭氏的先人是明初从湖南迁至浙江山阴县（今浙江绍兴）的，大约在明弘治（1488—1505）、正德（1506—1521）年间，谭仲斌迁至嘉兴，成为嘉兴谭氏的始迁祖。但谭其骧在1987年5月18日所写谭氏世系称："山阴谭氏于南宋初迁自河南西平，传七世有讳定者，避兵役移居嘉兴，是为嘉兴谭氏之始迁祖。西平以前无考。"看来，谭氏自山阴迁至嘉兴，时间在明中叶是没有问题的。

嘉兴谭氏的第六代是可贤、可教兄弟俩。可贤一支到万历年间出了一位进士谭昌言（八世），官至常熟知县、山东莱登道副使。其子贞默（九世）于崇祯年间中进士。十世有谭吉璁，官至山东登州府知府，康熙年间举博学鸿词。这是谭氏最辉煌的几代，使谭氏成为嘉兴的望族。谭昌言时还确定了此后子孙按"贞吉有孚，君子之光，日新其德，衍泽维长"16字排行（《谭氏家谱》所载16字的前8字为"文章华国，诗礼传家"，但从实际名字看，显然没有采用此8字）。但从此以后，谭氏长期衰败，"百年之中几无一个青其衿者"，连秀才、举人都没有再出现。经济上的拮据更使族人外出谋生者增加，往往就此失去联系，在族谱上只能注上"失考"。还有好几支"不娶无嗣"，看来主要也是因贫困所致。到太平天国时期，可贤一支在嘉兴的族人只剩下30多人。

盛极而衰的家庭

可教一支则一直默默无闻。在谭昌言中进士时，这一支的八世祖谭正言却已弃学从商，只是因经营不善，屡屡亏本，以致家业凋零。其子贞谅在商场上一度得手，但由此招致族人疏远和反对，最终仍归失败。以后屡世务农，生活贫穷，直到第十四世谭子铨又“弃儒服贾”。谭子铨的经营本小利微，临终时仅给年少的之松兄弟三人留下一家京货铺，家产总共才值600串钱。清道光八年（1828），谭之松（声扬）将京货铺交给弟弟，自己创办成衣铺，但第二年嘉兴大灾，粮食歉收，市面萧条，成衣生意清淡。谭之松死后，20岁的长子光熙率兄弟四人全力经营，经过20年努力，终于事业有成，不仅在嘉兴站稳脚跟，还将业务扩展到苏州一带。咸丰十年（1860），太平军逼近嘉兴，正在苏州经商的谭光熙星夜赶回嘉兴，集合族人，外出避难。谭氏家族先后避居桐乡晏城、平湖新仓，最后到达上海。当时上海已聚集大批江浙富室巨商，谭光熙感到发展余地有限，当他得知汉口局势已趋稳定，与战地的物价有很大差额时，当机立断，包租一艘外国轮船，兄弟五人迁往汉口。他们到汉口后就开设了估衣铺，买卖旧衣物。由于在战乱中富户抛弃变卖和军队盗匪劫掠到的衣物饰品极多，无不急于脱手。他们低价收进，高价售出，或者在汉口购进，运往上海出卖，获利丰厚，数年间资产猛增。同治三年（1864）战争结束，谭光熙兄弟衣锦还乡，举家东归。谭氏兄弟分别在嘉兴、上海、松江设店，合力经营，成为嘉兴首屈一指的富商。光绪五年（1879），谭氏兄弟以15800两白银的巨资建成谭氏祠堂和慎远义庄，是当时嘉兴城内最大的建筑。他们又在平湖县购置义田1020亩，用以维持祠堂和义庄的日常开支，如祭祀祖宗、祭扫祖坟、修造家谱、赡养贫困族人、资助子弟教育等。兄弟五人又在杭州灵隐寺后购置坟地，死后合葬于此。谭氏家业鼎盛，社会地位也显著提高，如谭光熙的侄儿日休（光勋之子）娶大臣许景澄之五妹为妻。

潘光旦先生著《明清嘉兴的望族》一书，将谭氏也列为其中之一，谭其骧却不以为然。他生前曾对笔者说：“潘先生写此书时，我曾送他《谭氏家谱》一套，这或许是他将谭氏列为望族的原因，其实我们谭家是算不上的，与嘉兴的其他大族不能比。”他认为谭氏这两支，一支自康熙以后就没有出过什么人物，另一支只是在同治间暴发，但很快衰落，所以并不是真正的望族。

据说谭氏兄弟当初选定灵隐寺后这块“吉地”时，风水先生看后连连说好，但又说万一今后灵隐寺的屋脊超过了坟地的高度就会败了谭家的势头。为了此事，谭家专门请人到灵隐寺大殿内观察，见屋柱所用木料已经十分高大，大家认为即使今后再造大殿也找不到更高的木料，屋脊无论如何不会超过坟地。岂料后来灵隐寺大殿因失火重建时，竟从美国进口了高大的洋松，重建成的大殿屋脊居然超过了坟地。巧的是，此后不久谭家便中落了。到了“文化大革命”时期，这块谭家坟地被夷为平地，荡然无存了。1983年5月27日，谭其骧在主持杭州大学地理系研究生答辩后游灵隐寺，顺便寻访曾祖父的墓地，见坟地上已建为自动化研究所。询问故老，则仍称此处为“五坟台”，尽管他们已不知道墓主是谁了。

其实，使谭家的产业受到最沉重打击的是火灾，汉口和上海的估衣铺都曾被大火烧得一干二净，嘉兴的店铺也曾遭受火灾。而使谭其骧家这一支败落的祸首却是他祖父谭日森。

光字辈五兄弟共育有十子，即日字辈十房。长房、三房定居上海，二房曾居上海，但不久就迁回嘉兴，其余各房大多在嘉兴。

谭日森是日字辈第八房，字蔼如，号爰萱，生于清同治元年（1862）八月，光绪二十年（1894）中了举人，成为谭家弃商入学的成功者。清朝驻欧洲各国公使、总理各国事务衙门大臣许景澄曾请谭日森担任他的私人秘书，代拟书翰，但时间不长。谭日森娶比他年长7个月的平湖朱氏，生有一子二女。光绪二十六年闰八月朱氏卒后，谭日森又娶继室钟氏，钟氏生于同治六年，生一女。后又娶侧室汪氏。谭日森讲究排场，又好赌。父辈创下的一份产业，在谭日森手中已挥霍殆尽。当时嘉兴城内的几位举人都是有名的赌客，所以城里人称举人为“赌鬼”（嘉兴方言“鬼”读如“举”）。

谭日森的独子新润生于光绪七年（1881），字公泽，号步声，又名蒲生、蒲僧，别署谭天、天风。谭新润于光绪二十五年娶王文毓为妻，次年二月生下长子其玉。王文毓是江苏吴江县平望镇人，她的大姐嫁给盛泽郑家（世泽堂），生下郑之藩（桐荪）和郑之瑛（佩宜），郑桐荪是著名数学家陈省身的岳父，而郑佩宜是柳亚子的夫人。与上一辈一样，王文毓也长谭新润一岁。就在谭新润考取秀才不久，清朝宣布废除科举，一时间浙江士人纷纷东渡寻找出路，谭日森和谭新润父子都加入了留学日本的行列。谭日森不愿意学日语，好在日本为吸引中国留学生，设有不需要讲日语的学校，谭日森选择了这类学校学习警察事务，不久就返国。他回国后并没有当警察，却凭着举人和留学生的双重身份当了嘉兴府学堂监督。后退休在家，1918年病故。光绪三十四年，谭日森曾担任嘉兴习艺所的董事，这个习艺所是经嘉兴府批准，以禁烟经费的余款开办的，因经费不足，当年十月还经知府杨士燮批准，借用塘工款1200元。[①]谭新润入东亚铁道学校攻读铁道管理，毕业回国后应聘任京奉铁路皇姑屯车站站长。

谭日森的三个女儿，长女家璜和次女家骥都是朱氏所出，家璜适海盐大族兼富商三乐堂冯氏季侯，家骥嫁嘉善监生孙家。三女为钟氏所出（一说系领养），名不详，字馥芝，适本地世代业医的金诵盘。金诵盘先在嘉兴开诊所，后到上海行医，与戴季陶私交甚深，经戴的介绍而为蒋介石治病，而后在南京国民政府军医署任职。金诵盘的儿子就是20世纪八九十年代因被蒋纬国称为结拜兄弟而名噪一时的金定国，但谭其骧第一次在《团结报》上见到这条消息时，着实吃了一惊，因为他以往只知道这位姑父为蒋介石治病，却从未听说过他与孙中山有如此深的关系[②]，更不是什么“四大干部”之一。谭其骧生前多次告诉笔者，关于他这位表弟的“回忆”和由此产生的大量报道只能当小说看待。

皇姑屯车站本来只是奉天（今辽宁沈阳）城郊一个普通小站，后因张作霖在此被日本特务炸死而成为中国近代史上的重要地点，宣统三年正月二十六日（1911年2月25日）谭其骧就出生在皇姑屯车站站长宿舍。当时，谭新润已有三子二女，谭其骧在儿子中排行第四，按家族大排行取名其骧，以“虎步龙骧”

---

① 见孔夫子旧书网拍卖《照会》。

② 孙中山先生曾给蒋介石、戴季陶、金诵盘三人的四个孩子取名字，取“经天纬地，安邦定国”之意，按照年龄顺序分别定名为：蒋经国、蒋纬国、戴安国、金定国，四兄弟随即举行了结拜仪式，从此，“经、纬、安、定”四兄弟起名的事，就成为黄埔同仁中的一段佳话。

之义，字季龙。因生在奉天，号奉甫。但第二年谭新润因突发脑血栓而无法工作，只能辞职携眷南归，所以奉天和皇姑屯车站没有给谭其骧留下任何印象。直到1983年9月出席东北民族源流与分布学术讨论会时，谭其骧才第二次来到沈阳，但当年的皇姑屯车站早已成为历史陈迹，车站一带也已融入沈阳市区。当他在沈阳农学院任教授的弟弟谭其猛与他见面时，二人不胜感慨，谭其猛说："你是生于斯，我是死于斯。"谭其猛是1952年院系调整时由复旦大学农学系北调沈阳的，30年后已不作南归的打算，此话自然是实情。但兄弟俩都没有料到，这次见面竟是永诀，一年多后，谭其猛就病逝于沈阳。

谭新润回嘉兴后，在家养病多年才逐渐恢复，但已落下了半身不遂的残疾。他在嘉兴县公署当了几年科员，又担任了一年多由嘉兴商界主办的《嘉兴日报》的主笔，1924年江浙齐卢战事起，报纸停办，他就一直赋闲在家。谭家住在嘉兴城内芝桥街24号，是谭日森置下的一幢二层楼房，有二三百平方米的面积，加上谭家人口多，给外界的印象依然是世家大族。当年在谭家后门外住着一位青年"郎中"（中医），他就是后来著名的古文字学家、考古学家唐兰。唐兰对这家高邻就有这样的印象，所以新中国成立后谈及谭其骧家时还说："我怎么能与他家比呀！他家摆出来的马桶都有一长排。"实际上由于谭新润长期患病，又没有固定收入，坐吃山空，谭家已只剩下这座房子的外壳了。谭其骧幼时听到父母发生争吵时，父亲常说的一句话是："一家人家已经败完了，还吵点啥？"

谭新润善诗词，曾参加南社，《南社丛刊》载有其作品。自定有诗文集《弯弧庐集》（因中风后言语不清，家人以嘉兴方言戏称之为"弯葫芦"，遂以其谐音为室名），姨甥婿柳亚子为之作序，但未刊印，在抗日战争中散佚。

谭新润学贯新旧，兼通文理，谭其骧自幼耳濡目染，获益不小。例如他们兄弟之间，常以全国地名互相考问，某地应在某省，某县周围是哪几个县，然后以地图或书籍核对，确定胜负，这自然与当过火车站站长的父亲有关，但无形中增加了谭其骧对地理的兴趣。由于谭新润当过报纸主笔，他家成了嘉兴第一批电话用户，给少年的谭其骧打开了一扇通往现代文明的窗户。

发蒙海盐　求学秀州

谭其骧5岁时，家里已有兄弟姐妹8个：大哥其玉（麟伯，号迦甫，生于1900年）、大姐其端（淑庄，生于1901年）、二姐其昙（优华，生于1903年）、二哥其来（斌甫，生于1905年）、三哥其翔（勉之，号勉甫，生于1908年）、大弟其猛（啸甫，生于1914年）、二弟其飞（忌飞，盛甫，生于1916年）和他本人，母亲难以照料。根据谭其骧的自传体小说《给我的小弟弟》，他本来还有一位出生于1921年的弟弟，于1926年夭折。海盐的姑母只有一个女儿，遂将他接至海盐冯家寄养，第二年随表姐入家馆识字。冯家为海盐巨室，又是开酱园的富商，所居绮园，俗称冯家花园，擅名浙中。谭其骧在冯家住了3年，姑母因自己无子，想立他为嗣，姑父也赞成，但遭到族人反对，只得作罢。60多年后的1985年10月，谭其骧应邀参加学术会议，其间曾重游绮园，题词勒石园中，记下了他这段经历和感想：

> 海盐城中旧有朱氏、徐氏、冯氏三巨室，宅后皆附有园林，池沼亭榭，各有佳致，而冯氏园尤以巨石乔木见胜。自抗日战争以来，迭经世变，朱徐二园已归夷灭，独冯氏园幸免于难，解放后遂辟为公园，以绮园之名驰誉江南。余幼年曾寄养于适冯氏姑母家中，自一九一五年春至一九一八年春凡历三载。六十余年来，园中景物，时萦梦怀。今蒙海盐县政协、文化局、博物馆之邀，得重游旧地。睹兹胜迹依然，既不胜怀旧之感，又见于旧构破损处多所增饰，对当地领导维护文物之功①，尤深钦佩。

姑父母虽未能立他为嗣，但对谭家的资助一直没有减少，特别是在谭其骧上大学期间。另一方面，谭新润对冯家立嗣一事仍未绝望。1933年7月，姑父冯季侯突然病故，生前所留遗嘱没有提及立嗣，谭家的一线希望才最后破灭。

① 2001年，绮园被列为全国重点文物保护单位。

谭其骧回嘉兴后，即进谭氏义庄所设私立慎远小学，仍从一年级读起。在读完三年级时，谭新润嫌他上学太迟，让他跳班进入嘉兴县立第一高等小学。1923年秋，谭其骧高小毕业，考入基督教会所办的秀州中学。当时嘉兴城内只有两所中学：一所是省立第二中学，离谭家相当远；另一所就是秀州中学，就在谭家后门附近，步行仅两三分钟，所以就考了秀州中学。入学后第一年读的是旧制，是不分初高中的四年制。第二年改行新制，即初中、高中分段，各三年。学校采取考试分班的办法，读过旧制一年级的学生经考试，按成绩高低分入高一或初三，这使谭其骧在读了一年中学后就成了高中一年级的学生。

第二章 短暂的革命和大学生活

1925年5月30日，上海发生震惊中外的“五卅惨案”，引起了全国各地的反帝高潮。离上海不远的嘉兴很快受到影响，在一向平静的秀州中学里，开始出现反对学校当局的言行。当时，谭其骧的大哥其玉在上海工厂当职员，常将《新青年》《向导》等进步刊物带回家，这些刊物使谭其骧接触到了革命思潮，更激起了他对帝国主义列强的仇恨。1926年夏，在高二下学期即将结束时，为了抗议学校对学生的压制，谭其骧和班里一些同学同盟退学。后来有的同学在学校和家长的劝诱胁迫下复学了，但谭其骧和另外几位同学仍坚持退学。就这样，他在不满16周岁时就结束了中学生活。

当时谭新润已失业在家，全部家产只有一所房屋和一两千元股票，就靠一半房屋出租的租金和股票的红利维持全家十多人的生活，处境相当窘迫。谭其骧的大哥毕业于中等工业专科学校，二哥、三哥连中学也未毕业，大姐、二姐只读完小学。在谭其骧退学后，正好上海一家无线电公司招收练习生，家中就要他去报考，但他对无线电毫无兴趣，就故意不认真考试，结果自然没有被录取。他不愿再上其他中学，就到上海，考入了上海大学社会学系。

按照家里的经济条件，谭其骧无论如何是上不起大学的。但就在前一年，谭氏宗族义庄作出了一项新的规定：凡族中子弟就读中学、大学者，每年均给予100元的补助。他的两位姑母又答应每年资助100元，加上家里挤出几十元钱，才凑足了学杂费和食宿费，使他成为兄弟姐妹中第一位大学生。之后他的两个弟弟其猛、其飞也这样读上了大学。

革命大学中的革命生涯

上海大学由共产党人创办，是当时上海一个传播马克思主义的堡垒，也是共产党人培养进步青年的基地。但上海大学在社会上的名声自然不能与其他名牌大学相比，在守旧者的眼中，更是一所很不正规的“野鸡大学”，因此谭其骧的许多亲戚长辈都反对他报考。好在谭新润毕竟受过新式教育，对新事物并不反对，对子女的兴趣爱好一贯采取顺其自然的态度，从不干预他们上什么学校、选什么专业，以至于在谭其骧读大学二年级时，他还不知道儿子学什么专业。因此尽管反对者居多，谭其骧还是自作主张进了上海大学。

当时上海大学已在郊区江湾建新校舍，临时校舍和学生宿舍则还分散设在闸北青云路宝山路口的几幢民房里。谭其骧住在宝山路西一条弄堂的宿舍内，在他内室有一位来自江苏南通的中文系同学于绍杰。由于房间小，于绍杰每次进出时都要从谭其骧的铺前挤过。于绍杰后来是广东省农业科学院的离休干部。20世纪80年代上海大学重建时，曾在上海寻找当年上海大学旧人，据说在上海仅找到谭其骧与施蛰存二人，而施是上海大学的教师。当时主持校务的是陈望道，教授主要有李季、施复亮（存统）、郑振铎、沈雁冰（茅盾）等，曾经担任过教授的瞿秋白等已经离校。上海大学有共产党和共青团组织，谭其骧进校不久就参加了共青团。除了开会、讨论等活动外，共青团员经常在闸北一带张贴标语，散发传单，在马路上和茶馆中向群众演说。孙传芳的“大刀队”不时出没，团员们得随时注意，一有动静就散入小路，或从弄堂中撤走。

1927年春新学期开学，学校迁至江湾，但北伐军已逼近上海，时局紧张，没有开课。谭其骧和同学们成了职业革命家，天天在闸北街头作宣传。3月21日，上海工人配合北伐军，举行第三次武装起义，上海大学同学跟随队伍呐喊助威，并参与救护伤员。在攻打北火车站时，一位指挥员让谭其骧随同，临时发给他手枪一支，但到达不久车站就已攻克，他的手枪还没有使用就交回了。北伐军进入上海后，谭其骧和同学们又多次参加群众大会，他们沉浸在胜利的喜悦和振奋之中，革命热情更加高涨，对即将到来的反革命风暴完全没有思想准备。

每年清明，谭氏合族老小都要去杭州扫墓，往返费用和在杭州的食宿都由义庄负担。17岁的谭其骧舍不得放弃这个免费游玩杭州的机会，作为一名普通团员他也不了解局势的严重性，就在4月初向团组织请假去了杭州。他和家人在杭州住了一个星期，归途中又在家乡嘉兴停留了几天，回到上海已是“四一二”反革命政变以后，上海大学已被蒋介石当局封闭。谭其骧从学校取出行李寄存在大哥处，带上随身用具，过上了革命流浪生活。为了与组织保持联系，也为了躲避敌人的追捕，他们几乎每天换一个住处。最后，他和一位姓康的宁波籍同学住进了一位负责同志租的公寓，这位负责同志因风声很紧已在事先撤离。两三天后的黎明时分，一伙拿着手枪的便衣闯进屋来，当发现他们要逮捕的人已经不在时，就抓走了谭其骧和康某。他们被押送到设在引翔港一所停办的医院里的宪兵司令部，分别囚禁，被提审了几次。由于所有的文件事先都已销毁，敌人没有找到任何证据，他们又不是搜捕的对象，所以每次提审时只是恐吓诱骗。他俩自然不会上当，一口咬定是因为学校被封，没有住的地方，才住到那人的空房中去的。一星期后，同学陈广云得到他们被捕的消息后，立即通知了谭其骧的亲属。大哥闻讯后赶到宪兵司令部营救，经办人大概觉得这两个十七八岁的小伙子没有什么油水，在收了100块钱后就同意保释。

出狱后，康某回了宁波，谭其骧暂住在曹家渡他大哥工作的工厂里。他两次到闸北寻找组织，但所有认识的同志都已转移，没有得到什么线索。这时，家里得知他的消息，来信催他立即回嘉兴。在上海没有工作，大哥厂里也不便久住，他只得返回故乡。

暨南三年

两星期后就到了暑假，谭其骧决定重新报考大学，结果考上了上海暨南大学中文系。在此前的6月，南京国民政府教育行政委员会刚派郑洪年接管设在真如的国立暨南学校，后任命郑为校长。郑洪年主持编订《国立暨南大学计划大纲》，准备用六年时间，分三期将该校改组、扩充为“三院鼎立、六部具备的华侨最高学府”。谭其骧之所以选择暨南，是考虑到自己高中少读了一年多，大学一年又没有上过多少课，要考名牌大学把握不大，而暨南大学虽是国立，却新组建，并以招收归国华侨子弟为主，录取要求相对较低。当年暨南大学招生两次，谭其骧参加了第二次，于8月4日至18日报名，19日、20日两天考试。25日，上海《申报》刊出录取名单，谭其骧的名字出现在文哲学院中国文学系录取的9人之中。

开学到暨南大学报到后，谭其骧仍然没有放弃与组织接上关系的念头。有一次偶然打听到上海大学一位同学的地址，他估计此人与组织有联系，就给他写了信，却如石沉大海，杳无音讯。几个月下来，连熟人都遇不到一个，他绝望了，给短暂的革命生活画上句号，走上了另一条道路。谭其骧晚年曾与笔者谈及这段经历，笔者问他：“要是当时与组织接上了头，你会不会再干下去？”他说：“当然要干。”“‘四一二’后，蒋介石镇压共产党很厉害，共产党人被抓被杀那么多，你就不怕吗？”“当时一点也没有想过。”笔者说：“如果你那时找到了组织，继续参加革命，现在大概是党和国家领导人、无产阶级革命家了，至少也应该是部长级干部了。”他想了想，笑着说：“但也许早就死了，或者成了党内的反革命。”是的，历史是无法假定的，无论如何，历史使他错过了革命的机会，却给中国造就了一位杰出的历史地理学家。

开学后第一学期，中文系主任是夏丏尊，他自己教一年级国文，余上沅教英文，沈端先（夏衍）教第二外语日文，开课的教师还有林语堂、张凤等。夏丏尊一贯提倡新文艺，上课讲的也是新文学，因而深受谭其骧的尊敬和欢迎。直到晚年，他还清楚地记得，夏丏尊上第一课时首先声明自己的名字是丏尊，不是丐尊，“丏”读音缅，意思是被遮蔽，看不见；但没有说他为什么要用这个字为名。谭其骧对新文学的兴趣很大，假日常到福州路书店买小说和文学期刊，还尝试写过小说，其中一篇《给我的小弟弟》发表在《国立暨南大学中国语文学系期刊》。夏丏尊对青年学生十分热情，谭其骧也乐意和他亲近，常在课后找些问题请教。夏丏尊对谭其骧的习作很赞赏，学期中间曾带领他和班上同学到市区一家餐馆与鲁迅见面，聚餐前进行了座谈。新中国成立后，曾经参加过座谈的中文系同学黄永标还清楚地记得鲁迅谈话的内容，接受过不少次采访。或许是因为之后的兴趣已不在文学，谭其骧对鲁迅当时说了什么话已完全没有印象，甚至无法判断黄永标说得对不对。

这位黄永标一度出家为僧，因而被谭其骧称为“和尚同学”，“文化大革命”前后不时到谭其骧家中走动，谭其骧常在可能条件下给予资助。1979年4月5日，谭其骧曾为黄永标致书赵朴初，促使替他落实政策。但黄永标没有等到这一天，在次年1月25日病亡。在他死后一周，杭州市佛教协会汇来了第一笔2月份的生活费23元。

林语堂上的课给谭其骧印象最深的并不是讲的内容，而是他的烟瘾：由于林语堂的烟瘾极大，在课堂上往往忍不住，但又不便在讲台上面对着学生抽烟，常常讲着讲着突然停止，不声不响地躲到教室后面对着角落抽上几口，待过足了瘾再按灭烟头，重上讲台继续讲课。

以谭其骧的激进思想和对新文学的热情，加上他出众的才华，当时完全可能在夏丏尊的引导下走上文学创作的道路，成为一名新文艺的斗士，但半年后的变化又改变了他的方向。第二学期开学，夏丏尊因故去职，中文系主任换成陈钟凡。谭其骧当时的看法，陈钟凡是崇尚旧学的，擅写古文，请来的教授如陈柱、龙沐勋等也是比较守旧的，他们上课都是讲旧学，深为谭其骧所厌恶。于是他串联了班上同学，联名上书校长郑洪年，要求撤换“顽固派”陈钟凡，还在饭厅前张贴大字报，攻击这些“冬烘”教授，大字报都是由他一手起草的。校方自然不为所动，他们换来的只是教务长的召见和一顿训斥，系主任依然是陈钟凡。

到1928年秋季开学，谭其骧再也不愿在中文系读下去了，好在学校允许转系，他就转入了外文系。外文系主任是叶公超（崇智），加上当时普遍重视外文，在一般人看来，能转入外文系自然是幸运的。谁知才上了两星期课，谭其骧又转系了。

原来学校新成立了历史社会学系，贴出布告招生。不过这一次谭其骧却寝食不安地思考了好几天究竟要不要转。当时不少人对他的转系打算不以为然，劝他慎重考虑，最后他还是决定转入历史社会学系，主修历史学，兼修社会学。这或许是受其书香门第的潜在影响，但主要还是他对自身能力的估计。原来经过一年的学习，他发现自己形象思维的能力有限，却长于逻辑推理，搞文学创作未必会有成绩，研究历史倒相当合适，因此他作出了决定他未来的关键选择。就在这一年，谭其骧写下了这样的话：“其骧十五以前浑浑噩噩，十六十七献身革命，十八而志于学，从今而后，矢志不移。”

他的选择是认真的，以后的事实也证明，他的选择是正确的。

历史社会学系第一任主任是黄凌霜，1928年秋由程憬（仰之）[①]代理，1930年春以后又换了许德珩（楚生），教师有孙本文、邓初民、潘光旦、周传儒、王庸（以中）、徐中舒、方壮猷等人。程憬教中国古代史，传播的是当时风靡一时的以顾颉刚为代表的疑古学派观点，使谭其骧感到很新鲜，对顾颉刚十分仰慕。程憬还经常邀谭其骧去他家，谈疑古学派，谈做学问的方法。在他的鼓励下，谭其骧开始翻线装书，到福州路买书时也逐渐转向选购史学书籍了。徐中舒、王庸、方壮猷都出身于清华大学国学研究院，深受王国维、梁启超的学术思想和学风的熏陶，他们的课又使谭其骧受到考据方法和史学理论方面的训练。

另一位对谭其骧有重要影响的教师是潘光旦。潘光旦是著名的社会学和人类学家，他开的两门课——社会学基础和种族问题，谭其骧都选了。潘光旦讲课非常生动，对学生极有吸引力。尽管谭其骧没有完全接受他的优生学理论，对他的很多见解却非常赞同，并经常提出一些问题求教，潘光旦也很乐意作指点和讨论。他们讨论的范围很广，有移民问题、血统与人口素质的关系、汉族与少数民族的交流和同化、江南的宗族、一些民族和地方人口的来源等。虽然限于谭其骧当时的知识水平，这些讨论不可能很深入，但给谭其骧留下了深刻的印象，以后他一些重要论文的观点就是在这些讨论的启发下产生的。谭其骧将一套《谭氏宗谱》送给潘光旦，成为潘光旦写《明清两代嘉兴的望族》一书的资料来源之一。谭其骧的毕业论文就以《中国移民史要》为题，由潘光旦指导完成，并得到潘的激赏。他一直保存着这两册论文原稿，上面留着潘光旦用

---

① 笔者曾据先师遗稿作“陈憬”，近承顾潮女士指正，并承北京大学中文系陈泳超教授查阅相关史料予以证实，特此说明，并致谢忱。

红笔写下的批语。1988年，他得知笔者开始撰写中国移民史，就将这两册文稿相赠。①

对另一些教师的课，谭其骧却不感兴趣，如孙本文的文化社会学，他感到只有空洞的理论，没有实际内容。1929年秋季开学，许德珩请来了马哲民和一位姓牟的教师教社会学，谭其骧觉得更讨厌，就施展出反陈钟凡的本领，带头哄赶，结果把姓牟的教师气走了。当时学生赶走教师的现象并不少见，但像他这样三年中两次带头闹事的学生也不多，所以给许德珩留下很深印象。后来许德珩当了暨南大学的教务长，社会历史学系又发生哄赶教师的事，他马上就问："是不是又是谭其骧带的头？"其时，谭其骧已提前毕业离校了。

那时暨南大学的风气相当自由，学校对学生没有什么管理，上课一般不点名，不上课也没有人管，课外的生活和活动更是完全自由。许多选修课都不考试，只要交一篇论文就可以作为修毕该课的成绩，而论文是否由学生自己撰写无人检查。谭其骧在期终时总要为几门选修课同时写上几篇论文，除了用一篇作为自己的成绩外，其余就供因病因事或写不出论文的同学署上自己的名字上交。

暨南的体育运动相当有名，尤其是足球，拥有名将陈镇和等人，但谭其骧对体育没有兴趣，课余生活一般是聊天、散步、上咖啡馆。晚饭后外出散步，经常是向西至杨家桥折回，假日还到较远的大场镇、南翔古漪园、江湾叶家花园游玩。他也很少看电影，因为学校在真如火车站铁路以北，电影院在四川路，往返路程太远。不过如有南国社的话剧和京剧名角的演出，他还是会跑到市中心去看。散戏后到北火车站旁宝山路坐"野鸡汽车"（无营业执照）回学校，每人只收小洋二角，坐满就开，相当方便。学校虽有食堂，但多数学生喜欢到铁路以南小街上小饭馆吃包饭，每月花10元钱多一点就够了。

谭其骧能够提前毕业，得益于暨南大学的学分制，学生读满规定的学分就能毕业，而且不仅在中文系的学分算数，连他在上海大学一学期的学分也得到承认，加上他选课较多，所以在社会历史学系实际上只读了两年，到1930年夏

① 此文稿已捐赠给复旦大学，2020年由复旦大学出版社影印出版。

天就符合毕业条件了。他所在班级有五名学生，其余四位是江应梁、陈源远、许震球、刁焕国，都是下一年毕业的。江应梁毕业后留校当了助教，1937年去广州中山大学读研究生，后即在该校任教，1948年后一直在云南大学当教授，是一位著名的西南民族史专家和人类学家，1988年逝世。陈源远毕业后进了燕京大学研究院，毕业后任职于苏州的江苏第二图书馆，1934年2月《禹贡》半月刊首发时，封面上所列代售处中就有他的单位和名字，显然是由作为两位编辑之一的谭其骧所联络。后来陈源远长期在江苏水利机构任职，又改名陈从天，退休后住在南京，1981年谭其骧曾与他在南京会面。许、刁两位在毕业后不久就失去联系。

毕业时的谭其骧已经选定了治学的目标，决定到故都北平攻读史学。程憬将他推荐给燕京大学研究院。燕京大学研究院录取研究生不通过考试，只审查大学成绩单和推荐书，谭其骧很快收到了录取通知，在1930年9月登上了北行的火车。

第三章　“应列第一”的燕大研究院毕业生

当时，首都虽已南迁，但故都北平依然是人文荟萃的文化中心，不仅文物典籍极其丰富，而且清末和五四以来的著名文史学者大多在北平的大学中执教，清华、北大等校更是名流如云，极一时之盛。谭其骧对顾颉刚仰慕已久，又得到程憬的介绍，自然就以燕京大学为首选。燕京大学在北平西郊的海淀，校址就是今天的北京大学。

谭其骧一到燕京，就拿了程憬的介绍信到学校附近成府蒋家胡同9号顾颉刚家中拜谒。那时顾颉刚虽才38岁，已是声望很高的学术领袖，除任历史系教授外，还兼任国学研究所研究员和学术会议委员、中央研究院历史语言研究所特约研究员，并在北京大学历史系兼课。出乎谭其骧意料的是，顾颉刚这样一位名教授对一位素不相识的学生的态度竟如此诚恳而热情。

师生之争：步入学术之始

新学期开始，谭其骧选了顾颉刚开的课“中国上古史研究”，内容是《史记》本纪和世家的研究实习，同时听课的有国学研究所、历史系、中文系的20余人。与他流畅的文笔相反，顾颉刚上课的口才很差，有时还有些口吃，后来他讲《尚书》中“若稽古帝尧”一句的口气甚至被俞大纲在背后模仿，引起同学大笑。但顾颉刚经常与学生个别谈话，无论学生成绩优劣、水平高低，他都能循循善诱，提出努力方向。对程度较好的学生，更是热情鼓励他们大胆探索和研究问题，所以学生们既钦佩他的学问，也感激他的知遇，感到收获很大。

1931年9月，顾颉刚新开“《尚书》研究”，听课学生有冯家升、叶国庆、邓嗣禹、翁独健等22人；谭其骧因学分已满，是三位旁听生之一。顾颉刚当时正准备作《王制考》，所以准备将《尚书》一篇篇地教读，编了《尚书研究讲义》两册，但只是他计划写的讲义的三分之一。讲义的第二册包括四个问题，第一个就是“《尧典》著作之时代”。顾颉刚认为《尚书·尧典》写作时代应在西汉武帝以后，一条主要的证据就是《尧典》中说虞舜时“肇十有二州”。而先秦著作称述上古州制的只有九分制（分为九州），却没有十二分制（分为十二州），到汉武帝时置十三刺史部（简称“十三部”），其中十二部都是以某州为名，自此才有十二州之名，所以《尧典》中所载十二州应是汉武帝时的制度。为了让同学们了解汉代的制度，他还将《汉书·地理志》印发给每位同学，作为讲义的附录。

谭其骧在读了这段讲义后，又把《汉书·地理志》仔细翻阅了一遍，觉得顾颉刚在讲义中所列举的十三部并不是西汉时的制度，而是东汉的制度。一天下课，他就向顾颉刚提出了自己的看法。听到学生的不同意见后，顾颉刚非常高兴，鼓励他写成书面。原来谭其骧只是想口头说一下，老师要他写成书面意见，促使他又查了《汉书》《后汉书》《晋书》等有关篇章，结果更加坚定了自己的看法，在10月2日将三点意见写成一封信。

在信的一开始，谭其骧就直截了当地指出：“先生《尚书研究讲义》中所列之十三部，非西汉之十三部（不但非武帝时之制，亦且非平帝时之制），兹已证实。”接着他列举了三条理由：（1）西汉的十三部刺史是在元封五年（前106）设置的，而司隶校尉部要到17年后的征和四年（前89）才设置，可见十三部中并不包括司隶校尉部。（2）根据《汉书·地理志》和《晋书·地理志》的记载，西汉同时存在着朔方郡和朔方刺史部，前者是元朔二年（前127）新建的一个行政区域，后者则是元封五年从雍州分置的，名称虽一样，却是两个完全不同的概念。（3）整个西汉只有交趾刺史部，没有交州刺史部，交州这个名称不见于《汉书·地理志》，只见于颜师古的注解，而颜的注解恰恰是错误的，这从《晋书·地理志》的记载可以得到证明。他进一步发现，《后汉书·百官志》载明，将司隶校尉部列为十三部之一，是东汉建武年间（25—56）的事；而据《后汉书·光武帝纪》的记载，将朔方刺史部并入并州刺史部也在建武年间。至于交趾立为刺史，更在东汉末的建安八年（203），见《晋书·地理志》。谭其骧认为，由于西汉和东汉的建置正好都是十三部，《汉书·地理志》又没有具体说明这十三部的名称，后人就误以为东汉的制度就是西汉的制度了。“此不特先生为然，即号称地学专家之白眉初氏，以及各种坊间通行之地理沿革图，亦莫不有此误也。”最后他建议，“先生所谓‘《尧典》之十二州系袭诸汉武之制’一义应有所改正”。不过他认为，“推翻此点，殊无伤于全文之大旨；不但无伤，且益可证实之”。因为西汉虽抚有朔方、交趾而不设州，与《尧典》中所载尧抚有朔方、南交之地而不设州是一致的。至于西汉实际只有十一州，《尧典》却要凑成十二州，是因为作者有意要凑成“天之大数”的缘故。

就在收到谭其骧来信的当天，顾颉刚就回复了一封5000多字的长信，首先肯定了他的努力：“西汉的十三州久已成为一个谜，现在经你这样一整理，觉得大有弄清楚的可能了。”接着又详细讨论了与意见有关的史料，在学术问题上，师生之间就没有什么客气了。

首先，顾颉刚指出，他认为《汉书·地理志》中没有人称的注文是班固的原注，而不是出于颜师古。但他在编讲义时也注意到了《汉书·地理志》自身的矛盾，“现在接读你的来信，使我更相信注文所云不是汉武帝时的制度。你说武帝置十三部刺史在元封五年，而其置司隶校尉在征和四年，后了十七年，当然司隶校尉不在十三部之内。……这是极确切的论断”。“可是十三州不仅是一个数目问题，而尚有事实问题在后面。”在列举了有关事实后，顾颉刚说：“所以我对你的话赞成一半，反对一半。赞成的，是武帝时朔方不名州；反对的，是朔方刺史部与并州刺史部同时存在。……我尤其反对的，是你讲的朔方郡属并州，朔方刺史部分自雍州，两不相关之说。朔方既已属于并州，何必再设一朔方刺史部呢？朔方刺史部既分自雍州，朔方郡又何以属于并州呢？”顾颉刚认为，谭其骧致误的原因是《晋书·地理志》的说法，而《晋书·地理志》致误的根源是《汉书·地理志》中记载的自相矛盾。但这样一来，元封五年（前106）“置刺史部十三州”就少了一州，这少的一州是什么？顾颉刚承认，由于原始史料太少，“我对于这个问题，也不能作满意的答复”。他试着作了两种解释：一是汉武帝元封五年只置了十二部刺史，因为后来增加了司隶校尉，才有十三部，但史官把这件事倒记在元封五年了。一是司隶校尉本来就不在十三部之内，所以设置司隶校尉前称十三部，设置后还是称十三部。“以上两个解释似都有可能性，虽则都没有充分的证据，只好存疑。”但他倾向于第二种解释。

但他不同意建安八年（203）前没有交州的名称的看法。“至于你说交趾改为交州是汉献帝建安八年的事，以前无称交州的，这下未免过于信任《晋书》。建安八年固然有表立交州的事，但在没有证明《汉书·地理志》注文不是班固原注之前，我们不能说班固时无‘交州’之名。在没有证明扬雄的《交州箴》（见《艺文类聚》州郡）是伪作以前，我们也不能说扬雄时无‘交州’之名。我以为这一名大概是王莽立的，故即为扬雄所用，到东汉初还未废，故又为班固所用，不知何时废弃了，故至建安八年而又上表立之”。

顾颉刚的结论是，赞成他的三点意见：（1）元封五年（前106）之十三部内无司隶校尉一部；（2）元封五年之十三部内有朔方刺史部，不属并州；（3）元封五年之十三部内有交趾刺史部，不称交州。不赞成他另外三点：（1）朔方刺史部与并州刺史部同时存在；（2）朔方郡属并州，朔方刺史部分自雍州，两不相关；（3）交州之名始于东汉建安八年（203）。认为取得了三点收获：（1）汉武帝时的十三州，究竟如何，我们已不可知。（2）平帝时王莽所定的十二州，大约就是现在《汉书·地理志》注文中所举的某郡属某州之文（除了司隶校尉部）。其时朔方为并州，交趾为交州，合之《禹贡》九州及幽州正是十二州。（3）东汉建武中设司隶校尉，领一州，合之于王莽时十二州则为“十三部”。这即是《汉书·地理志》注文中所载的。后人因后汉的制度而载于前汉的史书，遂错认为前汉的制度。这个错误，班固不能不负责任。还有两个问题因缺乏材料，只能存疑：（1）并州之名似非武帝时原有的，若是有了就不必再置朔方刺史部了。王莽时，可能是为了将州名统一，将此刺史部改为并州，再将朔方郡划归它管辖。到东汉光武帝即位，再正式予以承认。（2）汉武帝时新设置的西南夷七郡，完全有设置一个刺史部的资格，可能武帝时曾以梁州和益州并列，到王莽时加以合并。班固不了解真相，就以为武帝改梁州为益州。

根据这些意见，顾颉刚重新排列出汉武帝所立之十三州、王莽所更定之十三州和光武帝所列之十三州，“不知尊见以为如何，敬待商榷”。最后他又鼓励谭其骧继续努力钻研：“但我们不要怕，只要肯找，总有新材料可以发现！”

这封回信进一步激发了谭其骧钻研的兴趣和辩论的勇气，六天以后果然找到了新材料，于是他又写了一封信，对被顾颉刚反对的三点提出异议：（1）据《汉书》，朱博曾在哀帝建平二年（前5）任并州刺史，而王莽更定十二州名在此后十余年的平帝元始年间（1—5），所以并州的名称不是从王莽时才开始的。翟方进在成帝时曾任朔方刺史，说明并州刺史部与朔方刺史部实际上是同时存在的。梁州与益州分立的可能性，在情理上可以理解，却没有事实根据。《汉书》所载当过益州刺史的有王尊、孙宝、任安、王吉、王襄等，却没有记载一位梁州刺史。如果真是益、梁并存，王莽才合而为一，王莽一贯标榜自己崇尚儒家经典，为什么他反而不用见于经书的梁州而采用不见于经书的益州呢？（2）顾先生因为不承认并州与朔方二部同时并存，所以将朔方、五原、西河、上郡、云中、定襄、雁门七郡划归朔方，太原、上党二郡划归冀州。现在既然证明并州、朔方确实同时存在，那就应该采用钱大昕《廿二史考异》卷十四的考证，《汉书》注文中所谓并州九郡，其中一半当属朔方，一半属并州。（3）《后汉书·岑彭传》称建武四年（28）时有交趾牧邓让，当时光武帝势力尚未达到荆湘以南，所以这个交趾牧显然是王莽所任命的，说明王莽时亦称交趾，难道只有在扬雄作《交州箴》那时称为交州吗？《后汉书·南蛮传》在“建武十六年，交趾女子征侧及其妹征二反”一事下也载有“交趾刺史及诸太守”。即使王莽时真的有“交州”，那时也改称交趾了，班固作《汉书》又在此后，怎么会还称“交州”呢？东汉不是十六国或五代，总不见得翻来覆去改了多次吧！

所以他认为顾先生的三点收获应有所改正：

（1）汉武帝时之十三州，当仍以第一信表中所列者为是，并州与朔方同时存在，无梁州。《汉书·地理志》注中并州九郡当分隶于朔、并二部。（2）平帝时，王莽所更定之十二州已不可知。据《后汉书》建武初年有并朔方入并州之记载，又叠见交趾刺史之称，则王莽之制一仍西汉之制也，何改之有？(3) 光武建武十一年省朔方并并州，在未尝证明此言不确之前，未有确证可证明王莽时已曾合并之前，东汉司隶而外之十二州当仍以“就西汉十三部并省改称而成”之说为是。

仍然不明白者为二事：(1) 交州之称究竟是否在建安八年以前已有之？(2)《汉书·地理志》注文非师古所注，亦不似班固所注，究竟系何人何时所注？

在认真研究后，顾颉刚于10月24日再次复信，表示对谭其骧的来信“佩甚”。“你既寻出了朱博在成帝绥和元年前曾为并州刺史，又寻出了翟方进在成帝世曾为朔方刺史，那么，并州自是先于王莽的更定州名而存在，且确是与朔方刺史部同时存在。”接着顾颉刚主动为谭其骧提供了一条证据，即根据扬雄《益州箴》的内容，“益州确是梁州所扩大的而不是与梁州并峙的”，益州不与梁州同时存在，“证明我上次猜测的失败”。“并州既与朔方刺史部同时存在，益州又不与梁州同时存在，则武帝所设的十三部刺史的事实可定，且足证明《汉书·地理志》叙论中的话是不错的。”随后他考定了十三部的具体名称和来源。

但顾颉刚不赞成谭其骧对交趾改交州时间的结论，他认为单看谭其骧的证据固然相当充足，但同样可以找到相反的证据。如《汉书·平帝纪》中有“更十二州名”的记载，《王莽传》中有“谨以经义正十二州名分界。以应正始，奏可”的话，说明王莽的建议得到了正式批准。扬雄的《十二州箴》和班固的《汉书》自注，更明确说王莽改西汉之制，将交趾之名改为交州。“所以关于这个问题，你和我的主张各有理由，亦各有证据；我固不能掩没你的证据，你也不能抹杀我的证据。只恨古书太多抵牾，古人不可复生，无法作根本解决耳。”正因为如此，顾颉刚还是认为他自己是对的，因为他的主要依据扬雄的《州箴》毕竟是一件王莽时代的史料，比谭其骧所根据的史料要早。扬雄的《州箴》作于元始四年至王莽始建国元年（4—9）之间，扬雄为新定的十二州作十二箴，是完全可能的。“所以我以为扬雄作箴的十二州即是王莽更定的十二州，王莽更定的十二州并非不可知。”

至于王莽时有交趾牧，光武帝时有交趾刺史的原因，顾颉刚认为或许是沿用习惯上的名称而不是当时的正式名称的缘故。

顾颉刚不同意的另一点，是谭其骧证明朔方与并州合并是在光武帝时而不是王莽时代。他以为扬雄的《并州箴》已经说明了这一点，就不能不说是王莽时的事。一种可能的解释，是光武帝即位后要完全推翻王莽的政令，所以将已经合并的朔方与并州分开，但到建武六年（30）六月，因户口少官员多而并省了400余个县，又将朔方部撤销了。

尽管还有不同意见，顾颉刚认为主要问题已经得到解决。更加难能可贵的是，顾颉刚不仅如此虚心地接受了学生的意见，还将往返讨论的这四封信加上附说，作为讲义的一部分印发给全班。顾先生在附说中写道：

> 这几封通信都是讨论汉代的州制的，为什么要印了发与诸位同学，占据《尚书研究》一课的时间呢？这有两个原因：一是借此可以明白古人治学方法的不正确，使得我们从此不要再上他们的当；二是借此可以对于以前注解《尧典》"肇十有二州"一语的各家说作一个总评判，使得这些妄意的猜测从此失掉它们存在的地位。
>
> ……
>
> 临了，敬致感谢于谭其骧先生。要不是他提出质问，我们一定循着传统的见解，习用班固在《汉书·地理志》注文中的说法。现在经过这样的辩论之后，不但汉武帝的十三州弄清楚，就是王莽的十二州也弄清楚，连带把虞舜的十二州也弄清楚了。对于这时期中的分州制度，两千年来的学者再没有像我们这样的清楚了。庄子说"知出乎争"，这是极确切的一句话。希望诸位同学更能在他处提出问题，让我们永远的争下去，让我们常常的得到新知，无愧于这一个"研究"的课目。

这场讨论决定了谭其骧此后61年的学术方向，也给他留下了终生难忘的印象。50年后，谭其骧检出这份珍藏在书箱中的讲义，将四封信发表于《复旦学报》(1980年第3期)，又写了一篇后记，深情地忆及往事：

> 我两次去信，他两次回信，都肯定了我一部分意见，又否定了我另一部分意见。同意时就直率地承认自己原来的看法错了，不同意时就详尽地陈述自己的论据，指出我的错误。信中的措辞是那么谦虚诚恳，绝不以权威自居，完全把我当作一个平等的讨论对手看待。这是何等真挚动人的气度！他不仅对我这个讨论对手承认自己有一部分看法是错误的，并且还要在通信结束之后把来往信件全部印发给全班同学，公之于众，这又是何等宽宏博大的胸襟！正是在顾先生这种胸襟气度的感召之下，才促使我对这个问题努力深入钻研下去，勇于独立思考，提出了一些合理的见解，对这个问题的解决作出了一定的贡献。而顾先生后来之所以会写出《两汉州制考》这篇名著，我的这两封信当然是起了推动作用的。
>
> ……当年这场讨论，不仅像顾先生在附记里所说的那样把一个两千年来多少学者没搞清楚的问题基本上搞清楚了，还有一点顾先生没有提到而同样很重要的，那就是：通过这场讨论，使我这个青年对历史地理发生了浓厚的兴趣，又提高了我做研究工作的能力。这对于我后来能够在大学里当一名还算称职的教师，在学术上多少能够取得一些成就，是起了很大的作用的。

顾颉刚说要“让我们永远的争下去，让我们常常的得到新知”，并不是说大话，更不是一般的客套。1934年，当他为庆祝蔡元培先生65岁而撰写的长篇论文《两汉州制考》排出校样后，他果然将它寄给谭其骧，让他提意见。谭其骧也毫不客气地写了一篇《〈两汉州制考〉跋》，说“我觉得文中尚有几处论断颇有商量的余地，又有几次误引了不可靠的史文，应该加以考证”。他提出了六条具体的意见，大多是上次讨论的继续。这篇《〈两汉州制考〉跋》与《两汉州制考》同时收入论文集，自然是出于顾颉刚的主张。

邓之诚——另一位恩师

除了顾颉刚，邓之诚（文如）教授是与谭其骧关系最密切的老师。

邓之诚比谭其骧年长24岁，完全是一位上一辈的旧式文人，不仅做的是旧学问，连穿戴也是旧的，一直是瓜皮帽、长袍、布鞋，与燕京另一些西装革履的洋派教授适成对比。他博闻强识，文史兼通，谙熟历代典章制度和明清掌故，常常以明朝人自居，对同辈的新派、洋派人物很不以为然，常常加以批评，课堂上"城里头那个胡适，老是胡说"的话至今还留在当年学生的记忆之中。但对他认为学问好、人品好的人，邓之诚就十分器重，乐意交往。他刚与洪业（煨莲）相识时，常讥笑他只懂英文，不懂中文，背后称为"那个洪业"，之后见洪业诚心相待，又刻苦研习古文和唐诗，就刮目相看，与他合作得很好，连称呼也改为"煨莲先生"了。邓之诚对谭其骧的才识极为赞赏，所以尽管对顾颉刚的学风和观点也不时有所批评，对深受顾颉刚影响的谭其骧却关怀备至，还说："我搞的是明朝人的学问，你可以搞你清朝人的考据。"

当时北平的大学教授月薪有300多元，"庚款教授"高达400多元，燕京大学更是待遇优渥，学校为邓之诚备了一所有10多间屋的住宅。但邓在城内另有公馆，夫人、姨太太和子女都住在城里，只有一个儿子与他同住学校。邓养着一名为他编讲义、抄文稿兼陪他下围棋、聊天的"清客"，雇了一名厨师做饭，一名拳教师教他儿子打拳，有时自己也练上几下，还包了一名洋车夫。他每星期有课时在学校住上三四天，之后就坐洋车回城里住了。邓之诚还有一个二弟，也长期由他供养，视他如严父。邓之诚当时能过如此宽绰的生活，还有一个特殊原因：他参与过护国战争的活动，与滇军、川军一些将领有交情，一度做过范石生的私人代表，还代表范石生出席过善后会议。

邓之诚喜欢谈话，一谈就是几个钟头。他嫌一个人寂寞，就邀谭其骧住在家里，食宿都由他供给。在他进城时，谭其骧和那位清客就成了邓宅的主人。直到1932年春，谭其骧才搬到国立北平图书馆职工宿舍。与邓之诚共同生活，耳濡目染，使谭其骧对魏晋南北朝、隋唐五代史有了更深的见解，对典章制度和掌故也饶有兴趣。以后他的朋友谢兴尧（笔名揖唐）办《逸经》杂志，他曾写过几篇《张宸与董鄂妃》，偶尔还写些小考证，只是由于专业研究太忙，没有能花更多的工夫。邓之诚与谭其骧的师生情谊极深，以后谭其骧能以研究生的身份登上大学讲台，也是出于邓的大力举荐。

在研究生期间，谭其骧还选修过张星烺（亮尘）的课，旁听过陈垣（援庵）的课，写过中西交通史方面的学期论文。历史系的主任是一位外国人，实际负责人是洪业。谭其骧没有听过洪业的课，在研究生期间与洪业也没有什么接触，所以洪业一直不把谭其骧当作自己的学生。

第一篇论文——《湖南人由来考》

燕京大学的研究生期限一般是两年，也可以延长到三年或四年，但规定的学分是18个，修满学分就能写毕业论文。谭其骧第一年就读完了18个学分，第二年开始写毕业论文。

虽然在与顾颉刚讨论两汉州制后，谭其骧已经立志以沿革地理为研究方向，又受到邓之诚治学方法的影响，但他的毕业论文依然是暨南大学潘光旦指导下的题目——中国移民史。原来在他写完6万多字的《中国移民史要》后，潘光旦认为很有价值，希望他稍作增补，准备介绍到商务印书馆去出版。读研究生后，谭其骧觉得在未作深入研究之前不可能写好综述性的“史要”，一个一个地区或一个一个时代逐步进行，搞清楚当前各地人民的来历才是研究移民史的首要课题。于是他决定主要根据地方志中的材料，按今省区逐个开展，先从材料较易搜集的湖南省着手。至1931年底，谭其骧完成了毕业论文《中国内地移民史·湖南篇》，学期结束时通过答辩，结束了研究院的学业。论文的指导教师是顾颉刚，但实际上从确定题目到搜集资料，顾颉刚都没有过问。半年后的1932年6月，此文刊载于燕京大学历史系主办的《史学年报》上，这是谭其骧第一篇公开发表的学术论文，当时他还没有正式毕业。1933年，南京国立中央大学所办《方志月刊》要求转载，此时谭其骧已放弃了一省一省写下去的打算，便将题目改为《湖南人由来考》。

此文的上篇题为《历史上之陈迹——当时记载之一鳞半爪》，主要根据史料记载，对隋唐以前迁入湖南的移民状况作了概括。下篇是本文的重点和精华所在，题为《今日湖南人之由来——后世追述之整理与统计》。第一部分的根据是道光《宝庆府志》、光绪《邵阳县乡土志》、光绪《武冈州乡土志》、光绪《湘阴县图志》和光绪《靖州乡土志》这五种方志中的氏族志，这些氏族志包括邵阳、新化、武冈、新宁、城步、靖县和湘阴七县共700余族，基本代表了湖南全省的情况。通过对各族的原籍（迁出地）、迁入地和迁入时间的分类统计，对隋唐以后湖南吸收移民的过程作了详细的论述。这项研究的结果发现：迁入统计地区的人口中，江西省最多，占总数近三分之二，湖南本省其次；江西以外省移民，合计不过26%，其中又以江苏、河南、湖北、福建、安徽诸省为较多。

谭其骧认为，江西移民在湖南占绝大多数，并不是偶然的，完全符合汉民族在长江流域由东而西的开发过程，“故江西人之开发湖南，鲜有政治的背景，乃纯为自动的经济发展。其时代，则两宋、元、明江西人口超越一般平衡线之时，正湖南省草莱初辟之际也”。“江西而外，外省人之移入湖南，则经济的原因之地位较低，另有政治的原因在焉。”在对移民迁入年代具体分析的基础上得出的结论是：“自五代以至于明，六七百年间，是为‘如此今日’之湖南构成时期。微此六七百年间吾先民之经营奋斗，则湖南至今盖犹为榛莽地带，安得比于‘中原’哉！”

下篇的第二部分，是以23种文集及《湖南文征》中的族谱序等文字为依据的。这些文集所载有关文章中统计到的族姓，长沙府有95族，岳州府20族，衡、永、郴、桂、湘南诸郡合计22族。统计的结果，也是来自江西的最多，其次是湖南本省，江苏第三，与第一部分的结论完全相同。江西省中又以吉安府为最多，南昌府次之，与前面的论证结果也完全相同。

至此，他得出了五点结论：

1. 湖南人来自天下，但“什九”（十分之九，绝大多数）来自江苏、浙江、安徽、福建、江西等东部各省，其中江西人占什九，而庐陵一道（相当于清吉安府，今除新干县外的吉安市和莲花县）、南昌一府（今南昌市和修水、铜鼓、武宁、靖安、奉新、丰城等县市）又占江西的什九。

2. 江西人迁入湖南后大多从事农业，江苏、安徽、河南、山东人大多当官吏或经商。长沙是都会之地，五方杂处，来自长江下游苏、浙、皖的移民最为集中。

3. 江西南部人大多迁入湖南南部，江西北部人大多迁入湖南北部，湖南南北部的划分以湘阴、平江为界。

4. 自古以来就有移民迁入湖南，但五代、两宋、元、明时期迁入的居其什九，在这四个时期中元、明又占什九，而元末明初这六七十年间又占元、明二期的什九。

5. 五代以前的湖南人多来自北方，此后则多来自东方。南宋以前，移民的来源单纯，几乎都是江西人；此后逐渐复杂，苏、豫、闽、皖等人增加。清代以前，江西移民占绝对优势；至清代，湖北、福建移民急剧增加，与江西移民有并驾齐驱之势。清代以前，本省内部移民的数量远低于外省移民，至清代本省移民激增，逐渐超过了外省移民。

这是近代中国第一篇深入研究一个省区移民历史过程的专题论文，也是第一篇成功地运用抽样调查和计量方法作移民史研究的论文。就湖南省而言，这项研究可以说是前无古人的，而来者出现在近60年以后，即谭其骧指导的博士、笔者撰写《简明中国移民史》的同人曹树基发表的《湖南人由来新考》。

在研究过程中，谭其骧还注意到了移民对物质文化和精神文化的影响，如：江西人的刻苦耐劳、重宗祠、重先人庐墓的风尚，随着他们的迁入而传入湖南；湖南人原来大多住板屋，江西人迁入后逐渐以砖屋取代；江西人崇祀许真君，在他们迁入湖南后，许真君庙（万寿宫）遍及湖南各地，其他如福建的天后宫（妈祖）、湖北的封哲宫（鲁班）和外省外县的庙宇、会馆等也随着移民迁入湖南各地。尽管这些只是作为正论外的“琐事”而载入，实际已开了历史文化地理研究的先河。

由于这篇论文的基本资料和数据来自族谱，谭其骧还就族谱作为史料价值的可靠性作了论述。他指出：“谱牒之不可靠者，官阶也，爵秩也，帝皇作之祖，名人作之宗也。而内地移民史所需求于谱牒者，则并不在乎此，在乎其族姓之何时自何地转徙而来。时与地既不能损其族之令望，亦不能增其家之荣誉，故谱牒不可靠，然惟此种材料则为可靠也。”他还举湖南安化田头萧氏等几族的迁移史为例，萧氏族谱序称：“萧氏之先，出于宋大夫萧叔大心……至汉文终侯何以功第一封于酇。……其居吾邑之田头，盖昭明太子之后有讳俭者，观察湖南遂家焉。后因马氏之乱，迁于江西。宋神宗时开梅山，置安化县，其孙国清乃由泰和转徙于此。”前面自萧叔大心至昭明太子这部分自然并不可靠，但萧家是萧国清之后，宋神宗时从江西泰和迁来，这一点却没有怀疑的理由，因为萧国清并非名人，江西泰和也不是萧氏郡望所著之地。如果真要作假，那么作为“昭明太子之后”的观察使萧俭已在湖南安了家，又何必造出宋神宗时又入江西迁回来这一段呢？

之后以研究客家史知名的罗香林，对谭其骧的观点非常赞成，他在研究客家史时就是以大量族谱资料为主要依据的。可惜罗香林忽略了谭其骧事先提出的警告，往往将族谱中所载的早期迁移，即涉及“官阶”“爵秩”“帝皇作之祖，名人作之宗”的内容，也当作信史看待，影响了其结论的可靠性。

丰收的两年

在撰写毕业论文搜集材料的过程中，谭其骧已发现了近代湖南的“汉人”中有相当一部分出于少数民族血统，因而在1933年又写了一篇《近代湖南人中之蛮族血统》，也发表于《史学年报》。此文运用了大量方志中的资料，而主要的线索则是姓氏的来历。他认为：“姓氏本身虽无从辨别民族，然但须区以地域，证以古今望族、蛮酋姓氏之因缘迁变，则蛛丝马迹，未始无线索可寻也。”具体地说，在一个相对封闭的地域范围，后期的“汉族”大姓，几乎都能在早期找到当地少数民族的来源，这类“汉族”其实都是少数民族的后裔。根据这一方法，他对湖南近代的数十个“大姓”如向、舒、田、彭、覃、符、扶、苏、杨等的来历逐一分析，发现都是出自汉代之后就见于记载的当地少数民族，而不是他们精心编撰的汉族世系。

针对当时存在的民族偏见，他指出：“然则蛮汉之不同，不过因其开化有先后之别耳，在种族本质上固无优劣之可言。”相反正是由于大量少数民族成分给湖南人口增加了新的活力，近代湖南人口中人才辈出。这篇论文涉及的虽仅湖南一省，但这种现象在南方具有普遍意义。由于历来封建统治者宣扬大汉族主义，大量少数民族人口不仅不断被汉族同化，而且自觉或不自觉地割断了与本民族的关系，用“征蛮”“谪居”“流寓”等种种理由将历史上的汉族名人望族同本族祖先联系起来。而一般学者既没有从本质上认识封建社会的民族关系，又不能从史料的辨析中发现问题，因而对这些“汉族”世系深信不疑。正因为如此，此文的结论受到学术界的注目。他的好友向达（觉明）出身溆浦大族，当年就十分赞成这一结论，以后就取消了祖先冒用的汉族，恢复了真实的土家族身份。这篇论文充分肯定少数民族血统对汉族人才辈出的作用，很明显是受到潘光旦优生理论的正面影响。

九一八事变后，日本帝国主义出于长期侵占东北、内蒙古的罪恶目的，通过其御用文人和汉奸伪造历史，“盛倡满（东北三省）蒙（内蒙古）非中华旧有之说，以为侵略东北之借口”，“然国人所习知者仅为秦、汉、隋、唐历朝之抚有东北土地而已；至于近百年以前此东北土地曾与吾中夏民族发生何种关系，则知之者甚少，为文以阐述之者更未之闻也”。针对这一情况，谭其骧在1934年初在《国闻周报》发表了《辽代“东蒙”“南满”境内之民族杂处》一文，以大量史实证明“东北土地，初不仅曾为吾中华朝廷所有，亦且曾为吾中华民众所有；不仅在汉族统治下为属于吾中国之土地，即在其他民族统治之下，亦曾为吾中华人民生息繁衍之地也”。这无疑也是一篇声讨日本帝国主义和汉奸卖国贼的檄文。

1934年6月，谭其骧《晋永嘉丧乱后之民族迁徙》一文在《燕京学报》第15期上发表。永嘉之乱后的南迁是中国历史上一件大事，也是中华民族发展史上的一件大事，“盖南方长江流域之日渐开发，北方黄河流域之日就衰落，比较纯粹之华夏血统之南徙，胥由于此也”。但由于正史中本来就没有具体记载，年代久远后更无史料可觅，对这次大规模的移民运动的研究无由开展。谭其骧却在有限的史料中找到了一把“钥匙”——侨州郡县的记载。这是因为当时南迁的人口，大多依照他们原来的籍贯，在南方的定居地按原来的名称设置了侨州郡县，而这类侨州郡县在沈约的《宋书·州郡志》、萧子显的《南齐书·州郡志》和唐人所修的《晋书·地理志》中都有较详细的记录，所以只要将这些资料整理排比，就不难考证出这些单位的设置年代、地点和变迁，从而了解移民的迁出地、迁移时间、迁入地，并进而推算出移民的数量。

按照这一思路，果然获得了成功，此文对永嘉之乱后的人口南迁的具体过程和结局得出了具体的结论。

就迁出地和迁入地而言，可分为东西二区。东区包括长江下游和淮河流域，以黄河流域下游今山东、河北及河南东部的移民为主体。迁入今江苏大江南北的以山东及本省北部人为主，其次为河北、皖北人；迁入今安徽、河南的淮河以南地区、湖北东部、江西北边的以今河南、皖北移民为主，其次为河北、苏北移民；来自今河北的山东黄河以北的移民主要迁入今黄河以南的山东。西区包括今长江上游及汉水流域，迁入者以黄河上游今甘肃、陕西、山西及河南西部的移民为主。其中湖北长江上游及湖南北边以接纳来自今山西省的移民为主，其次为河南人；迁入四川与陕西汉中地区的，以甘肃和陕西北部的移民为主，其次为四川北部移民；迁入今河南、湖北二省的汉水流域的移民主要来自陕西及河南西北部。

如果以侨州、郡、县的户口数为南迁人口的约数，那么到刘宋时为止，南迁人口约有90万，占当时全国总人口的六分之一，约占西晋淮河以北地区总人口的八分之一。江苏、山东、安徽接纳的移民最多，分别达到26万、21万和17万，说明移民主要定居地在长江下游，对中上游的影响较小。位于今江苏省境的南徐州有侨口22万余，几乎占全省侨口的十分之九，并且超过了当地人口。“所接受之移民最杂，最多，而其后南朝杰出人才，亦多产于是区，则品质又最精。”南徐州的人才又集中于京口（今江苏镇江）。

移民迁移的路线，西区的汉水是陕甘人东南下的通途，因而南郑（今陕西汉中市汉台区）和襄阳（今湖北襄阳市襄城区）这两个汉水流域的大都会也成了移民的集合地。陕甘人西南下的通途是金牛道（南栈道），所以今四川省境内的侨郡县都分布在此道附近。东区则以淮河水路为主，由淮河经邗沟进入长江而至江南，所以邗沟南端的江都和江南的镇江、武进（今江苏常州市武进区）一带成为山东及苏北移民的集合地。由于淮河的支流都作东南流向，所以河南人大多东南迁入安徽，而不由正南迁往湖北。

南迁持续了100多年，其间有四次高潮：第一次，永嘉初乱，河北、山东、山西、河南及苏、皖的淮北流民，相继过江、淮。第二次，东晋成帝初的内乱引起外患，江淮间大乱，淮南人及侨居在淮南的北方人渡江南迁。第三次，后赵亡后，中原大乱，陕西、甘肃流民南下汉中，或迁入四川。第四次，宋文帝时北魏南侵，至明帝时淮北沦于北魏，百姓南渡。氐人的战乱使关陇流民南走梁益。此后北魏军屡下江淮，当地人被俘北迁的很多，到孝文帝汉化，又有不少南迁的中原士族北迁，至此，南迁基本结束。

这篇论文在中国移民史研究、地名学研究和定量分析方面都具有开创意义，发表后即受到学术界的高度重视，近60年来一直被视为该领域的经典。1990年，笔者在撰写《简明中国移民史》时发现，采用侨州郡县户口数统计到的是永嘉之乱后150年的数字，是南迁移民经过数代繁衍后的人口数，并不能代表始迁移民（或第一代移民）的数量，因而不能用这个数字来计算它占西晋北方人口总数的比例。笔者向谭其骧提出后，他完全接受了笔者的意见，并且执意要在他的最后一篇论文《历史人文地理研究发凡与举例》（载《历史地理》第十辑，上海人民出版社1992年版）中加上了这样一段话：

> 我在1934年发表了《晋永嘉丧乱后之民族迁徙》一文，根据晋、宋、南齐三书的《地理志》和《州郡志》所载侨州郡县的地域分布和户口数，得出了截至宋世止，南渡人口约共有九十万，占当时刘宋境内人口六分之一，而这个数字又相当于西晋北方人口约八分之一的结论。半个世纪以来，这篇文章经常为有关学术界所引用，这是由于在那个时代，还没有别人做这方面的研究之故。其次这决不是一篇完善的论文。永嘉丧乱后引起的民族迁徙是多方面的，岂只有北人南渡而已？至少还有不少中原人或东徙辽左，或西走凉州。即就南渡遗黎而言，也不仅移居于设有侨州郡县之地。实际上不设侨州郡县之地，亦多侨姓高门栖止。……再者，见于《宋书·州郡志》的州郡户口是宋大明八年（464）的数字，其时上距永嘉丧乱已百五十年，该文以大明侨州郡县的户口数为南渡人口的约数，从而得出南渡人口占当时南朝人口百分之几，又占西晋时北方人口百分之几这样的结论，实在很不严谨。还有一点必须指出的是：这个时代乃是西晋境内与近边塞外汉族和各少数民族的大迁移时代，入居塞内的匈奴、氐、羌、鲜卑、乌桓、丁零等各族的迁徙尤为频繁而错综复杂。此文内容只讲到境内汉族的

南迁而题为“民族迁徙”更属名实不相符。所以若欲将这个时代的人口移动作出较完备的论述，显然还有待于今后有志于此者的成十倍的努力。

但这一名篇在学术史上的历史地位是不会改变的，谭其骧的自我批评只能增加它的光彩。

同期所刊《新莽职方考》是谭其骧研究沿革地理的第一篇力作，却与讨论两汉州制一样，涉及一个近2000年前政区地理的重要领域。两汉之际王莽改制的若干真相，历来无人问津。清初万斯同写过《新莽大臣年表》，但慑于封建正统观念的压力，未敢刊行。到了五四以后，当然不再存在政治观念上的障碍，但由于留下的史料极其有限，要复原出王莽时代的政区制度和具体内容，依然是相当困难的。谭其骧以散见于《汉书》《后汉书》和《水经注》中的史料为主，“旁及汉魏杂著，博稽先儒考证，参以私见，写为是篇”，填补了这一时期政区地理的空白。

此文仿正史地理志例，将王莽时的政区按州、郡、县的序列一一考定列出，是迄今最完整的该时期的政区表。但传统典籍中的史料毕竟有限，所以谭其骧一直在注意新史料的出现。1983年，他在改定收入《长水集》上册的文稿时，又根据日本《东方学报》所载梅原末治《汉代漆器铭文集录补遗》第二，得知汉代漆器铭文证明新莽时有子同、成都二郡，特意写了校后记，肯定此二郡的存在，认为“子同当分自广汉，成都当分自蜀郡”。

谭其骧此文不仅比较完整地复原了新莽政权的政区建置，还通过三篇附考，总结出王莽设置政区和命名地名的规律，其地方行政系统是州、郡、县、都、部，十二州制和卒正、连率、属长、六队、六乡、六州等制度主要采自《尧典》《王制》《周官》等典籍，而更改汉郡县名称的通例有音义通、义同或近似、音通、义相反及郡县互换、改字、加字等形式。王伯祥先生读后，盛赞此文“例严体精，深造自得”，“附考三则，尤征覃思”，立即补入了由他主编的《廿五史补编》。一位刚毕业的研究生能在同一期《燕京学报》上发表两篇重要论文，这是谭其骧开的先例。

谭其骧在燕京大学研究院期间取得的成绩，使顾颉刚作出了他在毕业生中

“应列第一”的评价。他刚毕业就发表的一些论文，更证明了顾颉刚的评价，也使他在学术界崭露头角，声誉鹊起。

燕京大学规定，研究生可以提前答辩，但毕业时间仍须满两年，所以直到1932年暑假前才通知谭其骧去领取学位证书。根据燕京大学和美国哈佛大学的协定，凡燕京大学研究院的毕业生都可同时获得哈佛大学硕士学位。但此时谭其骧已在北平图书馆工作，认为学位证书可有可无，居然始终没有领取这张含金量不低的硕士学位证书，也从未使用过这个硕士头衔。直到1985年，美国、英国的名人录编撰单位要他填写表格，其中有学位一项，笔者才征得他同意填上了这个学衔。

1930年研究院招收的研究生只有两名，与谭其骧同班的一位是叶国庆，来自厦门大学，毕业后又回厦门大学工作，新中国成立后以厦门大学历史系教授身份退休，长住漳州市土改街。但前后一二班和国学研究所的同学不少，与谭其骧关系密切或长期交往的有俞大纲、姚家积、邓嗣禹（持宇）、翁独健、朱士嘉（蓉江）、冯家升（伯平）、齐思和（致中）、聂崇岐（筱珊）、牟润孙等，以后都成为著名的学者。

俞大纲是俞大维（后任国民党政府兵工署署长、国防部部长）、俞大绂（著名农学家、中国科学院院士、北京农业大学校长）、俞大彩（傅斯年夫人）、俞大絪（曾昭抡夫人，北京大学西语系教授、主任）、俞大缜（英语教授）的弟弟，天资过人，多才多艺，与谭其骧关系最为密切。谭其骧常去俞家，因此与俞大絪、俞大缜也很熟悉。俞大絪在“文化大革命”初期即被迫害致死，俞大缜与谭其骧也有十多年没有联系。1981年5月谭其骧去北京参加中国科学院学部大会，中间有一天休会，会务组派车送他外出访友，他找到了美术馆后俞大缜的家，已瘫痪八年的俞大缜见到他时，竟像孩童般地拍手高叫：“谭其骧！谭其骧！”以后俞大缜病情加重，迁至中央美术学院家属宿舍与女儿同住。1988年2月1日，谭其骧最后一次去看望俞大缜，似醒非醒的她居然还用当年的小名称呼谭其骧，并同时喊着俞大纲的小名，令谭其骧为之嘘唏。俞大维与俞大纲岁数相差大，所以谭其骧虽在俞家见过他，却没有什么交往，印象最深的是他的温文尔雅和彬彬有礼，谭其骧曾说，俞大维的形象真难与国防部部长的身份联系起来。俞大纲离开燕京后任职于中央研究院历史语言研究所，再未与谭其骧同在一地。他在新中国成立前去了台湾，成为台湾著名的戏曲评论家，还出版了专著，这是在他逝世后谭其骧才得知的。

邓嗣禹也是谭其骧的好友，毕业后留在燕京任教，1937年去了美国，后任印第安纳大学历史系教授，以研究中国考试制度史、秘密社会史、近代史著称，晚年曾数度回国，并两次与谭其骧重叙旧谊，1988年因车祸去世。

姚家积曾是谭其骧在学海书院的同事，并一度寄居在北平谭宅，不料竟引出了很不愉快的结果。抗日战争期间，姚返回湖南老家。新中国成立初他一度在保险公司工作，后进入中国科学院历史研究所，1967年退休。1956年后，谭其骧长期在北京编绘历史地图，历史所一度想调他，他也很愿意在北京工作，只是复旦大学不同意放人，再则每当想到与姚家积同事会十分尴尬，也就听之任之了。姚家积晚年也因中风而瘫痪，1992年5月28日，早谭其骧三个月逝世。

谭其骧在燕京结识的另一位至交是周一良（太初）。当时周一良就读于燕京大学国文专修科，与毕业于暨南大学中文系的黄焕文住在一个宿舍，谭其骧去看黄焕文时与周相识，彼此意气相投，很快成为莫逆之交。周一良以后与邓嗣禹同住一室，三人来往更加密切。

谭其骧在南方时对官宦子弟十分厌恶，初到北平对他们仍不无戒心，但自结识俞大纲和周一良后，见他们虽都出身名门世家，却丝毫没有纨绔习气，无论治学还是为人都能融洽无间，使他原来的看法顿时改变。燕京校内思想自由，学生中左右两派旗帜分明，左派一直站在北方学生运动的前列。在左右之争中，谭其骧一秉初衷，总是站在左派一边，但具体活动已不参加了。

第四章　最值得怀念的岁月

燕京研究院的学制是两年，谭其骧完成答辩时离毕业还有一个学期，按燕京大学的规定虽不能提前毕业，却可以离校工作。他的从伯谭新嘉（志贤）先生是国立北平图书馆的元老，时任中文编目组组长。经新嘉先生向馆长袁同礼（守和）推荐，谭其骧于1932年初被录用为馆员，负责汇编馆藏方志目录，月薪60元。北平图书馆坐落在北海公园西南，环境优美。当时，宫殿式新楼落成仅半年，谭其骧的办公室在主楼楼下东首向南一间，室内就他与助手二人，相当安静。但因他每天平均要查阅六七部方志，将这些书从书库借出搬到办公室翻阅仍嫌费事，所以他就在书架前摆一小桌工作，在办公室的时间反而不多。图书馆在景山西门陟山门大街备有宿舍，为上班方便，谭其骧住进了宿舍。

登上大学讲台

就在谭其骧到北平图书馆报到上班后一星期，一个偶然的机会使他登上了大学讲台。当时在辅仁大学教“中国地理沿革史”的是柯昌泗（燕舲），可是就在春季开学前不久，却突然不辞而别。原来柯在北平搞了一个“伪组织”（当时对婚外恋的俗称），太太发觉后兴问罪之师。这门课是一学年的，不能就此停上，辅仁大学代校长沈兼士十分焦急，只得四处找人代课，邓之诚先生极力举荐谭其骧应聘。沈兼士对初出茅庐的谭其骧自然一无所知，但一则卖邓之诚的面子，二则临时实在找不到代课教师，只能同意一试。一学期后，学生对谭其骧的课相当满意，辅仁大学就续聘下去了，结果连续教了三个班。当时谭其骧刚满21周岁，而这门课是为高年级开的，学生中不乏比他年长的，仗着初生之犊的锐气，他以严密的条理、充实的内容和洪亮的声音使学生折服。正巧谭其骧在燕京结识的好友周一良在上一年考入了辅仁大学历史系，是一年级学生，他觉得地理沿革重要，谭其骧也希望他来听课，以便作为“坐探”了解学生的反应。因此周一良放弃了必修的谌亚达先生的“中国地理概论”，成为谭其骧课堂的一名学生，使他能不断根据学生们的要求改进教学。第二年听他课的学生中有一位来自山西平陆的史念海（筱苏），比谭其骧小一岁，大学毕业不久就成为禹贡学会的驻会研究人员，新中国成立后长期任教于陕西师范大学，曾任副校长，历史地理研究所所长、教授，是著名的历史地理学家。史念海同班还有赵一匡，山西平鲁人，20世纪80年代还在兰州师专任教。

辅仁大学的课每周才两个钟点（两节），第二年邓之诚先生又向燕京推荐，让谭其骧在燕京兼同样的课。在燕京听课的学生中有侯仁之、张家驹，侯仁之毕业后留校任教，并成为顾颉刚的研究生，之后又赴英国利物浦大学攻读历史地理学，获博士学位，归国后长期任北京大学教授、地理系主任，是著名的历史地理学家、中国科学院院士。张家驹20世纪60年代曾参加《中国历史地图集》的编绘工作，是上海师范学院历史系教授，1974年病逝。

1934年8月，顾颉刚先生因继母在杭州逝世，奔丧南归，请假数月，开学后顾先生在北京大学历史系兼任的“中国古代地理沿革史”一课委托谭其骧代上。11月底顾先生回到北平，但仍由谭其骧将这一班的课上完。当时北大规定选课满5人的课才能开，顾颉刚为了保证谭其骧能开课，特别动员了高年级学生杨向奎（拱辰）选这门课。谭其骧还在辅仁大学上过“魏晋南北朝史”和“隋唐五代史”，也是代邓之诚上的，因为邓家已从城里搬到了燕京大学，那年他身体不好，不愿再城里城外来回奔波。

当时把在大学兼任讲师上钟点课称为“拉散车”，就像拉洋车的不拉宅门里的包月车，而是停放在街头拉零星散客一样。上零钟点的待遇是每小时5元，一门每周2小时的课每月可得40元。但每年从6月中旬至9月初放假，7月和8月就拿不到钱。由于北平城内外大学很多，有些上零钟点的每周可上到十几二十小时。曾经有一位只顾挣钱，贪多务得，每周上到40多小时，结果累死在洋车上。1935年初，谭其骧辞去了北平图书馆馆员之职，专上零钟点。他上的课并不多，钟点费不够，就靠不定期的稿费收入补充。当时的稿费一般也是每千字5元，与上一堂课相等。

编纂馆藏方志目录：北图三年

其实，谭其骧在北平图书馆的工作是比较轻松的，主要是汇编馆藏方志目录，有时为馆里举办的展览起草一些介绍和说明，偶尔也为袁馆长代笔写点应酬文字。

在这以前，馆藏方志分载于6种书目之中，6种书目的体例又互有出入，查阅不便；谭其骧的任务是将6种书目中的方志按同一体例汇总，编成目录，并对原目进行核对，改正其疏谬不当之处。

目录的凡例，除沿用旧例外，也有创新，主要为其中第七条：

> 凡省志、府志、直隶州志及领有属县之直隶厅志用黑体排印，散州及厅县用普通字排印。志有名为直隶州志而实际但志本州一邑者，亦用普通字排印。有不标直隶之名而所志兼及全郡者，亦用黑字排印。

这样编排的目的，在于使读者对一部方志所记载的地域范围能一目了然，因为有一些方志仅从书名是无法辨别究竟是一郡（相当一府）还是一邑（相当一县）的。如明代有些州隶于府而有属县，这种州志有的但志本州，有的却兼及属县；清朝的直隶州都有属县，但这些州志有的名为“某某直隶州志”却不及属县，有的不标“直隶”二字内容却包括属县。

另一特点是凡例中的第十二条：

> 金石目录之学，时人重之，本编为切应此种需求起见，凡各志之有此二类者并标出之。

此条虽并不复杂，但为划一体例，必须逐一查对，增加的工作量不少。

因袁同礼馆长急于出书，从1933年5月起先把已编好几省付印，其余则编好一省付印一省，至1934年下半年全部完成。收入方志以1932年以前入藏者为限，共5200余部，除去重复计3899部，印为《国立北平图书馆方志目录》初编四册。序文署名“徐水袁同礼”，实际是由谭其骧代笔。

由于在当馆员的同时，谭其骧先后在辅仁、北大、燕京兼课，1934年协助顾颉刚创办学会和主编《禹贡》半月刊后所用时间更多，自然不免占用办公时间。袁馆长虽未公开批评，谭其骧也自觉不妥，加上他嫌当馆员得按时上下班不自由，因此在目录编完后即递上辞呈。袁馆长自然求之不得，立即欣然照准。

在谭其骧离馆后，谭新嘉先生又把从1933年至1936年间陆续入藏的862部方志编成《国立北平图书馆方志目录二编》一册。由于谭新嘉作为中文编目组主任，不可能在编方志目录上花很多时间，所以尽管二编的体例与初编大致相同，但用字体区别郡志邑志这一条就没有能采用。

北平图书馆办有《图书季刊》，《大公报》也专门辟有《图书副刊》，谭其骧任馆职期间写了不少书刊评论，这是业余工作，由报刊支付稿费。

当时正有续编《四库全书》之举，那是用日本退还的庚子赔款，由遗老张钟羲、柯绍忞等组成的东方文化事业委员会主持的。谭其骧也写过几篇提要，但现存的提要中署他之名的并不都出于他之手，而是他的友人谢兴尧（五知）等所写，因为他们不是北图的职员，不能参加撰写，谭其骧让他们以自己的名义写，以便获得一些稿费。谢兴尧对此事的回忆稍有不同：“先作地方史，季龙分得山东省，合计省府县志约一百多部，每篇提要约两千字，我与季龙合作，我作的多，季龙作的少。后来我作史部杂史类，及子部天文算法类，季龙又作什么，我不清楚。”[①]但检《续修四库全书总目提要》（齐鲁书社2021年影印出版），他们的记忆都不完全准确。据该书统计，谭其骧，第三三册第三六六叶上至第三四册第二五三叶下；谢兴尧，第三一册第五一八叶下至第三二册第五五〇叶上；谢兴尧，第三五册第七八〇叶下至第三五册七八六叶下。估计开始的

① 谢兴尧：《记大高殿和御史衙门》，《读书》1996年第5期。以下引文同。

确只能由谭其骧以北图职员的身份承接，到验收合格署名致酬时，已记在谢兴尧名下。

北平图书馆的中文藏书已超过20万册，谭其骧进书库的主要目的虽然是查阅方志，实际却不限于方志，看到书名觉得值得看就随意翻阅，三年间读到了不少好书和稀见书，眼界大开。

另一方面，北平图书馆不仅是一个专门进行采购、编目、收藏、借阅图书的机构，也是一个学术研究单位。除了各部的主任、馆员之外，馆中还专门设有编纂委员，从事与图书整理有关的研究工作，向达（觉明）、贺昌群（藏云）、刘节（子植）、王庸（以中）、谢国桢（刚主）、赵万里（斐云）、王重民（有三）、孙楷第（子书）等中年学者都是委员，可谓极一时之盛。他们比谭其骧都要大十来岁，在学术上已卓然成家，谭其骧与他们亦师亦友相游处，关系日益密切，学问方面也受益匪浅。比谭其骧稍年长的还有张秀民（涤瞻）、萧璋（仲珪），但他们是同辈人，交往更无拘束。图书馆宿舍中的住客并不限于本馆人员，只要是文化界中人，经人介绍都可入住，谭其骧在宿舍中又结识了女子文理学院教师谢兴尧、从事翻译的刘国平等人。

关于这座宿舍和当时的生活，谢兴尧有十分生动的回忆：

> 大约在一九三二年前后，我和谭其骧（季龙）为了到图书馆阅览图书方便，想住在附近，于是同住御史衙门前一排东西两间，中间是过道，季龙住西边一间，我住东边一间。房屋高大，每间约二十多平方米，每间房租每月四元。我们白天上课上班，晚上用功。那时我们刚毕业不久，都没有结婚，正是中青年时代，精力充沛，研究心强，白天常有人来，夜间清静，一般干到十二点。有时觉得困累，闲谈一会儿，季龙活泼勇敢，到东安市场九龙斋买几串冰糖葫芦，吃了酸甜凉食以后，精神复振。因为东安市场吉祥戏园演戏，午夜始散，距离不远，来回坐车，不过半小时。出动透透气亦好。

这些人中，赵万里、王重民、孙楷第、张秀民长期在北平（北京）图书馆从事版本目录学研究，谭其骧离馆后与他们仍来往不断，新中国成立后每次到北京几乎都与他们见面。

王重民编《清人文集篇目分类索引》时，曾请谭其骧协助编排地理类的篇目，谭其骧先用卡片将篇目抄出，再按类插定。编完后不久，谭其骧在抽屉发现竟留下了一叠卡片，显然是遗漏了。他赶快去找王重民，但得知书已发排，无法再补入了。到1984年，我们在他指导下编辑《清人文集地理类汇编》时，他告诉了笔者这段往事，并叮嘱要注意收集《清人文集篇目分类索引》以外的篇目。

张秀民从北京图书馆退休后为侍奉老母，长住故乡浙江嵊县（今嵊州）二十八都，除与谭其骧书信往返，还多次到上海访问。张秀民研究中越关系史，对谭其骧主编的《中国历史地图集》中秦朝象郡的画法有不同意见，不止一次与谭其骧作过争论。他在研究中国印刷史的过程中，也曾与谭其骧讨论过有关史料。

王庸在图书馆长期从事中国地图学史与地理学史研究，还是谭其骧去浙江大学任教的介绍人，1956年3月猝发心脏病逝世，当时谭其骧正在北京，不仅参加治丧，还撰写纪念文章，参与整理他的遗著。

向达在新中国成立后任北京大学历史系教授，1955年谭其骧被借调到中国科学院历史研究所编绘历史地图时，他兼任历史研究所研究员，到所工作时就与谭其骧住同一间宿舍，过从甚密。

贺昌群1954年后任中国科学院历史研究所研究员，1973年10月逝世时谭其骧也正在北京。

谢国桢因介绍其姨甥女李永藩与谭其骧结婚，彼此成了亲戚。他新中国成立后在南开大学任教，1957年后任中国科学院历史研究所研究员，由于他的女儿也在复旦大学工作，住处与谭家相近，所以更是谭家的常客。谭其骧到北京时，也必定造访。20世纪80年代初他们还多次在北京出席同一会议。1982年谢国桢逝世后，谭其骧曾在北京图书馆主办的《文献》杂志上发表回忆文章。

刘节后曾去浙江大学任教，新中国成立后任中山大学历史系教授。1977年3月27日，谭其骧去中山大学看望已身患绝症的刘节，当时他因喉癌影响已不能说话，只能以笔谈交流，他们从下午3时“谈”至4时3刻，这是他们经历“文化大革命”后的第一次会见，也是他们两人的最后一次会面。以后，谭其骧在蒋天枢所著《陈寅恪先生编年事辑》中读到“文化大革命”期间刘节代陈寅恪接受批斗一节，传中写道：批斗会后学生问刘节有何感想，刘说：“能够代替老师接受批斗，是我的光荣。”谭其骧感慨不已，在书上批上：“刘子植的是可人!”还不止一次向笔者讲及此事。

萧璋后任北京师范大学中文系教授。谢兴尧新中国成立后任职于《人民日报》。刘国平后赴欧洲留学，周恩来总理参加日内瓦会议时邀他回国，但这位精通法语的学者却被安排在全国总工会工作，专长得不到发挥，为之悒悒不乐，英年早逝。20世纪50年代谭其骧在北京工作时，与谢兴尧、刘国平、萧璋隔一两天，甚至每天都要见面。后来谭其骧每次到北京开会，少不了要与谢、萧联系。

1996年，90岁高龄的谢兴尧还饶有兴趣地忆及二事：

一次谭其骧晚上进城，正值谢太太进产科医院生孩子，谢兴尧就留他住宿，两人躺着聊天。谈到半夜，忽听敲门声，原来太太的产期未到，医院又让她回来了，谭其骧只得另觅住处。好在大家都是熟人，并不当一回事。

70年代初，谢兴尧在人民日报社迟迟不得解放，一次谭其骧与他见面时忽然出了个主意，说：“周一良现在是‘梁效’的人，让他跟上面说说或许有办法。”可是过了几天再见到谢兴尧时谭其骧却垂头丧气，谢兴尧问是不是周一良不愿意，谭其骧说连周一良的面都未见到，因为“梁效”的驻地有军人站岗，不许通报。（此事谭其骧生前从未提及，日记中亦未见记载，但谢兴尧言之凿凿。）

第五章　编《禹贡》始末

1934年2月4日，顾颉刚约谭其骧在他寓所附近的斌泰饭店吃饭，席间邀他共同发起筹组一个以研究中国沿革地理和相关学科为宗旨的学会，商定以我国最早的一篇系统描述全国自然、人文地理的著作——《禹贡》作为名称，还决定创办《禹贡》半月刊，作为未来学会的机关刊物。当时，他们正在北京大学、燕京大学、辅仁大学讲授“中国地理沿革史”，所以准备以三校学生为基本成员，并以学生们的习作为主要稿源。

从顾颉刚当天的日记看，他是预先作了准备的，所以先与谭其骧去了学校的印刷所。而到斌泰饭店用餐是邓嗣禹约的，餐后他们还到邓的住处小坐。但邓嗣禹始终未参与《禹贡》，所以席间未必是以讨论《禹贡》为主，故当晚10时谭其骧又到顾家并留宿，则相关事项均已商定。

学会发轫　《禹贡》出版

学会的筹备处和刊物的编辑部就设在燕京大学旁成府蒋家胡同3号顾颉刚家中，全部人员就是他和谭其骧两位主编，由顾颉刚的女儿顾自明担任刊物的发行人。经费主要靠顾、谭月捐20元，有时捐40元维持；一部分来自会费：他们广泛邀约班上的学生及平、津、沪、宁、杭、穗等地的熟人参加学会，普通会员每月收会费1元，学生会员收5角。刊物不设稿酬，写稿、审稿、编辑和全部工作都是义务的。就在这样的条件下，《禹贡》半月刊的创刊号在3月1日问世，16开本，连封面、封底在内24页。此后基本每半月正常出版，到当年8月已出了12期，约40万字，每期的发行量也增加到数千册。那时，顾颉刚对谭其骧的才华和能力都极为赞赏，在给胡适的一封信中写道："谭君实在是将来极有希望的人，他对于地理的熟悉，真可使人咋舌。任何一省，问他有几县，县名什么，位置怎样，都能不假思索地背出。对于地理沿革史，夙有兴趣，且眼光亦甚锐利，看《禹贡》半月刊、《史学年报》、《燕京学报》诸刊物所载可知，他在燕大研究院毕业生中应列第一。今年我所以敢办《禹贡》半月刊，就为有了他，否则我一个人是吃不住的。"

关于建立学会的条件和具体出发点，《禹贡学会募集基金启》指出："是时燕京大学中，郑德坤先生研究《水经注》，重绘《水经注图》；朱士嘉先生研究地方志，编《中国地方志综录》；冯家升先生研究辽金史，作《契丹名义考释》等论文；张维华先生研究中西交通史，注释《明史》佛郎机、吕宋、和兰、意大利四传；从事于历史的地理之研究者日多。而燕京大学以外，北平学界之研究甲骨文及金文中之地名与其地方制度者有董作宾、于省吾、吴其昌、唐兰、刘节诸先生；研究古文籍中之地名及民族演进史者有傅斯年、徐炳昶、钱穆、蒙文通、黄文弼、徐中舒诸先生；研究地方志者有张国淦、瞿宣颖、傅振伦诸先生；研究中西交通史者有陈垣、陈寅恪、冯承钧、张星烺、向达、贺昌群诸先生；研究地图史者有翁文灏、王庸诸先生；是诸家者，时有考辨之文揭载于各定期刊物中；风气所被，引起后生之奋发随从者不少。顾谭二君担任此课，于学生课卷中屡睹佳文，而惜其无出版之机会，不获公诸同好。"

《禹贡》第一期所刊《发刊词》由谭其骧撰写，顾颉刚作过修改。这篇文章对于了解和研究他们当时的学术思想与研究计划十分重要，也是《禹贡》杂志和以后成立的禹贡学会的纲领。他们认为：

历史是最艰难的学问，各种科学的知识它全部需要。因为历史是记载人类社会过去的活动的，而人类社会的活动无一不在大地之上，所以尤其密切的是地理。历史好比演剧，地理就是舞台；如果找不到舞台，哪里看得到戏剧！

这数十年中，我们受帝国主义者的压迫真够受了，因此，民族意识激发得非常高。在这种意识之下，大家希望有一部《中国通史》出来，好看看我们民族的成分究竟怎样，到底有哪些地方是应当归我们的。但这件工作的困难实在远出于一般人的想象。民族与地理是不可分割的两件事，我们的地理学既不发达，民族史的研究又怎样可以取得根据呢？不必说别的，试看我们的东邻蓄意侵略我们，造了“本部”一名来称呼我们的十八省，暗示我们边陲之地不是原有的；我们这群傻子居然承受了他们的麻醉，任何地理教科书上都这样地叫起来了。这不是我们的耻辱？然而推究这个观念的来源，和《禹贡》一篇也有关系。《禹贡》首列在《书经》，人所共读，但是没有幽州，东北只尽于碣石，那些读圣贤书的人就以为中国的东北境确是如此的了。不搜集材料作实际的查勘，单读几篇极简单的经书，就注定了他的毕生的地理观念，这又不是我们的耻辱？

我们是一群学历史的人，也是对于地理很有兴趣的人，为了不忍坐视这样有悠久历史的民族没有一部像样的历史书，所以立志要从根本做起。《禹贡》是中国地理沿革史的第一篇，用来表现我们工作的意义最简单而清楚，所以就借了这个题目来称呼我们的学会和这个刊物。我们要使一般学历史的人，转换一部分注意力到地理沿革这方面去，使我们的史学逐渐建筑在稳固的基础之上。我们一不偷懒，二不取巧务名，因为地理是事实并且是琐碎的事实，不能但凭一二冷僻怪书，便在发议论。我们一方面要恢复清代学者治《禹贡》、《汉志》、《水经》等书的刻苦耐劳而谨严的精神，一方面要利用今日更进步的方法——科学的方法，以求博得更广大的效果。

他们还制订了具体的工作计划：写出一部可以供一般史学者阅读的中国地理沿革史，编成若干种详备精确而又合用的地理沿革图，编成一部可用、够用、精确而又详备的中国历史地名辞典，在清人研究的基础上将每一代的地理志作详密的整理。还要提出若干关系自然地理、社会和政治方面而自己所不能解决的问题，征求科学家和有关学者的解答。

《禹贡》的第一、第二期是由顾颉刚编的，第三期由谭其骧编。他毕竟缺乏编杂志的经验，稿子排出来后是26页半，装印不便，临时由顾颉刚补了三个短篇和校记，凑满32页。

1934年8月中旬，顾先生因母丧南归，请假期间《禹贡》的编务及燕京、北大的课程均由谭其骧负责。11月下旬，顾先生回北平。次年1月底至5月初，顾先生南归度假及葬母，谭其骧单独编了《禹贡》第三卷第一至第五期。

和而不同：顾谭之争

在离开北平前的1935年1月8日，顾颉刚向谭其骧提出合编一本中国地理沿革史，谭答应先试写一部分。但顾颉刚到上海后即与商务印书馆签订了出版《中国地理沿革史》的合同，希望尽快写出，致函催促谭其骧。谭其骧复函顾颉刚，答应不久将先寄出一部分。虽然谭其骧已经开了三年的沿革地理课，又写过一些专题论文，但动笔后却发现写沿革史并非如此简单；加上独自编《禹贡》和上三个学校的课程，深感力不从心，《禹贡》第三卷第一期也迟出了一星期。3月6日，顾颉刚得知后十分不满，在日记中写道："季龙编《禹贡》太不上劲，三卷一期，予送他多少稿件，而尚须迟一星期出版，真有'才难'之叹！"次日，他向谭发出一函，除催促沿革史外，又提出《禹贡》务必不能脱期，信中对谭颇有责难。13日，顾颉刚收到第一期《禹贡》，又生"才难"之叹："《禹贡》第三卷一期寄到，错字满目。甚欲想一能任校对之人，而竟无之，不胜'才难'之叹。季龙为何如此不中用?"（当天日记）正在此时，谭其骧的回信也到了，针对顾的诘难诉说了自己积郁已久的烦闷，谈道："自己不能安心写一篇比较像样的文章，不能好好儿看一点不为做文章而看的书"。

3月18日，顾颉刚给谭其骧写了一封3000多字的长信，告诉他《中国地理沿革史》"书肆之约已定，不可愆期"，"请将大作已成者及其他必要之参考书"寄来，"当急遽写成，寄沪而后回平也"。接着又就谭对自己烦闷和繁忙的诉说，谈了他的看法："这个愁闷不是某人某人加给你的，乃是这时代、这国家加给你的。""兄之忙，从表面看来都是我给你的，……但你须知道，……乃是我想帮助你。”他力劝谭其骧应面对现实，“最苦的一件事，就是做了现代的中国人，无论你学问怎样好，无论你将来的学问可有多大的成就，而依然不能不顾生计问题，依然不能不受生计问题的压迫”。“所以，你固然忙得没办法，但这忙是在社会上奋斗所不得不经过的难关；而且这忙的性质是一贯的，并不是乱忙。……所以，我劝你尚友古人固是要‘论世’，评论今人和为自己计划也应‘论世’。须知今日决不是乾嘉承平之世，……我们的不成熟的作品，并不是我们自己的罪过，乃是受了时势的压迫，不得不然。只要我们不存心欺世，发见了自己的错误就肯改正，那就对得起这时代。若一味希望‘水到渠成’的作品，这仿佛责乞儿以鱼翅席，得无望之太奢乎！”

顾颉刚说：“我深知和你性情学问有很不同之点。龚定庵诗云‘但开风气不为师’，拿适之先生的话来说，开风气者是敢作大胆的假设的，而为师者是能作小心的考证的。这两种精神固然最好合于一个，但各人的才性不同，不得不有所偏畸。我是偏于开风气，你是偏于为师，这是没法强同的事情；但正有此不同，故得彼此救敝。这半月刊由我们二人办，以你的郑重合上我的勇往，以相反而相成，事就做得好。……不幸你不甚热心，弄得偏重到我的肩上。”

对《禹贡》的办刊方针和方法，顾颉刚重申了他的看法：“我说《食货》篇幅多，《禹贡》不应少，为的是有了比较。你说东西好坏在质不在量，不必计较这个。你的话固然很对，但你的经验实在不够。试问懂得质的美恶的，世上能有几个？大多数人是只懂得量的多少而已。你将说，办这刊物何须取悦于大多数人！学问之道何必妥洽于一班庸众！话说得自然对，但试问《禹贡》半月刊的基础建设在哪里？如果订户与零售减少，我们能不能存在？”“去年我奔丧时，曾请你收一部分软性的作品，例如地方风俗之类。这种事很易，只要出一题目，叫学生每人写一篇，就可挑出十余篇应用。但你似乎没有照办。单靠沿革史，固有永久的价值，但必不能得群众点头。”“说到分量的凑足，并非坏事，亦并非难事。要胡乱发议论，增多篇幅，固然不对。但以中国历史之长，地域之广，多的是材料。我们于议论文重其质，而材料文重其量，这就没有缺稿之虑了。（例如柳彭龄君一文，你所删去的，仍可另立一题而发表。）”

信写完后，顾颉刚意犹未尽，在日记中写道：“季龙纯粹为一读书人，自不能耐烦作事。但要生在这世上，又何能奚落此事。《禹贡》半月刊原是他自己事业，乃予在平他丝毫不管，予走后他编了一两期就起怨恨。此等人看谁能与之合作？予处处提拔之而反被埋怨，其可气也。”

但顾颉刚的信并没有说服谭其骧，他于23日复信，说本来没有能力编辑《禹贡》，也不可能在短时间内写出一部沿革史，所以勉强从事只是遵顾先生之命；对顾的其他批评也申述了自己的看法。因此顾颉刚在28日又给他写了一封3000多字的长信。

顾颉刚写道：“一个人的才性不能勉强，我没有认清你的才性，徒然加给你工作，这诚然是我的不是，但这不是我勉强加给你的，而是我请求了你，你自己答应的。我此来携有日记，在日记上一查，知你答应同发起禹贡学会，出版半月刊，是廿三年二月四日在斌泰吃饭时事，你答应编地理沿革小史，是廿四年一月八日在我寓里的事。我固然没有认清你的才性，而你自己却也没有认清自己的才性，否则那会乱答应呢！”

接着，顾颉刚对“中国知识阶级的不济事”大发感慨，联系到自己参与过的新潮社、朴社、景山书社、技术观摩社等都不能善终，感到“真是使我伤心极了”，说：“中国人为什么竟不能合作？我为什么永远找不到一个合作的伴侣？”又谈到他之所以要个人出版《禹贡》，而不在一个机关，是因为以前在北大编《歌谣周刊》和《国学周刊》，在广州中大编《语言历史研究所周刊》《民俗周刊》都是人一走就烟消云散，“我办《禹贡》，就是要避免机关中的厄运，让我用一个人的能力维持下去”。他表示下学年决计不离开北平，把《禹贡》办下去。“但是这个刊物，终究有一半为了你而创办的”，所以，他与谭约定：“此后你应当担负下列两个责任：（1）你常做小篇的考据文章。（2）凡属于汉以后的沿革文字，我把排样寄给你看；如有大笑话，请你改后寄我，免得又有‘唐三十六道’等语句出现。此外都由我来做，好吗？”

顾颉刚认为他们的分歧之一，是创办刊物的胸怀太不相同。“我办这刊物，因要使你成名，但世界上埋没了的人才何限，可以造就的青年又何限，我们纵不能博施济众，但也应就力之所及，提拔几个，才无负于天之生才。”他举钟凤年、孙海波、马培棠三人为例，说明通过《禹贡》“使许多有志有为的人都得到他的适当的名誉和地位，岂不是人生一乐”。“所以我们若为自己成名计，自可专做文章，不办刊物；若知天地生才之不易，与国家社会之不爱重人才，而欲弥补这个缺憾，我们便不得不办刊物。我们不能单为自己打算，而要为某一项学术的全部打算。”

其次是治学方法的差异。“现在研究学问，已不是一个人目不窥园可以独立成就的，分工合作乃是避免不了的方式。你要一个人编一部《中国地理沿革史》，而实际上是无数人帮着你编。一个人精神有限，对于一种学问，无论怎样用心，必有看不到的材料，想不到的问题。几个人一讨论，就都看到了，想到了。你说你不赞成编《禹贡》，试问你将来编纂沿革史时能否不看《禹贡》?”

再次是工作精神的不同。“你说我的笔头快，也是当编辑的便利，这话也可商量。诚然我写字快，写议论文章也快……但考据文字，你要查书，我也要查书；你要整理材料，我也要整理材料；彼此便没有大差异。实告诉你，我的作文是拼了命的。”在叙述了他因写作致病的经过后，他说：“所以常对我妻说：‘别人只知道顾颉刚以作文成名，解决了生计问题；谁知顾颉刚的奋斗生涯是这样艰苦的！’”他告诫谭：“你如不欲解决生计问题则已，如果打不破这现实的需要，而犹欲解决之，那么，照你这样慢吞吞地干去是不成的。一个人有一个人的才性，我固然决不该希望谭季龙也成了顾颉刚，作同样的艰苦奋斗；但至少也须把精神紧张起来，才可在社会上打出一个自己的地位。”

最后，顾颉刚批评了谭其骧的骄傲，指出对人对己要全面看：“这三四年中，我在燕大里，或在城里，很听得人家批评你的话，归结起来不外‘骄傲’二字。你这次来信说，许多人不给你稿子。我看，这二字就是一个重要的理由。”“你的骄傲，是瞧不起人，觉得人家是浮薄，是平庸，是孤陋。实则一个人总是多方面的，有坏处也必有好处。从坏处看，但觉得可厌，而从好处看，则又觉得可亲。就把你来说，你在学问上很不苟且，不肯随便写作，这是好处。你在办事上十分马虎，以至答应了的事情不做，定期刊物变成了不定期，这是坏处。如果我的眼睛只看见你的坏处，那么，我真不值得把你做朋友。但我不是这样的人，我也见到你的好处，所以要写这样的长信来给你，希望你前途可以减少不幸的遭遇。你如此，别人当然也如此。”

顾颉刚在信的结尾写道："不知你能受我这'尽言'否？但无论能与不能，总希望你把我这两封信保存起来，到将来受到别方面挫折时候，再拿来一看，我想你必可在这两封信上找到些橄榄味儿。"在当天日记中，他记下这样的话："写季龙信，心中一畅快。他如见我此信而犹不动心，则予亦未知之何也已矣！"

南下广州　告别《禹贡》

1935年5月初，顾颉刚回北平，《禹贡》从第六期起仍由他主编，谭其骧协助。至暑假，谭其骧决定应广州学海书院之聘，正式向顾颉刚辞去《禹贡》编务和学会事务。顾无法挽留，心中却十分惋惜和遗憾，在谭其骧向他辞行的当天又在日记上写下了"才难"之感。《禹贡》改由顾颉刚和冯家升主编。

谭其骧之所以要应学海书院之聘，一方面是经济原因。他的家庭早已没落，父亲长期抱病在家，唯一的固定收入就是出租房屋的租金，所以他每月要寄一笔钱回家奉养双亲。在他长期保存着的几封他父亲的来信中，常常可以看出经济上的压力，如："一日挂号信及汇款十五元均照收悉，勿念可也。来信谓尚有十五元拟待八月底再寄，亦好。惟汝母嘱问：汝所说前欠寄家用款（即此次收到之十五元及八月底再寄之十五元），不知究系何月？因汝向来汇寄贴款，从未指明何月，故汝母亦不得而知。又问此款既属前欠之款，则阳历八月份本月份如何？须于何时方可寄来等语。"又如："汝母因今年年底我家间壁之租户方姓于阳历去年十二月一日迁出，租屋空关，年终又少一笔进益，要想汝弟兄中各就可能范围内，于年内多寄若干，以补不足。亦就此一遭，下不为例之事。急盼复我知之。"这年春天辞去了北平图书馆馆员之职后又缺了一份固定收入，靠在北平"拉散车"的薪水往往入不敷出。当时禹贡学会还没有获得张国淦的捐赠和中英庚款的资助，《禹贡》半月刊到第三卷开始才收支相抵略有余存，在此前他与顾颉刚经常在月捐20元之外再作临时捐助，编《禹贡》及为《禹贡》写稿都是尽义务，经济上自然只有损失。就在此前不久，谢国桢已介绍他认识了李永藩，他自然不得不考虑未来结婚的费用。到学海书院当导师可以得到相当于在北平当教授的工资，经济上不会再有问题。

另一个原因是其他老师的作用。邓之诚先生对他相当器重和关怀，曾以一联相赠："释地正堪师两顾，怀才端欲赋三都。"（"两顾"指明末清初学者、地理学家顾炎武，著有《天下郡国利病书》《肇域志》等；顾祖禹，著有《读史方舆纪要》。"三都"指西晋左思所作《三都赋》，曾引起洛阳纸贵。）足见期望之殷。学海书院是广东军阀陈济棠委托张君劢办的，张自己忙于搞政治活动，无暇办学，就推荐张东荪当院长。张东荪本是燕京大学哲学系教授，与邓之诚熟悉，就向邓要两个教历史的，邓推荐了谭其骧和姚家积。谭其骧在犹豫之际征求过洪业的意见，洪也力劝他离开北平。邓之诚和洪业都认为谭其骧学术上前途无量，应该集中精力做学问，跟顾颉刚搞学会、编《禹贡》只会荒废学业。

不过最重要的原因似乎还是他与顾颉刚在治学、处世、为人方面的歧见。顾颉刚在信中将自己称为"开风气"者，而把谭当作"为师"者，实在是一语中的。如果真能做到"以你的郑重合上我的勇往，以相反而相成"，无疑是最佳组合；但实际上却办不到。

顾颉刚做学问倾向于大胆假设，想到的观点就要见诸文字，立论恢宏而不计小疵。谭其骧则善于小心求证，非有十分把握不发议论，非有十分证据不写文章。顾颉刚认为新的观点要赶紧发表，学术文章能多写快写的，也不能为求成熟而拖延。在《禹贡》第二期的《编后》中，他说："谨慎的前辈常常警诫我们：发表文字不可太早，为的是青年作品总多草率和幼稚，年长后重看要懊悔。这话固然有一部分理由，但我敢切劝青年不要受他们的麻醉。在学术上，本没有'十成之见'，个人也必没有及身的成功。学术的见解与成就，就全体言是一条长途。古人走到那里停下了，后人就从他停止的地方走下去；这样一代一代往前走，自然永有新境界。就个人言也是一条长途，你要进步，就得向前走。"谭其骧则以为文章千古事，自己都不满意如何能发表？学术研究不能赶时间。如在学术争论中，他们可以相得益彰，但要合作完成一项事业，又没有第三者来协调，就只能南辕北辙。

如对《中国地理沿革史》，顾颉刚认为谭其骧既然已讲了几年沿革地理，有现成的讲稿，据以成书又有何难？只要不拖拉，有个把月时间就够了。谭其骧却觉得自己对沿革地理尚缺乏研究，讲稿可以采用前人成说，或重复旧说，写书就不能马虎，非经过研究，有自己见解不可，因而不愿从命。实际上，顾颉刚早有写一部《中国古代地理沿革史讲义》的打算，在《禹贡》创刊号的《编后》中曾写道："预计这几年中，只作食桑的蚕，努力搜集材料，随时提出问题；希望过几年后，可以吐出丝来，成就一部比较可靠的《中国古代地理沿革史讲义》来（我只敢说讲义，不敢说真正的沿革史，因为要做一部像样的史是数十年后的成就），让愿意得到常识的人有地方去取资。"在顾颉刚心目中，这本书不过是带普及性的"讲义"而已，何况已与商务签约！谭其骧既然坚持不干，就只得另找他人。顾颉刚有此不满，以后出版时既没有署上谭其骧的名字，也没有说明此事的过程，但此书秦汉以后部分自然离不开谭其骧的讲义，这就引起了知情人的不平。

又如作为禹贡学会一项重要工作的沿革底图的编绘，是由顾颉刚和郑德坤编纂，吴顺志、张颐年绘制的，从1933年3月至1934年4月已完成39幅，由谭其骧负校订之责。顾颉刚认为很快可以问世，所以在《禹贡》刊出《〈地图底本〉出版预告》，说"此后谭先生校好几幅，即付印几幅"。但经谭其骧审校后，原稿几乎全部作废，至年底时能够付印的仅12幅。

顾颉刚办事气魄大，富有进取心和想象力，可以同时开启多项事业，而且都有庞大的计划，但往往对困难估计不足，一些计划不得不半途而废。对此，燕京大学的洪业曾经叫苦不迭，因为他是哈佛燕京学社在燕京大学的代表，顾颉刚等申请的项目都是由他经手办理的，但到了规定完成的时间，顾颉刚往往无法拿出预定的成果，或者只能用与原申请计划不相干的成果充数。这倒不是顾颉刚不愿意或不可能完成，实在是手中的工作太忙，开展的项目太多。《禹贡》发刊词列出的学会工作计划有六项，实际上直到1937年学会因日寇侵略而停止时，这六项任务中只有第一项勉强能算完成，其余都还差距甚远。但学会的计划和进行的活动都在不断增加，远远超出了这些范围，相反原定的任务并没有都落实，顾颉刚认为是正常的发展，谭其骧却觉得有违初衷。

顾颉刚希望学会迅速扩大，要求《禹贡》半月刊的篇幅应该不断增加，认为对文章的质量不能要求过高，只要保证有一半或三分之一的高质量文章，其他的内容过得去就可以了，更不能为了稿件的修改而造成脱期。在《禹贡》出满12期时，顾颉刚写了一篇《后记》，他针对一些人以《禹贡》“性质太专门”“看不懂”，认为“若只顺应了环境作事，这种不费劳力的成功，有何可喜！这种迎合潮流的心理，又有何价值”。同时又指出：“但若永远板着脸说话，专收严整的考据文字，在没有这方面兴趣的人必然是望而生畏的，这决不是引人入胜的好法子。所以我个人主张，只望材料新，不怕说得浅。”他并以《食货》杂志篇幅迅速扩大为例，促使谭其骧改变主张。他说：“一个唱戏的名角，他所受的捧场，内行远不如盲目的群众为多，倘使他失去了群众，他能不能靠了几个内行吃饭？天下本来先知先觉最少，不知不觉最多，然而先知先觉者的能自下而上与否，完全决定于不知不觉者的肯捧与否。”谭其骧既不以《食货》的做法为然，也不同意顾颉刚这样的看法，他认为一种学术刊物最重要的是质量，而不是数量；脱期固然不好，草草出版更坏。所以尽管顾颉刚要他编入或组织一些稿件，他却不愿意采用。

顾颉刚奖掖后进不遗余力，对青年学生几乎有求必应，他常采用的方法是将题目布置给学生，让他们写成文章，然后加以修改和补充后在《禹贡》发表。这对于青年学生自然是莫大的鼓舞，甚至就成了他们走上学术道路的第一步。谭其骧显然并不同意顾颉刚这些办刊方针，他认为，学生作业中基础好的可以修改后发表，但不能降格以求。他虽不反对发表游记和风俗志一类文字，却坚持要有一定的学术性，否则就不像《禹贡》了。从培养学生的角度出发，同时也为了刊物的生存和发展，顾颉刚的主张无疑更正确，但更加执着于学术的谭其骧却不能接受。

顾颉刚主张对各类人兼收并蓄，所以很快为禹贡学会的筹备组织起一支人数可观的队伍，但也难免有个别既无能力又不愿踏实工作的人混迹其中。当时燕京同学中有一位颜某、一位李子魁，因学问平庸，为人华而不实，被大家戏称为“颜李学派”。李子魁善于迎合顾颉刚，对顾交办的事十分卖力。顾认为李子魁资质“低诚无庸讳，但他做事的忠诚则为同学中少见。如果没有他，《禹贡》的经费就不会收到这样多”。所以他要谭其骧将李子魁的文章尽量发表，在谭表示无法修改时，顾不惜要谭以同一题目重写，然后以李的名义刊出。如在《禹贡》第六卷第六期（1936年11月）刊有一篇署名“李子魁”的《汉百三郡国守相治所考》，前面有顾颉刚的按语："去年李子魁君为本刊作《西汉郡治综录》，由王先谦《汉书补注》中录出诸家之文。以其颇多浮词，交谭其骧君剪裁之。谭君毕意考求，裁成定稿，辞寡而事明，虽谢山（全祖望）、竹汀（钱大昕）无以逾之。易以今题定稿，仍署李作。敬志于斯，籍章让德。"内行人不难看出，李子魁的原稿根本算不上什么研究，重新撰写的论文与他实在没有什么关系。谭其骧以为这种做法不妥，然还是照办了，李却因之而颇自得。但这位李君其实并不忠诚，以后在杨守敬、熊会贞《水经注疏》整理稿本流布的过程中也扮演了一个很不光彩的角色，详见陈桥驿所著《关于〈水经注疏〉不同版本和来历的探讨》（载《中华文史论丛》1984年第二辑）。

顾颉刚稿约甚多，他一般有求必应，但对一些不太重要的或应酬性的文字，他往往找人代笔，有时讲一些观点，有时就让人家照题目写，有时他修改一下，有时连看也来不及看。他这样做或是为了在经济上帮助学生或同人，写出来的文章虽用他的名义发表，稿费却都让执笔人拿。而学生或青年学者的文章合署上他的名字后，不仅很快就能发表，稿费也能拿得高，对解决经济困难不无小补。新中国成立后，贺次君一度因为"政治问题"找不到工作，更不能发表论著，顾颉刚就让他代笔，收入《中国古代地理名著选读》第一辑（科学出版社1959年版）的《禹贡》（全文注释）就完全出于贺次君之手。后来有人对其中将江源释为今嘉陵江的说法提出异议时，顾承认自己当时并没有看过。谭其骧的做法截然不同，他不愿找人代笔，也不愿为人代笔，他对顾先生这种做法颇不以为然，即使是为了别人的经济困难。所以他一生连与别人合作的文章也很少。

顾颉刚交游之广，在北平罕有其匹，他不仅结交学界，也结交政界、商界，来往的不仅有中外教授学者、青年学生，还有党国要人、地方军政大员、宗教领袖、社会名流。1936年，为了到北平研究院上班和应酬之便，他购置旧汽车一辆，这在北平学界是绝无仅有的，因此邓之诚说："顾颉刚是要当大总统了。"其实他并无政治意图，更不想做官发财，只是想通过自己的交游扩大学术影响，为学术活动寻求经济上的资助和政治上的保护。这些活动无疑给他的事业带来很多好处，禹贡学会能得到前教育总长张国淦的资助和中英庚款委员会的大笔补助，对边疆史地和现状的调查研究能够开展，若没有顾颉刚的广泛交游是完全不可能的。又如他任社长的通俗读物编刊社一度有工作人员40人，每周可出版8种读物，每种第一版就可发行10万册，固然是因为适应了抗日战争的需要，但也得益于南京国民政府和二十九军军长宋哲元等地方实力人物的支持。但谭其骧性情淡泊，寡于交游，疏于应酬，不愿为学术以外的事花费时间，就是与几位情谊甚笃的友人也相交如水。胡适当时是北平学界第一名人，青年人都以受胡适之知为荣。顾颉刚不止一次向胡介绍过谭其骧，并在信中对谭大加赞扬，但谭从未去见过胡适。笔者曾问他为什么，他答道："不为什么，就是因为没有什么事要见他。"陈寅恪也是声望极高的名教授，不少人攀附唯恐不及。谭其骧的好友俞大纲是陈寅恪的表弟，陈寅恪曾向他问过谭其骧的情况，谭其骧得知后也没有去见陈寅恪。年轻时如此，功成名就后依然如此。这样的性情对治学固然有益无害，但要办学会、编刊物、拉稿子、求赞助就无计可施了。

顾颉刚说没有了解谭其骧的才性，这是事实。他对胡适的介绍虽然并非过誉，但他大概没有了解谭其骧的另一面。谭其骧有的文章的确写得很慢，而且拖得很久。像地理沿革史，不但顾颉刚要他写的始终未写出来，连他自己的书也一直没有写成，1981年开始我们作过几次努力，但直到他逝世都没有能促成他写出一部中国历史地理概论。他最讨厌的一件事，就是别人要他限期交稿，即使期限很宽，或者作了多次推迟。1980年他作了中国七大古都的报告后，《历史教学问题》向他约稿。笔者以为只要将记录整理出来，请他改定即可。岂料上篇刊出后，他迟迟不改出中篇来，急得杂志一位编辑天天到他家去催。笔者问他是不是整理得不对，他说："不关你的事，报告中我是这样讲的，但现在觉得不妥当，一时又想不出更好的说法，所以只能拖了。"结果，隔了一期后才写出中篇，下篇则始终未能写出。笔者问他，你编《禹贡》时也是这样吗？他坦率地承认："差不多。但顾先生在北平时由他做主，他等不及了往往自己动手，或者换上其他稿子。他不在北平时就糟糕了，他隔几天就来信催，有时凑不满像样的稿子，免不了脱期，他很不满意，我也很痛苦。"在质量和期限面前，谭其骧会毫不犹豫并无条件地选择质量，脱期或不发表也在所不惜。作为作者，这应该是很大的优点；但作为编者，这无疑是致命的缺点；不幸顾颉刚选择他当了编者。

还有些事是顾颉刚不了解具体情况而产生的误解。如他认为谭其骧在北平要不到稿子是因为骄傲，人家不愿意把稿子给他。实际上愿意将质量高的文章交给刚问世又没有稿酬的刊物的人毕竟有限，顾已是名教授，在北平名气大，交游广，别人卖他的面子。就是这样，因为他见了人又拉稿又要捐款，一些人还有意躲着他。谭其骧是刚步入学术界的年轻人，又不善于交游，就是不骄傲也是难拉到稿子的。顾颉刚认为俞大纲出身世家，生活优裕，不会踏实做学问，所以对谭其骧与他交往颇有异议；而当时谭其骧、俞大纲等都还是二十几岁的青年，少不了一起看看戏、上馆子喝喝酒；顾颉刚在给谭其骧的另一封信中告诫他不要沾染“江浙名士习气”，是有所指的。

不过顾颉刚、谭其骧都不愧为“和而不同”的君子，事情过后都不再提及。谭其骧离开北平后，遵守对顾颉刚的诺言，继续为《禹贡》撰文审稿，《禹贡》也不时刊出他的文章来信。1936年5月24日，禹贡学会在燕京大学举行成立大会，选出的七位理事中就有正在广州的谭其骧（其余六位为顾颉刚、钱穆、冯家升、唐兰、王庸、徐炳昶，候补理事为刘节、黄文弼、张星烺三人）。当年夏天，陈济棠反蒋介石失败下台，学海书院被封，顾颉刚在为历史系向校长司徒雷登争取到5000元追加款后就聘请谭其骧为兼任讲师，谭其骧回北平后也还是学会积极的一员。1953年，顾颉刚与章巽合编成《中国历史地图集》后，特请谭其骧审校。1979年，中国地理学会历史地理专业委员会筹备出版《历史地理》丛刊时，谭其骧任主编，顾颉刚是两位顾问之一。总之，他们一直保持着良好的师生和朋友的情谊。

至于《禹贡》半月刊，在顾颉刚和冯家升的主编下，出到了第七卷。七七事变后的7月16日，第十期发行，自此即被迫停刊，共出了7卷82期。禹贡学会会员星散，不得不停止活动，在北平的房屋、图书资料先后由赵贞信、冯世五、吴丰培等守护，得以保全。抗日战争胜利后，顾颉刚于1946年2月由重庆飞回北平，3月10日在太庙（今劳动人民文化宫）召开了禹贡学会复会会议，会员30余人和苏秉琦、商鸿逵等15名新会员到会。会议决定在《禹贡》半月刊一时无法恢复的情况下，先在《国民新报》上辟一专栏——《禹贡周刊》，由王光玮、张政烺、侯仁之主编。《禹贡周刊》出了10期，又因时局多变，资金无着而停刊。

新中国成立后，民间性质的禹贡学会已不适应需要，顾颉刚于1954年8月应召进京任中国科学院历史研究所第一所研究员后，就与学会原理事、监事商议，作出了正式结束学会的决定。1955年2月6日，禹贡学会理事、监事在民族学院开会，决定将房屋捐献给政府，图书赠送给民族学院，刊物分送给各大学及图书馆，所存现金慰劳军队，“禹贡学会从此终了矣！”（顾颉刚当天日记）顾颉刚的心情于此可知。

1990年，辽宁省社科院孙进己研究员向谭其骧提议重印全部《禹贡》半月刊，邗江古籍印刷厂周光培厂长乐意承担。考虑到海外虽已影印，但价格昂贵，大陆学者使用不便，谭其骧欣然同意，并提供了他所珍藏的全套刊物。所缺的10期《禹贡周刊》也由顾颉刚家属提供复印件配得8期。当时谭其骧是《禹贡》前后三位主编中唯一健在者，出版社请他为重印写一篇前言，岂料他在次年发病，未能写成。1992年底，重印的《禹贡》出版在即，笔者只能写下一段《重印后记》，了却了谭先生的遗愿。

重回北平

学海书院设在广州东山中山路1号。谭其骧任导师（相当于教授），主讲《汉书》和“三通”（《通典》《通考》《通志》）研究。他比较熟悉的同事有瞿宣颖、陈同燮、缪钺和燕京大学出身的许宝骙、姚家积、姚曾廙三人。瞿宣颖字兑之，以后以字行，是清末军机大臣、大学士瞿鸿禨之子，此前曾在国史编纂处、北京师范大学任职，《禹贡学会募集基金启》中曾提到他为北平研究地方志的学者，因而谭其骧在北平时就认识。新中国成立后瞿兑之任中华书局上海编辑所特约编辑，与谭其骧也有来往，1973年逝世。陈同燮新中国成立后在山东大学任教。缪钺字彦威，之后又成为谭其骧在浙江大学的同事，相交甚笃；新中国成立后任四川大学历史系教授，与谭其骧书信来往不绝，晚年还有交往。许宝骙与李永藩有亲戚关系，在谭其骧与李永藩结婚后关系更为密切。许宝骙在反右时被错划为右派，改正后任民革中央常委，是《团结报》的首任主编。姚曾廙解放后也在上海工作，与谭其骧过从甚密，谭、姚两家人都经常来往。

学海书院的课务并不忙，但当时广州的学术条件远非北平可比，加上语言不通，谭其骧的活动一般仅限于校内和同事之间。但他还是没有放弃对移民史研究的兴趣，对广东先民的来源作了一番考证，写成《粤东初民考》一文在《禹贡》发表。他提出："有史以来最先定居于粤东境内者，实为今日僻处于海南岛之黎族，汉唐时称为'里'或'俚'者是也。"在此研究过程中，他首次注意到了南朝高凉冯氏之妻、黎族的冼夫人的巨大贡献，认为"冼氏为俚族第一伟人，佐其夫及子若孙三代，历事梁、陈、隋三朝，先后讨平李迁仕、欧阳纥、王仲宣诸乱，梁、陈易代之际，皆能保境安民，一方为之晏然"。以后他一直想著文宣扬这位杰出的黎族妇女，但都未能如愿，直到1988年才写成《自汉至唐海南岛历史政治地理——附论梁隋间高凉冼夫人功业及隋唐高凉冯氏地方势力》一文，在《历史研究》发表。

在沿革地理方面，他完成了《〈补陈疆域志〉校补》一文。《补陈疆域志》四卷，臧励和所著，收入由王伯祥主编的《二十五史补编》。谭其骧读到校样后，发现仍有可校补处，到广州后就利用以往读《陈书》《南史》积累的资料，写下了百余条考证，还对臧书的体例提出了七点意见，发表于《禹贡》第五卷第五、第六期。

1936年暑假，谭其骧回北平休假，住在岳父家中。正在此时，陈济棠发动反蒋战争，但部下余汉谋被蒋介石收买而倒戈，陈济棠失败出走，学海书院被余汉谋封闭。谭其骧闻讯，只得托同事王某将留在广州的行李物品交旅行社运回北平，同时在北平谋事。经顾颉刚推荐，由燕京大学聘为兼任讲师。8月22日，禹贡学会首届理事、监事会在燕京大学举行，会议推举顾颉刚为理事长，于省吾为监事长。谭其骧虽被推为学会理事，但除为《禹贡》写稿外，没有再参与其他活动。

9月，从岳父家迁出，在辟才胡同租房居住。李永藩从娘家带来了小丫头、老妈子、厨师和管家（就是那位发喜帖不贴邮票者），为了与这样的排场适应，房屋租了十几间，开销一下子大了许多，谭其骧叫苦不迭。因为房屋有余，姚家积、姚曾廙合住在谭家。不过当时谁也没有想到，这番好意却导致他与姚家积之间不愉快的结果。11月，长子德睿出生。

潘光旦在清华大学任社会学系教授兼教务长，他一向赏识谭其骧的才干，为了在经济上给予帮助，就将谭其骧聘为社会学系助理研究员，作开课准备，到1937年3月在系内开了“近代中国社会研究”一课。此前，谭其骧从未作过近代社会史研究，又没有合适的参考书，但仗着在北平图书馆期间的广泛涉猎，又从方志中找了一些各地风俗方面的资料，他编出了一本讲义，作为上课的教材。20世纪80年代初，有人向他建议出版这本讲义，他坚持不同意，说：“这是当时应付上课的，实在很不全面。”因此，直到谭其骧去世后20年的今天，这份讲义还未出版。人民出版社要笔者编辑《谭其骧全集》，笔者尊重他的遗愿，不收入这类他本人不愿出版的讲义、摘记、未完成的文稿。对这一学期听课的学生，他没有留下什么印象，但清楚地记得点名册上有蒋南翔的名字。不过蒋南翔当时是职业革命家，从来没有上过课。1982年7月，笔者陪他在京西宾馆出席国务院学位委员会学科评议组会议，一次在电梯里遇见时任教育部部长的蒋南翔后，他告诉了笔者这件事。

燕京、清华都在北平西郊，每次上课从城里往返很费时间，加上住在辟才胡同的开销实在太大，春季开学不久，谭其骧迁居清华园的教员宿舍，所以虽还兼着燕京的课，平时倒是在清华的时间为多。他在清华交往较多的人有潘光旦、郑之藩（桐荪）、浦江清、俞平伯。郑之藩是数学系教授，也是他的姨表兄。俞平伯是唱昆曲的朋友，而俞夫人许宝驯又是李永藩的远亲。他与社会学系主任陈达、历史系主任刘崇宏并没有什么来往，只是认识而已。

当时，吴晗在历史系任教。还在上海暨南大学读书时，谭其骧就得知吴淞中国公学学生中有吴（春）晗其人，天分高而用力勤，深受校长胡适器重。1931年在北平的一次会议上他与吴晗相识，并了解吴晗与夏鼐是清华历史系学生中最出色者，但来往很少。迁入清华园后，与吴晗见面的机会多了，加上吴晗未婚，住单身宿舍，谭其骧常去他宿舍，两人谈得投机，渐成好友。

这一年间，谭其骧三次迁居，又得备新开的社会史课，投入学术研究的时间明显减少，见于发表的仅一篇《〈宋州郡志校勘记〉校补》（载《禹贡》第六卷第七期)。这是对杨守敬《宋州郡志校勘记》稿本所作的校正和补充。

七七事变爆发前几天，北平的形势已非常紧张，谭其骧让李永藩带着儿子先去了天津，在李家亲戚家暂住。北平沦陷后，他由北平乘火车去天津，车抵站时已近半夜，日本宪兵将旅客全部扣留，之后陆续释放，最后扣押旅客的屋内仅剩下数人，大家越来越紧张，他至次日早晨才获释。那天的经历算是有惊无险，谭其骧始终猜不出，日本宪兵究竟目的何在。

本来他准备携眷南下，但到天津没有几天，八一三战事又起，上海成为战区，他们只得暂留天津。9月，燕京大学照常开学，来信邀他回校任教。当时李永藩已经怀孕，谭其骧担心南方也不安全，又未必找得到工作，当即应邀回北平，仍在燕京教“中国沿革地理”。由于清华教中国地理的教师离开北平，无人开课，他又兼了清华的“中国地理”课。教沿革地理是驾轻就熟，教中国地理却是另起炉灶，备课颇费时间。地理中的人文部分谭其骧一向熟悉，自然地理中的地貌、水系等在沿革地理中有同样内容，也不难入门，最令他头痛的是植被、土壤。好在这一部分所占课时很少，又安排在学期最后，还对付得过去。开学前，清华大学历史系、社会学系也送来过一张自1937年9月1日至1938年6月30日的讲师聘书，每周五小时课，月薪135元，谭其骧因无法安排而未应聘。

回北平后在岳父家暂住，后又寄居在从伯谭新嘉家，1938年1月，长女德玮诞生在谭新嘉家。数月后，谭其骧迁居燕京大学东门外北河沿，这所房子新中国成立后成为张东荪的住宅，似乎是他们学海书院一段因缘的延续。

当时在燕京历史系的有他的老师邓之诚，顾颉刚已于1937年7月离开北平，系主任由洪业担任，教员中有他的同学韩儒林、聂崇岐、齐思和，侯仁之也已毕业留校。外系比较熟悉的有中文系教授郭绍虞和经济系教授郑林庄。

燕京的学生中，与谭其骧最亲近的是王钟翰和陈絜(矩孙)。王钟翰是湖南东安人，于1934年考入燕京大学历史系，当时已是四年级学生，次年升入研究院。王钟翰不仅才华出众，而且极重情义，谭其骧与他相识后结为知己，以后离开燕京单身去大后方时即以家事相托。王钟翰毕业后留在燕京任教，太平洋战争爆发后转往成都燕京，后去美国哈佛大学深造，1948年归国后仍在燕京大学讲授明清史，1952年院系调整时转入中央民族学院历史系，是著名的清史专家。陈絜是福州人，是清朝末代皇帝溥仪的师傅陈宝琛之孙，当时已是中共地下党负责人，后去延安，在高层机关工作，但新中国成立后蒙受不白之冤，直到“文化大革命”结束才获得昭雪，落实政策，任职于福建省政协。1986年6月谭其骧去福州参加学术讨论会，才与陈絜重新会面。40多年沧桑，令两位七旬老人不胜感慨。但这也是他们的永诀，几年后陈絜病逝于福州。

当时国难当头，旧友星散，或者咫尺天涯，相见不易，这从1938年7月27日周一良在天津给谭其骧写的一封信中可见一斑：

> 季龙四兄惠鉴：接奉赐书时，曾廙已行，渠往青年会，一良径函告之矣。近数日中兼获大纲、持宇两兄来书，俱以左右为念。大纲自称心境极恶，幽忧穷蹙怨慕凄凉八字足以尽之。庆曾已到平，阁下当已得悉渠近况也。持宇暑后为外人治清史，年酬六百元，兼领哈燕资金五百元，尚须为《亚洲学报》任译事，年得二百五十元，生活当无可虑，惟称为人作嫁，徒劳无补。且言洪先生不加援引，故哈燕仅有五百之数，颇幸幸也。一良耀华中学事不□，仍是寄生家中，读书自遣，南行约在冬末春初也。

邓嗣禹（持宇）于1937年去美国；俞大纲原在南京中央研究院历史语言研究所，已内迁四川；周一良也已在历史语言研究所工作，1937年夏返天津探亲而滞留。据其自传，1938年暑假曾在英租界女青年会为中学生办过一期暑期补习班，“耀华中学”或即指此。他信中打算冬末春初南行，实际迟至1939年秋才从天津转上海赴美国哈佛大学。信中提到的“庆曾”，是俞大纲的内弟邓庆曾，是协和医院的医生，也是谭其骧的朋友。

而远在美国的邓嗣禹给他写来的信，也没有任何令人愉快的消息：

> 美国人士多目中国为另一世界，能说出北平两字之音者千不获一，知北平在何处者万不获一。幸而有人问及北平是否与广东为邻者，盖已从广东洗衣服或开馆之华侨得知中国一二矣。一般美国人举不出一个中国人名

字，因其音难拼，又以其国富强，不屑记忆弱国人名也。乘坐电车，又以吾人系黄种，与黑籍人无大分别，多不愿与之同坐。普通民房，一见黄种人，又多不愿分租，而一切事务皆须躬自操作。美国人手一动，起码要美金二角五，代钉一外套纽扣亦是二角五，合国币将近一元。故在美国生活，决非前此想象之愉快也。……回忆吾辈过去生活，辄黯然神往，不禁感慨系之。

在初编《禹贡》时，为了应付版面，谭其骧曾将平时读《清史稿·地理志》时作的札记整理为《〈清史稿·地理志〉校正》，分两次发表在刊物上。在滞留燕京的两年间，谭其骧决意对清代的沿革地理作一番整理，首先决定写的就是《清代东三省疆理志》，即将清代在东北设置正式行政区域的过程考订清楚。当时东三省早已沦于日寇之手，并且建立了伪满洲国，谭其骧选择这个题目的用意是显而易见的，正如他在前言中所说：

有清疆理封略，内地率因明旧，更易者鲜；惟边陲为前代版图所不及，经营恢拓，自列置军府以迄创建郡县，其设治之沿革，境域之损益，多有足述者。白山黑水间为国族发祥之地，初年厉行封禁，自柳边以外，但列旗屯，渺无民居。中叶以后，法令渐弛。长春、昌图，创建于嘉庆；呼兰、绥化，滥觞于咸同。光绪初叶，始以开拓为务。于是鸭绿以西，接轸开原、伊通之东，至于五常、敦化，设官置吏，胥为州县。其后迭遭甲午、庚子、甲辰之难，益锐意于移民实边，下迨丁未建省，宣统改元，而哲盟十旗，多成井邑，长白千里，遍置守令，北极呼伦、瑷珲，东尽挠力、穆棱，举历古屯戍莫及之地而悉郡县之；诚国家之弘猷，民族之伟业也。辨厥疆理，尤治史者当务之急。

但到1940年下半年，还只完成了吉林、黑龙江二省的沿革和疆域部分，当时他已决定去大后方，遂将这些内容先在《史学年报》第三卷第一期上发表。

尽管由于燕京大学为美国教会所办，在日本占领下的华北俨然如世外桃源，但敌伪活动日益猖獗，渐渐难得安宁。如敌伪所办“新民学院”就曾多次派人来拉谭其骧去该院任教，并开出每节课100元的高价。眼看战事不是一两年可以结束，北平非久留之地，谭其骧萌发了投奔大后方的念头。另一方面，他在燕京大学始终是兼任讲师，既未转为专任，更难提升为副教授。邓之诚为此深为不平，让王钟翰向洪业说项。洪业直截了当告诉王钟翰，像谭其骧这样没有哈佛或美国大学背景的人在燕京没有什么前途，不如到其他学校发展。到1939年夏，谭其骧去意已决。8月10日，已在成都齐鲁大学任教的顾颉刚致函谭其骧：

闻兄有意南下，或至大理，诚一绝佳机会，将来南诏大理国志，望可成于兄手矣。刚不幸，来滇之后，先得舍弟讣音，继得家父噩耗，而困于时局，未得奔丧。身又屡病，先伤其足，近又犯虐，因虐失眠，困顿万状。云南材料未著录者甚多，可谓满地黄金。然既已任课，即不便出外调查。暑假虽有两月，而适逢雨季，道途难行。索居省垣，便与他处无异，看不到什么。去年过蜀，觉其地文化水准略高，书籍亦较易罗致。成都平原海拔四百米，而昆明则千九百余尺，多病或以此故。因应齐鲁大学之招，将于九月初赴蓉，借作易地疗养。兄如来滇，已不及相见。惟滇蜀交通，皆必有大发展，彼时刚必到滇一行，借识各族实状。而兄亦可到蜀中一游，赏三峡离碓之胜也。

谭其骧获悉王庸刚自浙江大学回到上海，即去信请他设法帮忙。王庸与浙大史地系主任张其昀（晓峰）是国立南京高等师范学校的同学，即向张介绍谭其骧，张其昀决定以副教授相聘，致电邀请。不久就寄来了1939年12月至1940年7月的聘书，月薪240元。11月9日，已在宜山浙大任教的燕京同学刘节来信，促谭其骧南行：

闻以中兄言，吾兄有图南之意，欣喜无似。晓峰兄闻此消息，已有电礼聘，谅蒙察及。若能早日南来，与费香曾兄同行到宜，至为企盼。在此一切均佳，缪彦威亦兄旧好，其他诸公皆诚笃可敬，晓峰兄属望尤殷，谅能令兄满意。

谭其骧接信后，即写信给在上海的费巩（香曾），询问浙大能否预支数月薪水，作为安家费和路费，费巩在23日回信：

续奉琅函，已电校询问，可否预支数月薪，得覆即当电告。顷由晓峰先生附来缪、刘二公函，亟为转寄，同侪仰望皆殷，固切盼文旌能惠然肯来也。前上一快信，详告种切，想已收到。弟早则三十，迟则下月四五日启程。

费巩是浙江大学政治经济学和西洋史教授，兼注册课课长，与谭其骧并不认识。当时他正在上海租界家中休假，估计因北平与大后方的通信不便，在王庸向张其昀推荐后，张即委托费巩与谭其骧联系，连刘节和缪钺的信也是通过他转发的。12月间刘节再次致函：

十一月二十九日手书藉悉兄台盼望之事。因此间校长是科学家，办事刻板，一般甚难商量，惟浙大前途颇有希望，兄又浙人，于患难中为校方帮忙，将来自有得益处也。南宁陷落之后，吾辈皆已北行，现留滞都匀，一时尚不能开学。兄如有意于此，请先来一电，由都匀浙大办事处转张晓峰兄。校址尚未定，大约在黔北诸县中。兄南来之路以经海防、昆明至贵阳最好，勿带家眷。日用品甚贵，可多带。天气温暖，不必重裘。

谭其骧致函费巩，决意应浙江大学之聘，浙大竺可桢校长也同意在上海预发400元旅费，费巩得讯后，于12月27日再发一信：

文旌仍作南下准备，尤足慰同侪之望。抵沪后可至中国科学社访杨允中先生，向支四百元作为预支之薪，以供旅费。杨处晓峰已有函接洽，可无问题。一年级在黔中都匀、独山间开课，二三四年级确址犹未定，大约二月间始可复课。（此系弟之推测，亦许可以早些亦未可知。）晓峰盼兄于成约即为定局，稍迟到校则固无妨。弟定元月六七日启程，从越滇去筑。将来台驾亦必取道此途，盼早抵申，俾能从容办理护照等事。中国旅行社查代，甚迅速，并可在港领取，故交办后一星期即可离沪。希望兄台能于二月间到黔，余俟抵筑再函告。

1940年初，谭其骧离北平去浙大就职。

第六章　遵义六年

1940年初，谭其骧已经作好了去大后方的准备。由于浙大友人的意见希望他不要带家眷，而当时他的儿子德睿不到4周岁，女儿德玮刚满2周岁，要携眷同行也不可能，所以决定将他们留在北平，并迁居城内。谭其骧将书籍寄存在许宝骙家中。许宝骙与重庆国民政府和中共都有秘密联系，负有特殊使命，他在北平的公开身份是大汉奸王克敏的秘书，他的太太常陪着王克敏的姨太太打牌，他家中自然是相当安全的。

奔向大后方

为了尽可能赶上寒假后开学，2月19日（农历正月十二）谭其骧由王钟翰护送，由北平乘火车到天津塘沽，然后他登上了去上海的轮船。2月24日船抵上海，他立即到旅行社办理越南的过境手续，果然十分方便。27日晚重新上船，次早启航，3月1日到达香港，谭其骧仅下船取了护照，没有观光就又回到船上，直至3月8日轮船最后停靠越南海防港。当时越南到处是中文标志，会说中文的人也很多，所以并没有什么出国的感觉。下船后，雇了一名挑夫挑行李，挑夫走得慢，他就先到旅馆投宿。在旅馆等了大半天，还不见挑夫的踪影，他身边除了所带川资以外一无所有，好不焦急。谁知挑夫是记错了旅馆，发现物主不在后又一家家地寻找，最后才找到了这家旅馆，倒使他虚惊一场。

谭其骧从海防乘火车到河内，又转滇越铁路至云南，在3月12日到达昆明。

他在昆明停留了一周，一方面是为了等滇黔公路的车票，另一方面是为了与吴晗、向达等友人会面。原来就在七七事变前不久，吴晗应云南大学校长熊庆来之聘，去云南大学当了教授。熊庆来本是清华大学数学系主任，深知吴晗的学识与才华，也知道凭他大学毕业才三年的资历，在清华只能长期当月薪百元的“教员”，不会有提升的希望，因此在执掌云南大学后就采取了这一有胆有识的举措。向达随北京大学内迁，当时正任教于西南联大。

谭其骧先找到吴晗，又由吴晗陪同，步行了20多里到黑龙潭向达的住处。当晚他们留宿在向达处，谈了一个通宵。分别虽只有两年多，却有说不完的话。他们谈了很多，但给谭其骧印象最深的还是大后方惊人的通货膨胀：吴晗刚到云南大学时月薪增加到300大洋，可以换成3000元滇币，而物价都是以滇币计的，非常便宜，所以老是觉得有花不完的钱，俨然是一位令人羡慕的年轻阔教授。不知何时，飞涨的物价已使他捉襟见肘，成了被人瞧不起的穷教书匠，尽管由于在西南联大兼了职，他的工资已经不止300大洋了。

谭其骧在3月20日离开昆明，一周后的27日才赶到贵阳以南的青岩，向浙江大学一年级分校报到，一个多月的旅程至此结束。《竺可桢年谱》中记录道：6月3日，晨偕胡刚复、李振吾及钱琢如、佘坤珊、朱福炘、谭其骧（季龙）等召集学生谈话。则此时谭其骧已在青岩正常工作。

流亡大学中乐育英才

青岩地处红水河的上游涟江之源，已是珠江流域，是一个由寨墙围绕的宁静小镇。浙江大学经过长途迁移流亡后，又从广西宜山迁到了贫瘠的贵州，一切只能因陋就简，青岩分校条件更差，但学生们的求知热情和学校的良好学风仍使谭其骧感到耳目一新，他在那里教一年级的公共课“中国通史”。

45年后的1985年4月，在浙大毕业生、贵州民族学院安毅夫院长的安排下，谭其骧重访青岩，笔者陪同前往。汽车由花溪驶出后，他就如数家珍地讲起有关青岩的情况。青岩寨墙完好，风景宛然。步入镇内后，只见陈旧的房屋和寥寥的行人，似乎与20世纪40年代无异。或许是他对物的记忆力不强，或者是这些建筑物过于缺乏个性，谭其骧没有找到当年工作和生活过的旧房，却沉浸在对故人和往事的回忆之中。

1940年10月，青岩分校结束，一年级迁至湄潭县永兴场。谭其骧于10月5日离开青岩，8日到遵义。因等待家眷的到来，在遵义校本部停留了两个月。10月11日，谭其骧出席竺可桢召集的史地研究部师生谈话会，参加会议的两位研究生中就有他指导的王爱云。

谭其骧离开北平后，王钟翰等不时来照料他太太李永藩的生活，邓之诚先生也很关心。他们觉得李永藩带两个孩子住在城里花费大，离燕京大学远，有什么事情照应不了，就建议她搬到燕京附近来住，于是李永藩迁入由他们找到的槐树街一所房屋。不久，邓之诚和王钟翰考虑到李永藩一个单身女子带着两个幼儿住着不够安全，而一间外屋又空着，就由邓之诚介绍好友陈宧（二庵）的部属张仲任住在外屋。一个不便言明的原因，是王钟翰已听到李永藩与一位法国留学归来的沈某来往密切。为了便于李永藩接受，他们将张的租金多报了10元，使张觉得便宜，而李又感到合算，实际上这10元钱是每月由王钟翰支出的，这个秘密直到1980年的一次闲谈中才由王钟翰泄漏出来。而李永藩与沈某的交往，王钟翰从未与谭其骧提及，直到谭其骧去世后才告诉笔者。院系调整后沈某在北大任教，早已有家室。

战时公教人员薪水不高，而且经常欠薪，要维持分居的家庭更加困难，到了当年10月，谭其骧决定让李永藩带子女来大后方。王钟翰等帮助李永藩作了行前的准备，到车站送行的还是谭其骧的友人谢兴尧等。这是一次艰难的旅程，李永藩带着一双儿女，从北平乘火车到塘沽，又乘轮船到上海，11月7日离上海去香港。但此时滇越铁路已经不通，在香港只能由东江的地下交通线偷渡，在当地专门从事接运的“黄牛”的带领下，几经周折才到达广东韶关。途中经常是夜行昼宿，或步行，或舟行。李永藩说：“有时夜里走在乡间小路上，挑夫用一副担子挑着两个孩子，两边都是水面，担子一摇一晃，我真担心会把孩子掉到水里去。”到韶关后又转汽车，经衡阳、桂林，到12月14日抵遵义。谭其骧将家眷暂时安顿在遵义，1941年1月9日只身去永兴场上课，仍教“中国通史”。不久租到了房子，到次年元宵节后就把家眷接到了永兴场。

永兴场位于湄潭县东北，与凤冈县毗邻，镇虽不大，却因地处交通要道，是个重要集市。1985年4月笔者随谭其骧重访永兴场时，早上由遵义地委统战部派小车送去，因路上车辆挤，中午才到达。当年来往于遵义和永兴之间，一天是无法赶到的，有时汽车不通，路上得花几天时间。我们到的那天，正逢集市，虽已中午，街上还是挤得水泄不通，汽车只能停在场口。笔者扶着他，好不容易才穿过人群，折入当时称为龚家弄的小巷。他的旧居为32号，是一间木板屋；左右两间原为高尚志和储润科两家所居，本来也是板房，当时临街一面已改为砖墙，面目全非。这排房子对面本是一个场坝，现已盖房，形成了这条龚家弄。他又来到原来的浙大校舍——江西会馆（万寿宫）的旧址，这里的旧建筑已经拆除，新建了区政府办公楼。

当年的永兴场虽是穷乡僻壤，集市却很兴旺，任何东西只要挂上草标就有人来问价钱。国难当头，公教人员早已贬值了的薪水也未必能保证，教授们已顾不得衣衫褴褛，只图全家能维持温饱。教师中不乏业余经商的，甚至有教授贩卖骡马，但多数人只是出卖衣物，补贴家用。当地土财主还很少见到“洋货”，由大城市带来的生活用品都能卖个好价钱。所幸食品蔬菜价格不贵，卖掉一双丝袜就能换得全家一周的伙食费，或者能上一下小馆子，吃几顿当地的小吃羊肉粉。这时谭其骧才真正理解友人们信中要他多带日用品的意义，要不日子会更难过。

1942年秋，谭其骧被提升为教授，月薪由300元加至380元，调回遵义，改教本系的“断代史”和“中国历史（沿革）地理”课。当时他是史地系最年轻的教授，或许这就是浙江大学派他参加内迁寄存贵州的《四库全书》当年度秋季曝晒的原因。此后因患眼疾，经治疗后效果不大，需要减轻工作，于1944年春季到湄潭分校教了一学期理科的“中国通史”课。秋季开学又回遵义，至1946年9月复员回杭州。1942年8月11日，谭家迁离永兴场，13日到遵义后暂住大悲阁。至1943年10月10日，租用了凤朝门王梦九的房屋，直至复员。这是一座两层住宅，门牌是中山北路359号，当时谭其骧住在楼上，隔壁住着同系教授陈乐素一家。陈乐素是陈垣（援庵）之子，新中国成立后院系调整时转入杭州大学历史系，晚年调至暨南大学历史系，1990年7月病逝于广州。院中本有一棵大石榴树，枝繁花茂，正临窗下，谭其骧戏称所居为榴花书屋。1985年4月重游时，此屋已破损不堪，楼上空关，大概已无法住人，而石榴树影踪全无。谭其骧得知王梦九已死，其女在工商联工作，但时间匆促没有见到。

在青岩和湄潭分校时，教职员一共才数十人，所以不分系科，彼此都比较熟悉，与谭其骧交往较多的有一年级主任储润科、钱宝琮、余坤珊、夏定棫等。其中钱宝琮，字琢如，与谭其骧同乡（浙江嘉兴），是著名的数学家和数学史家，且长于文史，虽年长于谭其骧近20岁，却与他结下了亲密的忘年之交。新中国成立后钱宝琮调至中国科学院，1955年起谭其骧因编绘《中国历史地图集》而常去北京，是他家的常客。1970年钱宝琮回苏州养病，次年卧床不起，谭其骧得讯后于1972年8月去苏州探望，与他见了最后一面，后又在北京参加了他的追悼会。夏定棫后改名定域，是浙江富阳人，擅长版本、目录学，当时任文学院讲师，后升为教授，新中国成立后历任浙江省图书馆研究员、推广部主任、古籍部主任，1979年逝世。在湄潭认识的有苏步青、谈家桢、张孟闻、索天章等，其中与索天章最熟。1952年后他们都成了复旦大学的同人，数学家苏步青先后担任了副校长、校长；遗传学家谈家桢一度出任副校长；生物学家张孟闻在反右派斗争后成为右派分子，调往东北，“文化大革命”后才调至华东师范大学；索天章1945年就转入复旦大学，1953年至1981年在解放军外语学院，因谭其骧常去北京工作而有较多交往。

浙江大学将历史和地理合为一系，称史地系，这或许是继承了中国史地合一的传统，或许也与校长竺可桢（藕舫）和系主任张其昀的见解有关。竺虽是留学美国的地理学家和气象学家，但对中国历史非常重视，一直注意发掘古代史料中的地理和气象资料，用以研究气候变迁。当时浙大还规定所有学生，无论文科理科，都要学习中国通史。张其昀是地理学教授，但也强调地理与历史结合，并常写些史地合一的文章。这样的环境，对从事中国历史地理研究并有志于创建这门学科的谭其骧来说实在是如鱼得水，他不仅结识了大多数中国最著名的地理学家，与他们建立了深厚的友谊和良好的交流关系，而且弥补了自己地理学知识的不足。所以尽管谭其骧没有得到侯仁之这样的机会（毕业于燕京大学历史系和研究院，获硕士学位；再赴英国攻读地理学，获博士学位），却能将历史学和地理学圆满地结合起来，他在1980年成为中国历史学界唯一一位从属于自然科学的中国科学院地学部委员，绝不是偶然的。也正因为如此，他扎实的治学态度和独特的见解常引起竺可桢的注意，在已经出版的《竺可桢日记》中就有多次记载。竺可桢对谭其骧的意见和评价尤其重视，1972年他的《中国近五千年来气候变迁的初步研究》发表后，收到了谭其骧表示赞扬的信，他非常高兴，在当天日记中作了记录，认为能得到谭其骧这样的评价非同寻常。

史地系主任一直是张其昀，先后任职的教师有陈乐素（国史教授）、顾谷宜（俶南，西洋史教授）、张荫麟（国史教授）、李源澄（浚清，国史副教授）、方豪（杰人，文科研究所研究员兼任副教授）、黎子耀（国史副教授）、陶元珍（云深，国史教授）、陈训慈（叔谅，国史教授）、李絜非（史学副教授、代理系主任）、胡玉堂（西洋史教员）、李埏（史学教员）、叶良辅（左之，地质学教授）、涂长望（气象学教授）、沙学浚（地理学教授）、任美锷（地理学教授）、黄秉维（地理学副教授）、严德一（伯诚，地理学副教授）、王维屏（地理学副教授）、卢鋈（气象学副教授）、杨怀仁（地理学助教）、赵松乔（研究生兼助教）、谢文治（地理学助教）等。先后调离或曾短期任教的还有贺昌群（藏云，国史教授）、向达（觉明，国史教授）、钱穆（宾四，国史教授）、王庸（以中，国史教授）、刘节（子植，国史教授）等，其中不少人当时已是知名学者，包括好几位后来的中国科学院学部委员（院士），如黄秉维、涂长望、任美锷、向达等，可谓极一时之盛。教师的年龄一般都是三四十岁，最年长的五十出头（如叶良辅），助教都不满三十岁。

史地系的研究生和本科生中也英才辈出，如有后来成为中国科学院院士的陈述彭、叶笃正、谢义炳、施雅风、毛汉礼等，还有赵松乔（中国科学院地理研究所研究员）、陈吉余（华东师范大学教授、前海岸河口研究所所长、中国工程院院士）、束家鑫（上海气象台研究员、前台长）、文焕然（中国科学院地理研究所研究员）、严钦尚（华东师范大学教授）、杨怀仁（南京大学教授）、刘宗弼（中国社会科学院历史研究所研究员）、徐规（杭州大学教授）、陈光崇（辽宁大学教授）、宋晞（台湾中国文化大学教授，曾任文学院院长）、程光裕（台湾中国文化大学教授）、徐圣谟（台湾中国文化大学教授）、贺忠儒（台湾中国文化大学教授)、张镜湖(张其昀之子，台湾中国文化大学董事长)、王省吾(澳大利亚国立图书馆东方部前主任)等知名科学家和学者。史地系历史和地理的结合也使学生受益匪浅，复合、创新型的人才在这种环境中脱颖而出。例如中国科学院院士、以遥感运用的杰出成就蜚声国际的陈述彭毕业于地理本科，研究生的方向却是历史，并且还作过中国地图学史的研究。

谭其骧指导的第一位研究生是王爱云。她是安徽桐城人，是浙大内迁后的第一届毕业生(1939年)，同年考入文科研究所史地学部当研究生，由谭其骧指导作毕业论文，于1941年毕业。王爱云论文的评阅人是罗香林与顾颉刚，为此，谭其骧曾于当年6月26日致函罗香林：

> 兹快邮寄上研究生王爱云君论文乙册，即希惠予评阅。院中订于下月4日开会审查毕业成绩，时间至为促迫，恐不及细加核览，敢乞能先将甲乙丙等第评定，快函示知敝系代理主任叶左之先生，至感至要。阅后并请转寄柏溪顾颉刚先生为荷。王君此文搜集材料虽多历时日，着手写作则在弟离遵之日，迨弟返校，又迫以时日，未及详为修改，故内容不免有草率芜杂之病。尚祈念其初学，不以为不可教而教之，幸甚幸甚。
>
> 评定等第后如不及以快函示知，即请改用电报，电费当由院奉还。函电请径寄遵义石家堡三号叶寓。

后来王爱云与黄秉维结婚，1943年后随黄去重庆资源委员会。黄秉维小谭其骧两岁，1934年毕业于中山大学，1938年起在浙江大学任教。谭其骧与他相识于遵义，一见如故，同事虽仅两年，但此后交往不断，情谊历久弥笃。1953年后黄秉维历任中国科学院地理研究所研究员、副所长、所长，黄家是谭其骧在北京时最常去的地方之一，并且经常能享受他家精美可口的饭菜。1980年后笔者每次随谭其骧去北京，他几乎都与黄秉维聚会，实在忙时也要通电话长谈。

谭其骧的第二位研究生是文焕然。文焕然是湖南益阳人，1943年毕业于地理学本科，同年被录取为文科研究所史地学部史学研究生。文焕然为人笃实诚恳，学习异常刻苦，在谭其骧的指导下，他选择了与气候变迁关系密切的动植物分布的变迁为研究方向。这是一项大海捞针式的工作，必须将浩如烟海的各类史料毫无目标地翻阅，才能发现为数有限的直接或间接的记载。但他的研究还是引起了竺可桢的关注，在竺可桢担任中国科学院副院长后不久，就将文焕然从福建调至地理研究所，在他的指导和支持下从事历史动植物变迁的研究。40多年间，文焕然发表了数十篇重要论文，成为这一学科公认的带头人。1982年，《中华人民共和国国家历史地图集》开编，文焕然抱病请缨，担任动物图组组长。尽管他的病情日益严重，发展至行走困难，双目几近失明，但每次在北京开会或谭其骧去北京，他仍坚持参加。有一次他来看谭其骧时，在别人搀扶下还随带一只小凳，走一段歇一阵。告别时，谭其骧要笔者替他找车，但他婉言谢绝，还说："要是不锻炼，以后怎么继续工作？"闻者无不动容。1986年12月13日，谭其骧得知文焕然病逝，"为之感伤无限"（当天日记）。

台湾中国文化大学史学系程光裕教授在《永怀谭其骧师》一文（载《浙大校友通讯》一一四期）中回忆往事：

> 忆一九四二年夏，日军向浙东进攻，浙江大学龙泉分校一部分师生向后方疏散，我和几位同学，背着包袱，芒鞋竹杖，餐风露宿，于十月中旬到达遵义本校，就读三年级，修习谭师讲授的"历史地理"，标准国语，娓娓动听。一日召我垂询自龙泉至遵义途中经过，当我述及困厄于金城江，六日未进食，眼前星光闪烁，双脚浮动时，叹息不已！抗战时物质生活艰困，师积劳患目疾，对学生作业督促甚严，在桐油灯下为我批改《淮泗考》，令人难忘。
>
> 一九六五年回台北，任中国文化大学教授并兼史学系、史学研究所硕士班系所职务。一日，张其昀（晓峰）师召我说："抗战时在遵义，谭其骧先生讲授历史地理，兼史地教育研究室中国历史地图编纂工作，惜当时物质条件太差！"

史地系学生杨予六在遵义听过谭其骧的"中国沿革地理"课，1947年去台湾任职，1957年出版了一本《中国历代地方行政区划》。在这本书的前言中，他提道："抗战期间，负笈浙江大学，从谭季龙师讲授'中国历史地理'，对顾宛溪（顾祖禹）氏之治学为人，备极仰慕。"由于两岸长期阻隔，谭其骧没有看到过这本书。1985年笔者在美国哈佛燕京图书馆读到这段文字，就写信告诉了谭其骧。不久他在回信上说："杨予六有点记得，但印象已不深。浙大学生有成就者，在台湾者当不少。"1989年，谭其骧将自己的论文集《长水集》寄赠台湾的学生，其中就有杨予六。1990年，杨予六来上海探亲，找到了当年贵州铜仁三中和浙大的同学吴应寿，但吴应寿临别时才告诉他谭其骧的地址，使他与这次见面的机会失之交臂。

1960年8月，谭其骧收到了江西萍乡高级中学历史教师甘华舜的来信，甘华舜是浙大史地系1947年的毕业生，他是在当年7月的《历史教学》杂志上看到谭其骧出席全国文教群英会的报道后写信的。信中说：

> 1942年我入浙大读书，初在永兴场作新生，第二年到了遵义。由遵义到杭州的三年中，我听了您的魏晋南北朝史、中国历史地理。第四年我跟着您读刘知几的《史通》。不管怎样，在历史基本知识上，在治史方法上是受到了教益，这一点却也不能忘记。您的声音笑貌，我记忆尤多了。……我知道您在遵义几年的生活很苦，您的楼居我去过，您布衣蔬食，安之若素，认真教学工作，十多年前的这些印象我却还不会忘记。到杭州，……有一次我们在浙大校车上一起，我对您说："您的讲稿可以写出出版了。"内心里就是望您出这本书。您答复说："我们拿东西出去，总得像个样儿。"老师，这是您的谦虚，同时环境也累倒了您。这一简短对话也许您已忘记了，但我记得很清楚。

谭其骧还给不少理科学生上过"中国通史"课，给他们留下深刻的印象。1981年起，笔者多次随他参加中国科学院学部委员（院士）会议，见到好几位非地学部的委员称他为"老师"，其中一位还饶有兴趣地聊起他当年听谭其骧上历史课的情景。1985年11月，谭其骧回浙大参加纪念竺可桢讨论会，意外地遇见了美国西屋公司的马国钧。此前他曾在《浙大校友通讯》上看到过马国钧回忆竺可桢的文章，写得相当感人，在这次会上又听了马国钧颇生动的发言，但他没有想到，马国钧竟是在青岩听过他“中国通史”课的学生，当场与马国钧合影留念。12月底，他收到了马国钧发自美国的来信：

> 青岩受业，已四十余年。前年曾得缪彦威师地址，故曾修书致敬，缪师于回信中曾附其诗数首，其中有赠吾师者二首。故年来常遥慕不已。不料此次在杭州居然有缘重亲謦咳，实人生最难得之缘分也。……生以科技终身，质胜于文，……行年已长，去国半生，对故国文化渐多怀念。年来公余之暇，阅览史书，现已看完《史记》、前后《汉书》、《三国志》及《战国策》晋魏一段。所知无几，亦无书可购，故拟向国内购新旧《唐书》，便于消倦时阅读，以慰故国之思而已。便中若蒙指点读史之方，则恩蒙不已。

大学一年级的中国通史教师，对一位理科专业毕业的科技人员能有这样的影响，自然不仅在于个人的魅力，更是中国悠久的历史和灿烂的文明的潜移默化。但对献身于祖国历史和历史地理事业的谭其骧来说，这不正是莫大的欣慰吗？

在遵义期间，谭其骧还有过一批特殊的“学生”。遵义有一所陆军步兵学校，因缺少文化教官，一直从浙大找教师兼职。1944年办了“将官班”，再找一般教师去上课怕压不住。该校的政治部主任伍某与浙大秘书长诸葛麒相熟，就要他推荐合适的教授，选中了谭其骧。当时的教授生活都相当贫困，谭其骧要供养一家四口，太太又已怀孕，有一份兼职工资自然求之不得，何况要开的课又是驾轻就熟的中国地理。伍某提出到军校兼职要加入国民党，并要穿军装，却被谭其骧严词拒绝。浙大能开中国地理课的教授除了谭其骧外仅系主任张其昀，伍某无奈，只能让步，取消了加入国民党的先决条件，但又提出穿着长衫大褂出入军校太不像样，登上将官班的讲台更不成体统，谭其骧建议改穿西装，才与伍某达成协议。不过谭其骧自己并无西装，每次上课时都是向一位校医借的。尽管如此，军校还是送来了中校教官的聘书和一套军装。这套军装倒没有浪费，因为尺寸颇大，而太太李永藩怀孕后没有合适的衣服，正好派了用场。

这个中校教官的名义却使谭其骧背上了历史的包袱，新中国成立后不仅成了历次运动中的交代内容，而且成了“文化大革命”中的反动罪状和重点审查问题。直到他被作为“一批二用”的典型获得“解放”并参加《中国历史地图集》的编绘以后，研究室中还有人以此为借口四出外调，并一度重新剥夺了他的工作权利。

谭其骧在军校教了一个学期，伍某离职，新任政治部主任坚持兼职教官必须参加国民党并穿军装，他就辞去了这份兼职。为了配合抗战，他在课上着重讲的是近代帝国主义对中国领土的侵略，但将官们大多将军校的学习作为例行公事和升迁的手续，自然不会有太大的兴趣。1948年，谭其骧同时在浙江大学和暨南大学任教，每周都要奔波于沪杭线上，有一次曾在火车上遇见一位将官学员，但此时他已不穿军装，并似有难言之隐，示意谭其骧不要提及他的将官身份。这是谭其骧在离开军校后再次遇见的唯一一名学员。

张其昀是浙江鄞县人，政治上一直拥护蒋介石。他与蒋介石的文胆陈布雷本来就熟悉，而陈布雷的弟弟陈训慈本是史地系的国史教授，后来也到重庆军事委员会侍从室当了秘书，有了这些关系，张其昀与蒋介石的关系也更密切。在与张其昀相识不久后，有一次谭其骧在谈话中指斥特务横行，张其昀立即为此辩护，认为这是不得已的必要措施，并不违反民主宪政。谭其骧感到与张没有共同语言，以后见面再也不谈时事政治了。张其昀涉猎甚广，所写文章包罗万象，但他并不花时间钻研第一手资料，而是主要依靠各类剪报，这与谭其骧严谨的考据学风大相异趣。不过张其昀在任用人才时独具慧眼，并且用人不疑，对教学、学术从不干预，谭其骧来校一年多就被提为教授，这位主任当然是决定因素。他平时对谭其骧礼遇有加，生活上也多予照顾，使谭其骧颇为感激。当时谭其骧的不少旧友在昆明的西南联大，他也一直向往昆明、成都、重庆等学术机构集中、学人荟萃的地方，感到遵义过于偏僻，住久了会寡闻陋见。西南联大、复旦大学、国立编译馆等单位都曾以更高的薪金相聘，但谭其骧没有离开浙大，原因之一就是碍于张其昀和校长竺可桢的面子。另一方面，战时搬一次家并不容易，一家人好不容易从北平迁来，再调动一次免不了又有一段时间不得安宁。

1985年笔者在美国时，收到了谭其骧9月27日写来的信，其中提道：

> 旬前晤由香港来之谢正光君（牟润孙弟子），知张其昀已于最近病逝台湾。张在政治上虽执迷于拥蒋，然在浙大十年，待余不薄，遽尔永隔，难免令人伤感。想美国华文报纸上当已载及。

笔者明白他希望了解有关张其昀逝世和晚年的详情，在下一次信中笔者就所见作了较详细的禀告。

方豪是天主教的一名神父，教中西交通史。他单身一人，天天上同事家串门，也常到谭其骧家聊天。中西交通史本来就是谭其骧极感兴趣的问题，所以他们在这方面谈得很投机。方神父主编重庆《益世报》的文史副刊，经常向谭其骧约稿，所以他这一阶段的论文，除了发表在学校的刊物上以外，大多是在《益世报》上刊登的。因内迁后家中书籍缺乏，平时又忙于课务，很难作系统研究，谭其骧主要是利用假期研读《辽史》，撰成《〈辽史〉札记》与《〈辽史〉订补三种》（即订正《皇子表》、补《皇子传》、订正《皇族表》）等，前者即发表于《益世报》。几篇研究十六国和南北朝时期民族源流和迁徙的论文，如《羯考》《记五胡元魏时之丁零》《记翟魏始末》，以及整理出的旧稿如《西汉地理杂考》等也都发表在《益世报》上。《秦郡界址考》是谭其骧在遵义期间撰写的一篇重要论文，也因方豪的关系发表在一个教会主办的刊物《真理杂志》上。这是有鉴于对秦朝所设郡的范围及其界线历来不为人们所重视，连清末沿革地理大家杨守敬编绘《历代舆地图》时也只是根据杜佑《通典》中的说法，沿袭了不少错误。此文对秦朝各郡的范围勾画出了正确的轮廓，为复原秦郡确立了基础。只是由于《真理杂志》发行量既少，又不在学术界流通，读到此文的人很少，所以直到以此文为绘图依据的《中国历史地图集》第二册出版，这一成果才为学术界所知。

在遵义，谭其骧交往较多的外系同事有缪钺（彦威）、萧璋（仲珪）、王焕镳、郦承铨和费巩（香曾）等人。

缪钺曾与谭其骧在学海书院同事，他文史兼治，善于以文证史，以史解文，常与谭其骧切磋学问，特别是历史地理方面的问题。1941年12月21日，谭其骧自永兴场到遵义，应中文系之邀讲史学与文学，或许就是出于他的推荐。1942年，他致函谭其骧，询问楚辞《招魂》中“庐江”所指。谭其骧细读原文，对照《汉书·地理志》和郦道元的《水经注》，终于得出结论：《招魂》“乱”文中的“庐江”并不是汉以后著称的今安徽境内诸水，而应在今湖北宜城县北，是汉水的支流。因此，“乱”的描述完全符合庐江的地望，这也证明《招魂》作于楚国未迁离郢都之时，作者应为屈原，而不是宋玉。缪钺完全赞同谭其骧的结论，将这篇题为《与缪彦威论〈招魂〉庐江地望书》的信件作为浙江大学中国文学史讲义的附录，以后又在重庆某刊发表。郭沫若注意到了这一结论，立即用为他讨论《楚辞》作者的论据。不过当时郭沫若肯定不会想到，十几年后谭其骧又同样以地理考证的方法推翻了他有关蔡文姬与《胡笳十八拍》的论点。

萧璋是谭其骧在北平的旧友，其余则是新交。与中文系教授郦承铨的相识还引出一段佳话：1957年，中国科学院历史研究所急需引进人才，谭其骧向所长尹达推荐了上海的一位中学教师，他就是郦承铨的公子郦家驹，调入历史所后成就卓著，以后被提升为研究员、副所长，曾任中国地方志指导小组秘书长。

替“杨保”立传　为霞客正名

谭其骧到遵义不久，发现从唐末至明代聚居于这一带达800多年的杨保族已经湮没无闻，连当地耆宿也已不知杨保为何物了。于是从地方史志中钩稽资料，证以当地见闻及地理沿革，历时三月，于1941年1月写成三万余言的《播州杨保考》，对杨保的族源、迁徙及占据播州的经过、与其他民族的关系、消亡过程、后裔分布等都作了考证。

唐贞观九年（635），朝廷在今贵州绥阳、遵义设置郎州，贞观十三年改名播州，至唐末就被杨保占据。直到明万历二十八年（1600）平杨应龙后，改土归流，将播州宣慰司改置为遵义、平越二府，播州的名称存在了约960年，而杨保占有时间长达839年。由于明初大学者宋濂曾为宣慰杨氏作过《杨氏家传》，称其先世是太原人，唐末有杨端迁入播州，五传至杨昭，因无子，与同族杨业之孙延朗之子充广通谱，以杨充广之子贵迁为嗣，此后播州杨氏都是杨业之后。

但与可信的史料一对照，《杨氏家传》的记载就漏洞百出。如杨延朗是杨业之子，而不是孙；延朗之子是文广，而不是充广；等杨文广“持节”广西时，杨贵迁早已死亡。从《杨氏家传》衍生出来的各种传记更是荒诞不经，绝不可信。而根据唐宋以来史料考证，杨保先世实为唐末泸州（今四川泸州）、叙州（今四川宜宾）边徼地区“泸夷”的首领。

唐大历（766—779）初，杨保人罗荣任播州宣慰司同知，开始据有播州。但乾符初被“闽蛮”击败退回泸南，乞援于杨氏。乾符三年（876），杨端偕舅氏谢某率七姓八姓之众，自泸州合江进至白绵（今遵义南半边街），与当地土豪结盟，战胜闽蛮，取代罗氏据有播州。以后历唐、宋、元、明，尽管名义上归顺朝廷，实际并不接受管辖。在这800多年间，原居住于播州一带的罗、僚、徭三族和小伙杨、新添族二部等都先后被杨保所同化。南宋以后，汉人也逐渐迁入这一地区。与此同时，杨保族人也不断移居于播州之外。

明万历二十八年（1600）平定播州时，当地居民除死亡及外逃外，登记户口还有12.6万余口。经历明末清初的战乱，随着汉人的大量迁入，杨保族人的民族特征已不复存在。清道光二十一年（1841）的《遵义府志・风俗》称所属各县极偏僻的地方还有杨保人数家，但到谭其骧向当地父老调查时，都说已无踪迹可寻了。但从地方志的记载看，杨保的后裔在当地还大量存在，如有杨、罗、郑、安、令狐、成、赵、犹、娄、梁、韦、谢、王、何、朱、骆、冉、田、张、卢、谭、吴、任、穆等姓氏，只是他们都已自认为汉人了。

此文于1941年10月印成，后又发表于浙大《史地杂志》第一卷第四期，合计仅以土纸油印数百册。此事引起当地有关人士，特别是杨姓的不满，认为将他们说成是“夷人”之后是一种耻辱，扬言要打他。但因此文流传甚少，这一研究成果长期鲜为人知，以至直到20世纪70年代，有限的几篇涉及杨保的论文对该族源出太原杨氏还是深信不疑。1981年5月，谭其骧在北京香山别墅出席中国民族关系史讨论会时正好带有一本油印的《播州杨保考》。贵州民族研究所负责人侯哲安偶然看到后感到十分惊奇，他从事贵州民族研究多年，还从未听说过有这样一篇专门研究贵州古代民族杨保的论文，因而称之为“海内珍本”，就要求谭其骧校勘后重新发表。1982年初，《贵州民族学院学报（社会科学版）》第1期全文发表了《播州杨保考》和谭其骧为此撰写的《后记》。

在《后记》中，谭其骧又根据《文物》1974年第1期所载贵州博物馆所撰《遵义高坪“播州土司”杨文等四座墓葬发掘记》附录的《杨文神道碑》，找到了支持此文观点的两个新证据：

碑文称杨氏先世“汉以来，聚族会稽，至鼻祖端，始入□□□□”。杨文为杨端十五世孙，卒于南宋末咸淳元年（1265），约早于撰成于洪武初年的宋濂《杨氏家传》百余年。可见当时杨氏家族还只说先世出自会稽，还没有此前是太原人的说法，《杨氏家传》中“其先太原人”以及杨贵迁系杨业之后的说法，显然是宋末明初之间编造出来的。

碑文云：“其奉朝贡为刺史，则先在武德也；其特命袭爵，其（当为‘在’之误）开元也。”杨氏之先人在武德时只为刺史，开元时所袭何爵也不清楚，足见《杨氏家传》中杨端寓家京兆，以应募将兵逐南诏入播州之说也是出于捏造。为刺史而又袭爵，可见杨端以前是某一羁縻州的世袭刺史，这个羁縻州应在泸叙州的边徼。

他又举《民族研究》1981年第4期所载《莫友芝的族属初探》一文为例。该文以充分证据证明清代著名学者独山莫与俦、莫友芝父子一族明明是宋元以来当地的土著布依族，而莫氏族谱却说原籍是江南江宁府上元县，曾国藩又据以写成《莫犹人（与俦）先生墓表》。他指出：“元明以来西南各省土司的族谱，说他们的祖先出于中原，以从军征伐至西南某地而成为当地的土司的很多，这种记载虽不能说百分之百，至少可以说大多数是靠不住的。”“可见研究西南民族史的同志们，对那些族谱和以族谱为本的家传墓表等文字中有关先世的记载，千万不能轻易置信。”

谭其骧也承认这篇旧作中有论断不一定可信的地方，即以杨保所出的“泸夷”断为罗族，仅仅根据唐宋叙泸羁縻州很多属县都以罗、逻、卢等字为名，证据是不够充分的。他曾经产生过杨保是古代僰人后裔一支的想法，并找到过几条有关资料，但没有保存下来，所以还只能存疑。

《播州杨保考》及《后记》发表后，立即得到了四川大学蒙默教授的反应。蒙默是蒙文通之子，长期从事西南民族史研究，并曾去民族地区调查。他致函谭其骧，提出："窃以唐宋时叙泸民族不外彝、僚二种，苗之西来川南，盖在唐宋后。叙泸杨氏若不为彝，则为僚。近日颇觉僚人之可能性尤大。"他列举了《太平寰宇记》《舆地纪胜》《蜀中广记》等书中史料，结合当地近年发现的不少唐宋崖墓中的雕刻图像，认为"宋明叙泸僚人大姓必有姓杨、罗者，而此二姓又适与迁播者符同若兹，当非偶然"。"大作谓川南罗字地名为少数民族语言，所示极确"，但带罗的地名并不是彝语地名。遵义地区和杨土司墓中出土的"遵义型鼓"，与川南各县出土者同型而时代较晚，古籍中说这些鼓是"俚僚"所铸，这证明杨氏出于叙泸一带，又是僚人。蒙默还提供了一个强有力的例证：当年暑假他在贵阳参加编写仡僚简史时，普定县一位同志告诉他该县有一龙姓寨子，有数十家，自称先人本姓杨，因犯法被杀，子孙避难，由遵义逃来普定，不敢再用杨姓，以先人的名为姓，现要求恢复仡僚族。这些人很可能就是杨应龙的后裔，这更证明了杨氏是僚人。

1941年12月20日，浙江大学在遵义召开纪念徐霞客逝世三百周年学术会议，谭其骧作了《论丁文江所谓徐霞客在地理上之新发现》的报告。丁文江曾撰《徐霞客年谱》，充分肯定徐霞客及其《游记》的地理学价值，对徐霞客研究作了重要贡献。可以这样说，要是没有丁文江的评价和介绍，徐霞客其人其书不可能有当时这样大的影响。但丁氏的某些说法缺乏应有的根据，如《徐霞客年谱》中论及徐霞客对西南地理的五项重大发现，即南北盘江的源流，澜沧江、潞江的出路，枯柯河的出路及碧溪江的上游，大盈、龙川、大金沙三江的分合经流，江源；而最主要的一项便是发现了长江的正源是金沙江，而不是传统所指的岷江。丁氏是著名学者，此论一出，影响甚大，一时视为定论。

谭其骧在详细对照《徐霞客游记》与自汉代至明代的有关地理著作后指出，这五项"发现"中，只有最不重要的第三项足以纠正前人的错误外，其余四项都并非事实。

徐霞客于崇祯十一年（1638）进入云南后，遍历沾益、曲靖、越州、陆凉、临安、石屏、阿迷、弥勒、师宗、罗平、黄草坝、亦佐、寻甸、嵩明等地，目的在探寻南盘江的源头，写成了两千余言的《盘江考》，丁文江誉之为我国言地理最重要之文字，认为有三项发现：（1）北盘江发源于可渡河，南盘江发源于交水；（2）北盘江下游由安南县下都泥河，出罗水渡，下迁江；（3）南盘江发源于沾益的炎方驿，曲折西南八百余里，会石屏、临安的泸江，再由罗江东下。而根据《汉书·地理志》《元史·地理志》等书记载，自汉至元早就知道可渡河是北盘江之源，交水为南盘江之源，只是到《明一统志》才误记为明月所、火烧铺二水，所以徐霞客至多只是纠正了《明一统志》，却谈不上发现。对北盘江的下游，《水经注·温水》已有明确记载，所提且兰、毋敛之西，领方、布山之北，正相当于今迁江，可见6世纪时人们已有此认识。《汉书·地理志》和《水经注》已经记载了南盘江曲折西南流的情况；《明史·地理志》在沾益以下、罗平以上，凡江流经过的州县下都注称“有盘江”，对南盘江的经流反映得十分详细，显然并不需要待徐霞客来发现。

崇祯十二年（1639）暮春，徐霞客自大理西南行，经永昌（今保山）至腾越（今腾冲），在《徐霞客游记》中论及龙川、大盈及金沙三江的经流。丁文江给予高度评价，说：“《一统志》言大盈、龙川、麓川及缅甸之金沙江，讹误至不可解，先生始订正其源流。”“按今图考之，先生之言，无一不符。惟金沙江之源流，先生言之不详，……”但谭其骧在查阅了《读史方舆纪要》《明史·地理志》和《明史》中有关传记后发现，徐霞客没有搞错的只有龙川江即麓川江这一点，而这恰恰是这些史料中早已说明了的。相反，徐霞客的“发现”却把旧志中本来没有错的记载搞错了。

徐霞客自腾越东返，经永昌、顺宁、云州、蒙化回到鸡足山，在此期间的游记中记载了澜沧江和潞江的出路。丁文江认为：“自先生始，始知礼社（即红河）、澜沧、潞江为三江，分道入南海。”实际上，元人朱思本的地图上已将三江画为分道入海，明人李元阳、杨慎及《读史方舆纪要》《明史·地理志》都采用这一说法。

崇祯十三年（1640），徐霞客自丽江“西出石门金沙”，取道东归，当年作《江源考》，阐明长江当以金沙江为正源，岷江不过是其支流。丁文江在《徐霞客年谱》中称："知金沙江为扬子江上游，自先生始，亦即先生地理上最重要之发见也。"谭其骧指出，《汉书·地理志》越嶲郡遂久县下载："绳水出徼外，东至僰道入江。"又指出据《水经注·若水》载，绳水出徼外，南径旄牛道至大莋，与若水合，自下绳、若通称，东北至僰道入江。"绳水即今金沙江，僰道即今宜宾，遂久在今永胜北，隔金沙江与丽江对，旄牛在今汉源大渡河之南。说明两汉六朝人不仅知道金沙江出于丽江徼外，而且知道它的上游更在汉源以西的巴安一带，即明朝人所谓"共龙川犁牛石"。明朝人对金沙江的了解虽未超过前人，但也没有忘记前人的说法，对金沙江的认识也不自徐霞客始。

谭其骧的结论是："霞客所知前人无不知之，然而前人终无以金沙江为江源者，以岷山导江为圣经之文，不敢轻言改易耳。霞客以真理驳圣经，敢言前人所不敢言，其正名之功，诚有足多，若云发见，则不知其可。"

他的报告看来与其他充分肯定徐霞客成就并给予高度评价的报告不同，实际上却是对徐霞客地理成就更科学、更实事求是的肯定，因而得到与会者的赞同，这篇论文被编入浙江大学出版的《纪念徐霞客逝世三百年纪念刊》，新中国成立以后，此书曾由商务印书馆重版。但直到20世纪80年代举行纪念徐霞客的学术活动时，还有人在《人民日报》等重要报刊发表文章或报道，继续宣扬徐霞客发现长江正源的"伟大贡献"。如果他们不赞成谭其骧的结论，就应列出理由加以批驳；如果根本没有看过这篇重要论文，还有什么资格评论徐霞客呢？如果明明知道谭其骧的结论是驳不倒的，却还要坚持错误的旧说，显然是出于学术以外的原因，这种态度实在是可笑、可悲的。

30多年后，谭其骧又为徐霞客研究和《徐霞客游记》的普及作了重要贡献。原来早在20世纪30年代，他的老师邓之诚获得了徐霞客的孙子徐建极的六册钞本，并且得知其余几册曾藏于吴兴刘氏嘉业堂，所以在封面上题识："《徐霞客游记》季会明原本。此本存六、八、九、十凡六册（九、十分上下），其七原阙。一至五册昔在刘翰怡家，若得合并，信天壤间第一珍本也。"以后，邓之诚将这部钞本赠给谭其骧。当谭其骧得知上海古籍出版社组织整理《徐霞客游记》时，就提供了这一珍本。根据邓之诚的题识，几经周折，整理者在北京图书馆找到了曾为嘉业堂收藏的五册季会明钞本，使这部湮没了300多年的原始钞本终于重见天日，形成了一个自《徐霞客游记》写成以后最完整的本子。与长期流传的乾隆、嘉庆年间的刊本相比，1980年上海古籍出版社整理出版的《徐霞客游记》字数增加了三分之二以上，游记多了156天（原来为351天）。

谭其骧没有向出版社索取任何报酬，并在1981年5月19日将这六册钞本送还给邓之诚之子邓珂，建议他出让给北京图书馆，使两部残本合璧。王钟翰得知此事，颇不以为然，问谭其骧："这是邓先生送给你的，为什么要还给他儿子？"他答道："邓先生送给我，是供我使用的。现在新版已出，我不必再用这套钞本了，应该物归原主。如果真能由北京图书馆配全，不是更好吗？"

谭其骧是与黄秉维一起从永兴场去遵义赴会的，由方豪安排住在当地天主教堂的客房中。由于彻夜长谈，次日很晚尚未起身，方神父迟迟不见动静，以为出了什么事，连连敲门才将他们叫醒。1985年4月谭其骧重访遵义时，曾去天主教堂参观，天主教堂因与遵义会议有关已修缮一新。谭其骧虽已分不清当时住在哪一房间，却饶有兴趣地谈起了这一趣事。

1943年，教育部在重庆召开中国史学会成立大会，邀请谭其骧参加。当时他正患眼疾，想到重庆就医，正好利用这次机会，因而欣然应邀赴会，于3月20日动身，两天后到重庆。23日举行筹备会，24日召开了中国史学会成立大会，顾颉刚任大会主席。在26日的理事会上，顾颉刚、傅斯年、黎东方、朱希祖、陈训慈、卫聚贤、缪凤林、金毓黻、沈刚伯当选为常务理事，黎东方兼任秘书。由于黎东方与教育部部长陈立夫关系密切，是会议的实际主持人。关于这次会议的背景，顾颉刚在其日记中曾作记载："此次中国史学会之召集出于教育部，电滇、黔、粤各校教授前来，花费殆十余万。说教部提倡学术，殆无此事。有谓延安正鼓吹史学，故办此以作抵制，不知可信否。"①

黎东方早已知道谭其骧的名声，通过会期的接触更佩服他的见识，会后邀他到北碚游览，到自己兼职的复旦大学作学术报告，还在家中设宴款待。最后黎东方正式邀请他到国立编译馆工作，考虑到种种原因，谭其骧婉言谢绝了，仅接受了该馆"特约编审"的名衔。

---

① 顾潮：《顾颉刚年谱》，中国社会科学出版社1993年版，第313页。

会议结束时，国民党中央宣传部部长潘公展在家中招待全体代表。宴会散时，正天下大雨，谭其骧穿着布鞋，又未带雨具，被安排在潘宅住了一夜，次日早上才离开。这可能也是出于黎东方的照顾，但具体细节谭其骧本人也记不清了。

谭其骧在重庆拜访了六年未见的顾颉刚老师，访问了其他友人。5月30日顾颉刚夫人殷履安病逝后，谭其骧曾去吊唁，顾颉刚心情悲痛，曾感叹自己的命太硬，“克妻”，因他的第一位夫人吴征兰也是病逝的。在此期间，谭其骧在重庆医治眼疾，但效果不佳，至6月14日返回遵义。

正义结成师生情

抗日战争期间，教授的优裕生活早已成为历史，家庭负担重得连求温饱都已困难。当时流传着这样一则笑话：一位教授去理发，与理发师发生争执，理发师说：“你这人这么坏，下一辈子还得当教授。”事情虽未必确实，教授的穷酸和不受人尊重却可见一斑。一位学生在日记中将谭其骧称为“未老先衰”，他经济上的窘迫可以想象。但真正使教授们愤慨的还不是贫穷的生活，而是国民党的专制和腐败。虽然谭其骧早已不问政治，但对贪官污吏大发国难财、特务横行、青年学生受到摧残的现象却难以保持沉默。在追悼一位早逝的学生时，谭其骧仗义执言，痛斥国民党的倒行逆施，愤然道：“为什么该死的人不死，却让不该死的学生死呢?”在场的学生、中共地下党员陈耀寰（新中国成立后任职于民航总局）在日记上记下了他的话，保留至今。

1941年11月，涂长望教授将一位19岁的青年吕东明介绍给谭其骧，作为他的研究助理员。吕东明是江苏无锡人，早已加入中共，原在平江、桂林等地活动，当年10月奉命转入学生工作，他在协助谭其骧做研究工作的同时，也在准备报考浙江大学，并熟悉情况，广交朋友。1942年上半年，吕东明已在遵义、湄潭、永兴三地结识了一些师生，基本掌握了校内的情况。同年7月考入浙大史地系，入学时用名吕欣良。暑假期间，中共南方局组织部代表与他接上关系，并研究了如何在浙大开展工作。9月，吕东明离开永兴场去桂林工作了

20多天，返校后就引起了系主任张其昀和校内国民党负责人的注意。在了解了吕东明的地下党身份以后，谭其骧多方设法掩护，消除了他们的怀疑。此后吕东明更加注意隐蔽，为了革命的需要，吕东明依然以勤工俭学的方式，边工作，边读书。谭其骧正在编绘一些历史地图，吕东明曾将他考定的点线绘上地图。在完成助理工作的同时，他还尽力照料谭其骧一家的生活，特别是在谭其骧不在家时，以至于连十分挑剔的李永藩也赞不绝口，直到晚年还经常对笔者说起这位助手的好处。

谭其骧与吕东明之间的情谊一直保持着。新中国成立初，空军急需气象干部，吕东明调往华东军区航空气象处，任军事气象组组长，以后一直在空军气象部门任职。“文化大革命”期间吕东明备受迫害，所在单位曾不止一次找谭其骧外调，尽管谭其骧正作为“反动学术权威”而被打倒，但他总是实事求是地说明当时的情况。“文化大革命”结束后，吕东明调任中国大百科全书出版社领导，谭其骧参加了《中国大百科全书》历史、地理等卷的编写，他们之间又有了工作上的联系。吕东明患有严重的气喘病，冬春时节连走路、说话都十分困难，但每次谭其骧去北京，他总要前往看望。1990年4月7日晚上，北京狂风大作，沙尘漫天，吕东明与夫人匡介人带着孙子从团结湖乘公交车，到东厂胡同中国社科院近代史所招待所见谭其骧。与往常一样，他们谈得十分投机。谈及党内出现的腐败现象时，吕东明非常气愤，他说：“我作为一个有50多年党龄的党员，绝不能容许我们党败在这些人手里。”谭其骧听后异常激动，突然猛拍桌子，大声骂道：“真是混账！难道能让他们把共产党变成国民党？”大家见他如此激动，怕影响他的健康，赶忙劝解，并将话题引开。送吕东明出门时，看着他在夫人的搀扶下气喘吁吁地慢慢走远时，笔者深为这种师生和同志间真挚的友爱所感动。1991年6月25日，他们在北京京西宾馆见了最后一面。

谭其骧逝世后，笔者曾在电话中询问过吕东明一些谭其骧的情况，并希望在他身体状况允许时作一次详细采访。1992年冬到北京后，就拨通了他家的电话，听到的竟是他病危住院的消息，一周后就传来了噩耗。

1943年，李永藩生下一子，因生在遵义，而遵义古称播州，故取小名为播儿。6月初播儿患病，谭其骧急忙从永兴场赶回遵义，但播儿到7日就夭折了，尸体由吕东明抱至荒郊掩埋。1945年1月，李永藩又生下儿子德垂。

抗日战争胜利后，浙江大学于1946年9月迁回杭州。在离遵义前，房东王梦九拿出陈年茅台，为谭其骧、陈乐素和浙大校医李天助饯行。他们异常兴奋，四人竟喝尽了四瓶茅台。谭其骧至少喝了一整瓶，创下他一生的最高纪录。

第七章　复员杭州

浙江大学的复员相当彻底，就像当时一度内迁的其他单位一样，绝大多数师生员工都迁回杭州。1985年谭其骧重返遵义时，地委统战部和市方志办曾安排当地与浙大有关的人士与他见面，但只有一位陈先生是原浙大注册课的职员，是因与当地妇女结婚而留下的。谭其骧还见到了中文系毕业生王树仁，是河南人，当时在遵义市图书馆工作；农学系1946年毕业生幸必达是本地人，时任当地一农校校长；幸必达的弟弟必泽时任地委统战部部长，当年则是浙大附中学生。

另有一位本来在杭州浙大校门口摆饮食摊的小贩，浙大内迁时，他也挑了担子跟随，学校迁到哪里，他就在哪里营业，最后迁到了遵义。由于浙大师生对家乡的小吃情有独钟，他的小摊生意兴隆，逐渐扩大为一家不小的饮食店，到浙大复员时就舍不得搬迁了。可惜他已去世，要不，谭其骧一定会见见他的。

浙大虽然没有留下多少人员，但对遵义地区的影响，特别是文化教育方面的影响是巨大的。无论是在遵义，还是湄潭，当地的领导和文教界人士都认为，本地的文教事业是从浙大内迁才开始的。由浙大培养的当地人士都说，要是没有浙大的内迁，他们绝不会有上大学的机会。所以当地正致力于搜集整理浙大内迁期间的资料，编写这方面的书籍，新修地方志也将这方面列为重点内容。

1946年9月2日上午8时，浙江大学复员的车队浩浩荡荡驶离遵义老城子弹库校本部，开始了东归的长途行程。车队渡过乌江，经贵阳、贵定、黄平、镇远、玉屏进入湖南，又过晃县，翻雪峰山，过邵阳、湘潭，抵长沙。在长沙换乘“新鸿泰”轮，出洞庭湖而至汉口，又搭乘美国的登陆艇，于9月27日到达南京，然后自行至杭州校部报到。

谭其骧和李永藩都有亲戚在南京，所以停留了一周后才去上海。谭其骧虽在浙大任职多年，却从未在杭州安过家，于是先将家属留在上海澳门路大哥家中，长子德睿也留在上海上小学。10月中旬，谭其骧只身去杭州报到，不久将家眷接去，暂住学校宿舍，11月底迁至长寿路1号。

两校教授：谭其骧和谭季龙

从1940年2月谭其骧离开北平，经过6年多的颠沛流离，一家人终于又在他的故乡浙江安顿下来了。1946年12月，次女德慧生。但李永藩却不习惯杭州的生活，甚至认为还不如遵义，所以在1947年去上海住了三四个月，1948年又去了上海和南京。

李永藩是北方人，耐不得杭州夏天的酷暑和冬天的寒冷，也不习惯南方的饮食，而更使她不满的是日子越来越难过了。在遵义时总还认为是战时，是临时的，所以即使困难一些也还能忍受。现在抗日战争胜利了，住到了省城，还是位教授太太，非但生活远不如在北平时那样舒适，连要安排一家的衣食都不容易，她这个主妇怎能不抱怨？但她不时向谭其骧发脾气却实在没有道理，也于事无补，因为谭其骧本领再大，也无法将当时的杭州变为20世纪30年代的北平。

从谭其骧自己记下的教授聘书上的月薪看，他的薪水从抗战期间到1948年都是在不断增加的：

1941.8—1942.7，300元；

1942.8—1943.7，380元；

1943.8—1944.7（遗失）；

1944.8—1945.7，430元；

1945.8—1946.7，450元；

1946.8—1947.7，470元；

1947.8—1948.7，490元；

1948.8—1949.7，530元。

但薪水的增加无论如何赶不上物价的上涨。

1947年，法币大幅度贬值，物价飞涨。工资有限，为了尽可能减少贬值的损失，大学教师已经顾不得斯文，纷纷使出浑身解数。稍有积蓄又有经济头脑的人千方百计将现钞换成黄金、银圆、美钞，以便保值；但多数人只有一个办法，钱一到手就抢购柴米油盐。每逢发薪日，员工和家属就进入临战状态，一拿到工资就往米店跑，或骑自行车，或接力奔跑，而轮到迟来者购买时往往米价已涨。谭其骧不会骑自行车，速度不如他人，每次买米都颇有损失。靠一份教授的工资已难以维持一家六口的开销了。

作为一所国立大学，浙江大学也在为维持学校和教师的生存想方设法，在校长竺可桢的日记中，我们可以看到他奔走于南京、上海，为学校争取经费和教职工薪水的记载。学校开始向教职工发放一些实物，有时是一袋米，有时是一包煤，由于是维持最低限度生活所需，教授与工友已没有差别，大家都领一份。到了1949年春，国民党决定放弃杭州，浙大绝大多数教职工坚持不离开学校，校方罄其所有，发放了最后一次实物——每人一两黄金的“应变费”。

或许是天无绝人之路，1947年秋的一次机会，使谭其骧在生活的重负下喘了一口气。孙人和（蜀丞）出任上海暨南大学文学院院长，兼任历史系主任。历史系教师缺人，上海一时找不到合适人选。孙人和的妻兄牟润孙是谭其骧在北平时的旧友，向孙推荐了谭其骧，孙即让牟去杭州找他，请他兼任暨南大学的“专任教授”，月薪500元，谭其骧自然欣然允诺。

既是兼任，却又称“专任”，看似矛盾，却是当时的习惯做法。因为根据制度，兼任教授的工资很低，解决不了什么困难，只有担任专任才能拿到一份教授的工资。但聘专任教授得报南京教育部备案，因为怕被发现在两所大学同时任专任，谭其骧与校方商定，不用名而用字，以“谭季龙”上报，暨南的师生也都称他为谭季龙。其实，当时在两校甚至在三校作“专任”的大有人在，在教育部也是公开的秘密，谭其骧即使以真名实姓上报，大概也不会有人来管。

当时教育部规定专任教授每周必须上3门课共9小时，但实际上各校都不完全执行，尤其是对资深教授，如谭其骧在浙大即只上2门课6小时。不过他在暨南大学是新聘教授，自然享受不到这样的优待，校方只同意每周减少1小时，上3门课8小时，集中排在星期四、星期五两天。3门课中的“中国沿革地理”“魏晋南北朝史”就是在浙大开的课，只要按讲稿再讲一遍；另一门课第一学期是“中国文化史”，第二学期是“中国史学史”，是现编的教材。

从1947年10月开始，谭其骧每星期四早上从杭州坐火车出发，中午12点半到上海北站，就在附近小饭馆吃午饭，然后到西宝兴路青云路口暨南大学文学院，从1点半到5点半连着上4节课，第二天再上4节。1948年秋季开学，校方同意将两个星期的课集中在一起上，星期四下午仍上4节，星期五、星期六各上6节课，在两天半时间内上完两个星期的16节课，星期六晚上乘特快车回杭州，大约11点半可以到家。他就这样风尘仆仆地奔波于沪杭之间，才勉强维持了一家的生活。

尽管到暨南兼课是为生计所迫，谭其骧对教学还是一丝不苟。“中国沿革地理”课是他的专长，历史系定为必修课，两学期共6个学分。对这门课，当年一位学生留下了亲切的回忆：

> 你给同学们在脑中刻下的印象，是这么美好而深刻！为了上我们的课，你在沪杭道上风尘仆仆。你来不及吃饭，你的长衫在下公共汽车时给后面的人踏住，裂了一大块。（1949年9月15日信）

> 一个小个子身材（其实谭其骧的个子并不矮，但当时较瘦，所以给学生这样的印象），穿一身蓝布长衫，戴一副墨框眼镜，像个青年讲师匆匆走进教室，布提包往讲台上一放，就开始讲课。这就是谭教授吗？这么年轻，这么朴素，大家都有些意外。众目睽睽注视先生，先生却无暇端详学生，好像师生已是久别的老朋友，急着要把新消息快倒出来让大家高兴。他一开口就滔滔不绝，边讲边板书，提纲挈领，自成系统，立即使人耳目一新。他边讲边画地图，快速、准确、美观，令人叫绝。我庆幸能听到这么内容丰富、系统、新颖的沿革地理课，拼命记笔记，一节课下来不觉记了三四

> 页，一年记了四本。听谭先生的课，简直是种享受。期末考、学年考大家都在80分以上，真是名师徒弟成绩高，师生都高兴。（1993年2月1日纪念文章）

不过并不是所有的学生都获得了80分以上的成绩。暨南校长李寿雍是国民党顽固分子，纵容三青团在校内横行。谭其骧来自民主气氛甚浓的浙江大学，对这一切很看不惯。正好有一名三青团头目在他上课的班上，此人上课从来不到，考试时一窍不通，谭其骧毫不留情，评为零分。岂料注册课派人通知他，说此学生负有特殊任务，虽成绩不好也不能打零分，得改为及格，并说否则今后会有麻烦，被他断然拒绝。但注册课还是擅自修改了此人的成绩，麻烦倒也没有发生，可能是由于不久就解放了的缘故。

谭其骧在暨南大学的另一位学生章群，是1947年才入学的新生，他回忆道：

> 时谭师自浙大来兼课，开“中国沿革地理”一科，本为四年级课程，我由谭师特准选修。明年，再选其“中国民族史”。学年尚未结束，时局已大变，暨大解体，我也离沪他走了。
>
> 谭师上课时，身著蓝布长袍，手执粉笔一枝，虽有讲稿，似乎从未翻阅。讲解时，或说是熟极而流。（《在历史的时间与空间里——记谭其骧先生》，《联合报》1990年6月19日）

章群后去香港，任香港大学高级讲师。30多年后，章群为购买谭其骧主编的《中国历史地图集》而来信，此后师生间恢复联系。1990年，章群来复旦大学参加了庆祝谭其骧八十寿辰暨从事学术活动60周年的国际学术讨论会。谭其骧逝世后，他在香港《明报月刊》发表了题为《刚正不阿，风骨凛然》的悼念文章。

作为暨南的专任教授，学校在青云路宿舍给谭其骧配备了一套房子。但他只是单身一人每星期或每两星期去住两三天，所以又安排中文系的单身副教授郑骞与他合住。郑是常住，谭其骧让他住了前面的大间，自己住了后面的小间。郑骞只住了一年，1948年台湾大学以教授相聘，他就去了台湾。

章生道也是历史系学生，暨大毕业后留学美国，获华盛顿大学地理学博士，1971年后任夏威夷大学地理系教授。1973年底他给谭其骧写信，当时“文化大革命”尚未结束，谭其骧写完复信后送党委审查，经同意后才寄出。

在暨大宿舍，谭其骧先后结识了束世澂、沈炼之、黄缘芳等人。束世澂新中国成立后任华东师范大学历史系教授，与谭其骧过从甚密，20世纪60年代还一起带学生去南京、扬州实习考察。束世澂还精通中医，是谭其骧和李永藩信赖的医学顾问，多次为他们作过咨询和诊治。沈炼之新中国成立后在杭州大学历史系任教，黄缘芳新中国成立后转入复旦大学。谭其骧在教员休息室中认识的有郝炳衡、刘大杰、吴文祺、施蛰存、刘佛年等。但因为他每次都是上完课就回杭州，彼此接触的时间有限。新中国成立后，刘大杰、吴文祺都是复旦大学中文系教授，成了谭其骧的同事；施蛰存、刘佛年转入华东师范大学。他与胡厚宣是在孙人和那里认识的，新中国成立后胡厚宣转入复旦大学，1950年至1956年与他共事，并成为终生好友。

艰难岁月　锲而不舍

尽管不得不随时为生计操劳，谭其骧仍治学不辍，《秦郡新考》等重要论文即完成于这一阶段。

《史记》中秦始皇分天下为三十六郡的说法和《汉书·地理志》中所载的三十六郡名称，使后世的学者产生了秦朝只有三十六郡的误解。但《史记》和《汉书》中又明明记录着这三十六郡以外的郡名，因而早在裴骃为《史记》作《集解》时就已指出，这三十六郡并没有包括秦始皇二十六年（前221）以后设置的郡；其后问世的《晋书·地理志》也持同样说法。300多年来，研究秦郡的论著不下数十种，但包括全祖望、陈芳绩、洪亮吉、姚鼐、王鸣盛、钱大昕、梁玉绳、王国维、刘师培等著名学者在内，都没有取得令人信服的结论。甚至像钱大昕这样卓越的史学家也拘泥于《汉书·地理志》的记载，竭力维护三十六郡说，以至于无法自圆其说。姚鼐、全祖望、王国维等已经认识到，所谓三十六郡只是秦始皇二十六年时的制度，并不包括秦朝此后增置的郡，但秦郡究竟有多少，具体是哪些，却莫衷一是。谭其骧对前人成果择善而从，又从《史记》《汉书》《华阳国志》《水经注》《晋书・地理志》等可信的史料中发掘论据，考定秦朝后期肯定存在的四十六郡（不包括内史），但另有二郡也可能存在，因而总数可能有四十八个。对此，他认为应采取科学态度，“多闻阙疑，庶几其可；若必欲断言为三十六或四十八，徒见其抵牾凿枘，是亦不可以已乎”？

这篇论文1947年12月发表于《浙江学报》第二卷第一期，实在是生不逢时，能够看到的学者有限。新中国成立后，《浙江学报》又成了不易找到的杂志，所以专业以外的学者并没有注意到这一成果，连一些历史课本上也只说秦朝有三十六郡，使学生形成错误的概念。但历史地理学者和相关学科的专家充分肯定了这一结论，马非百（元材）集数十年心力作《秦集史》（中华书局1982年版），其中的《郡县志》就是“以谭说为蓝本，并参照各家意见”而成的。《中国历史地图集》第二册中秦郡的画法以《秦郡新考》和《秦郡界址考》二文为依据，使这一结论随着《中国历史地图集》的广泛发行而推广。1982年，谭其骧应《中国大百科全书・中国历史》之约，撰写“秦郡”条目，以简约的文字概述了问题的由来和自己的结论，也客观地介绍了王国维的说法。从近年来学术界的反应看，谭说的主体已得到普遍接受。

迁居杭州后，谭其骧还对杭州市和浙江省的历史地理作了研究，这一方面是出于他的兴趣，另一方面也是为了满足本地人士和团体的要求。1947年11月30日，他应浙江省教育会等单位之邀，在浙江民众教育馆作讲演，后整理为《杭州都市发展之经过》一文，1948年3月5日发表于杭州《东南日报》。他将杭州的发展过程分为六个时期：秦汉六朝800年，山中小县时代；隋唐300年，江干大郡时代；五代北宋240年，吴越国都及两浙路路治时代；南宋140年，首都时代；元代80年，江浙行省省会时代；自明至今580年，浙江省省会时代。在分阶段的论述中，他具体说明了杭州城址的迁移和城市的变化，论证了这些变化的原因和规律。他认为，杭州城市发展史上的转折点是隋开皇十一年（591）由山中迁治江干，以及20年后大运河的开凿。正是运河，从根本上改变了杭州的地位和性质，使杭州具备了成为大都会的基础。这篇论文奠定了杭州城市史研究的基础，直到20世纪80年代杭州市政协编辑《杭州历史丛编》时，还是以这篇论文为全书序言。

《浙江省历代行政区域——兼论浙江各地区的开发过程》发表在1947年10月4日的《东南日报》。该文将浙江全省行政区域的发展分为秦与两汉、汉末孙吴至隋、唐至吴越、吴越中叶至两宋、元至清这五个阶段，逐一考证了每阶段中的政区沿革。如果文章只写到这里，那充其量只是一篇与乾嘉学者比肩的考据佳作，但可贵的是，谭其骧进而发现了一条重要规律，从而为历史地理研究开创一新的途径。

他指出："县乃历代地方行政区划之基本单位。州郡罢置、分并无常，境界盈缩不恒，县则大致与时俱增，置后少有罢并，比较稳定。……后世的道、路、行省，初创时皆辖境较广，历久逐渐缩小，略如州郡之比。县则历代标准大致相似，虚置滥设者较少。一地方至于创建县治，大致即可以表示该地开发已臻成熟，而其设县以前所隶属之县，又大致即为开发此县动力所自来。故研求各县之设治时代及其析置所自，骤视之似为一琐碎乏味的工作，但就全国或某一区域内各县作一综合的观察，则不啻为一部简要的地方开发史。"正是抓住了县的设置这一关键，通过浙江各县始置年代和析置所自的考察，全省各个地区或流域的开发过程得到了科学的复原，并归纳出了几种不同的开发类型。这种研究方法扩展了政区地理的研究成果和运用范围，对东南地区其他省份同样适用。1983年5月24日，他在杭州大学历史系作学术报告，仍以"浙江各地区的开发过程与省界、地区界的形成"为题，虽是在旧说基础上的发挥，但听众依然感到新鲜。笔者与同人进行中国移民史研究时，发现考察县治的设置过程和析置所自，无疑也是研究移民及其定居过程的重要途径，所以已将这一方法写进了《中国移民史》（6卷本，福建人民出版社1997年版；复旦大学出版社2022年版）的导论。

1960年，美国学者毕汉斯（Hans Bielenstein）在《高本汉寿辰纪念文集》（哥本哈根，1960年）中发表《唐末以前福建的开发》一文（中译文见《历史地理》第五辑，上海人民出版社1987年版），就是从这一思路入手的。毕氏自称："那就是考察福建各县的设置年代，这些年代提供了该县附近地区开发的标志时间。如果把每个新县城的位置标在连贯的、按年代分档的地图上，将出现一幅表明福建开发过程的连续画面。"他的根据是："只有当中原移民在某地已经聚居了相当数量的人口，并且土地已经垦殖以后，当局才会以建立一个新县的方式认可这一地区的开发，并选择某一村庄作为县治，以之表示该行政区的地理位置。"我们无法肯定毕氏事先是否看到了谭其骧这篇论文，但无论如何，这位在中国学者面前表现得十分狂妄的学者的"发明"比谭其骧要晚了十几年。

1947年初，为纪念求是书院50周年和浙江大学20周年校庆，谭其骧撰写了《近代杭州的学风》。此文分两次在《浙大校刊》上刊出，又发表于4月6日的《东南日报》。在编辑《长水集》时，笔者曾把它列入了目录，但谭其骧考虑到它并非历史地理或古代史专题论文而删去。但从他事后闲谈中了解到还有其他原因，他说："笔者写这篇文章，浙大有些人是不高兴的，说我实际上在骂他们。"这倒引起了笔者的兴趣，将这篇文章反复看了几遍，觉得既是一篇思想文化史和文化地理的重要论文，也充分反映了谭其骧本人的学术取向。

谭其骧认为："杭州于浙西已属边缘地带，隔钱塘江与浙东学术中心的宁绍相接，故其学风虽以浙西为素地，同时又深受浙东的影响，实际上可说是两浙学术的一个混合体。由混合而融化，迨其融化而后，遂自成一型，既非浙东，亦非浙西。作者纵观三百年来学术史，深觉杭州学风实有其特殊色彩。"因此，在考察杭州学风的演变过程中，他特别注意其地方特色，例如他指出，作为汉学全盛的乾嘉时代，"杭州的学风却始终在时代潮流的半化外状态之下，由此可见浙东学术对于杭州影响之大，由此亦可见杭州学风之不尽与浙西其他部分相同"。不过自明末至乾嘉，杭州只是两浙不同学风的接触融合点，并不能领导全国。但道（光）咸（丰）以后的杭州却有了长足的进步，"一方面是发扬新风气的神经中枢，一方面又有保守的学术的坚强堡垒"，"又不仅为经史之学的中心，同时又是科学的中心，即历算学的中心"。光绪甲午后是杭州以新风气领导全国的第二个高峰期，"最先创立兼课中西学术之新式学府"正是求是书院。五十年来出身求是的学者甚多，"他们的成就方面虽各有不同，但其革不忘因，新不蔑故，不偏不倚，择善而从，并具中西新旧之长则同。作者以为这就是求是精神的表现，也就是五十年来的杭州学风”。

谭其骧的结论是：“求是师求真，要求是求真，必先明辨是非真假，要明辨是非真假，关键首在能虚衷体察，弃绝成见，才能舍各宗各派之非之假，集各宗各派之是之真。……杭州学风在清初能调停程朱与陆王，在乾嘉能持汉宋之平，在道咸能吸收浙东西学派之精义而别有所创，在甲午以后能融合中西新旧而无过激流俗之弊，此非求是精神而何?”这些话自然是有感而发的，在他现存已刊、未刊的1949年前文稿中，这是唯一一篇专谈学风的文章。与其说是在总结杭州和求是书院的学风，还不如说是在寄托自己的向往，抒发自己的追求。他对杭州学风的肯定性结论，也正是他对十多年学术生活的感悟，“求是求真”则是他治学经验的升华。在此后四十多年间，尽管经历了一次次疾风骤雨，乃至十年浩劫，但“求是求真”始终是他的学术信念，他不愧为他所总结的“杭州学风”的传人。

1947年1月，杭州《东南日报》聘谭其骧主编《历史与传说》副刊，每星期四在第八版占用三分之二版面。但编辑实在并非谭其骧所长，报社嫌他编得过于专业，太沉闷，出了五期就停办了。就笔者收集到的三期（第二、第四、第五期）中所刊文章而言，学术水平自然不成问题，但对于一份面向大众的日报来说，的确太专业了。其中连载的三篇《行省称名建置疆域溯源》是谭其骧自己的作品，署名禾子、季（取其字季龙），其余则有缪钺的《读曹植〈洛神赋〉》《〈晋书·潘岳传〉疏证》和《正始清谈家对于政治之态度》、洪焕椿的《清代浙江学者事辑》两篇（乐清陈蛰庐、定海黄儆季）、钱宝琮的《〈明史·历志〉纂修纪略》，都非一般公众所易接受。比较轻松的只有两篇，一篇是以中（王庸）的《俗斋笔记》，另一篇是五知（谢兴尧）的《太平军在杭杂记》，但也不会像读故事那样有趣。所以上面提到的谭其骧三篇重要文章虽也发表在《东南日报》，但那时副刊已易名《云涛》，改由张其昀主编，版面也扩大到了一整版。

谭其骧在浙大继续开“中国历史地理”和“魏晋南北朝史”，在他的遗物中还保留着两张当时学生的选课名单。一张是用毛笔写的：

导师谭其骧先生

导生　　施太榜　史一，张兰生　史一，叶士芬　史二，良祚　史二，朱学西　史三，何朱铨　史三，龚言纶　史三，曹毓麟　史四，张永世　史四，梁赞英　史四，何容　史四，曹颂淑　（史）三

另一张是用钢笔写的：

王仲殊　三五〇七〇，朱学西　三五〇七九，吴应寿　三三〇〇三（旁听），金钦贵（旁），祝丰年　三五〇七二，何朱铨　三五〇六三，王镇坤　三二八三一（旁），郑人慈　三四八四三，邵宗和　三五八二八（旁），胡宜柔　三五〇六九，吴汝祚（旁），周品英　三三七九三，张永世　三四〇三五，张治俊（旁），鞠逢九　三三〇六七，秦万春　三二七一七

这应该是1947年的名单，只是哪一张是哪一门课，就不敢妄断了。这些学生中，王仲殊新中国成立后任职于中国科学院考古研究所，曾任研究员、所长；胡宜柔在中华书局；而与谭其骧关系最密切的应数成为其研究生的吴应寿。

1962年11月，谭其骧收到河北大学地质系教师傅君亮来信，说："生系前浙大史地系学生，曾选修吾师历史地理一课，后于首届地理系毕业，迄今从事地质学（历史地质学和第四纪地质学）。"浙大史地系分为地理、历史二系应在1949年历史系停办后，那么他听谭其骧的课大概也是在1947年或1948年。

1948年秋季开学，谭其骧招收了他的第三位研究生吴应寿。吴应寿是贵州铜仁人，因浙大内迁，才有机会就近考入大学，同年毕业于浙大史地系史学专业。浙大历史系停办后，谭其骧将他介绍给好友周一良，1949年秋转入北京大学历史研究所，由周一良指导。吴应寿研究生毕业后进入新华地图社任编辑，1953年初调入复旦大学历史系，1957年调入新成立的复旦大学中国历史地理研究室，并参加编绘《中国历史地图集》。吴应寿于1986年升为教授，1993年退休，1996年病逝。

吴应寿在1983年1月5日给谭其骧的信中写道：

> 严师如父，生能为社会出一点力，也是老师栽培的。知识上的教诲固不必说，在生活上，老师、师母对生也是曾经无微不至地关心过的。记得解放之初到北京没有路费，老师、师母津贴车资，在北京严冬无冬衣，师母到北京后送生一件丝绒长袍。对这些事，生都全部记在心，不敢忘记。

足见当时谭其骧和李永藩对他的关怀。但他晚年与谭其骧的关系并不融洽，这些话似乎已成为过去，使谭其骧深为遗憾。

迎接新中国

这两年多的时间里，尽管谭其骧依然不问政治，但严酷的事实使他一次次受到震动，特别是轰动一时的浙大教授费巩被国民党特务秘密绑架后杀害和学生于子三被杀的事件被揭露以后。费巩是1945年3月5日凌晨在重庆被国民党特务秘密绑架的，但当时只知道是失踪，1946年后传出消息他已遇害，到复员后才被肯定为事实，至于他被杀的真相直到新中国成立后才大白于天下。但在浙大校内，谁都明白费巩是死于国民党特务之手。费巩为人刚正耿介，在浙大享有很高威望，他还是谭其骧来浙大的联系人。和其他正直的知识分子一样，谭其骧同情“左”倾学生和民主运动，反对国民党的镇压。面对国民党政权的日益腐败，他们都知道它已难逃覆灭的命运，共产党的胜利已是大势所趋。也有一些人对共产党不无疑虑，但国民党已丧尽人心，所以大家都认为，不管什么党掌权，总比国民党要好得多。

1949年5月3日杭州解放，而上海仍在国民党政权手中，沪杭铁路交通断绝，原定5月上旬的一次课无法再上。上海解放后，沪杭线客车于6月间恢复，6月底谭其骧去上海探亲，得知暨南大学已停办，学生并入其他大学，教师也另行安排了。他本是浙大教授，实际并非专任，自然不存在安排问题。他偶然遇见牟润孙，知道牟正准备去同济大学作宣传历史唯物主义的报告，以为牟进步甚快。但不久就听说牟已失踪，后来得知他从浙江沿海潜逃香港。31年后，谭其骧才收到牟润孙的来信，知道他将从香港赴京出席中国史学会代表大会。

1980年4月9日，谭其骧与牟润孙在京西宾馆重逢，此时的牟已作为首批访问大陆的港台史学家代表而备受礼遇。会议期间，牟在大会报告，集体摄影时被安排在前排胡乔木旁就座，会后不久又当选为全国政协委员。

新中国成立后，上海对大学进行调整，暨南大学停办，文学院并入复旦大学。复旦大学学生代表金冲及（原中共中央文献研究室副主任、中国史学会原会长）等去暨大开学生座谈会，表示欢迎并征求意见，谈到大家最喜欢谁的课时，历史系学生陈清泉（光明日报出版社原社长）、刘伯涵（上海人民出版社编审）、刘保全等都说谭季龙教授的课讲得最好，一致要求复旦聘他。复旦大学历史系主任周予同虽不认识谭其骧，但听了金冲及等转达的意见后，立即发出了自1949年8月至1950年7月的教授聘书，月薪540元。

1949年初，浙江大学史地系已有了分为历史和地理二系的计划，但未及实行。杭州解放后不久，中共接管浙江大学的领导决定历史系停办一年，教员部分遣散，留下12人组成一个学习班，学习马列主义经典著作和毛泽东著作，谭其骧也在其中。谭其骧希望完成学习后继续留在浙大，没有接受复旦的聘任。当时留校人员对共产党和新政权虽然还不大了解，对马列主义和毛泽东著作也相当生疏，但出于对国民党政权腐败的痛恨和对新社会的期望，都希望能尽快熟悉新的理论，以便顺利地重返讲坛，所以学得相当认真。除了学习苏联版本的马克思、恩格斯、列宁、斯大林著作外，还学了毛泽东的《新民主主义论》《中国革命和中国共产党》等文章。出于知识分子求知求真的本能，他们还常常发生争论，甚至对这些著作中一些观点发表不同意见，或提出批评。如11月8日，谭其骧曾向夏鼐表示："初看几本颇觉新鲜，阅了几本便觉千篇一律，有些党八股味儿了。"（夏鼐当天日记）包括谭其骧在内，他们的很多想法在以后看来无疑是天真的，甚至是错误的，因为他们还没有把这些著作当成绝对正确的《圣经》，也没有学会适应"政治学习"的本领，不过这并没有影响他们虔诚地投入学习，有人甚至表示这是拥护新政权的具体行动。这一年的收获的确不小，谭其骧告诉笔者，他真正认真地读马列主义著作就是在这一年，而以后的学习差不多都离不开政治运动，少不了接受批判或自我批判，结果是越学越糊涂，越学越不敢有自己的想法了。

可是，就在一年将满，这12位教师以为浙江大学历史系能正式建立时，校方宣布历史系不再恢复，留校教师改教文科的公共理论课和中国近代史。新中国成立初，各所大学对文科一些系科和某些专业的教师都有过不同形式的调整或安排，历史系一般都先后恢复，而浙江大学这样一所有影响的学校却采取了停办的措施，谭其骧和同人并没有听到什么解释，他们一直不明白为什么校方会作出这样的决定，或许这只是偶然的因素起了作用。

谭其骧不愿改教理论课或近代史，决定离开浙大。好在当时还没有形成一切由组织调配的习惯，校方也乐意他们自谋出路。南京大学历史系主任韩儒林、齐鲁大学历史系主任张维华，都是谭其骧20世纪30年代在北平的旧友，得知消息后都来函相邀。南大的聘书早在1949年10月就已寄来，复旦大学的周予同也发来过聘书。谭其骧一直怀念着抗战前的北平，认为研究历史，北京的条件远比别处强，现在国家安定了，应该回北京。那时吴晗已出任北京市副市长，分管文教，谭其骧去信要他设法帮助调至北京。吴晗回信说，现在到处都是一样为革命工作，北京的大学暂时不便从南方调人，还是安心在南方教书。既然去不了北京，上海又是旧游之地，从杭州搬迁方便，因此他准备接受复旦大学的聘书。但在去年收到复旦的聘书后一直未正式答复，便请与周予同熟悉的夏承焘教授修书确认。据夏承焘5月6日的日记："夕季龙来，谓闻之孟宪承先生，在沪晤予同，予同正问浙大肯放季龙往复旦否，属予再去书予同。"不日谭其骧就办妥手续，离开浙大赴复旦大学，任历史系教授，迁居上海复旦大学宿舍筑庄。但等他到学校报到时，由暨南转入复旦的同学已经毕业，大部分去安徽农村参加土地改革运动了。

第八章　参加土改运动

1951年秋季开学，谭其骧到复旦大学历史系任教。对于已有近20年教龄的他，上课早已驾轻就熟。加上有了一年马列主义理论学习的基础，对学科的政治要求也完全能够适应。但谭其骧遇到的第一项考验却不是教学或科研，而是参加土地改革运动。

还在1951年4月，华东教育部就指示复旦大学，文、法学院全体教师和学生下乡参加土改，并立即组织了部分教授参加上海市郊区的土改，为时半月。到上学期快结束时，又决定文、法学院各系科的应届毕业生，除有少数选送留学苏联或分配重要单位外，其余一律停止分配，留校参加土改。秋季开学，文、法学院基本没有上课，到9月25日，由两院教师和二、三、四年级学生共656人组成的土改工作大队正式成立，由历史系主任周予同教授任队长，经济系教授朱伯康和经济系教师余开祥为副队长。和大多数教师一样，谭其骧将参加土改看成拥护共产党、拥护新中国的具体行动，也当作自己适应新社会的机会。

经过短期的学习和动员，复旦大学土改工作队作为华东土改工作团的一部分，去往安徽五河、灵璧二县，大部分人员于10月7日出发，其余人员分批陆续动身。10月下旬，谭其骧和历史系等系部分师生从上海乘火车到达津浦线上的临淮关，又连夜乘船沿淮河而下，来到五河县城。10月27日天色未明，谭其骧所在的一队全体人员已早早起身，整理好简单的行李，备好充当途中午餐的干粮，准备出发了。本来安排用牛车将行李送到三里外的窑湾，因为这一段河水太浅，船舶不能负重，但等了好久，不见车子的影踪。队部临时决定，各人回宿舍取行李装船，每组一船，队部和11个组共用了12艘船。每艘船上留下一两个人，其他人员在队部集合后，步行至窑湾候船。

五河口是新旧浍河的交汇处，旧浍河宽仅丈许，深不及一尺，船队溯旧浍河而上，如蜗牛爬行，到下午还未至窑湾。队员们远远见到船队，却就是不见前进，干脆迎上前去，有的在岸上拉，有的下水推，七手八脚，忙到四五点钟，总算将大部分船只弄到了湾口，还在岸上的人则用小船驳上船去，乱成一团。傍晚各船起程而西，但第十组队员还在岸上等待，事后知道，他们的船直到晚上9点才到达。

开船后，河面豁然开阔，一望无际似大湖，又遇顺风，船行迅速。但到晚上8点左右，谭其骧一组所乘的船与其他船拉开了距离，迷失了方向，而船家从未走过这条路线，一时慌了手脚，应该向北靠，却靠到了南岸。上岸后才知到了杨集乡，只得重新驶向北岸。原来估计下午就可到达，队员们只带了午饭，晚饭自然没有吃上，到了半夜早已饥肠辘辘。淮北深秋的夜风寒气袭人，而队员们只穿了单薄的夹衣。船舱只能挤下5个人，其余20人只能坐在舱面上，在饥寒交迫中等待目的地的到达。午夜1点，船在欧渡靠岸，行李装上牛车，人员步行，在黎明前抵达乔集。

五河县乔集村土改

乔集是一个只有140户的小集镇，沿南北向一条街分布，除了集北一座已改为小学的小庙是砖房外，无论贫富都是泥墙草顶房。工作队员在乡公所稍事休息后，谭其骧等被安排到张荣贵家住宿，15人住两间小屋，乡公所已在地上铺了稻草，大家都已筋疲力尽，打开行李就席地而睡。到次日7点起身，才见队部人员到达，而第十组到9点才到，队部驻在离乔集11里的车集。当天下午，他们了解到张荣贵的儿子当过甲长，觉得住在他家不合适，晚饭后就迁到了张文武家。他们看到，这里由于缺少木材，一切用具都用土制，或用芦苇，家中只有土桌、土床，讲究一点的床也只是在木架上缠上草绳而已。做饭的灶头就设在屋内，又不设烟囱，所以满屋烟尘，土墙和屋顶都被熏得乌黑。

当天上午，队员们列席了乡党委会议，听取情况介绍，会后各组就分到各村开始工作。第二天开始，谭其骧就参加了调查座谈，访贫问苦。他们得知，乔集村在全乡最为贫瘠，一遇水灾，居民大多外出逃荒要饭，所以全村没有到过南方的人极少。往年到这时都已外出，今年夏收不错，秋收却减产一半，估计全村的粮食只能维持到明年春天。目前冬麦播了不到一半，因为天旱下不了种，还有一些人家缺少种子。群众困难很大，形势严峻。

为了抓紧进行宣传教育，10月30日下午，工作队在学校召开全乡村组干部会议，由谭其骧作报告，说明工作队的来意，表明队员的态度，说明土改运动的正义性和必要性，宣传土改的总路线、总政策，并就土改与治淮、贷粮、种麦莱结合的安排作了布置。当天晚上，又召开了村民大会，打通群众思想，解除他们的顾虑。

接着就发动群众诉苦，启发群众对地主阶级的仇恨，在此基础上整顿建立农会。但当地地瘠民贫，实在找不出什么像样的地主，即使有基本符合地主条件的人，生活也不比旁人好多少，群众自然恨不起来。而群众最痛恨的却是二流子和“顽干”（国民党基层政权人员），一诉苦就集中在他们身上，并且揪住不放；贫雇中农间的矛盾纠纷也不少。尽管谭其骧他们夜以继日地接待苦主，启发诉苦，斗争的矛头还是集中不到地主身上。在初步审查农会会员资格时，被群众指为富农、二流子、狗腿子、顽干的人数也很多。11月3日开村农会扩大整顿会，原有130余名会员中就有31人被提意见，一些人作检讨表示悔过，但仍有人没有被群众通过。其中有个周佩经，虽属贫农却是二流子，谭其骧事先找他谈过，让他主动悔过，但群众又提出他曾经勾结土匪抢街上的牲口，所以还是通不过。按上级规定，农会人数应达到总人口的45%，按乔集650余人计算，至少应有292人，但加上新加入的50余人，也不过100多人，相差很大。第二天下午又开了党团员干部会，晚上又开分组会，才使农会人数增加到二百二三十人。与此同时，各组产生出22名农会代表。

11月5日下午，村里召开农会会员大会，因为群众的积极性不高，加上一部分已经下湖（当地称下地为下湖），到者仅百余人。先唱名通过新会员，由于很多妇女本来没有大名，为了入会才新取的名字，唱名时群众不知道是谁，反而一律通过。最后唱到周佩经等二流子时又引起了纠纷，但在工作组组长陶某的示意下，几位事先安排好的干部举手同意，陶组长立即宣布通过。“场上秩序极乱，或笑或谈，小儿参杂其间，鸡鸭游行会场，当主席对一意见提付表决时，请同意者举手，寥寥一二人；请不同意者举手，仍止一二人；非重复举行表决数次无法得结果，而群众举手与否又以陶之意见为转移。”（《谭其骧日记》，广东人民出版社2013年版，以下不注出处者均同）这使谭其骧感到惊奇和不满。

7日下午，乡农会代表会如期召开，上午由陶组长报告，宣传光荣伟大的土改任务。下午继续开会，先由工作组同志报告，接着由贫雇农诉苦，武圩、阚湾二村代表诉苦时呜咽落泪，使全场肃然，一片哭声。晚上代表分村开会，讨论苦根所在，进一步激发对地主阶级的仇恨，并讨论对总政策、总路线的认识。当天上午，谭其骧没有参加大会，在住所写第一阶段的工作总结。但在前一天的工作组会上，组长决定对已发现的乡村干部贪污的问题暂且不报，所以他感到这个总结写得“未尽当言”。第二天代表大会继续举行，上午由王某报告土改政策，谭其骧报告八大纪律，然后分村讨论。下午由余某作总结，王某布置下一阶段工作后散会。当天晚上和第二天，工作组总结了代表大会的优缺点，对下阶段的人员安排作了调整。

从9日开始，运动转入下一阶段，即调查地主、反革命罪行和破坏土改的活动，发动群众写控告书，上报地主、反革命材料和有关表格，调查富裕中农以上的情况，选举村农代会正副主任等。这时又碰到了新的问题，上级对地主、反革命、富农等阶级成分和政治成分都要求有一定的比例，但实际情况却并非如此。农民既了解实际，又不愿得罪本村乡亲，或采取“包庇”态度，讨论结果与上级的安排往往大相径庭。谭其骧整天忙于调查，代农民写控告书，整理材料，但得到的结果离上级要求还是有很大差距。特别是有关确定地主成分的材料，农民往往不愿提供，谈了后又改变，反反复复，“包庇显然”，以至于到17日上午整理地富材料时，“尚差得远”。但运动的进展有严格的期限，这使谭其骧深感苦恼，“身体疲乏，而工作头绪纷繁，上级催索表格报告等不胜枚举，工作信心为之动摇”。

15日，乔集乡召开第二次农会代表扩大会，王某致开幕词后，即由余某作划分阶级成分的报告。下午分村讨论，提出本村地主名单，但乔集提出的与原来拟定的又有不同，谭其骧认为“当系一部分人存心包庇”。接着乡农会代表选举乡农民协会筹委会，“会场秩序甚坏，非代表亦参加。樊松指使张秀华提出丁明英为主委，秀华非代表，明英非筹委，竟通过”。会议的最后一项议程是各村提出全乡斗争会的对象，乔集村提出王兴国和张学周二名，但没有像其他村那样要求加以枪毙。散会后，工作队指导员樊松和乡干部张秀华批评乔集村工作组对干部和代表教育不够，而实际上王、张二人并没有什么够得上死刑的罪行。

17日下午，全乡召开斗争大会，对象是丁湖的田俊章，因有六条人命，罪行重大，一直斗到天黑才散会。第二天开始，村里先后斗争了胡学恕、张华宗、贾贯芝、张允久、张华新、王振国、王安国、张学申、罗太来、张学连及王兴国的妻子。其中张华宗被斗了两次，第一次不肯交出地契，第二次才斗倒，将地契交出。张学申的情况相当特殊，他的父亲是恶霸，管公堂，但上一年已死，张学申本人老实本分，当时家中只有薄田14亩，其中水浇田只有4亩，生活还不及贫雇农。斗争他时，群众都发笑，连作为主持人的谭其骧也忍不住发笑。

到21日，村内富裕中农以上成分表基本整理出来，谭其骧与其他两位组员去刘集，参加次日召开的乔集、茂国二乡工作队代表会，会上批准了两乡划定的成分。24日，工作队转入第三阶段工作，开始研究调剂分配土地的方案。原来当地的土地有两种不同的丈量方法，一种为灵璧弓，每弓5尺2寸；一种为五河弓，每弓4尺8寸；灵璧弓1亩合五河弓1.2亩。乔集是缺地村，会议决定按每人3.5亩计，所缺部分由胡台调剂。但各村没收、征收的土地大多以五河亩计算，乔集与别村相比无疑吃了亏，谭其骧提出抗议，会议主席王某却不予置理。第二天才最后决定由胡台调剂乔集100亩，但村代表仍一致表示不满。

25日上午召开了第三次农会代表大会，打通思想，布置分配土地和四大财产（房屋、牲口、农具、粮食）的工作。先分村讨论分配土地方案，然后再开大会，确定没收、征收和分配财产的步骤、办法。至此，土改进入最关键阶段，工作队也忙得不可开交。会后，谭其骧等马不停蹄，当晚就参加了调剂会议，接着又召开贫雇农中农会，传达了讨论会的精神。第二天在村干代会上通过了没收、征收方案，选出管制委员会，下午就在村民大会上宣布了没收对象和数字。当晚再开干部代表和得田户会议，搞清每户有灵璧弓多少亩、五河弓多少亩，计算出每人可得4.5五河亩。回到住所，谭其骧逐户计算应得田亩数，一直忙到半夜1点钟。

27日上午，谭其骧就与村代表到各处查勘土地，但由于土地相当分散，往往一个人的土地就散在各处，加上即将分配的，简直无法一一查勘。回村后召开干代会，决定不再查勘，就以各人自己申报为准，但今后如发现情况不实，立即照数抽回，又确定了各户应补配的田亩数和地段。下午开干部代表和得田户会议，通过了地主户的保留地段。晚上继续开干部代表和得田户会议，具体分配。由于土地必须好坏搭配，一户得地必定会分在好几处，会场上争得不可开交，到半夜1点多才结束。28日，工作组率群众敲锣打鼓，举着标语和界标到胡台接收土地，下午竖立交界地标。晚上开干部代表和贫雇农会议，分配四大财产，因项目类别更多、更烦琐，争吵也更激烈，到半夜才分完了牲口、农具和一部分房屋。29日又开会至半夜1点半，才将四大财产分配完毕。30日上午出榜公布，群众领取胜利果实。

12月1日，酝酿新的村干部。晚上召开农会会员大会，解决土地分配遗留问题，发展新会员，通过新的村干部，一向淳朴忠厚的余从富当选为村长，最后又分配粮食，也到半夜1点多才散会。第二天开始，工作组忙于填写九大表格，逐户登记核对财产、土地分配表，并向村干部办理移交。

12月3日下午，全乡召开庆功会。因当天下了大雨，各村群众大多迟到，到会人数不多，直到下午4点大会才开始。会上焚烧了地契，庆祝土改胜利。但在当天晚上召开的全乡干部和工作队的联席会议上，意见却集中到乡干部几松身上，气氛比斗地主还激烈。几松贪污腐化，包庇地富，威迫群众，完全够得上一个新恶霸。前一天就有贾湖群众百余人、罗庄群众十余人来乔集找工作组陶组长，揭发几松的问题，会上贾湖、罗庄、武圩三村干部及工作队也群起揭发他的劣迹。原来由于几松是区委蔡政委的亲信，以往群众屡次告发都无下文，而参加会议的区委某干部又作袒护几松的发言，使他有恃无恐，对大家的揭发一一狡辩。会议虽开到了快半夜1点，却只不了了之，这无疑给谭其骧和队员们对土改后新农村的期望蒙上了一层阴影。

第一期土改任务至此结束，12月5日下午3点，工作组离开乔集，村里用一辆牛车给他们送行李，但途中押车的戴某与牛车失散，众人又折回找车，天黑才赶到40里外的濠集。第二天在濠集休整开会，决定本组留下两人办结束工作，其余都去灵璧县参加新的一期土改。濠城位于固镇县的沱河南岸，北岸就属灵璧县。当天上午，先期到达的胡厚宣带谭其骧到近郊去看古墓，只见遍地古砖古瓦，一些孤堆显然都是汉以前的古墓。他们又来到沱河边上，只见河北岸有一个大土丘，底部可以看到夯土的痕迹，看来也是一座古墓。从它的规模推测，非王侯莫属。南岸河曲处有一座“霸王城”，遗址四面隆起，中间平坦，面积约有一顷，倒像是一座高台，上面有民居和菜地，但土中还杂有瓦砾。要不是运动的紧张，这两位考古学家和历史地理学家或许会仔细进行一番考察。但他还是以历史地理学家的目光注视着沿途所见古迹，后在进入灵璧县城前又见到了汴渠的一段遗迹，宽约二丈，高出平地数尺。

灵璧县西叶村土改

从12月7日至11日，工作队都在灵璧县韦集区总结、学习，为新的一期土改作准备，听了韦集区王政委关于本县情况介绍和上一期土改总结的报告。在此期间，工作队党委对在阚湾发生的农会代表自杀事件作了处理，同时也对有严重错误的党员作了批评教育，如一位有七年党龄的王某已参加过多次土改，但每次都犯贪污腐化的错误，王某公开作了检讨，但群众都认为不深刻。队部决定原一、二、三队各调出48人成立新六队，由经济系教授李铁民任队长、余开祥任指导员，谭其骧所在的一队九组调出7人，他也在其中。

12日中午新六队出发，下午到达灵璧县城，队部就设在南门内大街，大队部则在城北，在这里谭其骧见到了在队部的周予同、陈子展、蒋天枢、朱伯康等人。当晚谭其骧得知，他被编入第三组，队长孙桂梧，组员主要是社会系同学；历史系同学被编为第四组，由胡绳武任组长。新六队负责城关区，有一镇十乡。在午夜结束的组长会议上，谭其骧被任命为副组长。13日至18日都是学习准备。在14日听报告时，谭其骧和刘大杰溜出去洗了一次澡。不过要是在16日以后，他们大概绝对不敢这样做了，因为当天上午大组讨论时发现有人捣乱，不久就揭发出三组的谭兴粤是反革命分子，决定交第一组管制，队中气氛一下子紧张起来。复旦大学参加第二期土改的教师陈守实、全增嘏、胡文淑等也在当天到达，陈守实被编在第一组。17日上午由颜团长作总结，下午李政委布置工作，晚上分工，谭其骧分在西叶村，任四联防村负责人。

19日下午，工作组出发下乡，200多名乡民和两辆牛车来接，西叶村来了三名妇女，将谭其骧接到村西头雇农杜春仁家中住宿，在隔壁叶凤鸣家搭伙。当晚，谭其骧召开村组干部会，说明来意，登记干部，初步了解各阶层的思想和村内情况。有了第一次的经验，工作基本按部就班地进行着，宣传土改的正义性、必要性、总政策、总路线，交代政策，打消顾虑，组织贫雇中农会，进行阶级教育，诉苦，宣传农会作用，发展会员，还增加了组织民兵、召开妇女会、清查枪支等措施。但工作中的困难依然不少，如20日开座谈会，只有一人发言；30日晚召开干代会搜集地富材料时，干部代表“仍多顾虑，收获不多”；又如讨论叶振龙、叶凤楼二户是否雇佣劳力时，村东头人都肯定，说有问题，村西头人却都不发言。

随着调查的深入，谭其骧发现一位在县城任公安干事的叶振华，不仅自己包庇恶霸地主叶兴邦，他的哥哥叶振中也在家纠集庄东的18户隐瞒事实，压制苦主。此外，叶振华还威吓叶凤岭、叶凤兴等人，叶凤兴、叶玉亮等不敢再诉苦。谭其骧在会上再三警告，宣布要严惩包庇地主者。叶振华得到风声，于27日来找谭其骧，报告了叶兴邦几条无关紧要的材料，又说可以向叶凤兴、叶玉亮了解。谭其骧十分气愤，在去县城参加队部会议期间将叶振华的罪状写成书面材料，亲自交给指导员余开祥。或许因为叶振华是干部，以后虽经几次调查，但直到工作队撤离还未作处理。

12月30日召开农会代表大会，早晨下起了大雨，西叶的代表都没有雨具，每人都只有一件棉袄，如果淋湿了就没有衣服可换，所以都面有难色，谭其骧感到不能勉强。到了中午，乡里派人来催，说各村代表都已到齐，他只得找了四名代表一起去开会。当他们顶风冒雨赶到会场，大会已近尾声。次日开村农会会员大会，选举书记，冉昭英当选，但他再三推辞，结果只能让叶风领当。叶风领工作积极，能代表西头，但有二流子习气，不正派，因一时找不到合适的人选，只能如此。

1952年的元旦是在紧张的工作中度过的，当天区人民法庭调查员高超来核对叶兴邦的材料，干代会上多数人已肯发言，叶兴邦的18项罪状中肯定了16项。下午又核对了叶凤朝的材料。谭其骧情绪很高，特意花了5000元（旧币，相当于新币5角），托人进城买肉吃。

接着几天是诉苦和斗争大会，1月3日全村有86人去张巷参加千余人的斗争会，有30多人在会上诉苦；4日又召开了全乡斗争会；5日开联防村斗争会。5日下午开始划分阶级，在7日召开的大队审批阶级会上，西叶村上报的三户地主获得通过，8日继续审批，疑难问题也得到解决。

在7日的大队审批会上，谭其骧向工作团颜团长反映了本村地主叶兴邦的继母弟兴亚的成分问题，会后又与组长孙桂梧商定，由孙组长专门写了一份报告。可能由于偶然的原因，这份报告至今还夹在谭其骧当时的日记中：

本乡地主叶兴邦之继母弟兴亚，解放前在家庭中居被支配地位，未享受地主生活，有附带劳动，解放后与兴邦分家，即从事主要劳动，群众对兴亚有好感。七日，本组谭其骧同志在队部曾与颜团长谈及此事，颜团长表示，可考虑作为劳动人民待遇（五大财产仍依法没收）。兹特寄函申请，是否可行？即希批示。

此上

队长李

指导员余

第三组组长　孙桂梧上　一月十日

该叶兴亚可作为劳动人民待遇。

苏绍智　一月十日

1月9日，运动进入最后阶段，在宣布成分、选举出没收保管丈量分配小组后，开始了分配土地和四大财产的工作。经过统计计算，全乡确定了分配标准：人均多于3.5亩者分出，少于3亩者分得，3—3.5亩者不动。按此标准，西叶村有40亩地划归前何村。

1月14日发生了一件意想不到的事情：干部代表王荣英揭发叶风领、叶玉品贪污斗争果实。调查发现他们经管的粮食账不清，没收的板片数量也不符，账目当即由有关人员对质改正，缺少的板片由王荣英在叶玉品家中查出。在当晚召开的大会上，两人作了检讨，在群众愤怒的斥责下吓得躲在桌子下不敢抬头。这一天是谭其骧“下乡后最恼怒之日”。但此后的工作比较顺利，在干代会上，王荣英和叶风领都作了自我检讨，表示今后要搞好团结。16日，农会委员、民主妇联代表、管制小组、治安委员会等都顺利选出。

这时又出现谭其骧从未料到的情况，在得悉工作队将在21日撤回县城后，西叶村的干部代表和群众竟坚持挽留。16日上午，全体干部代表签名盖章，去函乡公所，要求将谭其骧留下。被驳回后，中午又去一函。下午被拒后，晚上又去一函。17日，工作队派人来向群众解释他不能留下的理由，群众不接受，毫无结果而回。19日在乡里开庆功会，会后西叶群众包围组长孙桂梧，一致要求挽留谭其骧。经过数小时的辩论，尽管他们都没有理由可说，但还是不肯散去，直到孙组长答应向区里要求，才陆续离去。傍晚，村长王维兰与王荣英将谭其骧的被包送到乡公所，没有遇见他，回去时王维兰急得沿途大叫。第二天，谭其骧只得回村，再三向群众解释。至此，群众知道已无法挽留。下午王维兰从县城赶集回来，告诉大家他遇见了孙组长，说区里不批准谭其骧留下，但同意谭其骧在西叶再住一夜，与群众告别。谭其骧只得接受大家的请求，改为第二天进城。当晚，叶凤鸣家拿出准备过年的咸鸡招待，盛情难却，谭其骧只能吃了一些，他们一直谈到深夜。21日清晨，全村人聚集欢送，用牛车送谭其骧进城，王村长与叶凤鸣一家都哭了，谭其骧也深受感动，泫然泪下。叶凤鸣一直送至大队部。

1月22日上午，全队在区公所集中等待撤离。同学大多乘马车，每车12人，在9点左右出发。教师大多坐汽车，候至11点出发。谭其骧坐在第一辆，谁知在离固镇约八里处抛了锚，只能下车步行，到镇时马车和后面几辆车早已到达。当晚的住宿处是一个仓库，200多人席地而睡。23日上午在固镇人民大舞台开大会，颜团长、周大队长作报告。中午乘上火车，24日早上到达上海。下车后，一部分乘宝山路至吴淞的小火车，谭其骧等一部分人乘汽车，到大八字（今名大柏树）汇合，整队步行回学校。下火车时天已下雨，这时路上已湿，到校时他们的鞋袜都已湿透。留校人员冒雨列队欢迎，全队进校后绕场一周，才各自回家。

25日的上午、下午和晚上，分别是校委会欢迎参加土改教师会、土改干部会和全校欢迎师生土改队大会。26日是农历除夕，谭其骧继续参加了一天的土改干部会。从28日（正月初二）开始进入总结，连续几天都是“一天三会”。31日，历史系进行总结典型提纲讨论，他也是其中之一。至2月5日，土改第一队的教师在谭其骧家开会，写出总结，运动结束。

第一次政治运动

土改是谭其骧在新中国成立后所参加的第一次政治运动，也是他生平第一次深入农村，了解农民，所以给他留下了深刻的印象，也使他的思想受到了巨大的震撼。

在以往的40年间，他从来没有在农村生活过，也没有与农民共同生活过，尽管他从书本上了解过中国历史上和现实中的农村与农民的状况，尽管他在抗战期间和国民党政权的末期听到过各种有关的消息与报道，但淮北农村和农民极端的贫穷落后还是超出了他的想象。多年后，每当谈及淮北农村的情况，他都会说：“淮北农民生活之苦，世界上恐怕少有。”所以他衷心拥护土地改革，希望土改给农民带来新生活。他说当时在宣传土改运动的正义性、必要性时是真心诚意的，也是理直气壮的，不像以后参加的一些政治运动那样，明知大家说的都是假话，却唯恐说得不多不响。

也正因为看到了农民的极度贫困，他完全相信共产党的教导，这一切应该归咎于地主阶级的剥削压迫和落后的生产关系。他对党的阶级路线和土改政策深信不疑，痛恨地主阶级，在两期土改中坚决按上级的部署斗地主，划成分，分土地。他认为农民觉悟太低，对地主的罪行认识不够；将农民不愿揭发地主的问题或揭发内容太少视为“包庇”，对包庇行为深恶痛绝，主张给予打击。所以尽管他对上级的指示并不完全理解，执行起来却是毫不含糊的。非党非团的他，在第二期土改中被提升为副组长，单独负责一个联防村的工作，说明领导对他第一期的表现是满意的。回到学校后，他的总结被推为历史系的典型提纲，证明他在土改中的表现得到了肯定，是一位要求进步的教授。

在这样的环境里，谭其骧也经历了从未经受过的艰苦的生活和工作条件，这在他当时的日记中能找到不少例子：

> 二十一日　……抵刘集，天已傍晚，即去大车晚餐。天已黑，在队部前有粥一缸，无碗筷，用漱口杯盛粥，昏黑中立饮，衣襟尽粥。后借得一副筷，领得萝卜少许。饭后归刘集，半途而雨。本乡工作队代表共四十余人，寓所不及三方丈，无法展卧。出找卧处，地已湿，脚穿布鞋，狼狈甚。旋觅得一屋，颇宽，本组五人与茂国乡五六人寓焉，用高粱秆席地，上铺被单而睡。夜雪，冷极，以带来仅薄被一条也。
>
> 二十二日　晨起满天大雪，满路泥泞，无法出门，幸开会即择定此地。无水洗脸，亦无法去车家早餐。……约十时休会，至对门芋食铺，进茶食二千元（旧币）作早餐，无开水。仅穿行一路，而脚已尽湿。旋又开会，余冷极，心不在焉。下午二时又休会，进午餐，在对门买得饼一张，芋头一碗，又本村代表所煮面条一碗。继续开会，至晚七时闭会。下午段遂鑫差人自村送来胶鞋雨衣，如得至宝。闭会后出门，至近处百姓家觅得面饼一块，水一碗作晚餐。夜睡原处，找得绳床一，睡得较上夜为暖。
>
> 廿三日　晨起打被包，至对门索芋头粥两碗，即与钱让偕同踏雪回村。雪已止，路上冻结，尚好走。至乔集附近已融化，入村则泥泞不能举足矣。两日未洗脸，未正式吃饭，又睡得冷，参加工作以来第一苦事也。

> ……自乔集至濠城四十里，一路步行。老戴押车，自中途跳下，已而

不知车所在，余与杜、段、戴四人自西折东寻觅，渡一水沟（马沟），失足陷泥淖中，雨鞋皆脱落，双足皆染泥，登岸脱袜，赤足穿鞋，大寒，穿湿鞋颇狼狈。旋登车，足奇冻，昏黑始抵濠城。住所缺草，已为先到者占尽。

……候至下午三时许始得午餐，队部所办伙食太坏，根本吃不饱，每值集合，吃饭即成问题。晚饭稀饭，稀薄与开水相似。

……开会时已下雪，散会时已夜半一时，雨雪中一人独行，几至迷路。

当然与以后的运动相比，这只是物质上的困乏和磨炼，但对于一位当了20年大学教师、生活大体优裕的中年知识分子来说，的确是一次严峻的考验，但他经受住了。以后在“文化大革命”中，谭其骧以“反动学术权威”的身份下乡接受劳动改造，年近花甲的他能够适应农村的物质条件和体力劳动，不能不说是得益于这次土改。

不过，这毕竟是谭其骧第一次参加政治运动，也是他在离开共青团24年后第一次参加由中国共产党领导的革命实践，加上他经过了一年的理论学习，对新中国、对革命运动、对党的领导的期望值无疑是相当高的。所以当他发现运动并非完美无缺，上级的指示与基层的现实颇多距离，党的领导和干部队伍也不是纯洁无瑕时，就感到难以理解，无所适从。

例如，上级要求工作组应走群众路线，但在具体工作中往往是党员负责人说了算，乔集村推选农会代表时，群众提出了一位陈大才，抗战时当过我方村长，国民党军队来后曾被捕，受到毒打，本人有活动能力，能诉苦，群众提为候选人，但在会后陶组长坚决反对，说有人揭发他曾办理自首手续。实际上陈大才究竟是否办过自首手续，说法不一，并没有肯定，群众认为即使办过，也只是为了保全性命不得已的做法，可以原谅。谭其骧认为，农会代表，不必以共产党员的标准来衡量，陶组长却坚持认为不行。“余意群众提出，岂可由工作队擅行撤销，颇觉为难。”

又如第一次农会代表选举的结果与原来酝酿的有出入，组长采用的办法是再选一次，“先期已布置干部，将原定落选六人提出异议，未付表决径行撤销，又将补提五人提出，无异议通过”。在乡农代会选举时，非代表可以参加表决，甚至可以在工作队指导员的指使下提名主任委员，而并非筹备委员可以接受提名并当选为主任委员。对这种做法，谭其骧很不以为然，“如何使民主能集中，思过半矣”。

至于农村干部中出现几松这样的新恶霸，却因受到区政委的信任而逍遥法外；包庇恶霸地主的叶振华，尽管已由谭其骧亲自整理了材料送交工作队负责人，却因有公安干事的身份而未作处理；四大财产还没有分完，村干部已经有了贪污行为；群众对新恶霸的愤恨程度有甚于地主；具有多年党龄的干部，接连参加五期土改都有贪污腐化；知识分子出身的党员干部同样不顾党的民主集中制原则，刚愎自用，独断专行。如此种种，根据谭其骧当时的理论水平和社会经验，他都还找不到合理的解答。

最使他困惑的，还是运动本身。为什么贫雇农对地主并不那么痛恨，而对那些同样是贫雇农的二流子、“顽干”却咬牙切齿？为什么生活比贫雇农还苦的人，却要被评为地主？地主的罪行明明不够死罪，为什么非让群众要求加以“镇压”？所以当他与西叶村的干部群众挥泪告别时，他对这片苦难的土地和这些贫穷的乡亲充满了感情，寄托着希望，也带着忧虑。

两个多月后，在复旦大学历史系的思想改造运动大会上，谭其骧对他参加土改的动机、收获和存在问题作了检查，大意是这样的：

> 我虽然积极报名参加土改，但当时的动机并不完全正确。一方面具有小资产阶级的进步性，反映在：(1) 单纯改造思想，觉得自己是从旧社会过来的小资产阶级知识分子，需要通过下乡参加政治运动来改造自己；(2) 光荣感，认为这样一场重大的政治运动，自己能够作为一名工作队员，是非常光荣的；(3) 立功思想，自己没有什么光荣的历史，企图通过参加土改为党、为新社会做一点事，多少立一点功；(4) 搜集资料，体验生活，以往从来没有在农村生活过，也不了解农民，可以通过土改增加这方面的认识，了解这方面的情况。同时具有小资产阶级的落后性，反映在：(1) 奉

命参加，认为党和学校领导要求我们去，就应该服从；（2）面子问题，觉得这样重大的政治运动，如果不能参加就会被人瞧不起。（3）过关思想，小资产阶级要接受改造，总要过参加政治运动和下乡的关；（4）无可奈何，错误地认为这是对知识分子的强迫改造，下乡条件艰苦，是一种惩罚；（5）镀金思想，参加过土改就有了政治资本；（6）游山玩水，风花雪月，一直在城里教书生活枯燥，能到农村去走走，过过田园生活也别有情趣；（7）跑码头，趁机去去以前没有到过的地方。

下乡时，还抱着看看实际情况究竟怎么样的想法，这代表了地主阶级的思想，正确的看法应该是反封建斗争人人应当参加，不能当旁观者。下乡前，对地主阶级的罪行缺乏认识，甚至还同情地主，敌我不分；对轰轰烈烈的土改运动采取旁观态度，漠不关心；希望能采取和平分田的方法，不要搞得太激烈；在理论上虽然能认识到地主阶级是反动的、没落的，但在感情（上）不能仇视地主；还怕自己下乡后站不稳立场。下乡后，通过土改运动的实践，对阶级斗争有了新的认识，立场也有了转变：认识了地主阶级的罪恶，认识了土改的正义性和必要性，也认识了阶级斗争的尖锐性和复杂性。存在的缺点：对阶级立场的认识还很不够，对农民的力量估计不足。

这是谭其骧自己的发言，似乎最能够代表他的思想。但我们必须注意到，这已是在思想改造运动的后期，到了相当“自觉”的阶段，并且是根据领导问卷式的检查提纲而作的。

第九章　从思想改造到肃反运动

就在土改的总结刚刚结束时，一场新的运动——知识分子思想改造又开始了。所不同的是，参加土改，是以干部的身份，作为共产党和人民政府的代表去斗地主、分土地，是革人家的命；思想改造则要将自己作为改造的对象——至少是小资产阶级知识分子，是革自己的命。参加土改还需要自己报名，从理论上说还有拒绝参加的权利和可能；思想改造则是无一例外都得参加，躲不了、避不掉的。一开始，天真的知识分子还以为"思想改造"的对象就是思想，只要海阔天空谈谈自己的思想，然后学习一些革命理论，对自己来一番自我批评就行了，但很快就发现"思想"的范围无所不包、无所不在，不仅自己的经历事无巨细休想轻易过关，就连祖宗三代、亲朋好友也得一一交代，接受群众审查。这时他们才体会到，土改时在乡下吃糠咽菜，栉风沐雨，对地主富农拍桌吆喝，实在是算不得什么改造了。

反贪污轰轰烈烈

1951年11月30日，中共中央发出《关于在学校中进行思想改造和组织清理工作的指示》，提出必须在一两年内，"在所有大、中、小学校的教职员中和高中以上学校的学生中普遍进行初步的思想改造工作"，并在此基础上，在大、中、小学校的教职员中和专科学校以上的学生中，组织忠诚老实交清历史的运动，清理其中的反革命分子。1952年初，华东文教委员会学习委员会从华东革命大学抽调了李正文、王零、郑子文等一批干部，到复旦大学来加强对思想改造运动的领导。1月26日，复旦大学“精简节约及思想改造学习委员会”（简称“学委会”）成立，陈望道任主任，李正文任副主任，王零任办公室主任。并按系科成立学习小组，组长由系、科主任担任，副组长由选举产生。历史系小组由主任周予同教授任组长，胡厚宣教授任副组长，组员就是十几位教师。各系科还选派三至六名学生代表，参加教师学习小组，他们的主要任务当然是革别人的命——改造教师这些资产阶级或小资产阶级知识分子。

复旦大学是上海市首批开展思想改造运动的单位之一。2月22日，李正文代表学委会作动员报告，在教师思想改造之前先进行“三反”（反贪污、反浪费、反官僚主义）运动。在此前的2月15日，中共复旦大学党委建立，李正文任书记，他当然是学校运动的最高领导。

第一阶段是学习文件，明确意义，消除顾虑，自觉交代，交代的重点是个人贪污方面的问题，如贪污、受贿、拿回扣、拿兼薪、逃税、私取公物、公物私用等，还不可避免地包括资产阶级名利思想的各种表现。尽管大学教师一般都不经管财物，学校教学部门也没有什么财物可贪，但作为一场全国性的政治运动，大学岂能例外？特别在3月初中共华东局宣传部领导批评了“高校是清水衙门，无贪污可反”的错误观点后，运动急骤升温。在领导的启发和同学的帮助下，教师们果然发现了不少贪污罪行：解放前在通货膨胀严重时买黄金、白银或美元，放高利贷（但究竟多少利息算高，似乎并未明确）；在其他单位兼职，拿本身薪水以外的收入；稿费或其他酬金未纳税或缴工会费；报销时多报；将公家的信纸信封、废纸、报刊作为私用；遗失图书未及时赔偿，或解放前借的书解放后未归还；借用公家用具未登记，用捡到的废料做家具。虽然有时数额微乎其微，但贪污的帽子却逃不了。甚至私人间的借贷没有及时结清，幼年时赌博，私用了家里的钱，等等，也是清算的内容。贪污的根源自然是反动的或剥削阶级的家庭出身和旧社会的经历，所以各人首先交代的是家庭出身和旧社会的经历。

经过大会报告、小会动员，运动很快进入实质性阶段，由各人自我交代问题。3月1日，周谷城教授作为学校教务长和长期在复旦大学任教的“知名老教授”（54岁）首先自我交代有没有贪污思想和行为，群众进行批评帮助，认为他离通过还有相当距离。其他人也先后一一交代，结果自然都没有通过。

刘大杰事件　运动降温

就在运动进行之中，包括谭其骧在内的几个人还没有来得及作自我交代，复旦大学发生了中文系教授刘大杰跳黄浦江自杀未遂的事。这件事在上海知识界轰动一时，也惊动了陈毅市长。3月20日，华东行政区教育部副部长陈其五就刘大杰事件谈了三点意见，并明确了学校“三反”运动的四条方针：

（1）刘大杰一贯夸大事实，现在要他推翻历史，面子上转不过来。他的贪污问题小，而且都是过去的事。（2）他的政治问题也是过去的，并不严重，小组对他的批评也不重，他要自杀是采取了错误的态度，只要有勇气谈清楚就可以了，他对政策的认识有偏差。（3）领导上工作有缺点，也有责任。

1. 三反学习的方针、目的、性质。三反是为了肃清这些现象，但在学校中与机关团体中重点是有区别的，学校里主要是要彻底批判资产阶级思想，主要对象是教师。阻碍教育改革的，主要不是贪污、浪费和官僚主义，而是资产阶级思想。资产阶级思想至今还在高校中占了支配地位，贪污毕竟是少数。但三反与思想改造分不开，所以必须从三反入手，对资产阶级思想的批判才能开展。对路费报了双份，或多报了，书、纸张、木器等公私不分这类问题，要注重思想认识，不必斤斤计较和追查。

2. 坦白和检查资产阶级思想大会不是一般的思想改造办法，内部问题、思想战线上阶级斗争问题与三反五反不能混淆，对付少数与对付多数不能混淆，不可以用对付大贪污犯的办法对待大多数犯了思想错误的同志。

3. 学校的三反运动是严肃的、自觉的批评与自我批评，是群众性的思想改造运动。说它是严肃的，因为今天主要是资产阶级思想与无产阶级思想的斗争，没有独立的小资产阶级思想，资产阶级思想是掌握马列主义、毛泽东思想的主要障碍，非彻底批判不可。说它是自觉的，因为群众的帮助虽然不可没有，但主要靠自己。要发挥积极的、进步的因素，克服落后因素，不可以把自己说得一无是处，认识到自己是可以改造、必须改造的。改造的过程是从痛苦到痛快，不痛苦就不会深刻，只是抓痒而已。

4.批评与自我批评。思想改造要在大会上讲的，（1）领导带头；（2）典型示范，反省最深刻的；（3）错误严重而拒绝改造的。目的都是为了教育群众，而不是打击他。不能一团和气，但应采取适当的态度和方式。不能拒绝批评，这是开展自我批评的首要条件。不希望多数人戴上贪污分子的帽子。列宁说过，改正错误的起点是揭发错误，然后批判错误的根源。一时转不过来的，应当适当照顾，可以慢点来。划清是非，是群众性的，人人有份，人人参加，主要是教师。必须把群众发动起来，坚决依靠群众，师生互助。学生有些毛手毛脚，没有必要太紧张，但领导应该严格注意控制。对群众必须信任，意见不可能百分之百正确，态度也不一定都好。

以后几天，学习这个报告成了运动的重要内容。在这个报告的指导下，复旦大学的做法变得比较温和了，特别是有关贪污方面的交代和揭发，不再像以前那样“斤斤计较”［实际已到了“两两计较”或“张张计较”（指稿纸一类）的程度］了。3月28日上午，学校召开大会，新闻系代主任王中教授代表领导小组宣布：“反贪污学习结束，检查资产阶级思想开始。”他指出，反贪污为思想改造打下了基础，破了面子、架子，下面的斗争更深入、更激烈，要求也更细致，重点要彻底清算教育工作者中的资产阶级思想。他讲了三点：（1）资产阶级思想在教育工作者思想中占据着重要地位；（2）认清资产阶级思想的本质要联系实际；（3）“三反”在学校中的表现：国际水平、纯技术观念、改良主义、武训思想等。最后他布置每人写一篇文章，各组要出墙报，学习的报纸是《解放日报》和《人民日报》，下星期一交卷。文章的内容是检查和批判贪污、浪费、官僚主义、自高自大、自私自利、崇美思想、自由主义、本位主义、宗派主义等。

第二阶段运动：思想改造

3月31日，华东区25所高校在复旦大学联合召开了第二次思想改造动员大会，陈毅同志主持，华东局宣传部部长兼文教办主任舒同作了报告。在谈了“三反”运动的形势后，他总结了复旦大学“三反”运动的初步收获和存在的缺点。收获有四：（1）提高了一致的认识，了解了“三反”运动的重要性和必要性、“三反”与思想改造的关系。（2）普遍发动了群众，提高了觉悟。（3）普遍开展了坦白和检举。（4）揭发了大量贪污事实，参加学习的295人中，169人有贪污，占总人数的57%。缺点是还不够彻底。他提出“三反”运动转入新阶段的任务，指出要彻底打虎。思想上的虎，就是过关思想。思想改造是“三反”的发展，不能曲解保护政策。有的人背进步包袱，自命清高，爱面子，应该打破顾虑，看清前途，打倒思想老虎，铺平前进道路，要划清界限，清毒，将“三反”与思想改造密切结合。

陈毅在讲话中指出，文教界与工商界、机关、部队的“三反”运动要用不同方式方法，但贯彻的目标是一样的。为了新中国的建设，知识分子必须进行思想改造。批评与自我批评是毫无例外的，思想改造是完全必要的，包袱必须放掉，要激发起对资产阶级思想的仇恨。现在不是要结束“三反”运动，而是要把“三反”贯彻到底，复旦大学并没有结束“三反”。要贯彻“党内严、党外宽，揭发从严、处理从宽”的方针，要划分资产阶级思想与无产阶级思想的界线，在学校内与在党内要同样严格，反对为批判而批判，防止偷关混关的现象。

4月3日，李正文作了第二阶段运动的部署。这次报告后，组内转入以检查资产阶级思想为主的检讨，然后进行民主评选，结合选举组长。谭其骧着重就思想、作风和学习三方面作了检讨：

> 思想方面：以前一般政治水平不高，自由散漫，态度不严肃，过于轻松，开会时有时笑，或打瞌睡。发言时往往不考虑政治影响，自以为超政治，而没有认识到个人与集体的关系，自己是人民的一分子，一言一行应

该对人民负责，对人民有利的话要说，对人民不利的话就不应该说，最近稍有改进。但前几天听陈毅市长和舒同主任报告的大会上打瞌睡，主要原因是上一天晚上为了赶文章睡得太迟，人太疲倦，会场上又禁止吸烟，所以精神不支，但归根结底还是重视不够。对思想改造本身，虽然认识到应该改，但信心不高，没有按最高标准，表示决心也不够，应该具有克服任何困难的决心，相信自己能够达到运动要求的水平。认为自己是普通群众，不要求起带头作用，这是由于没有认清知识分子思想改造是当前祖国迫切的需要，是爱国主义的行动，这是对人民不够负责的表现。

作风方面：自己并不存心要讽刺人，但无意识之中往往还这样做，如昨天周谷城说他“什么事都做得”，我就插嘴说：“我没有这样的气魄。”这就有不良影响。平时也有讲无原则的团结的现象。

学习方面：总的说来还不够积极。批评大致已做到知无不言，但至今还有一点保留，这一点郭煜中知道。在自我批评方面，敢于暴露，老实，但在分析批判方面做得不够。由于政治水平低，自己能够承认错误，接受意见，但如何克服错误就努力不够。负责办小组黑板报，天天晚上要花一二个小时，有点怕麻烦，有时想“顶好让人家来干”，说明不能做到任劳任怨，没有体会到黑板报所能够起的作用，对思想改造所起的推动作用，认为黑板报一无是处是危险的想法。以后要克服错误，严肃，积极，认真，负责，好好办黑板报。如果当选为小组长，就要认真负责地做好；如果不当选，也要比以前干得好，不应该保留一部分力气，要全部拿出来。以前有错误，在熟人面前太积极就不好意思，参加土改身边没有熟人，所以能够积极，这是由于经常考虑个人的进退，认为积极得超过一般人了就会太突出。其实是人民要求我们积极，越积极越好。

从谭其骧最后一段发言看，估计他已经得到了领导上的某种暗示，甚至是直接的布置，因为他当时只是负责出小组黑板报的普通群众，一般没有必要对选举小组长的事情表态。从接着的选举结果看，这种可能性几乎是百分之百的。

在他检查后，组员从各方面提出了意见。

朱溦：应该起带头作用，不能随便，不看重是清高的表现。

毛起：黑板报上说“太动感情”，是指什么，没有坦白。

周谷城：信心不够，“忘我”期己，应带勉励性。

胡厚宣：进步不大，不够重视，黑板报老推给人家，表现不主动，有信心就应该稳步前进，尚有面子观念。

叶粟如：受封建文化影响，不关心政治，不以政治角度看问题，理论不高，有小资产阶级气息，组织性纪律性不强仍未克服，因为当了马列主义学习小组长而看书，主动性不够，不帮助人（如对潘某，应该安慰他，指出错误），批评时考虑不周，不注意效果和影响。

胡绳武：对政治认识不深刻，十分不肯定，不加深思，对阶级斗争和无产阶级领导认识深度不够。“看得开”过得去就可以，对范文澜编的《通史》并不同意，拿来做教本，人家如此我也如此，对一件事的意义考虑少。不帮助人。知道要改变政治立场、阶级立场但不积极去做，感情上仍不如此出发。

陈守实：生活上欠认真，学习应该积极，要在岗位上转移方向，按新方向扭转。业务上要努力下去，今天需要，不要为了一般空气而丢了自己的一套。

胡绳武：政治性、思想性应该提高，并贯彻到业务中去，注意近代史地图，要更加努力地继续下去。

陶松云：改得不够，说“黑板报改一句，费时一小时”。

史悠中：教书时史料满意，但马列理论要多看，理论史料要多结合，对地图要关心。

郭煜中：自由散漫，政治性不强。

周予同：改造要更进一步。土改时看成事务，而不是看成革命。前途很大，不要无可奈何“看得开”。只要不是在阶级上、政治上的觉悟，不必在小节上注意。要加强阶级性、政治性。有小孩子脾气，“起初有戒心，现在完全了解了”。

也有人追问谭其骧在上一年镇反运动时说过的两句话："麻健（本校被逮捕的反革命分子）的罪状为什么不公布？""像黄金荣这样罪大恶极的不知道屠杀了多少革命分子的流氓头子为什么不镇压？"谭其骧自然要检查，说这是自己没有认真学习党的政策和策略，随便发表议论，是严重的自由主义，也是资产阶级思想的表现。不过谁都知道这两句话绝不是什么大问题，提过、检查过也就算了。

4月7日民主评选结束时，历史系小组重新选举组长，原副组长胡厚宣落选，谭其骧被选为副组长。胡厚宣新中国成立前就参加了进步组织"大教联"（大专院校教授联合会），新中国成立后转入复旦不久，就是文科政治学习的大组长，这次担任副组长顺理成章，为什么在运动中途要换为谭其骧呢？年代久远，当事人大概都已遗忘了。1993年11月9日，笔者最后一次拜访胡厚宣时，曾谈及此事，他的印象也已淡漠。现在分析，很可能是因为胡厚宣交代中的"买卖甲骨"数额不小，在反贪污的过程中一下子不容易说清，加上他来复旦时间较长，原来同事和相识的调入复旦的也不少，人事关系免不了会有纠葛；而谭其骧来复旦仅半年有余，土改表现积极，平时人缘也不错。还有一点可能也起了作用，据当时的学生代表、现上海市委党校一位教授的说法，谭其骧对学生的态度相当真诚，每次谈话无论于公事私事，都毫无保留地交代，接受学生的帮助，这无疑会引起领导的好感。

4月8日，李正文对民主评议作了总结：

> 收获：（1）基本上使用了自我批评的武器，不绕圈子。对不提出批评的人认为是对别人关心不够。自我批评更加深刻，抗拒批评和对别人的批评作解释的现象已不再存在，但也有接受时不够冷静的。还检讨了假进步，暴露了应付态度、怀疑组织等错误思想。还敢于向组长和系主任提出批评。（2）思想见面，团结改善，办好学习有了保证，系主任也好当了。这说明越批评越团结，越亲切。（3）懂得了新旧、真假的区别，无产阶级民主与资产阶级民主的区别，揭穿了假民主分子，变成了真民主。（4）提高了学习积极性。（5）组长与组员对立现象消除了，组长的威信提高了，群众的

觉悟提高了。

缺点是次要的，很小的：(1）时间太短，有草率的感觉。(2）评多于比，比起来感到不好意思。(3）有些人作自我批评一味痛骂自己，没有具体内容。(4）有两人吵架。(5）有人在选举投票时开玩笑，有一个人投了落后分子的票。

当天下午，李正文就下一阶段如何检查资产阶级思想作了长篇报告。在接下去的一个星期里，各人根据李正文报告中提出的要求，又着重在思想方面进行了检查批判，有的还具体联系自己的经历，提升高度进行认识批判，争取通过。

此后运动转入通过检查阶段，4月15日，李正文就此作了报告。4月18日，全校举行大会，由四位教师作思想检查的示范报告，每人都是着重讲一部分，以便听众能联系自己，对检查作修正补充。人类学教授刘咸检查名利思想和经济问题，周远云检查崇美奴化思想，陈恩凤检查名利思想，而最引人注目的，无疑是跳黄浦江自杀未遂的刘大杰的检查，他的题目是《清算我的投机思想》。

4月20日，谭其骧作检查报告。第二天群众提意见：

周予同：基本可以通过，要再检查的是：个别地方觉得分析不够。中间路线为半殖民地半封建社会的反映，对今后革命的危害性很大。脱团时有没有怕死观点？怀疑共产党是否按照马克思，理由不明，事实何在？说名利淡薄，从燕京大学去浙江大学，赴广州，对陈济棠有没有别的认识？讨厌“许马”（原文如此，意不详，或许是指暨南大学时教师许德珩、马哲民等）与解放后看了一年书有进步矛盾。参加土改很愉快，是为自己还是为别人，是否想到广大农民？是非、爱憎不够，是家庭生活影响，还是作风影响？

郭煌中：反蒋、疑共的具体路线是什么？脱离马列不应推在“许马”身上。

胡绳武：怀疑共产党是否按照马克思主义做，有什么事实？中间路线不具体，主导思想应为客观主义。

胡厚宣：在暨南大学兼职两年坐火车要再批判。说名利淡，从北平去遵义是为名利，到学海书院和反蒋如何看？对陈济棠如何看？不趋时搞冷门是专家思想。五一游行？为什么捕人？老潘昨天没有□□听？别人关心政治鄙视。反蒋游行认识模糊，前后判若两人。应对攒旧书批判，纯学术观点再批判，浙大十年再认识。为CC书局写稿是帮闲。说明北京学风的政治意义，CY被捕释放时情况，改良主义不分，多元论不分。“四一二”时为什么回家上坟？是否有地理环境决定论，如讲“中原”。积极落后有什么精神负担？

朱永嘉：应检查上课中有无反马列主义。纯学术、名利思想是两种主导思想。

4月25日，谭其骧又作了一次检查，组内继续提意见：

有名利思想而只谈其中合法的。兼辅仁、北大，有无名利？回燕京有无名利？当时有无国家民族意识？“东方文化委员会”是特务组织。从燕京到浙江大学，对日本帝国主义是否有反感？暨大兼课有无名利？“合法”的标准未考虑。

投张其昀的（国大代表）票是私人感情吗？无阶级的爱与恨。

五一游行时在路旁睡觉，口号没有好好喊。

麻健被捕后第二天，说“麻健证据不足”“打草惊蛇”。说“现在就应该法办黄金荣”。“我们小组怎么不好？”

《益世报》的问题，应提高再认识。名利思想往家里推不对。写稿子也不能往家里推。

名利思想必然以纯学术思想为基本。

“旁人谈政治太多，是否讨厌？”“凭良心”、纯学术到底为什么不对？谈得不够。专家思想是为了钻冷门，不是职业思想。

纯学术要再检查。名利、立场、替反动派捧场。不要解答，更进一步暴露，检查。

5月5日，谭其骧作第三次检查后通过，小组将他的思想定为“个人主义的带有封建性的纯学术思想”。其他教师都先后作了检查报告，有的不止一次。如叶粟如、胡厚宣、周予同、陈守实、周谷城、潘硌基等都作了很详细的检查，其中叶粟如在4月22日和5月6日作了两次检查，但还没有通过。

到5月上旬，多数教师通过了检查。5月12日，学校部分恢复上课。到6月3日，教师中还有95人没有通过，李正文一方面警告这些人“不要挤牙膏”，一方面也要求大家“不要追比”。他布置开始写书面总结，同时帮助别人；在书面上补充不必重新通过。如请假，要小组通过后通知办公室，6月份结束后销假的人仍然需要检查。书面总结上全小组都要签名，局部问题可以保留。书面报告每组先选两人。

6月9日，经济系教授夏炎德作为典型在大会作检查，为自己定了“崇美亲美反苏反共反人民投机政客的奴化反动思想”。第二天开大会对他进行批判帮助，发言的有经济系的两位同学和朱伯康教授、哲学系的胡曲园教授，列出的错误有：避重就轻，转弯抹角；一面拉拢，一面打击；趋炎附势，奉迎巴结；攀龙附凤，卖身投靠；看风转舵，从中渔利；心胸狭窄，死要面子；自高自大，目中无人；不负责任，唯利是图；口是心非，两面作风；斤斤计较，刻薄吝啬。

6月4日，叶粟如在小组作第三次检查，仍未通过，17日又作补充才通过。周予同在19日作补充。胡厚宣在11日再作检查，13日、14日、16日小组会上都向他提了意见，一些发言的火力相当猛烈，例如：“中研院是典型奴才体系，是蒋介石反动政权文教方面点缀品，向帝国主义御用机关看齐。‘九一八’时胡适云五十年后东北中国化。‘汉学’皆有政治目的，有侵略性。你向他们看齐，就是卖身投靠。”“考证考古主要为资本主义服务，在中国变为帝国主义服务，成为买办学。现代化而不为人民，必定为帝国主义，典型文化买办，你做了买办而不自觉。”“学术思想与政治思想之间有联系，希进一步检查。考古学本身为帝国主义服务，不能说为学术而学术。名利是谁给的？外国人搞中国史，写中国通史目的何在？你得奖是由于出卖民族利益有一定成绩。因美国买你书而高兴，表现出奴化思想。”“名利思想比别人重，反革命分子也不过如此。”他不得不在20日作补充检查，承认自己“中学受封建教育”，“奴才买办的考古学本质上是反动的、买办的，近三五十年考古学为买办学。帝国主义分子在华考古目的在侵略，考古学受帝国主义指挥，殷墟发掘由中美庚款出钱，由中研院主办”。至此方获通过。

6月21日，各人填写登记表，历史系的运动结束。

7月25日，李正文作召开全校代表大会的动员报告，王中介绍筹备情况，并布置代表的选举。全校代表165人，教师每七人选一名代表，由系科主任主持选举。谭其骧当选为代表，出席了29日的代表大会。

会上李正文作运动总结，归纳出全校教师的主要错误思想是：（1）自高自大，好为人师，抗上压下。（2）名利或名位思想，文学院较普遍，同学中占第一位。（3）雇佣观点，唯利是图，亦教亦商，财经学院最普遍，职员、工友中占第一位。（4）超政治、纯技术观点，理学院最普遍。（5）崇美买办。（6）小康思想，田园思想，目光短浅，无进取心，农学院最普遍，同学追求60分。（7）自由主义，不得罪人，当面不讲，背后讲，内幕新闻。（8）宗派本位。（9）反苏疑苏，法学院普遍。（10）享乐至上，腐化堕落，英雄难过美人关，美人难过金钱关。（11）黄昏思想，限于教授；消极悲观。（12）进步包袱，教授占10%，只看别人缺点、自己优点。

运动的收获有：（1）阶级觉悟、政治认识提高了，无产阶级、资产阶级界线分清，敌我界线分清了。2635人参加思想改造，其中教员297人，暴露政治问题的有53%，交出武器60余件，反动文件若干件，还在陆续交出，作为对代表会议的献礼。申请入党的人196人，其中教员20余人。分清了老实与虚伪的界线，老实是新中国人民的起码条件。分清了劳动与剥削的界线。暴露贪污2000多件，新中国成立前占27%，实际退赃3亿多元（相当新币3万多元）。（2）初步掌握了批评与自我批评的武器。（3）学校出现一片新气象：在教学内容上，认清了英美毒素，收集苏联教材，订出了整改计划。教员有80%学俄文。课程讲授提高了思想性，认真负责，虚心征求意见。政治态度转变大，不再中立旁观，去年七一是给别人拜寿，今年觉得有自己一份。对党的认识加强。

增强了团结。资产阶级思想的支配权已打垮，树立了工人阶级思想的领导权，大公无私的集体主义。他宣布复旦大学的思想改造运动至此结束。

这场运动的功过是非无需笔者在此评价，但据《复旦大学志》（复旦大学出版社1995年版）称：

> 思想改造以后，由于教师在学生中的威信下降，加上有些学生分配所学的专业不符其本人志愿等原因，学生旷课现象严重，课堂秩序比较混乱。……有的学生背后乱骂教师，许多教师被扣上绰号，文科尤为严重。在上课时，有些学生未经许可自由出入教室，有些在做其他作业或看小说，有些在谈话，个别的甚至在上课时睡觉。晚自修时，有相当数量的学生在宿舍打桥牌，唱京戏，谈天等等，也有少数学生去上海市区跳舞，看电影，赌博。考试时，作弊现象也相当严重。

当学校的每一位教师都得自愿或不自愿地在群众——包括他们的学生——面前将祖宗三代的“反动”背景、本人贪污“罪行”和资产阶级思想彻底交代，并作出深刻反省之后，怎么能指望这些20岁上下的青年人对他们保持足够的尊敬和尊重呢？所幸谭其骧在课堂上没有受到什么影响，据当时的一些学生回忆，他还是学生尊敬的老师，这或许得益于他的学问和讲课经验，或许是因为他在运动中没有暴露多少问题。

反胡风和肃反运动

1955年2月，谭其骧被借调到北京从事重编改绘杨守敬《历代舆地图》的工作，他在北京期间的具体工作是由地图出版社安排的，但关系挂在中国科学院历史研究所第二所，所以参加该所的重大政治活动和政治学习。当时正值批判胡适，3月5日下午，谭其骧参加了中国科学院召开的胡适思想批判会，出席那次会议的熟人有郑天挺、夏鼐、陈乐素、邵循正、王钟翰、冯家升、傅乐焕、柴德赓等。在这次会上，顾颉刚作了一小时发言，声称“我欲为考据学说一公道话，考据学是反封建的”，结果受到抨击。顾颉刚因发言不当，会后写了检讨书。3月26日下午，他又与顾颉刚、童书业等出席了统战部召开的历史学界胡适批判会，顾颉刚在会上受到尖锐激烈的批判（据《顾颉刚年谱》）。这两次会议对顾颉刚的严厉批判，远远超过谭其骧在复旦大学与上海见到的水准，使他很受震动。但他与胡适本来就没有什么关系，也没有直接参与《古史辨》的讨论，所以不属于批评的对象，只是参加会议，接受教育而已。

5月3日，谭其骧在北京饭店参加九三学社成立九周年纪念会，听周扬传达关于批判资产阶级思想的报告。这次报告，实际上是学习有关“胡风反革命集团”材料的开始，不久《胡风思想批判》等书就成了人手一册的学习资料，九三学社也组织学习。5月19日晚上，谭其骧参加了九三学社小组的学习，为此，当天下午还先看了《胡风思想批判》。

6月20日下午，历史二所召开大会，由所长侯外庐作学习胡风事件材料的报告，22日下午起进行学习。这星期的某一天，尹达与谭其骧谈及，顾颉刚参加学习会不发言，为此谭其骧在24日下午到顾颉刚家去，劝他在小组会上要多发言。28日上午，历史二所又举行大会，侯外庐在会上作了学习报告，指出上一星期学习中存在的缺点和今后开展学习的方针，下午分组讨论，各人谈体会。谭其骧上午去地图出版社工作，中午回所才知道下午的安排，匆匆准备后马上参加。但当天的讨论会还只是一般的认识和表态，会后就转入了肃反运动的个人检查。第二天下午，谭其骧又去顾先生家中，帮助他准备检查。

历史二所的学习会虽然安排得很紧，但谭其骧的主要工作是编绘地图，他至少有一半时间要去地图出版社工作。“胡风反革命集团”的问题虽然严重而又复杂，对他来说却既陌生又遥远，所以并没有在他的思想上留下多少印象。但到了30日，谭其骧收到了胡厚宣25日从上海寄来的一封信，却使他产生了另一种感觉。胡厚宣告诉他：

此间关于“胡风反革命集团”的学习，仍在深入开展中。工会每星期学习半天，九三除经常组织生活外，在上海几乎每星期都有会，一开就是四五小时。校内除贾植芳、任敏外，还逮捕了吴岐、余上沅和中文系教授王进珊、学生施昌东。杨校长在系主任汇报会上宣布说都是反革命分子。老虎就睡在我们旁边，真是值得警惕！

在这些被捕的“反革命分子”中，余上沅是谭其骧在暨南大学时的英文老师，是著名的翻译家和戏剧理论家，谭其骧到北京后还两次给他写过信。他也是一只睡在身边的“反革命老虎”，这是谭其骧万万想不到的，也是难以接受的事实。信中提到的这些“反革命分子”，贾植芳本是中文系教授、著名的作家和翻译家，他被捕后被定为“胡风反革命集团分子”，长期关押和管制，直到20世纪80年代才获得彻底平反。任敏是贾植芳的妻子，受株连被捕。吴岐是法律系教授，是贾植芳留学日本时的同学。经审理后，余上沅、吴岐、施昌东、任敏先后获释，余上沅调上海戏剧学院任教，1970年逝世；吴岐仍回复旦，逝世于1957年；施昌东留校工作，至80年代初在美学研究领域取得突出成绩，不幸患癌症而亡；任敏被安排在上海科学技术出版社工作，不久支援青海，后又被捕入狱。王进珊也被定为胡风分子，以后才获平反，后为徐州师范学院教授。

就在两天后的7月2日，历史二所“高研组”组长张德钧来通知谭其骧在下午的会上作检查报告，此前已有王毓铨在小组作过检查。下午万斯年先谈，接着是谭其骧，他检查的主要毛病是名士作风，飘飘然，温情主义，不分敌我，贪图享乐，谈得并不比在复旦思想改造时更深刻。但他在历史二所的熟人本来就不多，有几位也是30年代的老友，中间不在一起已有十几二十年了，这次到所才几个月，大家都当他客人，所以很容易就获得通过。历史二所的运动虽然要持续到8月底才结束，谭其骧的任务就只是参加学习了。

历史二所的运动继续进行，7月4日下午，在复兴门外政治干部学校，听张稼夫关于“胡风反革命集团”的学习报告。6日上午，尹达在所内作报告，下午的小组会上顾颉刚作检查。那天开始到7月21日，每天下午都开小组会，先后作检查的有喻培原、阴法鲁、张德钧等。19日晚上，谭其骧又参加了九三学社的小组学习。

7月24日是星期天，傍晚谭其骧来到山门胡同谭其飞家，才知道谭其飞在运动中被诬告犯有贪污等罪行，已在单位被斗争。谭其飞毕业于交通大学，解放前在行政院资源委员会任职，是孙越崎的下属。解放时随孙越崎起义，投奔北京，被分配在劳动部任科长，负责机关总务。谭其骧深知他这位兄弟少年得意，一直在行政机关供职，解放之际又一帆风顺，如果有言论失检是完全可能的，但要说他会贪污，则绝对不会是事实，所以感到十分气愤，极力劝谭其飞上告。

但他想得实在太天真了。三天后，谭其骧从地图出版社下班回宿舍，看到谭其飞的留条，立即赶到他的寓所，方才得知上告只是增加了麻烦。当晚他留宿在弟弟家，兄弟俩将有关的学习材料反复研究，也找不出单位这样做的根据，却束手无策，只能相对叹息。

从7月25日开始的两个星期，几乎每天下午都是小组学习。谭其骧一般半天工作，半天参加学习，心里虽挂念着弟弟，却一直没有空去。8月11日晚饭后，他去谭其飞家，发现只有年幼的侄子和侄女在家，原来谭其飞从昨天起就没有再回家，弟媳所在单位北京市委党校集中学习，要到星期天才回家，她还不知道新发生的事情。谭其骧放心不下，14日早上又去弟弟家，见仍然只有两个孩子在家，饭钱已经花完。他只能留下四元钱，怅然而去，感叹这个家已经“不成家庭矣”。等到21日星期天，弟媳总算结束学习回了家，但谭其飞依然杳无音讯，是被逮捕了还是被隔离了，单位一直不给通知。谭其骧与弟媳一筹莫展，不知从何入手。直到8月30日，谭其飞的事还没有眉目，谭其骧约了一位亲戚在谭其飞家见面，自然也毫无头绪，却见到了三哥其翔的来信，说他从8月1日起已经失业在家，让谭其骧为他女儿找一个学画图的机会。此前谭其骧曾收到过他的来信，得知他因曾在顾祝同部下任军医的“政治历史问题”已“背上一包袱”，失业的原因不问可知。对谭其骧来说，这无疑是雪上加霜。

不久谭其飞总算被解除隔离，回到家中，但已被定为贪污分子，科长也给撤了。他这位弟弟从此一蹶不振，到整风“反右”时又被定为右派分子，因属“极右”而送山西劳改。直到全国右派获得改正后，谭其飞才获得彻底平反，以起义人员的身份享受离休干部待遇。经谭其骧向吕东明介绍，谭其飞参加了中文版《简明不列颠百科全书》的翻译，正好谭其骧另一位弟弟、沈阳农学院教授谭其猛也参与了该书的翻译，所以在该书最后一册所附的翻译人员名单中，兄弟俩排在一起。只是此时谭其猛已不在人间，名字上加了黑框。谭其飞历经磨难，却是谭氏兄弟姐妹八人中最享高寿的一位。

可是谭其骧绝对不会想到，他自己在北京轻松过关的同时，上海却祸起萧墙，一封匿名检举信寄到了党委，揭发他与胡厚宣、马长寿三人结成小集团，经常在一起说反动话。原来谭其骧和胡厚宣住在复旦大学教工宿舍的筑庄，马长寿住在相邻的淞庄。胡厚宣是河北人，毕业于北京大学；马长寿是山西人，毕业于中央大学，长期在南京等地工作，1952年才调至复旦；谭其骧在北京工作过多年。三人都对北京的学风学派十分向往，以“京派”自居，谈得很投机。马长寿与谭其骧同在中国古代史教研组，每周一次的教研组会议一度就在谭家开。马长寿教少数民族史，但他对中国古代史和历史地理所知还不是很多，谭其骧虽未开过这类课，平时却比较注意，因此马长寿常与谭其骧讨论这方面的问题。他们俩都喜欢买书，经常一起进城逛书铺。胡厚宣与谭其骧住得近，吃完晚饭常来谭家聊天，谈学术界的新闻旧事，谈彼此都认识的朋友的情况。所以他们三人经常在一起闲谈倒是事实，但所谈无非是学术问题和学界琐事，说是“小资产阶级思想”或“旧文人的情趣”或许不错，要说有什么“反动”，实在是冤枉。但当时正值运动开展，此信又事出有因，党委自然不能不重视，根据大胆揭发和批判从严的原则，历史系对所谓“三人小集团”进行了揭发批判。

当时谭其骧远在北京，而且负有重要任务，不可能立即调回上海参加运动，胡厚宣身为政治学习小组长兼文学院大组长，一向被公认是进步教授，揭发和批判的火力自然就集中在马长寿身上。最糟糕的是，马长寿有一个低能儿子，早已是上学的年龄还不会说话，只会讲一句骂人话“他妈的”和“毛主席”。有人将这两句话连在一起，并和马长寿联系起来，尽管当时还没有像“文化大革命”中那样扯上什么“现行反革命”，却也加重了马长寿的心理负担。历史系绝大多数人都知道所谓“小集团”完全是子虚乌有的事，虽然奉命揭批，实际并不当一回事。但秉性耿直的周予同却为此背上了沉重的道义包袱，在批胡厚宣时他一言不发，到批马长寿时他不能再不发言，但内心却只有同情，所以才批了几句自己就掉下了眼泪。

复旦大学组织将有关的揭发材料寄往第二历史研究所，主持工作的副所长尹达看后往抽屉里一放了之，多年后谭其骧才知道有此一事。尹达敢这样做倒不是他对谭其骧特别有好感，更多的是出于他的政治经验，因为从材料上一看就知道问题不可能十分严重，而且事情发生在复旦，完全可以等复旦查清了问题再说。更何况谭其骧在北京是要完成毛主席布置的任务，最重要的是要保证他能顺利工作。所以谭其骧一直一无所知，8月7日他收到徐连达来信，只谈了复旦进行学习的一般情况。8月31日收到章巽来信，告诉他马长寿将调往西北大学，因当时正值支援大西北，他也没有在意。到9月8日，徐连达再次来信，才告诉他中国古代史教研组以他及胡、马三人为“小集团”，他感到“可笑之至”，却没有体会到“可笑”的分量。

对“小集团”的揭发批判自然不会有什么结果，所以随着运动的结束此事也就不了了之。正好复旦大学有支援西北大学的任务，而马长寿教的是少数民族史，去西北大学最合适不过，于是宣布他调往西北大学历史系。马长寿离开上海时，同事们还心有余悸，无人相送，只有胡厚宣送至车站。事后，复旦大学党委负责同志强调，马长寿的调动是正常的支援西北，与所谓“小集团”问题毫无关系。从马长寿到西北大学以后的情况看，他的确如鱼得水，成为国内研究少数民族史的权威学者，接连发表了多种重要论著，并且培养了优秀的研究人才，这样看来，这两件事先后发生只是一种巧合，并不存在因果关系。但在当时的形势下，引出马长寿因此而被贬往大西北的推断并非没有道理。

但到“文化大革命”时，这件事有没有对马长寿造成影响就不得而知了。据胡厚宣说，马长寿在“文化大革命”中的1971年因病重住入南京某医院，托人带信给他，希望临终前能见上一面，但因各种原因，他没能去南京。如今连胡厚宣也已作古，马长寿弥留之际的心态更是永远无法得知了。在复旦大学的“文化大革命”中，此事又旧话重提，而尹达当时已是“黑帮”，所以谭其骧在获得“解放”前的一次全面认罪中，除了详细说明事件经过外，又作了深刻检查：

现在我认识到，当时我对这件事不满，有情绪，是不对的。既然我和马、胡来往较多是事实，为什么不容许人家怀疑呢？通过运动把事情搞清楚不是很好吗？而尹达不声不响把材料捏住，这是有意包庇我。（1968年2月20日）

不过，谭其骧至死也没有明白，写匿名信揭发“三人小集团”的竟是自己的妻子李永藩。在他晚年与笔者谈及此事时，曾说过这样的话：“不知是谁干出这样的事来，真是笑话。”在谭其骧逝世后，笔者向胡厚宣问起此事，他回道：“还有谁？不就是他老婆吗？”他说，主要原因是李永藩说话随便，马长寿有天对谭其骧说：“老谭，你要管管你老婆，别让她在外面胡说八道。”恰巧李永藩在隔壁听到，由此怀恨在心，等运动一来就写了一封匿名信。胡厚宣虽说得有根有据，笔者却还不敢相信，又采访了当时重点联系历史系的党委领导徐常太，得到完全证实。徐常太说，当年李永藩这样的事干了不止一次，并一度以此作为与谭其骧闹离婚的手段。第一次收到这样的匿名信时，因为涉及政治性内容，领导还相当重视。以后查出是李永藩所为，曾专门找她作了严肃批评。

李永藩的行为只能用精神不正常来解释，因为她内心并不是想把谭其骧搞成反革命，只是想作为向谭其骧要挟的手段。她其实也没有真正想与谭其骧离婚，因为一旦谭其骧真的表示同意离婚，她就再也不敢坚持。她或许只是天真地以为，通过这些匿名信能给谭其骧制造足够的麻烦，使他不至于整天忙于工作，更没有资格到北京去工作，就会对她俯首帖耳，老老实实在家里陪着她。就是在这以后，她也曾不断对学校和谭其骧施加压力，还让子女们轮番给谭其骧写信，要他赶快回家。

但是李永藩采用写匿名信的方法，并且动辄往“反动”“反革命”一类政治问题上拉，则不能不说是受到了频繁的政治运动和耸人听闻的“阶级斗争”的影响，至少是这样的环境给了她某种暗示。直到晚年，李永藩在指责别人（包括自己的家人）时，往往还用“资产阶级思想”“名利思想”“搞阴谋”“反动”之类不合时宜的术语，这不能不说是那个时代造成的悲剧。

与同时代、同年龄的其他知识分子相比，谭其骧是比较幸运的，因为从1951年的土改、1952年的“三反”和思想改造，到1955年的反胡风集团和肃反运动，他都有惊无险地平安度过。尽管与以后的运动相比，这几次运动只是“小巫”而已，但当时谭其骧和他的同代人在总结一次运动的教训和收获时，只会庆幸自己过了社会主义这一关，却绝对不会想到等待他们的会是另一次更加声势浩大、更加凶猛的运动。

和绝大多数来自旧中国的知识分子一样，谭其骧总是善意地分析这些运动的目的，从严检查自己身上的资产阶级、封建主义的影响，以适应新社会和无产阶级的需要。对运动中出现的过火做法和不实之词，他们也都理解为基层组织或个人在执行政策上的偏差，而绝不怀疑毛主席和共产党的政策。而且当时整个社会的确出现了他们从未见过的新气象，与抗日战争后国民党政权的腐败适成鲜明对比。所以他们尽管还没有达到心悦诚服的地步，对毛主席和共产党还是衷心拥护的。

1955年5月1日，谭其骧去天安门观礼，当天日记记录了他的欢欣：

> 早六时许即起，早餐后候至七时许，步行至出版局。八时自出版局搭卡车赴天安门观礼，……八时半到天安门，登南二台。十时典礼开始，鸣炮，奏国歌，肃立。游行开始，规模雄伟，凡数十万人，至下午一时结束。场中群众拥至门前，向毛主席致敬。主席下至城墙上，挥手答礼。此为余第一次看见毛主席。

但那种让知识分子一味认罪忏悔的做法，那种捕风捉影、无限上纲的要求，使他们的人格受到伤害，心理发生扭曲，对批判和自我批判变得麻木。在谭其骧晚年，他又为一次运动的结束写了一份小结。笔者见他写得很快，不像写其他文章那样要拖上好多天，不禁感到惊奇，他长叹一声道：“咳，解放以来这样的东西不知道写过多少了！无非是骂自己吧。”

另一个副作用是使他们变得谨小慎微，特别是怕涉及政治问题。1956年5月19日，越南陶维英教授（《越南历代疆域》作者）来历史所座谈，谭其骧对他的论文集中有关骆越和交趾的问题提出了不同意见。这本来是正常的学术交流，但会后王毓铨向他提出，他措辞太直率，可能会引起陶维英不快。谭其骧听后，“颇自恨孟浪，今后切戒”！（当天日记）可以想象，王毓铨的意见必定使谭其骧感到问题的严重性，所以才会有这样的自责。唯一的原因只是因为陶维英来自友好国家越南，首先应该考虑“政治”影响。

第十章　编绘《中国历史地图集》（上）

1954年秋，毛泽东主席在中南海怀仁堂出席第一届全国人民代表大会，有一天与吴晗坐在一起。他们谈话时说起《资治通鉴》，毛泽东说这部书写得好，尽管立场观点是封建统治阶级的，但叙事有法，历代兴衰治乱本末毕具，我们可以批判地读这部书，借以熟悉历史事件，从中吸取经验教训。但旧本没有标点，不分段落，今人读起来不方便，市上流传亦已不多，应该找些人把它整理出一个用标点、分段落的新本子来，付诸排印，以广流传。毛泽东又说：读历史没有一本适用的历史地图，不知道古代什么地方是今天什么地方，很不方便。讲到读历史不能没有一部历史地图放在手边，以便随时检查历史地名的方位。解放前一些书局虽然出版过几种历史地图，但都失之过简，一般只画出一代的几个大行政区划，绝大多数历史地名在图上都找不到。这种图只能对付着作中小学教学之用，满足不了读《资治通鉴》之类详细的史书时的要求。

吴晗想起清末民初的杨守敬编绘过《历代舆地图》，内容相当详细，凡见于正史《地理志》的州县一般全部上图，正符合毛泽东所提出的配合读史的需要。不过杨守敬的地图是以木版将分别代表古、今内容的黑、红两色套印在连史纸上，是有34册之多的线装本。而且是将一朝版图分割成几十块，按自东而西、自北而南的次序排列的，翻检起来极为不便。再者，杨守敬地图上的“今”是表同治初年胡林翼刊行的《大清一统舆图》，许多州县的名称、治所已不同于20世纪50年代的“今”了，必定也会给读者带来许多麻烦。因此，他向毛泽东建议，在标点《资治通鉴》的同时，也应该把杨守敬的《历代舆地图》加以改造，改用现时的地图为底图，绘制、印刷和装订都采用现代技术，以适应时代的需要。[①]毛泽东赞成吴晗的建议，将这两件事都交给他负责办理。会后吴晗就找了中国科学院近代史研究所的范文澜、历史研究所的尹达等商议，决定成立一个"改编杨守敬《历代舆地图》委员会"，商定的名单是：范文澜、刘大年（近代史研究所），尹达、侯外庐（历史研究所），张思俊、曾世英（地图出版社），谭其骧（复旦大学），翦伯赞、侯仁之（北京大学），吕振羽（国家民委），黄松龄（教育部）。请教育部调谭其骧来北京主持编绘工作，并初步制订了计划。吴晗写信向毛泽东汇报，毛泽东亲笔给吴晗写了回信，表示同意他的计划。毛泽东这封信一直藏在吴晗家中，1966年8月由北京市人委从吴家取走，或许还保存在某一档案馆中。

编绘一部中国历代沿革地图不仅是当年禹贡学会未竟的事业，也是谭其骧的夙念。在遵义浙江大学期间，他曾着手编绘，系主任张其昀也相当重视，校方为他配备了吕东明这位助手，但他能用以编绘的时间有限，资料的搜集也异常困难，仅画成了二三十幅，只能用红、黑两色印在土纸上。尽管从20世纪30年代开始，谭其骧和他的同人们经历了一次次失败与挫折，但他们在学术上已趋于成熟，中国历史地理研究自30年代以来已渐成气候，毛泽东的要求和决定又为这项巨大的工程提供了精神和物质上的保证，一个千载难逢的时机正等待着谭其骧和他的同人。

"杨图委员会"成立　应召进京

得到毛主席的指示后，吴晗立即邀集中国科学院历史研究所、北京大学、

① 近年网上曾见吴晗"文化大革命"期间"交代"材料，提及此事时称毛主席当时说：杨守敬花了几十年时间，编了一套历史地图，但方法不科学，用古代的方格格，没有经纬度，一幅图分开在多少页上，一套书有三十几本，查起来很不方便。你去组织些人，用现代科学方法改画，好不好？从实际情况分析，毛主席是临时起意问及吴晗有何适当书可查古代地名，事先并不知道杨守敬的《历代舆地图》，不可能作如此具体指示。如"文化大革命"期间吴晗真作此说法，只是为了证明他以后主持重编改绘"杨图"的工作，完全是按毛主席的指示办，以避免造成是由他主动提出建议，被毛主席接受才作出决定的印象。

国家出版总署、高教部、地图出版社等单位的负责人和专家商议，于1954年11月2日成立了“标点《资治通鉴》及改编‘杨图’委员会”，由他和范文澜领衔，黄松龄、董纯才、翦伯赞、侯外庐、向达、顾颉刚、尹达、刘大年、金灿然、王崇武为委员。前一项工作由王崇武为召集人，顾颉刚为总校对，在京的史学家聂崇岐、齐思和、张政烺、周一良、邓广铭、贺昌群、容肇祖、何兹全等参加标点，很快就开始了工作。后一项，吴晗想到了老友谭其骧。经他推荐，委员会一致同意请谭其骧进京主持，责成高教部向复旦大学借调，时间暂定一年。据顾颉刚日记，除“调谭其骧主持”外，还拟由“史念海、顾颉刚、王庸参预工作”。大概因为史念海在西安工作，既然未正式借调，也就无法参与。王庸在1956年3月就去世了，实际也未参与。绘图和制印方面的工作则由地图出版社负责。此后，由于标点《资治通鉴》的工作很快就完成，而改编“杨图”的工作既需要延长，又有所扩大，所以这个委员会的正式名称改为“重编改绘杨守敬《历代舆地图》委员会”，简称“杨图委员会”。

1954年11月9日，高教部副部长黄松龄亲自给复旦大学校长陈望道写信：

陈校长：

为整理祖国文化遗产，中央指定中国科学院标点《资治通鉴》与校绘杨守敬著《中国历代沿革图》。中国科学院因人力不足，且无历史地理方面的专家，提请借调你校谭其骧教授至该院工作一年。根据杨守敬编著的《中国舆地沿革图》，加以校正重绘，与《资治通鉴》一并印行，以利青年读者。对此重要任务，各综合大学应极力支持。拟请谭教授在今年寒假期内来京，务希惠允，并请函复为盼。

此致

敬礼

黄松龄（盖章）　十一月九日

复旦大学自然服从，陈望道亲自来到谭其骧的寓所，告诉他高教部的借调令和学校的决定，要他在春节后赴京报到。当时的党政官员和学者都十分讲究组织纪律，这两项工作虽已在北京开展，吴晗和好几位参加者都是谭其骧旧友，但此前没有任何人向他透露过风声，所以他既感兴奋又觉突然。但根据以往经验，他知道“校绘”杨守敬地图的工作量会很大，并非个人一年之内所能完成，又顾虑在京工作时所需专业书籍资料没有保证，就致函中国科学院近代史研究所询问。不久他收到复信：

谭其骧同志：

收到你十二月十六日信。

关于改绘杨守敬地图事，上次开会商量，只言将杨图底本改用现行地图，对杨图本身不做过多修改，因为杨图缺点甚多，如详加补充订正，恐短期内不易完成，且亦非少数人力所克从事。但这只是初步如此想，你来后，我们再开会商量。

借调期间暂定为一年。关于绘图等技术工作由出版总署供给。一般参考书，科学院图书馆尽可够用，似不必多带书籍。

敬礼

又，我们将负责催请高教部正式行文至复大。有关这事的详细的计划，等您来后面商。

刘大年　十二、廿一日

1955年2月11日，谭其骧乘火车去北京，复旦大学党委书记兼副校长杨西光、党委副书记王零、党委统战委员王中等在校门口欢送，正在休养的历史系教授章巽、历史系党总支委员胡绳武、助教徐连达等送至车站。第二天半夜车抵北京，地图出版社副社长兼副总编辑张思俊、副总编辑曾世英和金擎宇等到站迎候。

2月13日，谭其骧在地图出版社副总编辑恽逸群的陪同下拜访了中国科学院历史研究所第一所所长刘大年，刘不在，由王崇武接待。又去找吴晗，也没有见到。2月14日，谭其骧去高教部报到，但没有见到负责人。当天下午，他就与地图社负责人商议绘图计划，以便及时开始工作。

恽逸群是20年代加入中国共产党的老革命，又是一位新闻奇才，新中国成立后曾任上海解放日报社社长、华东新闻局局长、复旦大学新闻系主任，但1952年就蒙冤被开除党籍，贬为地图出版社副总编辑。谭其骧在复旦时与他并无什么接触，但到地图社后对他的为人和能力就留下了深刻印象。在讨论一些重大问题时，恽逸群的意见与谭其骧基本都不谋而合，可惜不久恽逸群就遭到了更大的打击，因受潘汉年冤案牵连，于5月10日被捕。

2月15日上午，谭其骧由王崇武陪同到六部口北京市政府会见任副市长的吴晗。中午，吴晗在附近的文化俱乐部为他接风。两位老友已15年不见，自然有很多话要说，但议论最多的还是即将开始的工作。不过，当时吴晗将这项工作想得比较简单，加上他工作太忙，并没有什么具体的意见，只是希望尽快完成。

2月17日下午，谭其骧去国家出版总局参加了他进京后的第一次标点《资治通鉴》及改绘“杨图”委员会的会议，同去的有地图出版社社长沈静芷和编辑欧阳缨。谭其骧在会上汇报了他的工作设想和意见，但到会的委员都没有发表什么意见，因为当时大家还来不及考虑或不可能考虑到问题的复杂性，一切都得待实际工作开始后才能决定。欧阳缨参加这项工作是出于地图出版社的推荐，因为他以前编绘过好几种历史地图册。

谭其骧觉得不能等待，就向中国科学院历史研究所开了一份近期要用的书单，并着手核算所需要的底图。从2月22日开始，他集中了《汉书补注》等资料，准备先解决西汉敦煌和河西走廊的水道问题。26日，他致吴晗一函，谈鸣沙的名称和位置，征求他的意见。通过连日的努力，水道已有了眉目，他又转入解决西汉郡治。3月5日，北京下了大雪，第二天雪刚停，谭其骧就去中国书店购买了《东三省沿革表》《宋辽金元方镇表》等工具书。3月7日起撰写“杨图”各朝的年代说明。

到了3月15日，考虑到“杨图委员会”对提出的问题还没有作出答复，而改绘“杨图”的一项重要内容是增加反映清朝的地图，谭其骧决定先试画清朝图。40年代初他曾研究过东北三省政区的设置过程，写过《东三省疆理志》，所以他想先画东北地区。但刚动手的第二天，他就发现清末东北建省前的资料尚未作过系统整理，要据以上图几乎无从入手。从22日起，欧阳缨参与制作清图，但他习惯于根据现成的地图改编，所以一般只是做“杨图”和其他旧图的移植，需要新编的地图均由谭其骧绘出草图，再由他抄清成图。4月7日，谭其骧去中国科学院图书馆借来清嘉庆、光绪《会典图》，整理东北资料，并开始编绘西藏地区图。

3月26日，章巽来到北京。章巽字丹枫，1947年至1951年先后在南京中央大学（新中国成立后改为南京大学）历史系和复旦大学历史系、新闻系任教授，1951年后因病在家疗养。顾颉刚创办大中国图书局，聘他为特约编辑，与他共同编绘《中国历史地图集》。顾颉刚曾推荐章巽参加改绘“杨图”的工作，谭其骧也有此意，章巽此行的目的之一就是与地图出版社洽谈工作的安排。但章巽手头的工作尚未完成，不可能全盘投入改绘工作；当时他没有正式职业，地图出版社对他的职务也不便安排。4月7日，章巽发病吐血，决定返回上海。

为了使用资料方便，谭其骧于4月4日从社里搬至历史二所宿舍。他见来京已有两个月，改绘“杨图”的方针尚未确定，在4月18日和19日分别去见历史二所所长侯外庐和历史三所所长范文澜，向他们报告绘图计划。21日又拟出了绘图意见。但吴晗五一节前工作太忙，要凑全“杨图委员会”的人也不容易，工作会议到5月5日下午才在历史三所召开。会议由吴晗主持，主要讨论决定改绘方案，即将“杨图”改到什么程度。欧阳缨提出的方案是，底图的山川框架仍根据“杨图”，用《大清一统舆图》，只是把图中的晚清府厅州县名称改按今制标名。谭其骧坚决反对，因为晚清与20世纪50年代政区的差异不仅是建置和名称的不同，当时的市县中有很多是晚清以后的新建置，还有不少新设的政区虽然在晚清也有同样的名称，但治所已经不在原来的地方，而《大清一统舆图》有些地方的山川框架与今天的差别很大，这些新建和迁建的县、市大部分没有办法画上去。何况《大清一统舆图》是19世纪50年代根据18世纪测绘的《内府舆图》缩编而成的，在当时虽不失为比较精确的地图，实际上错误还是不少，新中国成立后根据新的测绘成果所绘制的地图已有了高得多的准确度，我们为什么不采用精确的新图，反而要用200年前不精确的旧地图作底图呢？谭其骧认为欧阳缨的方案只是在旧框架上加上新地名，不伦不类，侯外庐、惲逸群也赞成他的意见。但吴晗极力支持欧阳缨的意见，使会议最后否决了谭其骧的方案，决定采用欧阳缨的方案。从以后的情况看，吴晗之所以会支持欧阳缨的方案，固然是由于没有充分了解“杨图”本身的不足，更主要的是急于要完成毛主席交下的任务，因为欧阳缨的方案虽旧，但也符合“改绘”的要求，一两年内可能完工；按照谭其骧的方案当然可以大大提高质量，工作却会旷日持久。

谭其骧很不愉快，但既然方案已定，只能照此办理。5月9日，他与欧阳缨作了分工，他负责历史地图，欧阳负责底图。张思俊多次召开会议，落实底图的绘制办法，至8月2日确定改用五百万分之一底图。由于没有专门绘制底图，只是利用现成的图晒蓝，在绘历史地图时只能先用手工将多余的水道涂去，再画上古水道。对与古地名不符的今地名，同样要一一涂改。例如，8月8日，谭其骧花了整整一天时间，也仅仅在一幅图上改了河北、山西、陕西三省的地名，这项工作差不多耗费了一个月时间。与此同时，谭其骧从图书馆借来两部“杨图”，开始计算各代的幅数，考虑图幅的安排。由于已确定只是将“杨图”移植，他又同时开始画东汉、西晋图幅，待资料齐备时继续编绘清图。这时谭其骧已预感到改绘“杨图”绝对不可能在一年之内完成，6月8日，他致函上海人民出版社，请求取消原定的撰写《隋唐五代史》的稿约。可是，复旦大学连一年都觉得太长了，6月21日，周予同打来电话转达校方意见，希望他尽快完成任务，争取早日返校。

通过一个多月的实践，按照吴晗确定的方案，工作中的矛盾越来越明显。吴晗一时难找，谭其骧就向王崇武反映。6月28日，王崇武通知他，可以按自己的计划拟就一份报告，发至各委员处征求意见。8月27日，王崇武带来了答复：同意改变计划，直接用今地图作底图。这就意味着，“杨图”的旧框框可以突破了。8月29日，谭其骧试用一百七十万分之一今地图作底图画春秋图。次日，在地图社决定改用新图作底图，淮河秦岭以北由谭其骧自己上图，以南由欧阳缨上图。尹达得知改图的决定，也表示赞成。9月13日，谭其骧拟成关于改底图的正式通知，寄给王崇武。或许是对改图有意见，欧阳缨并未动手，而是去做其他工作了，谭其骧只得一再敦促，新底图至9月22日完成。谭其骧开始画汉图，欧阳缨开始画元图。至11月16日，西汉图郡国部分初稿画成，费时54天。按照这样的速度，无论如何不可能在一两年内完成全图，所以谭其骧和地图社都通过王崇武向“杨图委员会”反映，要求增加投入这项工作的人力。12月2日，王崇武来电说，新华地图社答允抽人参加历史地图的工作，但要到明年才能开始。东汉图的初稿至次年1月17日完成。

谭其骧在宿舍中几乎每天要开夜车，9月20日半夜12时许，邻室张某之妻突然来敲门，进室后就哭诉，因受他半夜工作的影响而长期失眠，使他感到“窘极”（日记）。谭其骧不可能不开夜车，只能与总务科商定搬至前院东屋。东屋一排三间，他住南边一间，向达住北边一间，中间一间是叶企孙的办公室，但向、叶二位都不常来。

当时，编图中已经涉及了如何反映中国与邻国的历史边界和历史时期少数民族的表示问题，张思俊多次与谭其骧议过一些具体意见。8月27日，张思俊要求他拟出一份处理台湾地区，朝鲜、越南等历史上的属国及少数民族的原则意见，准备上报有关领导部门审批。谭其骧先搜集了有关台湾的资料在图上试画，感到难以决定，要求张思俊召开座谈会听取意见；张思俊仍主张先拟出处理台湾、属国和少数民族的意见。9月19日，刘大年听说谭其骧曾去找过他，就打来电话。他们在电话中讨论了历史地图上台湾的处理方法，刘大年主张从三国时代即画成大陆政权的一部分。经过连日努力，这份《关于历史地图中若干问题的处理方案》于9月22日交给了张思俊，但直到1957年1月谭其骧结束在北京的工作时，有关方面还没有作出答复。

吴晗一心希望能早日完成，1955年12月5日晚上，他和夫人袁震在北长街91号家中请谭其骧吃饭，还请了王庸作陪。这实际是一次工作汇报，因为饭桌上谈的大都是绘图，对当时的进度，吴晗显得十分焦急。谈到地图的开本和比例尺时，吴晗考虑到毛主席的需要，觉得比例尺不能太小，当即就给国家出版总局打电话，要他们务必注意。但此时吴晗仍把工作设想得比较简单，认为只需改正和增补一些“杨图”上的讹误和脱漏，把内容转绘到今地图上，并把木版线装本改制成新式装订的地图册即可，估计可以在不长的时间内完成，因此还是希望时间不要拖得太长。但经过近10个月的工作，谭其骧已经意识到并非如此简单。因为“杨图”只画中原王朝设置政区的疆域，甚至连中原王朝的疆域都没有画全，所以不包括今天中国的全部领土，也不包括在今天中国境内的一些边疆政权。“杨图”的“历代”上起春秋，下讫明代，不包括夏商周，也不包括清代。“杨图”所用的底图是胡云翼的《大清一统舆图》，这在当时虽不失为最佳选择，但与今地图的差异很大，不可能将其内容直接移植到今地图上去。“杨图”的讹误和脱漏也比原来估计的要多得多，既然发现了就不能不予以改正和增补。但当时他还说服不了吴晗。

毕竟是老友相聚，他们也谈了些旧话。谭其骧第一次见到吴晗只有三四岁的女儿，就问：“怎么你的孩子这么小？”吴晗说：“是啊，说是我孙女，人家也会相信。”不过当时谭其骧并不知道，这个女儿是吴晗夫妇领养的。

转眼已近一年，复旦开始催谭其骧如期回去，家中也要他回去过年。为此，谭其骧又与王崇武联系。1956年1月23日，王崇武答复，暂时不能考虑回去。30日，谭其骧给子女写信，告诉他们春节不能回去。由于工作计划多变，进展缓慢。与欧阳缨的合作很不愉快，又没有合适的助手。除了吴晗，“杨图委员会”实际上无人领导，只有王崇武在起联络作用。2月初，谭其骧曾多次打电话找吴晗，也未联系上。虽然不知道他为何事而找吴晗，但可以肯定他当时十分着急，而且心情不佳，这可以从他的日记中看出：“余去年以今日自沪出发，转瞬不觉已满一年，而工作毫无成绩，近日为写省区一文，文思之涩，致终日不能成数百字，甚矣我之老矣。”那天是农历除夕，离谭其骧的46岁生日还差两星期。

2月下旬开始，复旦的催促如密锣急鼓。首先是上报高教部，由高教部发函通知谭其骧回校。3月1日、2日，谭其骧接连收到学校来信，3日又收到了历史系主任蔡尚思来信。次日早晨，他立即将高教部和蔡尚思的信交给尹达，请他赶快与吴晗商议。8日，正当他在给蔡尚思写回信时，又收到了学校寄来供他买火车票的汇款。吴晗与高教部有约在先，不能硬将谭其骧留在北京，与范文澜商议后给高教部去了电话，原则上同意他返校，但应将改绘地图的工作带回复旦去继续完成。

据顾颉刚日记，其间的2月5日，“怀仁堂之宴，予与董必武先生接席，因谈改编杨守敬地图事，而惜季龙之将返沪，董老自告奋勇，为致函高教部杨秀峰部长，部中遂来函责予，并将致予之函抄送复旦，为予树敌。尹达闻之，亦不谓然。因作杨部长函，请其为我解围”。但谭其骧对此似一无所知。

3月17日，范文澜致函复旦大学：

复旦大学负责同志：

“改绘杨守敬地图委员会”为编印地图事，曾由我所商请高等教育部借调你校谭其骧先生来京参加，当时言明以一年为期，现已期满，我们同意谭先生仍返你校工作。惟杨图改绘工作刚刚开始，需要长时期绘制才能完成。我们建议谭先生将此工作带到上海去做，由新华地图社配备绘图人员，由你校从今夏毕业学生中选拔数人当助手，经费方面则由科学院支付，希望你校大力支持。

敬礼！

范文澜　三月十七日

当天王崇武将这一决定通知了谭其骧，要他拟订计划。21日晚上，范文澜、吴晗在萃华楼宴请“杨图委员会”的刘大年、尹达、侯外庐、向达、翦伯赞和谭其骧、张思俊、王崇武，商议下阶段工作，主要还是谭其骧的去留。谭其骧说明情况后，大家都认为，要在短期内完成改绘是完全不可能的，吴晗也不得不接受他本来不愿接受的现实。但他和历史所的几位领导都明白，如果谭其骧回到复旦，绝对不可能像在北京那样专心一意，绘图工作肯定会受影响，不如干脆改借为调，由中国科学院直接与高教部打交道。最后决定先让谭其骧给复旦写信，以绘图工作一时不能中断为由，要求再延长一段时间。这封信自然不容易写，所以他从22日开始，断断续续花了几天也没有写完。29日早上，范文澜打电话来催问此事。而当日下午，复旦大学派金冲及专程来京，请谭其骧回校。送走金冲及后，谭其骧只得找尹达商议对策，尹达仍要他抓紧写信。到30日半夜，这封难写的信总算写成，次日寄往复旦。

尚思同志并转
望道
西光校长:

最近此间负责同志已致函高教部，明确表示同意我返校，想高教部当已转知学校。事实上他们从来也不曾有过久借不还的意图，学校对此点实不必有丝毫顾虑。现在的问题只是如何把这项必须完成亟待完成的绘图工作继续下去，不致因我个人的借调期满而受到阻碍。

我仔细考虑了许久，又和新华地图社编辑部同志商谈了许久，觉得把此项工作搬到复旦去做，虽不是绝对不可能，但困难很大。

第一，此项地图的全部编绘过程自始至终是一种集体工作，主编、助编、绘图员、地图社编辑部各方面必须紧密配合，经常保持联系，才能顺利推进。如果我返校，即使助编和绘图员跟着我走，地图社编辑部不能跟着我走，那就会招致绘制技术上的困难。若事事函商，则影响进度；若擅作决定，则难免犯错误，走弯路。地图社本有一部分在上海，那是一个办事处，不能担当决定绘制技术的任务，并且不久这一部分也要搬到北京来了。

第二，助编三人，绘图员三人，要他们一起跟着我移校工作，也有困难。其中如欧阳缨老先生年事太高，只身离家或举家迁移，都有困难，恐怕组织上也不便勉强他跟从。若放弃在京熟手人员，到沪另觅新手，当然又要使工作受到损失。

第三，工作虽是集体的工作，但作为主编的我的一部分工作，助编是代替不了的。换言之，即不可能用增加助编的办法来减轻我个人对此项工作应做的工作。如果我返校，即使不开课，总不能对所有系里的教学工作完全不闻不问，(否则何必要我回去，)当然会影响绘图工作。我个人的工作一耽误，全部工作也就势必因而脱节，陷入紊乱甚或停顿。

除以上三点外，还有二事可能也有困难。学校要为我们准备七个人的办公室、绘图桌以及其他的设备，还要为六个人准备宿舍，其中还有几个人要带家眷，此其一。在京调集应用图书相当方便，我校在这方面的条件比较差，向校外借用的手续也很麻烦，此其二。

困难既如此之多，如勉强移沪，必然会对工作产生很不利的后果。按照目前在此的人力配备与工作安排，继续进行下去，全部工作估计一年半后可以完成；一有变动，那就不知拖延到哪一天去了。

同时我也考虑到了如果暂不返沪，对学校教学工作会有什么影响。我觉得影响不大。我原来担任的专业课现由吴应寿同志接替，他教得不坏，没有必要定要交还给我。原议去秋开设中国中古史专门化，我不回校确有困难，现高教部已决定各专业不必急于成立专门化，此项困难短期内即不复存在。我知道我回校的主要作用是开设选修课，选修课当然应该尽可能多开几门，但少开一二门问题还不至于太严重。此外还有指导研究生的工作，估计一二年内招生不会太多，系里现有的中国史教授，除我而外还有四位，似已足够应付。

绘图工作和教学工作二者同样是国家和人民需要我做的工作，根据以上情况，即移沪对绘图工作影响较大，留京对教学工作影响较小，因此就工作论工作，我认为与其要我二者兼顾，一方面不能好好地从事教学，一方面又耽误了绘图，不如让我留京集中全力尽速先把图稿（绘）出来，一俟完工，当即返校，然后再正常地恢复我的教学工作。

再者，我回校后若学校需要我开历史地理一课，需要我指导研究生做这方面的研究工作，那末历史地图的编绘完工，岂不也就是为更好地进行教学准备了条件吗?

我主编历史地图今番已是第二次。第一次由出版总署主持，也曾几次想借调我来京，当时学校当局认为可以在教学岗位上同时兼顾，没有同意，结果顾了教学顾不了绘图，拖了一年多所成无几，完工遥遥无期，被迫停止。（助编吴应寿同志因而转入我校改任助教。）前车可鉴，今番岂可再蹈覆辙？比较详细的历史地图的出版实为多年来学术界所迫切需求，如果再过三两年还搞不出来，岂特主持此项工作的几位同志无法向上交账，恐怕也很难得到学术界大众的谅解。

我的看法可能很不正确，希望得到您的指示。

此致

敬礼

谭其骧 三月十八日

这封信上所署的时间还是3月18日，应该是谭其骧开始写信的那一天。

中国科学院方面要将谭其骧留在北京，还有另一方面的考虑。

1956年初，中央正准备制定科学工作远景规划，中国科学院所属的地理研究所和历史研究所商议要开展地理学史、自然科学史和历史地理的研究，并成立相应的研究机构，都想到了谭其骧，一些领导和他的师友希望能将他调入中国科学院，主持这方面的研究。1月21日晚，他的好友、地理研究所副所长黄秉维来找他，要他赶快起草发展地理学史和历史地理研究的12年规划，以备提交规划会议。第二天，尹达与他谈到了成立历史地理研究机构的问题，要他抓紧写出规划。他经过几天的突击，至24日半夜终于写成。27日下午，已经担任北京大学地理系主任的侯仁之和正致力于研究地图史的王庸与谭其骧讨论了研究计划，以后他们三人又讨论了多次。

1月31日，国务院副总理李富春、陈毅在怀仁堂作了关于科学工作远景规划的报告，谭其骧与尹达、侯外庐一起参加了会议。此后，谭其骧在编图的同时，参加了中国科学院地学部的规划制定。2月17日，竺可桢副院长在西郊宾馆主持召开科学史规划会议，谭其骧和刘大年、侯仁之、王天木、李涛、钱临照等出席。根据会议的要求，谭其骧与侯仁之、王庸又讨论了地理学史研究规划，由他写成后寄给刘大年。在2月下旬和3月上旬，他先后参加了在中关村召开的地学部规划座谈会、在西郊宾馆和西苑大旅社召开的科学史规划会。2月28日，竺可桢在西苑大旅社召开有关专家会议，袁翰青等一致提议，要把科学史建设成为一门学科，要设立专门机构，要有专职人员。会议决定委托叶企孙、谭其骧和席泽宗搜集资料和起草规划，由叶企孙召集。席泽宗当时还是一个青年，以后成为科技史专家，担任中国科学院自然科学史研究所所长，1991年当选为中国科学院院士。1956年10月20日，竺可桢参加了在意大利召开的国际科学史大会回国后，又主持会议，讨论科学史研究的开展，严敦杰报告了明年度的初步计划，确定下来的有：成立自然科学史研究室，整理研究故宫所藏古地图，注释出版中国古代地理名著，最后一项工作由侯仁之负责。

2月16日，历史二所成立学术委员会，在文化部会议室召开首次会议，参加者20余人，潘梓年、陈垣先后致辞，向达、侯外庐、叶企孙等作报告，出席的委员有邓拓、尚钺、邓广铭、邵循正、郑天挺、王崇武、杨荣国、翁独健、冯家升、傅乐焕、贺昌群、白寿彝、李俨、季羡林和谭其骧等。委员中的顾颉刚和刚从南京赶来的韩儒林参加了下午的讨论。作为学术委员，此后谭其骧也参加了历史二所、三所的规划会议，并提出了书面意见。5月间，尹达要求谭其骧起草一份开展历史地理研究的计划，不久又让他写一篇宣传这一新研究领域的文章。

5月26日下午，应郭沫若院长之邀，中宣部部长陆定一在怀仁堂作了题为“百花齐放，百家争鸣”的报告，谭其骧与其他300多位参加规划制定的代表聆听了报告。会后，周恩来总理举行招待酒会。6月，谭其骧还去西郊宾馆参加了古代史的规划会。6月4日下午，毛泽东主席、朱德副主席、周恩来总理和郭沫若在怀仁堂外草坪与全体代表合影。科学规划会议至此结束。

7月，中国科学院和高教部又召开了教学大纲审查会。7月1日下午，谭其骧出席了郭沫若在北京饭店召集的中国史、中国哲学史教科书座谈会，陆定一、黄松龄、胡绳等到会。陆定一还发表了思想相当解放的谈话，大意是：教学大纲要不要，口试是否合适，各校是否要编讲义，都可以研究，以便节省人力，少走弯路。学苏联，也可以从反面学，思想不要太一致。唯心哲学也应该讲。

7月5日上午，高教部在西苑大旅社召开文史18种教学大纲审查会。谭其骧参加了中国史大组会，见到了缪钺、蒙文通、徐中舒、刘节、梁方仲、李埏等熟人，有的已有十多年未见了。以后几天，他分在第二段（魏晋南北朝）小组，同组还有唐长孺、王仲荦、缪钺、韩国磐、陈登原。

会议至7月15日结束，当晚聚餐，谭其骧与杨秀峰、黄松龄、周扬、郭沫若、郑振铎、翦伯赞等同桌。席间翦伯赞大谈杨家将中的外行笑话，而谭其骧与大多数人不熟，只是洗耳恭听。第二天中午，历史一所学术会议结束后在萃华楼宴请，谭其骧又与郭沫若同席，在郭的海量影响下，他喝了个半醉。

尽管这些方面的工作占去了谭其骧大量时间，绘图工作始终在进行，丝毫没有松懈。1956年2月中旬，他将一批清代地图的草图交给地图社的时德涵抄清，黄克晟、凌大夏先后参加绘图工作。3月8日，送到上海印制的清图底图寄到，谭其骧开始与绘图人员讨论图例。13日，在地图社的工作会议上决定，改绘后的“杨图”上历史地名不用简体字。新华地图社的三位绘图员也于4月2日报到，开始清绘底图，谭其骧则继续完成清代图，以便让绘图员们及时清绘。5月9日，为了确定各图的比例尺等问题，谭其骧去北京市政府向吴晗汇报。在12日举行的“杨图”工作会议上，决定将三百万分之一定为各图比例尺的通例，先制成样本，当时估计全套地图册大约有40个印张。为了便于谭其骧上班，从8月2日起，地图社每天用三轮车接送。

经过中国科学院的活动，高教部的态度有了松动。5月26日，谭其骧应召去高教部综合大学司，面见了于北辰副司长。在听取了谭其骧的汇报后，于司长表示，绘图工作很重要，应该做完，但究竟如何安排，还需要听取复旦方面的意见。但复旦没有改变态度，6月底，陈望道校长赴京出席教育部会议，就与范文澜联系。29日，陈望道来到谭其骧宿舍，告诉他，范老已表示去留由他自己决定，因此原则应该回去，工作不停，具体办法回上海后再说。

7月18日，一学期已过去了，系主任蔡尚思再次来信，请谭其骧回校。与此同时，他的妻子李永藩也发动了攻势，她写了给亲戚的信让谭其骧转交，信中宣布将在8月份将还在读小学的儿子、女儿送到北京来，“千斤重担负不起”。此前，李永藩曾让子女给范文澜等写信，要求让谭其骧回上海。李永藩的做法虽不无过分，但完全可以理解，因为在谭其骧离家的一年半间，长子德睿、长女德玮分别高中毕业，报考大学，次子德垂患伤寒症住院，而次女德慧还不满10岁，家庭的担子的确不轻。8月15日，谭其骧收到长女德玮的信和电报，她已考取吉林工学院，22日将去长春。至此，他决定请假回家一次，赶在女儿出发前到达。17日，章巽因出席地理学会会议到达北京，当他得知谭其骧要回去时，很不以为然，认为无疑是自投罗网，复旦不会再放他回北京。谭其骧觉得也有此可能，但“势成骑虎”，难以改变，还是在18日返回上海。

送走女儿后，谭其骧在上海住了一个多月，这期间北京催他快回去，因为制好的图等他去核校，清图也没有编完。最后，学校同意他回北京做结束工作，然后尽快返校。10月12日，他第二次来到北京，安顿下来后就开始核校已经清绘出来的清代地图，拟定清图的编例，撰写出版说明，同时补绘清代青海图，为西汉图补地名。当天他去顾颉刚家取回上次离京时寄存的行李，顾在日记中感叹："其实，季龙在京，非特重画杨守敬地图，地理研究所将办历史地理部门，有藉于彼也。倘范文澜能为彼向周总理一说，事必有成，而无如彼为一庸才何？"

尹达觉得不能太勉强，下一步还是在上海试办，可以尽量提出应该配备的条件。黄秉维告诉他，竺可桢正出国访问，待下星期回国后可以再谈一下。竺可桢回国后，果然向钱俊瑞提出，要正式调谭其骧进中国科学院。吴晗还想挽留，建议谭其骧给陆定一写信，谭其骧怕引起高教部和复旦大学的不满，没有同意。10月18日，历史系党总支委员朱永嘉代表复旦来信，说明学校无法提供绘图的工作用房。24日，谭其骧找高教部李云扬，提出了绘图用房及未来研究室的经费问题。当天，刘大年在电话中提出了三种解决的办法：一是由中国科学院出钱补贴谭其骧个人，一是中国科学院与复旦联合办研究室，一是由中国科学院委托复旦办研究室。谭其骧立即写信给朱永嘉，转达了尹达、李云扬、刘大年这三人的意见。25日，地图社开会决定，房子问题先看中国科学院有何解决办法，另聘谭其骧为特约编审。11月17日，竺可桢专门约了高教部副部长黄松龄商谈，准备请中科院哲学社会科学部副主任潘梓年致函陈望道校长，让谭其骧提供有关材料。12月初，潘梓年去上海，但不知什么原因，他没有见到陈望道校长，而复旦再次催谭其骧回校的信接连寄到。谭其骧决定月底或下月初回上海，竺可桢、吴晗无可奈何，表示同意。竺可桢打算等谭其骧回复旦后一两个月，就致函陈望道，聘他为中国科学院兼任研究员。12月26日，谭其骧向吴晗提出了回上海后组织章巽、吴应寿二人参加编图的打算，此后又与地图社具体商议了回上海后如何与地图社协调的方案。1957年1月4日，尹达召集他与国家出版总局的金灿然、地图出版社社长沈静芷和副总编辑张思俊研究下阶段的工作计划，确定图集的第三、第四、第五册各用半年时间来完成。侯仁之、黄盛璋也与他商议了历史地理学科的发展与中国地理学史的编写等工作。

黄盛璋是浙江大学史地系1949年的毕业生，原在中国科学院语言研究所工作，不久前调入地理研究所。

就在他忙于向师友们告别和参加他们举行的欢送宴请之际，谭其骧又物色到了两位助手——王文楚和邹逸麟。王文楚本是他的学生，1956年毕业于复旦大学历史系，分配来北京中科院历史所工作。邹逸麟是山东大学历史系1956年的毕业生，分配来历史所工作。他们的家都在上海，得知中科院上海分院有成立历史研究所的计划，周予同将出任所长，就向所里打了调回上海的报告。正好谭其骧因助手不足与尹达商议，尹达就提出让他们两人随他回上海工作。1957年1月7日，谭其骧与王文楚、邹逸麟见面，与他们约定到复旦报到。

动身前的1月9日，谭其骧在历史所作了中国历史地理概论的学术报告。即使对专业历史研究人员来说，历史地理也是一门陌生的学科；很多人只知道谭其骧来所改绘“杨图”，却并不了解编绘历史地图的意义；谭其骧生动形象的报告给他们留下了深刻的印象。20世纪80年代，历史研究所和近代史研究所好几位先生曾与笔者谈及他这次报告，都说原来以为是一个十分枯燥的题目，想不到谭先生能讲得如此有吸引力。他的离开使尹达要建立历史地理研究机构的计划一时受挫，但他的报告为在历史所设立历史地理研究室作了舆论准备。

1月12日下午5点，南下的列车载着谭其骧和待完成的改绘“杨图”任务驶离北京，他心里明白，以往近两年的努力只是开了一个头。连日来紧张至极，上车后才得放松，加上车行颠簸，无法看书，使他暂时抛开了工作的压力和负担，很快进入梦乡。当他在炫目的白光中醒来时，列车已奔驰在大雪纷飞的淮北大地。离上海越近，他越感到了前程的艰难。

此后范文澜改任顾问，“杨图委员会”的领导工作由吴晗和尹达共同主持。

八年辛劳 功亏一篑

到达上海的第二天，谭其骧就向陈望道校长作了汇报，当晚又和负责联络编图工作的朱永嘉讨论了具体安排。次日早上就到朱永嘉处取了钥匙，冒雨去新华地图社上海办事处看工作用房。

根据在北京时确定的安排，上海的工作室由新华地图社提供，就安排在距该社上海办事处不远的北苏州路河滨大楼。这是一套两室的公寓，但有很宽敞的厨房和卫生间。以后拨归复旦大学，在绘图工作迁回学校后一度由历史系讲师张荫桐居住，后来是复旦大学校长杨福家的寓所。谭其骧看后，觉得能容纳得下工作人员，中午吃饭可以去附近的办事处，与办事处联络也方便，决定启用。经过几天准备，1月21日，他和章巽在绘图室召集三位绘图员研究工作，他们是地图出版社的时德涵和复旦大学的慎安民、郑永达。23日，王文楚、邹逸麟来室报到，25日起，谭其骧安排他们制作清行政区划表。

这期间他也遇到了一件不大愉快的事情，发现吴应寿根据他的讲稿编成的讲义却署上了自己的名字。谭其骧一向不反对学生用自己的讲稿，但对这种不实之风很不以为然，立即写了一封短信给吴应寿。第二天吴应寿登门致歉，与谭其骧商定将署名改为“谭其骧讲稿，吴应寿编录”。

尽管谭其骧、章巽、吴应寿、王文楚、邹逸麟和三位绘图员全力以赴，但不出吴晗等所料，谭其骧一回学校就身不由己了。当然也有吴晗等意料不到的事，那就是不久就开始的整风“反右”和接踵而来的大小运动。

3月30日起，谭其骧参加了一系列政治学习。在随后开展的整风和反右派运动中，谭其骧虽因得到保护而安然无恙，但李永藩与在上海交通大学读书的长子德睿均被划为右派。持续到11月的运动和家庭的不幸，自然会影响他的编图工作。

1957年底整风运动的整改阶段有下乡下厂，同时进行的有勤俭办学。1958年1月至8月是除“四害”和除“七害”，并开始勤工俭学；3月份开始“双反”（反浪费，反保守）运动，又进行厚今薄古大辩论；5月份起学习和宣传总路线；8月份开始“大跃进”，同时在历史系开展对蔡尚思、谭其骧和周谷城的学术批判，全校大炼钢铁；9月份全校皆兵（成立民兵纵队）；10月份下乡劳动。1959年稍为安宁，但8月份全校“反右倾，鼓干劲”。到1960年3月又开始了新的一轮“大跃进”，4月份起大搞“文科革命”，随之而来的是严重的“三年困难时期”。至1963年下半年，阶级斗争之风又转烈。1964年1月开展“五反”运动；7月起开展“学术批判斗争”；8月开展社会主义教育运动，师生下乡参加社教。1964年师生继续下乡参加“四清”，学习毛主席“春节指示”和“七三指示”，实行精简课程和开卷考试。1965年11月，姚文元《评新编历史剧〈海瑞罢官〉》发表，揭开“文化大革命”的序幕。在这些持续不断、此伏彼起、令人目眩的运动中，有时谭其骧是运动的对象，有时又要当运动的组织者或参加者，多数情况下是两者兼而有之。如1964年10月，复旦要组织教师下乡参加“四清”，中国历史地理研究室也不能例外，只是在北京“杨图委员会”发来电报后才改为分批下乡。11月22日，谭其骧参加上海市政协组织的去肖塘公社的学习，历时20天。1965年12月10日，谭其骧去朱行镇参加“四清”学习，至1966年1月17日才结束。有时他虽因负有“重要政治任务”而得以优游于运动之外，但编图的其他人员就难以都享受这样的优待，更不用说这些不断在进行着的运动给他们思想上和精神上带来的影响，编图工作怎么能顺利进行呢？

绘图室的人员虽然并非不参加学校的活动，但在一些人的眼中却是一处世外桃源，五位教师中没有一个党员，吴应寿的家庭出身是地主，邹逸麟的出身也是资产阶级，谭其骧还属团结教育的对象，章巽则被认为是值得批判的资产阶级知识分子。在当时的形势下，这样的人员组成，再加上这些人不在学校工作，引起一些人的议论和怀疑是并不奇怪的。所以到1957年9月14日，绘图室就迁至校内。

1958年秋，学校又从历史系三年级学生中选出周维衍、魏嵩山、赵少荃、林汀水、项国茂、王天良、祝培坤、嵇超、朱芳（毕业后调出）、林宝璋、刘明星等11人参加编图工作，以加快进度，同时也希望通过这一措施，迅速培养出一批专业人才。1959年后，又有华东师范大学、中山大学和西北大学地理系毕业生张修桂、孔祥珠、赵永复、陈家麟、全汉文、周源和、李新芳、王仁康、章祖生（后改名为左声）、纪明光等10人分配来研究室。以后又增加了研究生毕业的胡菊兴和青年教师李德清。谭其骧为了使这些年轻人尽快掌握历史地理的基础知识和编绘历史地图的专门技能，经常结合编稿工作给他们讲课，认真批改他们试写的考释，还和章巽一起写出具有示范性质的考释文字，作为内部资料印发给大家参考。他们中的绝大多数参加了此后编绘工作的全过程，经历了好多年夜以继日的艰苦奋斗，有几位还承担了领导工作，有的成为学术骨干。

1959年在历史系成立中国历史地理研究室，到1966年“文化大革命”前，研究室已有教学、研究和辅助人员30多人，成为国内最大的历史地理研究机构。

但是这一迅速的发展过程发生在一个特殊的年代，不可避免地受到了当时“左”的路线的影响，先天不足，后天失调。挑选这些学生时正值反右以后和“大跃进”之时，所以首先考虑的自然是“政治”表现和家庭出身，是否听党的话。他们都没有学完大学课程，加上有的人原来基础一般，参加工作后又缺乏系统学习的条件，业务能力长期达不到要求。而一些本来更合适的学生却未必能有这样的机会，有的因为政治问题只能担任资料员或做抄写工作。学生们报到时，谭其骧正在接受对他的“资产阶级学术思想”的公开批判，以后这类或明或暗的批判持续不断，而且年轻人不断受到教育，要他们在学习业务的同时，不要忘记抵制和批判包括谭其骧在内的老知识分子的资产阶级思想，正常的师生和同事关系又怎么可能形成？由于谭其骧的特殊地位，青年们对他还是相当客气的，但对章巽就不是那样了。“大跃进”时，青年们提出编图也要搞跃进，多少天要完成一幅，章巽认为绝不可能。谭其骧身为系主任，迫于形势，劝章巽同意，章巽说：“年轻人不懂胡来，你怎么也来逼我呢？”在一些人的眼中，章巽就成了顽固坚持资产阶级立场的人，不时对他横加指责。本来他与谭其骧紧密合作，相处融洽，业余还是曲友，但在这种不同待遇下，他们之间的关系逐渐疏远。1979年，笔者曾随章巽学习中西交通史，并帮他做一些研究辅助工作。他对笔者说：“谭先生是好人，但也应该管管他这几位学生，不能让他们飞扬跋扈。”以后笔者与谭其骧提及，他只是苦笑：“章丹枫也太糊涂了，他们是来改造我的，我哪里管得了他们？”

无须讳言，将他们充实到研究室来还具有政治上的目的，那就是要依靠这批年轻而又觉悟高、出身好的党团员及积极分子去教育、改造和取代资产阶级知识分子，所以个别党员具有强烈的优越感，甚至以党的化身自居，动辄开展阶级斗争和思想批判，不仅影响了内部团结，也使编绘工作受到“左”的干扰。党委曾将其中二人定为重点培养对象，希望不久就能取代原来的人员。两年后，党委书记杨西光就问谭其骧：“周维衍、魏嵩山超过吴应寿他们了吗？”谭其骧只能如实相告，说不会有那么快。

1956年12月，还未返回学校的谭其骧当选为复旦大学工会副主席，连任至“文化大革命”开始。1957年5月12日上午，党委书记杨西光和副书记王零在文化俱乐部约他谈话，请他出任历史系主任，当月开始即由他代理蔡尚思的系主任职务。1960年10月他被正式任命为系主任，实际只是补办手续而已。1958年9月起任校务委员会常委，同时担任九三学社复旦支社副主委，1961年起任主委。1960年5月被评为上海市高等学校先进工作者，并出席全国文教群英会。1964年当选为第三届全国人民代表大会代表。这些职务多数不必由他负具体责任，有的只是荣誉称号，但因此而占用的时间却相当可观。如1964年12月11日开始，他接连参加九三学社上海市代表大会和第三届全国人民代表大会，到1月13日才回到家中。特别是系主任一职，要应付教学、科研和教师、学生几方面的工作，经常使他不得不花去一天的大部分时间。此外，还有一些免不了的社会活动和学术活动。如1957年8月1日至9月8日，他应侯仁之之邀去青岛疗养并撰写《中国古代地理名著选读》中的《汉书·地理志》选释；1958年11月下旬应邀参加华东师范大学历史系师生赴扬州等地的考察。而花费时间最多的一项，则是《辞海》中历史地理条目的编写，他于1962年3月参加《辞海》编委会，其中自1962年9月至1963年8月底集中在浦江饭店编稿，成为他这一年间的主要工作。编绘人员中还有邹逸麟、王文楚等，他们也参加了《辞海》的集中编写。直到1964年底，《辞海》的会议和编写工作还经常不断。

1959年7月，复旦大学建立中国历史地理研究室，由谭其骧任主任。1960年起招收了两届共55名历史地理本科生，为了办好这个全国唯一的历史地理专业，谭其骧和室内同人又增加了教学方面的任务。这些措施对发展历史地理学科、培养和造就专业研究人才当然是有力的促进，但与编图工作却不无矛盾，因为学校领导总希望谭其骧能多花一点时间在这些方面，遇事也要多考虑一些本室、本专业的发展，这些与编图往往很难两全。

另一方面的原因，是“杨图委员会”也缺乏有力的领导，整体计划多变。当然有些因素并非“杨图委员会”所能左右，例如1958年间新提出的《国家大地图集》中历史地图卷的编纂。

1958年7月7日，谭其骧应召赴京出席《国家大地图集》筹备会议。到达北京后，才知道会议已改在17日召开，他只能在北京等候，顺便与有关同志商谈“杨图”工作。17日会议开始，谭其骧在18日的会上谈了历史地图的初步目录和有关问题，苏联专家及张思俊等提了意见。在19日下午讨论时，确定《国家大地图集》的第四部分为历史地图，指定由复旦大学承担，并提出可将中国科学院地理研究所的历史地理小组调往上海协同工作。谭其骧当场表示将编图机构放在上海是不利的，因为这项工作必须与中科院历史所、民族所等单位合作，还应经常与技术部门联系，在上海很不方便；更主要的是，在上海时间难以保证。21日是大会的最后一天，但历史地图仍无人负责，刘大年推给刘导生，至散会时尚未确定。

本来准备在会后安排“杨图”的审稿会和解决编纂大地图与改绘“杨图”工作时间问题的会议，考虑到谭其骧来京时间已颇久，工作时间问题用开会的办法也解决不了，尹达主张都取消，审稿用传阅方法，工作时间问题交由《国家大地图集》编委会一并考虑安排。谭其骧已修改拟定了目录，提交给在26日下午召开的历史地图专门委员会会议。28日，尹达、谭其骧与吴晗商定，“杨图”的编稿先由谭其骧签署意见，再由吴、尹二人作决定；时间问题则由吴晗与国家科委协商。尹达对编图提出的意见是：底图上只要有二级行政区划就可以了，底图可以搞大一些；地名不能太少，但也无需太多；不用古今套印。关于最后一点，在谭其骧强调了古今对照的重要性后，尹达也没有坚持。在这次和以后的会上，吴晗多次强调了主编责任制，他说：“集体的著作不赋予主编以裁决的权力是不行的，我们这套图必须认真实行主编负责制。你是主编，你得对每一幅图的内容负责。”他不止一次在会上着重声明：“委员会不接受没有谭其骧签字的图稿。所有图稿，最后都得由主编审查通过后签字，委员会才能交付出版社。”29日，谭其骧与杨向奎、黄盛璋等一起拟定了历史地图的初步分工。

9月13日下午，召开标点“前四史”及改绘杨守敬地图工作会议，范文澜、吴晗、尹达、侯外庐、金灿然、张思俊出席，对改绘杨守敬地图工作的决议是：

1.此项工作已商请由国务院科学规划委员会领导。中国科学院三个历史研究所负责审图。

2.改绘工作原由复旦大学历史系教授谭其骧负责，地图出版社派人协助。拟请科委与教育部联系将此工作列入复旦大学研究工作计划，由该校负责领导完成。

3.改绘地图分幅陆续出版，限于明年国庆前出齐。

4.改绘地图以今图为底图，应力求精确和统一。台湾及我国领海内的各岛屿必须绘入。①

根据《1956—1967年科学技术发展远景规划》，编纂《国家大地图集》的任务原定到1967年完成。1959年，在“大跃进”的形势下，国家科委决定提前到1960年完成。1959年4月1日至5日在北京召开了第一次编委会扩大会议，谭其骧任编委和历史组召集人。但在前期研究和编绘人员有限的情况下，特别是在改编“杨图”的工作正在进行时，再提出这项任务并要求在一年多的时间内完成，无疑是不现实的。1960年后大地图的编纂工作下马，直到80年代初才重新恢复。

但在拟定大地图目录的影响下，改绘的“杨图”一度准备增加反映历史上工矿业、民族分布和重要战争的地图。鉴于底图的问题一直未能彻底解决，同时考虑到设计与制印方面的需要，1958年底由地图出版社召开了一次工作会议。谭其骧于12月30日到达北京，当天上午就与张思俊、刘宗弼商谈，决定完全改用新底图。刘宗弼是浙江大学史地系40年代毕业生，在国家测绘总局测绘研究所工作，参加制图和设计方面的工作。第二天下午，国家测绘总局副局长白敏参加了他们的讨论，白敏赞成他们的决定，进而建议：(1)起草总设计书；(2)每朝的总图可以画得极简单，然后按政区画分幅图，每幅的比例尺可以不同；(3)要求对“杨图”作真正的整理，要作很好的考据，作附录；(4)以一百万分之一作底图；(5)又要现代化，又要古雅，可以从古画中吸取风格；(6)每幅图要有一位历史编辑、一位制图编辑。

① 严明丹：《中华书局点校本“二十四史”》附录，《文汇读书周报》2007年9月21日第5版特稿。

1959年元旦的下午，谭其骧与白敏、张思俊去吴晗家中商谈，吴晗同意重新设计的方案。以后几天，谭其骧与张思俊、刘宗弼等继续起草、修改方案，沈静芷建议改为上报国家科委的文件，所以到谭其骧1月8日离开北京时，文件尚待完善，只能留下由地图社方面继续修改。这次会议彻底抛弃了“杨图”的旧体系，决定不再用“杨图”所用《大清一统舆图》为底图，改用依据最新测绘资料新编的底图，这对于保证这套地图集的精确性起了决定性的作用。

关于杨守敬《历代舆地图》编制重绘工作情况及请审批重新制订整编改绘杨图方案的报告

整编改绘杨守敬《历代舆地图》工作，自1955年春由杨图整编改绘委员会交由复旦大学谭其骧教授和地图出版社负责进行以来，至今已将满四年。其中前两年是在北京工作的，曾制订了设计书，编绘了底图，完成了秦、西汉、东汉三期的编稿，另外又编绘了清代行政区划挂图一幅，1957年春因复旦大学请谭其骧教授回校担任教学工作，将工作地点迁到复旦大学，两年来工作人员虽有增加，因参加了整风运动，又因主要编绘人员都是复旦历史系的教师，他们只能利用教学工作的业余来从事此项工作，因而进度比较迟缓。截至目前为止，改编图稿（包括文字编编）约三分之一，清绘图幅近四分之一，制印版样近五分之一。但从印刷制版中，发现有很多不合制图规格的地方，推究其原因有四：1.从设计上强调采用统一的比例尺，以三百万分之一为主，只有少数朝代的部分地区加画一百五十万分之一放大图，今图又规定用统一的底图，绘制结果，有些地区古地名显得过于稠密，有些地区又过于稀少，很多地区的今地名都嫌过多。2.原用底图是根据四百万分之一的全国挂图描绘放大而成的（当时新编一百万分之一尚未制成），内容有不少欠正确的地方。3.玻璃纸伸缩性很大，复制清绘稿上的误差也就很大。4.清绘人员因缺乏做过这样精细的古今套印的历史地图的经验，加以思想上重视不够，因而不能完全符合编稿。此种情况自经发现后，曾多方设法弥补修正，避免重绘，终因图幅内容过于繁复，难以一一修改校正。根据专家意见，认为有重绘的必要。但因科委指示，杨图应在今年国庆节以前完成，如要重新整编改绘，就有一系列的问题。比如底图问题、时间问题、进度问题，必须作适当解决，因此谭其骧教授到京会同地图出版社向杨图整编改绘委员会吴晗同志和国家测绘总局白敏副局长汇报请示，遵照白副局长和吴晗同志指示，我们进行了研究，特提出如下的整编改绘新方案：

一、分幅原则：各朝按政区分幅编绘，冠以一轮廓性指示性的总图。各图幅按内容繁简，确定比例尺的大小和所占篇幅多少，可以几个政区合为一幅，也可以一区一幅，或一区数幅。

二、开本：原定用四开本，为便于用政区分幅和使用方便起见，拟改用八开本。

三、编制方法：

1. 底图采用总参测绘局和国家测绘总局共同新编的一百万分之一的中国地图，缩制为各种需要的比例尺。

2. 为确保套印正确计，编稿和绘稿一律裱糊在锌版上进行。

3. 表示方法，着重突出古图，适当地绘注今图，以衬托古图为主。整饰力求典雅和谐。

4. 各图按需要酌量绘制晕渲。

四、进度：

1. 设计：设计工作量估计为200工，一、二月份各投入五个工作人员，至1959年2月底完成设计书、样图及编绘用底图。

2. 编稿：编稿工量，除已完成部分外，尚需5500个工作日。其中属于编辑的工作量计1500工，属于助编的工作量计4000工。按现有编辑人员（兼职三人，专任二人）每月投入工（兼职人员每月10工，专任人员每月20工）计算，需21个月完成；助编12人，每月投入240工，17个月可完成。约计明年国庆节前可完成。如果要求今年国庆节前完成，根据我校的情况，要再调出编辑人力6人是有困难的。因此，我们建议，完成出版的时间，按实际情况，延至1960年国庆节。今年国庆节前编稿完成80幅（约为全部杨图的二分之一）。

3. 清绘：清绘工量估计为2800工作日。由地图出版社派出清绘人员，密切配合编稿进行清绘。在今年国庆节前完成清绘稿40幅（约为杨图的四分之一）。

4. 出版：由地图出版社负责出版印刷，今年国庆节前出版20幅（约为杨图八分之一）。杨图拟采取分批出版的办法，今年国庆节出一批，年底出一批，1960年再分批出全。

以上方案和意见是否妥当，请予批示。

复旦大学

国家测绘总局

1959年1月　日

4月，谭其骧进京参加《国家大地图集》编委会议期间，白敏、刘德隆、张思俊、邹新垓、刘宗弼等又与他商谈了制图方面的问题。

为了采用最新测绘的今地图作为底图，并用现代方法制图，白敏提议将这项任务交给国家测绘总局所属的武汉测绘学院，他认为地图出版社当时采用的底图和绘制方法已比较陈旧，不适应新的需要。从1959年下半年开始，武汉测绘学院参加了底图的准备和图稿的清绘。1961年后，测绘总局所属的测绘研究所成立了历史地图室，专门负责“杨图”的制图工作，武汉测绘学院的几位毕业生分配至该室工作。

7月17日，谭其骧与章巽一起进京出席“杨图”会议，这次会议主要讨论设计问题。19日早上一到北京市人委招待所，谭其骧立即与刘宗弼一起去拜访吴晗，研究了开会的筹备事项。20日，他又先后与沈静芷、白敏交换了意见。当晚迁入和平宾馆后，又与沈、白二人去吴晗家商谈了会议的准备工作。21日，吴晗、尹达在历史所主持了“杨图”会议，学部的姜君宸等二十来人参加。谭其骧汇报了四年半来的工作，接着就讨论设计方案。第二天继续开会，各方面争论激烈。出现争论的主要原因是新旧基础和方法的冲突，复旦大学、地图出版社、武汉测绘学院三家还不能互相适应，需要有一个协调的过程。为此，24日下午谭其骧与刘宗弼、周岩及武汉测绘学院的钱冰和黄禧联会谈会后三家的分工。25日，谭其骧先后去地图社和历史所，分别与沈静芷、张思俊、尹达商谈了会后的工作安排。

9月28日，学部从北京打来长途电话，要谭其骧立即进京，参加审查历史博物馆的地图。因为时间紧迫，他第一次乘飞机去北京。当时上海飞北京还不能直达，须经停南京、济南，29日下午4点3刻起飞，到晚上10点3刻才到。等谭其骧到历史所投宿时已近12点，他敲了好一会门，才有一位住在所里的青年来开门，此人就是以后的陕西师范大学教授、80年代担任陕西省副省长的孙达人。

这次的主要工作，是讨论和审议历史博物馆开馆后陈列的地图与中小学用挂图，前几天是历史博物馆开会和看图，后几天分别审查，谭其骧分到的是苏联图和中小学用挂图。10月5日，在北京市人委召开"杨图"工作会议，吴晗、白敏、沈静芷等出席。会议先对试样提了意见，然后作了几项决定：图集用八开本，单面印，装成两册，封面用标准布。图幅的分法用新样本。文字说明应详细，便于读者了解当时形势。天地头应尽量放宽，图框应较小于新样本。图上的海岸线用虚线。清代图待历史博物馆批准展出后即可收入。14日下午开会成立清图专门小组，决定由谭其骧任组长，要他回去争取复旦党委的支持，成立一个工作组，清图要在12月1日前定稿，以便博物馆元旦开馆用。这次讨论和编绘的清图虽非直接用于"杨图"，但也为"杨图"中清图的编绘确定了一些重要原则，特别是有关边界方面。17日，谭其骧离京返沪。

1960年6月，谭其骧去北京出席全国文教群英会。7日休会，中午吴晗在北京餐厅宴请谭其骧和尹达、白敏、沈静芷等，同时商议"杨图"工作，决定扩展原来计划，将中原王朝以外的少数民族和边疆政权也包括进来。12日，谭其骧写出了书面计划。

同年9月12日，谭其骧进京出席"杨图委员会"会议，赴会的还有研究室党支部书记魏嵩山和学术秘书邹逸麟。14日起在东方饭店开会，当天是委员会会议，参加者以委员为主，讨论工作计划和安排。16日和17日上午举行审稿会议，增加了中科院历史所和北京师范大学几位学者。19日白天和晚上讨论图例和制图技术问题，参加者主要是国家测绘总局、地图出版社和武汉测绘学院的有关人员。20日，与武汉测绘学院的同志作了下阶段的工序安排。

会议期间，正值吴晗新编的历史剧《海瑞罢官》上演，吴晗兴致勃勃请谭其骧看戏，并亲自到饭店接他去虎坊桥工人俱乐部。在去剧场的路上，谭其骧问吴晗："我记得你是不看京戏的，怎么倒会编起戏来？"吴晗说："京戏的唱还不是几句十字句和七字句，只要韵脚合十三辙就行了，加上念白还不就成了戏？学起来并不难。"言下颇有得意之色。是的，当时吴晗自以为及时完成了一项重大任务，岂会料到已经惹下了杀身之祸？

1960年12月27日，在北京华侨大厦举行了一次"杨图"工作会议，吴晗、尹达主持，参加的有侯外庐、金灿然、翦伯赞，中科院民族研究所所长翁独健和黄盛璋，中科院地理所的陈述彭，国家测绘总局李局长、刘德隆处长和刘宗弼，武汉测绘学院的张克权、邹毓俊和段体学，学部的李高敏，中科院历史研究所的陈可畏等人，地图出版社的张思俊、欧阳缨、副总编辑邹新垓、上海办事处负责人周岩、编辑尹正寿等。翁独健到会是因为此前已增加了民族分布的内容，陈述彭则为地图测绘方面把关。谭其骧与金竹安（复旦大学借调的制图人员）于25日进京参加会议。

由于这次会议主要是解决制图方面的问题，所以在行前，谭其骧与室内商定，在武汉测绘学院提供了合用的底图后，请该院派六人来复旦大学工作30天，集中清绘出一批图稿。复旦大学轮流派一至两位作者和一位绘图员去武汉，随时协调清绘工作，还准备要求中科院历史所和地理所合作，解决编绘清图中边疆地区图幅遇到的困难。在当时的政治气候下，室内同志也对编绘工作的"思想性"和"政治性"提出了批评意见，如：认为过多地表现了统治阶级的活动，对劳动人民的活动则表现太少；像"欧洲人东来路线"一类图是客观主义，以帝国主义的侵略为主、以人民反抗斗争为陪衬是错误的；其他如项羽用黑线、刘邦用红线，汉族用较鲜明的颜色、少数民族用较晦暗的色彩，都是不妥当的；唐代图中将城市分为工业城市、商业城市、消费城市也不妥。

29日，会议结束。但当晚周维衍从上海赶来，因发现武汉测绘学院提供的底图不合用。第二天，双方就此事作了研究，决定在上海改印。31日，谭其骧去测绘总局协商工作计划，作了几项决定：形势图的前半部分设法提前交稿，争取先出第一卷。春秋至西晋图幅在1961年9月底完成抄清，分批送复旦大学审校。其余完成时间是：十六国、南北朝11月底，隋至宋代、南北朝前形势图年底，宋至明1962年2月底，形势图后半部分及清图1962年底。1962年的五一、七一、十一三大节日各出第一、第二、第三册。与“大跃进”时那种一天画成一幅图的口号相比，这一计划还是非常保守的，但以后的事实很快证明，还是快得不切实际。会议还商定，中科院历史所派七位青年同志去复旦大学参加编图。

1961年8月，谭其骧与周维衍、邹逸麟、王文楚赴京参加“杨图”工作会议。23日，会议在前门饭店举行，云南大学教授方国瑜首次出席。1960年6月已提出了“杨图”增加边疆地区和少数民族政权图幅的计划，并要求聘请有关专家承担，邀请方国瑜到会，就是为了落实编绘云南地区图幅的任务。这次会议要讨论的问题不多，所以虽然到31日才结束，但有好几个半天是在参观人民大会堂、革命博物馆等处。谭其骧于9月2日回上海，前一天还去历史所访友，中午与夏鼐、侯仁之等在文化俱乐部南河沿分部用餐。

到1962年下半年，“杨图”工作移师上海已有五年多，进展有限，特别是“杨图委员会”与复旦大学之间往往难以协调。为此吴晗希望在上海召开一次工作会议，请谭其骧准备一个工作报告。在两次出国访问的间隙，吴晗收到谭其骧的报告，在第二次出访前一天作了回复：

季龙我兄同志：手教敬悉。

上月赴尼泊尔，行至仰光，因印度大举进攻，只好中途折回。昨日得手授，匆匆作此书。明日即去伊拉克，约月余返回。

上海情况，此间略有所知。旬前曾与君辰、尹达、白敏等同志商谈，后又和西光同志约谈，托转陈此间意见，想已邀览矣。

工作报告中所举办法五项，都切实可行，贯彻下去，有一些问题是可以解决的。

但根本问题，仍未能解决。

一、杨图工作人员，很可能与别的工作分心，和工作环节的配合很可能脱节，发生窝工现象。

二、更主要的是作为负审稿全责的你，在上海工作过忙，所计划与杨图工作的时间，不可能有保证。

我们意见：

一、把杨图工作移至北京，资料、时间都可得到充分保证。

二、商请复旦，妥善安排你的教学时间，每年到北京来四个月（一次四个月，或两次两个月，看情况由你决定），以全部时间投入审稿。这样，既可保证复旦教学工作，也可保证杨图的质量和进度。

三、记注工作，必须有完整的、科学的资料，欠缺、凌乱的都应返工重做。

四、底图不再更改。

五、杨图委员会明确分工：关于历史地理的编稿部分，即学术部分，由你负全责；制图，把第一部分科学地反映在地图上，由测绘总局负责；政治部分，边疆和民族有关的问题，由杨图委员会负责。

六、要求明年四月如期交稿，由你挑选若干幅，先行印出，送各方面审查，分期出图，以便鼓励士气，提高质量。

七、在寒假中适当时期，杨图会在上海开会，讨论上列问题。（尹达、白敏同志一定可以来，我争取来，但因我的工作性质不同，也可能来不了。）

以上问题，都与西光同志谈过，他表示赞成。

此外，关于杨图因底图更换次数太多，造成种种困难，影响工作进度。这一点，完全由我和尹达同志负责。在上海会上，也准备提出这一问题，作自我批评。

为了保证杨图的质量和早日完成，我们想这样安排是有必要的，也相信一定会得到你的支持。

匆匆，不尽所言，致

敬礼

吴晗　十一、廿一

一个月后，谭其骧作了答复。这封用毛笔写在八行笺上的信的原稿最近出现在雅昌拍卖网上，从图片看，谭其骧此前写给吴晗的信有三封，至少有九页。网上公布了十页，但其中一页似系重复。因其余页尺寸太小，字迹无法辨认，只有作为样本公布的末页可见：

云大、民族学院等参加。再者，一年多来，他们的进度如何？已成图稿究竟是否符合统一体例与规格？我们也很想了解一下。因此我们建议杨图委员会考虑一下开会时是否可以考虑邀请这些协作单位也派人来参加？

会议日期地点确定后，希先期示知，俾早作准备。

专此，即致

敬礼

弟谭其骧　一九六二、十二、二十九

1963年1月6日晚，吴晗、尹达、姜君辰、白敏、张思俊、刘德隆、刘宗弼自北京飞抵上海，南京大学教授韩儒林也自南京而来，出席将在锦江饭店举行的“杨图”工作会议，着重讨论制图方面的工作。尽管吴晗事先对能否离京赴会没有把握，但还是屏却作为北京市副市长年初必不可少的繁忙公务，在上海停留一周。8日上午会议正式开始，谭其骧代表复旦方面汇报工作，刘宗弼等汇报了制图方面的工作。在9日上午的会议上，白敏谈了制图方面的意见。在以后几天里，会议对制图工作的要求和日程作出了具体安排，至12日上午通过了会议纪要。但在闭幕会上，谭其骧与吴晗、白敏又发生了争论。会议曾讨论了对地图上古今地名相同时的处理方案，白敏主张在这种情况下一律删去今地名，以便节省制图的工作量，吴晗从尽快完成任务出发，立即表示赞成，并要求列入纪要。谭其骧认为古今对照是我国历史地图的优良传统，应该尽可能继承下来，采取部分对照的办法并不科学，还会引起读者误解，坚决不同意。最后双方妥协，改为经过试验后再作决定。以后的做法是，底图上的县治不全部画出，但画出的都注上今名。

吴晗的焦急是可以理解的。他同时接受了毛主席交办的两项任务，即重编改绘“杨图”和标点《资治通鉴》，原先以为同时起步，差不多能同时结束。一年后，《资治通鉴》标点已告完成，“杨图”却连方案也未能确定。但他觉得再加两三年至多四五年总得完成，否则无法向毛主席交代。有一时期甚至为此而怕见毛主席，怕见面时问及此事。现在开工已近六年，完工还遥遥无期，他如何能不急？所以在速度与质量矛盾时，吴晗为了求快，往往不惜降低质量标准，而谭其骧坚持质量标准不能定得太低，所以免不了经常发生争执。

就在会议进行中的10日下午，谭其骧接到了母亲病危的电话，他急忙赶到大哥家里，见母亲病情稍稍缓和，就又去科学会堂出席上海历史学会与吴晗、尹达、韩儒林的座谈会。12日上午举行闭幕会，大哥家接连打来电话，他中途去看了一下，但放心不下古今同地名的处理问题，又赶回会场与吴晗、白敏力争，接着又忙于安排吴晗、尹达等在复旦的活动，到14日清晨才得知母亲已在13日晚上10点40分逝世，他没有能与母亲见上最后一面。唯有丧仪上增加了北京市副市长吴晗和中国科学院历史研究所、哲学社会科学部献的花圈，或许能给逝者和生者带来一点安慰。

南京大学韩儒林的与会，是为了商议西北和蒙古地区的编图，这表明“改绘”“杨图”的工作已经全面突破了改绘的范围，不再限于“杨图”所画的中原王朝。就在这次会议期间，吴晗、尹达与谭其骧商定，不久在北京召开一次扩大的“杨图委员会”会议，正式确定将编绘的范围扩大到各边疆地区，并落实承担单位。

为了保证谭其骧和其他14名教师集中全力于“杨图”编绘，会议期间复旦大学党委作出决定：将1961级历史地理专业学生并入历史专业，从1963年至1965年暂停招收历史地理专业。

1963年5月12日，谭其骧与本室的邹逸麟、魏嵩山、周维衍到达北京和平宾馆，当晚谭其骧与吴晗、张思俊、田夫（学部）、侯方若等开了预备会议。第二天上午9点会议开幕，除吴晗、刘德隆、刘宗弼、侯方若等领导和制图方面人员以外，中科院民族研究所的冯家升、历史所的王忠、地理所的黄盛璋和考古所的王世民以及中央民族学院的傅乐焕等也参加了会议。14日晚上，方国瑜到会。这次会议作出了两项重要决定：一是突破“杨图”中原王朝的版图，改以1840年前的中国为范围，在此范围内的历代边疆地区的部族及其所建立的政权辖境全部予以画出。一是对每一个历史时期，不再像“杨图”那样往往将不同年代的建置混杂在一幅图中，改为选定一个年代为标准。每一时期图幅的编绘，先根据这个时期的具体情况制订编例，排出政区表，然后根据原始资料，经过缜密考证，确定每一点、线在今地图上的位置，并尽量采用考古发掘调查和考察的成果，不再以“杨图”为依据了。会议还决定取消工矿、战争、城市、中原王朝范围内的民族分布等图幅，只保留首都城市及其近郊图。这意味着，改绘“杨图”的工作已成历史，从此进入了新编中国历代疆域政区地图集的阶段。但出于习惯，“杨图委员会”的名称依然沿用，这套正在编绘的地图集也一直沿用“杨图”这一名称。

根据会上的分工，中科院考古所负责原始社会遗址，南京大学和中科院民族所负责西北与蒙古地区，中央民族学院负责东北地区，中科院民族所负责青藏地区，云南大学负责西南地区，谭其骧在会议期间分别与中央民族学院的傅乐焕、吴丰培、贾敬颜讨论了东北地区的明图、后金图和渤海图，与方国瑜等讨论了云南图中的一些具体问题。这次会后，各单位的编绘工作全面展开。

在讨论分工时，有一些“杨图”范围以外的地区没有单位愿意承担，吴晗要求复旦大学包下来。由于在行前学校再三叮嘱：“我们学校的任务已经够重了，你还得管管系里和专业的事，再也不能答应接新任务了，你得顶住。”所以谭其骧坚持不愿接受“杨图”以外的地区，当天的会议形成了僵局。散会后，吴晗单独邀谭其骧上宾馆八楼茶叙，从他们30年的交谊谈起，谈到他俩对这套图集所承担的共同责任。最后他说：“别人逃得了，你我无论如何是逃不了的。那些别的单位不肯承担的地区，你作为主编单位的负责人也不管，难道要我好意思反而去压别的单位吗?”私谊公道都使谭其骧无法拒绝吴晗的要求，他只能不顾学校领导的嘱咐，毅然接下了这些难啃的骨头。

同年10月下旬，谭其骧进京出席中国科学院哲学社会科学部的扩大会议，住在北京饭店。11月10日是星期天，“杨图委员会”利用上午休会和他们在京的机会，开了一次工作会议。11月15日，他与方国瑜也交换了意见。为了有利于测绘研究所的人员的制图工作，他在11月5日晚上为他们讲了明代地方制度与历史地名的查法。

1964年3月11日下午，新的一次“杨图”工作会议在北京前门饭店召开，谭其骧与邹逸麟、魏嵩山、周维衍参加会议。出发当天，谭其骧感到头痛、发热，咳嗽也很厉害，到北京后就去学部的医务室诊治，发现血压高至160/110。配了一些药后他就赶到会场参加预备会。以后几天头痛不止，血压也降不下来，还伴着伤风和咳嗽。但会议重要，他只能边开会边去友谊医院就诊，有几次差一点支持不下去。

3月12日上午起的三个半天由吴晗、尹达分别主持，听取各单位的汇报，汇报情况的有傅乐焕（东北）、冯家升（民族研究所，西北）、韩儒林（蒙古）、尤中（云南大学历史系讲师，西南）、王忠（青藏）、徐苹芳（考古研究所，都城）、黄盛璋（都城）、刘宗弼（制图）和谭其骧。从13日下午起，吴晗和尹达不再到会，由谭其骧主持，讨论各组统一体例，注记方法，明代卫、所的表示方法，流官治所与土官治所如何区别等具体问题。14日下午，谭其骧头痛得厉害，只能请韩儒林主持，去友谊医院改找中医开方，17日起又去进行针灸。会议在讨论确定了各图组的交稿日期和审稿工作后，于19日下午结束。这天上午，谭其骧与尹达、吴晗又作了长谈。

会后谭其骧留在北京审稿，第一阶段主要是蒙古图和后金图，从20日至29日谭其骧一一审校了这些图稿，然后召开审稿会议，听取专家意见。30日召开了审稿会，上午到会的有郑天挺、罗继祖、王毓铨、黄盛璋、翁独健、蔡美彪、陈述、黄文弼等，下午傅乐焕、宋蜀华、胡德煌、吴丰培、冯家升也到会听取意见。3月31日和4月1日，赖家度、胡庆钧、谢国桢、张鸿翔、许大龄、王钟翰等也参加了审稿会。下午举行各单位联席会议，讨论明时期图的未了事宜，吴晗到会。

此后几天谭其骧继续审图，对一部分经审查合格的图幅签字交付设计，对另一些图提出了具体修改意见。4月6日，他让尤中将审毕的稿子带回昆明。11日，与冯家升、傅乐焕谈了校毕的西北、东北图幅中的问题，与胡德煌谈了后金图中的问题。在返回上海前，吴晗、尹达、姜君辰、谭其骧和复旦大学分管这项工作的党委副书记徐常太，在学部姜君辰的办公室会商了加强力量的办法，但除了留本专业学生参加工作这一条可行外，从外单位调人的事谁也没有把握，至于现有人员充分发挥作用这一条，不仅谭其骧无能为力，就是党委副书记徐常太也未必能保证他们把时间都用在编图工作上。留本专业毕业生的事到次年暑假得以落实，由于复旦历史系受到编制的限制，只留了钱林书、牟元珪和程显道三人，尹达就挑选了杜瑜弟（杜瑜）、朱玲玲、卫家雄、李志庭、林观海等十名毕业生进历史所，实际留在复旦参加编图工作，直到完成。1966年夏，“文化大革命”爆发，编图工作完全停顿，数月后他们回历史所。

在此期间，谭其骧的血压一直降不下来，咳嗽不止，并经常头痛。3月24日下午，他感到“难受之甚”，动了戒烟的念头。28日，血压依然有148/108，医生只能让他加倍服降压药。4月11日早上起身后“即觉心跳猛烈，脑中如砰砰有声”，但这一天要与吴晗等商谈，还要与冯家升等交换对东北、西北、后金图的意见，是最繁忙的一天，他从早到晚无法休息，“难过万分”。第二天上午在火车上“仍难过，吃不下”。4月17日到上海时，与迎接的李永藩等互相错过，好不容易等到行李车，出站时又因找不到行李牌而无法领取，折腾了很久，使他本来已经虚弱的身体更加疲惫不堪。自此以后，高血压成了他无法治愈的痼疾，并且越来越严重。这或许来自遗传，但那年他才刚满53岁，看来与长期紧张的工作压力不无关系。

云南大学的方国瑜没有参加会议，5月份他给吴晗和尹达写了一封信：

三月杨图会议，瑜因授课不能脱身，尤中同志一人去参加，归来谈论，多得知识。所担任明图，已按统一图例重绘寄复旦，可能还有很多不适当，请汇总时更正。今后当照会议决定的办法，待统一图例寄到绘制，可少错误，当经常与复旦联系。

会议讨论问题很周密，但有一事不甚明确，瑜已函谭其骧同志提意见，这问题比较重要，所以给您二位写这封信，请求指教！

《历代舆地图》在各个时期包有现在国土，这是已确定的，要照这样办。但现在国土之内，历史上常常是几个国家政权区域，质言之：常常有些地区不在中原王朝版图之内；如果只承认中原王朝为中国版图，在各时期就有一些地区要被划在中国之外，要如何处理这一问题呢？

这里要讨论中国历史发展的实质，是不是中原王朝史等于中国史的问题，我的意见是否定的。去年四月写了一篇《论中国历史发展的整体性》，后在云南《学术研究》九月号发表，意见很不成熟，希望史学界讨论这个问题，现在把拙稿寄上一份，请求指教！在此不重复说了。

近读公布中苏来往七封信，在苏共中央一九六三年十一月二十九日给中共中央的信，关于中苏边界问题的那一段里，有一句：“……以武力侵占了不少别国领土的中国皇帝……”这样的意思，在一九五九年九月尼赫鲁在印度联邦院说过，去年出版近代史研究所编辑的《外国资产阶级是怎样看待中国史的》一书里，这种议论所见不鲜。帝国主义、修正主义和各国反动派不懂得中国历史发展的整体性，大肆诬蔑，发出谬论。不能使其任意传播，要严厉申斥，请您二位领导史学界讨论这个问题，这是在中国史上反帝、反修的重大问题，不能等闲视之。

《历代舆地图》也要考虑这个问题。地图要反映现在国土之内的历史沿革，在历史上，常常有几个政权同时存在，政治区划如何处理？第一种办法是：只把中原王朝的版图认作中国版图，其余在当时中国之外。第二种办法是：把中原王朝版图只认作中国的一部分，其余政权区域也认作中国的一部分。在这两种办法（中），第一种是帝国主义、修正主义和各国反动派的看法，我认为是荒谬的，所以只能采取第二种办法。

第二种办法在地图上如何具体表现呢？我对于地图知识很浅陋，说不出很好的意见，姑且提出以下几点，以明代总图为例：

1.标题，不作“明代总图”或“明朝总图”，而作“明朝时期中国舆地总图”，以“明朝时期”表示年代，不是限制地域，明朝版图以外的鞑靼区域、畏兀儿区域、乌斯藏区域等等，在这时期都是在中国版图之内，是中国版图不可分割的部分。

2.政区界线符号，国界线符号只有一种，包有各个政区，至于国界之内的不同政权区域的界线，只有政区的符号，也就是：明朝版图之外的政权区域，是作为地方政权区域，而不作为国家政权区域。

3.政区着色，明朝版图之内各大政区各着不同颜色，以外政区亦各着不同颜色，与明朝版图内相同，即不以明朝版图内外而有分别，亦即同是中国版图之内，有一致性。

4.全国首都符号只有一个北京，明朝版图以外的政治区域，即有称王称帝，不用国都符号，只用地方政区首府符号。

总之，同时有几个政权区域存在，不作几个国家区域处理，只作为一个国家版图处理，因同是中国版图，而明朝版图亦只为当时中国版图的一部分，不只为明朝版图也。

我们的任务是：要正确反映中华人民共和国国土之内在历史上的沿革，要反映作为整体发展的中国历史上的政治区域，要为当前的政治服务，而不是为历代王朝的政治服务，要不能给帝国主义、修正主义和各国反动派以口实。我们的工作，不是单纯的考据问题，而是有激烈的政治斗争，要贯彻政治要求，同时也要根据历史实质，要把历史实质弄清楚，首先要击破旧传统的王朝体系。我的知识浅陋，不能把问题讲得清楚，希望指教！也希望您们多作考虑！如何？草此即请

撰安

方国瑜上言　五月廿四日

方国瑜的意见，总的来说，是已经解决的问题，因为打破“杨图”局限的出发点，就是为了打破传统的中原王朝体系，使这部图集能够完整地显示历史上中国各民族共同的疆域。到1963年，“杨图委员会”和参加编图的各个单位已经形成了这样的共识，实际早已采用了他所说的第二种方法，问题只是如何在编稿中正确地运用。至于他提出的具体办法，如采用“明朝时期”和着色方法，实际已作了充分讨论，并且已找到了更完善的解决方法，而他提出的第2、4两点证明了他所谓的“把中原王朝版图只认作中国的一部分，其余政权区域也认作中国的一部分”的观点，就是把中原王朝以外的其余政权都当作中原王朝的“地方政权”，当作从属于中原王朝的一部分，将它们的首都降为明朝的一个地方行政中心。显然，他是想通过无限扩大中原王朝范围的办法来解决问题，

根本没有“击破传统的王朝体系”。谭其骧当然不会赞成这种观点，以后“杨图”的编绘也没有采纳他的这两条意见。但在“反帝反修”“突出政治”的声浪日甚一日的形势下，吴晗和尹达对这封信异常重视，他们很快作了正式答复：

国瑜同志：

文章和信都收到。

文章的论点，我们完全同意，而且，我们过去一直是如此主张的。

在历史上，在中华人民共和国现在的版图上，常常有几个政权同时存在，政治区划如何处理？我们同意你的第二意见，即把中原王朝版图只认作中国的一部分，其余政权区域也认作中国的一部分。

至于如何表现在图上，你提的四个办法，原则上我们都赞成。具体贯彻，需要编图单位复旦谭季龙同志等去研究，商讨，已将尊信转交季龙同志，并将此信复写一份给他了。

此后遇有此类问题，务必加强联系，提高工作的科学性和政治性。你的意见是十分正确的。

覆致

敬礼

吴晗　尹达　1964年6月3日

他们同时将这两封信印发给了谭其骧和有关方面。

1965年1月5日，趁谭其骧、方国瑜等来京出席第三届全国人民代表大会之机，在学部开了一天“杨图”工作会议。这次会议除了一般性交流工作进度外，着重研究了制图方面的问题。11日，谭其骧去测绘研究所，与刘宗弼、余仲英一起研究图例，改定会议纪要，还讨论了图幅和编绘中的具体问题。为了使制图同志都能明确，12日上火车前他又去测绘所历史地图室，作了一小时的讲解。

同年7月，“文化大革命”前最后一次、也是历时最长的一次“杨图”工作会议在北京和平宾馆举行，谭其骧与赵少荃（复旦大学中国历史地理研究室党支部书记)、周维衍赴会，与会的邹逸麟已先期到京。7月19日开会，吴晗、尹达、侯外庐、翁独健、冯家升、陈述(中科院民族所)、傅乐焕、吴丰培、王忠、韩儒林、施一揆(南京大学)、陈得芝(南京大学)、黄盛璋、侯仁之、方国瑜、徐苹芳、马恩惠(中央民族学院)、曾世英、张思俊、刘德隆、刘宗弼、金竹安(制图人员)等出席。在上下午的会议上，各单位汇报了工作情况及问题。晚上开小会，拟订审稿方案，决定采用与会人员互审(内审)和请会外专家来审(外审)两种办法；先内审，再外审。20日上午各单位继续汇报，最后宣布内审的审稿名单。下午会议由尹达主持，吴晗未来，讨论外审名单及外审办法。5点后将复旦大学完成的中原图幅分发各人，并由谭其骧简单介绍了各朝图编例。

从7月21日开始都是内部审稿，这期间谭其骧自己审了明两京十三布政司的总图，处理修改了云南幅，审了边区各幅，看了东北地区的修改意见，还请侯仁之审阅了金、元、明北京附近的图幅。26日下午，尹达决定会议延长，将元明图全部审毕。

28日和29日两天组织外审，先后到会的有潘光旦、张秀民、王其榘、蔡美彪、胡庆钧、向达、陈乐素、杨向奎、张锡彤、罗致平、孙钺、陆峻岭、黄文弼、赵万里等。30日后继续内审，并讨论了图的性质、任务、内容、质量要求，元明两时期图的分幅及图名、图例，文字说明、表格、考释汇总和交稿的要求。在此期间，吴晗、尹达、姜君宸和谭其骧商谈了元明图交稿及集中完成剩余任务的安排，并立即致电复旦党委，请采取相应的措施。9月6日，复旦回电，决定全体编图人员集中到明年年底。谭其骧还审阅了元东北、蒙古图幅，与吴丰培交换西北幅的意见，答复了张秀民提出的意见，听取方国瑜关于大理及元云南幅的情况，并召开座谈会讨论大理图，修改了广西、越南的边界并改定了相关的考释。

8月11日上午举行大会，吴晗作总结。下午举行编绘人员会议，落实下阶段任务，确定了到1967年底完成全部编稿的目标，又决定增加大比例尺历代首都城市图，由侯仁之负责，会议到此结束。当天晚上，吴晗在新侨饭店宴请与会主要人员，除谭其骧外，有尹达、夏鼐(考古所所长)、韩儒林、方国瑜、刘宗弼和赵少荃。想到再过两三年就能完成这项大工程，终于可以向毛主席呈上一套适合他读史所需的历史地图集时，吴晗的兴趣颇高，频频举杯向谭其骧劝酒。谭其骧虽然明白余下的工作量还很大，但也为任务的落实和得到学校党委的明确支持而感到欣慰。此时吴晗绝不会想到，那篇置他于死地的姚文元的文章已经基本定稿，三个月后就将出笼。谭其骧更不会想到，这是他与吴晗的最后一次见面。

谭其骧又在北京留了两个星期，审阅、修改了东北、西北、青藏等地区的图幅，并在总图上作了相应的修改。归途他又在南京停留了几天，8月30日回到上海。

此时到“文化大革命”开始只剩下七个月了，但就是这七个月，谭其骧和同事们也没有能够完全花在编图上。这倒不是复旦党委不信守诺言，而是在“山雨欲来风满楼”的革命形势下的必然结果。

到预定完工的1967年底，编图工作已经停止了一年又七个月，当时吴晗、尹达、谭其骧和“杨图委员会”全部成员，除了已被迫害致死的以外，都毫无例外地在遭受批斗审查。对谭其骧和主要的编绘人员来说，与吴晗的“黑关系”本身就是一条重要的罪状。

1981年5月20日，笔者去中南海参观毛泽东故居。从走廊望他的卧室，见那宽大的床边堆着大叠书籍，离枕头不远的是一本顾颉刚、章巽编的《中国历史地图集》。是的，毛泽东生前没有能用上他下令重编改绘的杨守敬《历代舆地图》——以后改为新编的《中国历史地图集》。当他晚年读着大字本“二十四史”或由谭其骧参与注释的大字本古文时，不知道他有没有感到没有一本合适的历史地图集的不便？

但在这八年时间里，谭其骧和他的同事、协作人员已经尽了最大的努力，所以到1966年5月底为止，图集的绝大部分图幅的初稿已经编出或备齐了资料。更重要的是，经过多次的摸索和更改，已经掌握了编绘中国历史地图的方法，积累了经验。在谭其骧的悉心培养和指导下，一些当年还不知历史地图为何物的大学生已经能够独当一面，承担重要图幅的编绘了。

在这八年间，除了外出开会或活动外，谭其骧每天的安排一般都是白天到校工作，中午有一段午休时间，晚上工作到深夜，甚至黎明。一位住在他家附近的教师告诉笔者："我是早起的，谭先生是晚睡的，有时我起来了，他还没有睡。"星期天是假日，他一般也有一半以上的时间在工作。但是查一下他1955年至1965年这十年间的论著目录，我们就会惊奇地发现：这期间他发表的论文只有12篇，而1956年、1957年、1958年、1964年这四年完全是空白。但正是在这十年里，谭其骧为"杨图"奉献了从45岁至55岁这段学术研究的黄金岁月。

第十一章　史无前例的遭遇

虽然谭其骧直到1982年7月才加入中国共产党，但在中共复旦大学党委领导的心目中，他一直是一位要求进步、积极工作的旧知识分子、爱国民主人士，属于团结和争取的对象。1956年，谭其骧被评为二级教授。反右运动中他有惊无险，在领导的关照下平安过关。1958年批判资产阶级学术思想时，他自愿作典型，接受批判，欣逢领袖批示“端正方向”，不了了之，到1962年，系党总支还专门开座谈会致歉。1963年，他出席了中国科学院哲学社会科学部的扩大会议，这意味着，如果学部下一次扩大成员，他顺理成章会成为新的学部委员。这一切当然与他承担着毛主席交办的重大任务有关。但谁也没有想到，一场连他这样的人也躲不过的浩劫已经日益逼近。

1965年11月2日，谭其骧与上海史学界的知名人士收到了一册文汇报社用上等道林纸印刷的姚文元所著《评新编历史剧〈海瑞罢官〉》。两天后，报社在文化俱乐部召开座谈会听取意见。大家都以为只是对一篇未刊文章提修改意见，万万没有想到这竟会是一场浩劫的开锣戏。周予同在会上仗义执言，竟成了他与吴晗同样是“反共老手”的罪证。10日，吴晗的老友、中山大学教授梁方仲自京返穗，路经上海，谭其骧与陈守实、蒋天枢、田汝康等在莫有财餐馆请他吃饭。本来大家要向他了解吴晗的近况，但就在饭桌上看到了当天《文汇报》全文发表的姚文元文章，发现对座谈会提出的意见完全置之不理，连不少明显的史实错误也一字不改，不禁深为吴晗担忧。12月31日，文汇报社再次召开座谈会，尽管到会的谭其骧等15人已经对吴晗多有批评，但多数人还是主张一分为二，并限于学术批评。岂料一星期后的1966年1月7日，《文汇报》以整版篇幅刊登了他们的发言，对谭其骧等人来说，这次发言不啻自投罗网，自供罪证。

在劫难逃

1966年5月20日下午，复旦大学历史系中国历史地理研究室全体成员学习《人民日报》发表的重要文章，讨论“文化大革命”，身为系主任兼室主任的谭其骧当然要认真参加。当晚，九三学社在文化俱乐部召开座谈会，内容也是“文化大革命”。尽管报上的文章火药味已经很浓，但近年来习惯于频繁运动的知识分子，已习惯于迎接运动，所以作为九三学社复旦大学支社主任委员的谭其骧照例表示了积极的态度。27日下午，市政协派了两位工作人员来学校访问谭其骧，请他谈对“文化大革命”的认识，他还是表示要积极响应党的号召，拥护“文化大革命”。不过现在可以肯定，当时不要说谭其骧，就是来访问他的那两位市政协工作人员，也绝对不可能知道，即将开展的“文化大革命”会开展到什么程度，结果竟会是如此史无前例。

6月1日晚上，谭其骧继续查阅有关《方舆胜览》的资料，为中华书局上海编辑所（上海古籍出版社的前身）刊印宋本《方舆胜览》撰写前言作准备，到很晚才结束，当天《人民日报》发表的《横扫一切牛鬼蛇神》的社论似乎还没有引起他的警觉。第二天上午，他像平时一样到研究室处理“杨图”泸领羁縻州（即唐朝和宋朝泸州所管辖的少数民族聚居区的特殊行政区划）的问题，中间得到通知，下午全校召开声援北京大学师生的大会。原来被毛泽东称为“全国第一张马列主义的大字报”——北京大学哲学系党总支书记聂元梓等人揭发校党委书记陆平和宋硕、彭珮云等三人“反党反社会主义的罪行”的大字报和有关报道在《人民日报》公开发表了。在下午的大会上，校党委宣布“停课闹革命”。大会以后，全校游行，声援北大师生的大字报开始贴出。当天他感到身体疲乏，量血压为134/84，所以较早休息了。

6月3日，《人民日报》发表了《夺取资产阶级霸占的史学阵地》的社论，学校的大字报虽然还没有涉及具体对象，历史系却已经成为重点。当晚他参加了九三学社市委召开的文化革命座谈会，会上得到消息，明天学校将点名批判“反党反社会主义分子”。与会的复旦大学同事免不了要猜测此人是谁，但鉴于这是明显的敌我矛盾，谁也不敢公开议论。谭其骧心里也在排着系里可能的对象，历史系有影响的老教师就那么几位，还会是谁？有“历史问题”或受过批判的虽然不止一人，但要说他们还在反党反社会主义未免过于严重。不过历次运动都会使人大吃一惊，不知道这次会选中谁？他想到了几个人，又一一否定了。虽然他前几天听到过要批判周予同（历史系二级教授、上海社会科学院历史研究所副所长、上海市历史学会副会长、民盟上海市副主任委员、第三届全国人大代表）的风声，但还是不敢相信这位相交十几年、秉性耿直的老友会反党反社会主义。

第二天上午，谭其骧一到学校，就见全校声讨“反党反社会主义罪行”的大字报已铺天盖地，连外系的学生也贴了这样的大字报，显然是经过组织的。而声讨的对象正是周予同。震惊之余，谭其骧自然明白这绝不是复旦大学党委所能决定的，看来周予同已是在劫难逃。为了适应形势，表明态度，他赶快写了一张大字报，又在其他人写的两张上签上了自己的名字。

多年后，谭其骧与笔者谈及此事时曾作过这样的自责：“我是不中用的，几次运动下来，只会跟形势了。我明知周老不会是反党反社会主义分子，但还是随大流贴了他的大字报。当时的人已经惯了，只要党内作了决定，不管怎么样都只能拥护，只能跟，谁跟得不紧就会倒霉。”

见党委和总支并没有具体布置什么，上午他还是在室内工作，写完了《唐宋泸领羁縻州考》一文。下午谭其骧在家学习毛选，得知晚上要开全校师生大会，但直到晚饭后也没有人来通知他去参加。作为全国人大代表、校务委员、系主任、校工会副主席、九三学社支社主任而被排除在全校大会之外，谭其骧不由感到紧张。8点多，他到校园转了一圈，见生物系已贴出谈家桢（副校长、二级教授）和卢于道（二级教授、九三学社上海市副主任委员、第三届全国人大代表、校务委员）的大字报。回家途中他到物理系卢鹤绂教授家中，知道当晚卢教授和其他一些老教师也没有参加，才稍稍放下了心。

6月6日是星期一，谭其骧来到系里。由于一切正常教学都已停止，“杨图”

的编绘也无人过问了，青年教师见了他都有一种异样的感觉。他听说周予同来了学校，却没有见到，自从4日被贴大字报起，周予同一直没有在系里露过面。下午，他与陈守实（历史系二级教授）商量，看来周予同的问题非同一般，为了表明态度，两人又合写了一张批判周予同的大字报。在以后几天里，他忐忑不安地等待着，既希望本该出现的事早些出现，又害怕意想不到的事突然来到。所以除了上午到校看大字报外，就在家学毛选，晚上有空还继续写《方舆胜览》出版前言。他曾去中文系教授蒋天枢、哲学系教授全增嘏家，他们也有一种在劫难逃的感觉，但也都一筹莫展，不知明天还会降下什么样的灾难。

6月11日傍晚，有人告诉谭其骧，老教室大楼中各系都贴出了一批大字报。吃完晚饭，他急忙赶去，见每系都占用了两三间教室张贴本系的大字报，而在历史系的教室中贴他的已有五六张。仔细读完，他稍微定下心来，因为大字报上除了空洞的帽子外，并没有揭发出他什么问题。系内被贴的还有周谷城（一级教授、第三届全国人大代表）、陈守实等。在楼里转了一圈，发现贴谈家桢、朱东润（中文系主任、二级教授）、周同庆（中国科学院学部委员、物理系一级教授）的大字报都不少，而贴苏步青（副校长、中科院学部委员、数学系一级教授）的大字报最多。第二天是星期天，谭其骧又去老教室大楼，见到研究生和青年教师贴他的大字报已增加到十多张，语气相当尖锐。但贴苏步青的大字报增加最多，已挂满三间教室，谭其骧看后产生了苏步青“问题似亦最大”（见谭其骧日记，以下引文同）的感觉。

以后，大字报与日俱增，被贴对象越来越多，罪行和帽子也不断升级。看大字报和抄录贴自己的大字报，成了谭其骧每天的主要工作。6月14日，贴陈守实教授的大字报明显增加，16日已被称为“狗教授”“贼教授”。贴周谷城的大字报自15日起猛增，教室中张贴不下，移至楼下大厅，大字报中要求撤销一切职务，实行劳动改造；到16日，贴周谷城的大字报已扩大到大楼门外，并增加了“反革命分子”的帽子，与周予同并列为“反党反社会主义的反革命分子”，学校广播台整天播放批“二周”反革命罪行的内容。当天，章巽教授也被贴了两张，至此历史系教授中，除蔡尚思外已全部被贴大字报。面对这样的情况，谭其骧感到“意志消沉”，再也无法继续工作，当天晚上他与在家的两个女儿作了长谈，要她们对可能发生的事情有所准备。

运动继续升温，越来越多的“牛鬼蛇神”“反动学术权威”“反党反社会主义分子”被大字报推出。6月18日，经济系二级教授吴斐丹已被大字报加上“反革命分子”帽子，并贴到了大楼门口。19日，已调离复旦的前党委副书记、副校长陈传纲的大字报大量出现，副校长兼教务长吴常铭、党委常委兼组织部部长李庆云、教学科学部副主任刘振丰等，都成了点名的对象。20日，因大字报大批出笼，谭其骧上午去看了两次，针对朱东润、谈家桢、焦启源（生物系二级教授）、严志弦（化学系二级教授）等的大字报都已贴上大路，连针对德高望重的校长陈望道的大字报也在楼内出现了。

就在6月20日，校园中贴出《把矛头转过来，指向党内的一切牛鬼蛇神》的大字报。一部分学生认为“文化大革命”的重点是揭发批判党内走资本主义道路的当权派，因此应把矛头指向党委，多数学生则表示要坚决保卫党委，他们以更激烈的行动来斗争教师中的“牛鬼蛇神”，以显示他们的革命造反精神。当天下午，历史系首次批斗了“二周”，而周谷城进校时差一点被打；生物系学生给焦启源戴上了写着“反党反社会主义分子”字样的高帽子，又逼着谈家桢高声朗读贴他的大字报。晚上两派学生在校园游行，口号声不绝。第二天早上，吴斐丹进学校时被揪斗，揭发苏步青和外语系教授戚叔含的大字报贴上大路。

6月23日，谭其骧的大女儿和女婿去四川自贡工作，此前小女儿已回长兴岛农场，大儿子搬往工厂宿舍，小儿子远在新疆，只有他和妻子李永藩在家中等待着日益逼近的厄运。他还是天天到校看大字报，抄贴自己的大字报，参加学习。在24日的小组会上，他主动作了检查。25日，当学生追问他大字报内容是否正确时，他回答基本正确，有的略有出入。

耳闻目睹，坏消息不断传来：6月26日，风传周同庆已被内定为“反党反社会主义分子”。27日，历史系党总支委员胡绳武成为党内重点批判对象。30日，听说李平心自杀，西安交大彭康、浙江大学刘丹、武汉大学李达都已被揪出。7月3日，上海报纸开始点名批判周予同。5日，贴陈守实的大字报上路。6日，外语系贴了黄有恒和伍蠡甫两位教授的巨幅大字报，外语系主任杨岂深教授和哲学系二级教授全增嘏被列出“十大罪状”。7日，贴经济系教授萧纯锦的大字报上路。12日，贴历史系苏乾英教授的大字报上路。13日，贴哲学系教授严北溟的大字报上路。25日，党委副书记王零在全校大会宣布，哲学系主任、二级教授胡曲园被列为重点批判对象。

7月7日，一名青年教师在谭其骧的办公室门口贴了一张大字报："警告谭其骧、吴杰（历史系讲师）经常将门锁住，窃窃私语。……"从此，只要他在里面，系主任办公室的门再也不敢关上了。13日，一张大字报出现在他的办公室内，指责他不按时上班。但直到7月底，对他的揭发批判还没有升级。13日下班后，谭其骧居然心血来潮，去了福州路的古籍书店。在几乎空无一人的店内，他买回了一部《四部备要》本的《经义考》，在当天日记中记下了"价仅一元，平均一册不到三分"的话，显然对自己的收获颇为满意。

7月28日，历史系门外挂出了两块警告牌，勒令谭其骧等人每天要准时到校看大字报，汇报思想。一名讲师主持会议，让谭其骧和陈守实、苏乾英、田汝康、靳文翰、程博洪、王造时（著名的"七君子"之一，反右时戴帽）、章巽等教授和讲师吴杰、"摘帽右派"吴浩坤逐个表态和自我批判，然后由他与三名青年教师进行批判。第二天起，谭其骧上午8点到系签到，下午参加大扫除劳动，当天他的血压升高到140/110。

7月30日，揭发谭其骧"八大罪状"的大字报贴上了复旦"南京路"（校内干道），并且注明"未完待续"。他闻讯跑去抄录，不久见旁边一群学生在围着戚叔含哄斗，赶忙躲避。8月2日上午，他找研究室党支部负责人汇报自己的态度，交代存在的问题，同时也指出了大字报中的不实之处。这名负责人没有表态，只是要他写外单位二人的材料。谭其骧自然不会知道，这名负责人正忙于组织对他的揭发批判。在3日的学习会上，谭其骧发言作检查。在他发言结束后，一名同样受到大字报冲击的教师、他以前的学生立即针对他说的"勤勤恳恳工作"作了严厉的批判，以示与他划清了界限。在认真准备后，5日上午，谭其骧对自己散布资产阶级思想、说社会主义国家农业不过关、说有的学科用不着学毛选、主张"论从史出"等"罪行"作了全面检查，但一名教师又提出他不久前发表的《漫谈"清官"与"好官"》是一株"大毒草"，应列入批判。

8月6日，复旦大学刮起了一股“斗鬼风”，学生和教师中的“革命左派”纷纷寻找批斗对象。上午，研究室六名教师联名贴出揭发谭其骧的大字报，使谭其骧感到意外的并不是大字报的内容，而是这些自己多年的学生也站出来与他划清界限了。当天下午和晚上，苏步青、谈家桢、焦启源、萧纯锦等被戴上高帽子批斗，连宿舍里的小孩也是一片打倒声，校园中的口号声一直持续到第二天清晨5点半。7日是星期天，谭其骧在家里待了一天，只听到学校口号声不绝，不断传来有人被斗的消息，他听到的就有本系教授苏乾英、化学系二级教授赵丹若、党委宣传部部长徐震等人。晚饭后接到通知，到学校去听在上海市大中学校师生代表大会上北京负责同志的报告录音。路过工会时，见正在批斗谈家桢夫人傅曼云。傅曼云从事宿舍居民委员会工作，负责保姆管理和动员知识青年上山下乡支援边疆等工作，保姆和知青家属是批斗她的主力。她受到肆意侮辱和殴打，不久自杀身亡。当谭其骧11点半上床时，口号声还不断传来。

8日上午，谭其骧按时到校。那天天气炎热，他穿了一件圆领汗衫，手持一把蒲扇，走到历史系学生宿舍楼附近看最新贴出的大字报。忽听到有人高喊：“大家注意，这就是反动学术权威谭其骧！”（事后得知，此人也是他的学生、研究室一名负责人。）一批学生一拥而上，将他团团围住。有人喝令他跪下，还没有等他反应过来，就有人将他双手反拧，按着他跪倒在地。在一片打倒声中，将一顶高帽子戴在他头上，大瓶墨汁往他身上浇来，汗衫上被写上“牛鬼蛇神”等字，又被七手八脚撕破。批斗后，学生们逼他脱下鞋子，光着脚在校园游街。被折磨到10点多，学生才将他放走。在宿舍门口，又被一群小孩围住呼“打倒谭其骧”，家门口已被楼上一个保姆贴上了“反革命老窝”等两张标语。回到家中，谭其骧失声痛哭，久久不能平静。他将脱下的这件破汗衫放入橱中，以后抄家时被发现，成为他对抗运动的罪证。

下午，历史系党总支书记余子道来他家慰问，劝他不要灰心丧气，要“正确对待”。见他多处皮肤被抓破，颈部和腰部也扭伤了，余子道让他在家中休息几天。但余子道刚走，研究室负责人就打来电话，责问谭其骧为什么不去，要他下午4点钟到研究室。李永藩告诉他谭其骧受了伤，又经余子道准许请假，也无济于事。5点，此人又打来电话，声称“群众不答应”，勒令他立即到校。

谭其骧到后，这名负责人等三人先要他谈被斗后的思想，从8点开始举行全室批斗会，结束时限令他三天内作彻底交代，每天7点半到研究室看大字报，汇报思想情况。9点多，还没有吃过晚饭的谭其骧才在一片"滚下去"的吼声中，拖着沉重的脚步离开研究室。

被撕破的已不仅是他的皮肤，更是他的心。这个六年前由他创办的研究室如今成了斗争他的前沿，那些曾经由他一手教会编绘历史地图的学生如今正向他发出一发发炮弹，他的办公室也成了监督他的"牛棚"。他想快一点离开学校，但他走不快，不仅是因为极度疲惫，还由于他实在不愿意远离他心中的研究室——这里有即将完成的"杨图"，有他十几年的心血和三十多年的追求，有他视为生命的事业和荣誉——尽管转眼间都已成了落花流水。事后他才知道，这三天中被斗的教授、干部有数十人，其中二人就此告别人世。

多年后，一位海外华人到谭其骧家访问，谈到"文化大革命"时，他说："我有一点实在不理解，当时你们这么多人都被关在牛棚，大陆的大学和机关里哪来那么多养牛的地方？"谭其骧闻言大笑，告诉他此"牛"并非真牛，是"牛鬼蛇神"之牛，"譬如我当了牛鬼蛇神，关我的地方就叫牛棚。我的牛棚，就是我当系主任时的办公室"。

第二天起，谭其骧白天得到校看大字报，参加学习，接受批判，口头汇报思想，抽空写交代。为了能在三天内交出交代，只得夜以继日，8月10日夜里，在一片拥护《中共中央关于开展无产阶级文化大革命的决定》(即"十六条")的口号声和锣鼓声中，他直写到半夜两三点钟。11日连午睡也无法入眠，写到夜里近11点时体力不支。12日从早上7点半到校就在赶写，到晚上9点总算写了16页交代，到学校交出。为了做到交代彻底，他继续搜肠刮肚，凡是大字报中出现过或有人提及的，无不一一交代，16日交出第二批交代，17日补充三条，18日补充三条，19日补充两条，22日又补充了三条。

8月23日，红卫兵上街破"四旧"，更改路名、店名和各种名称，复旦大学也被改名为东方红大学。第二天，红卫兵闯进了谭其骧居住的第九宿舍，到处转悠，并且在几幢楼前停留很久。谭其骧赶忙整理家中书架，将客厅中悬挂的字画撤下，换上毛主席语录，他清理出解放前和解放初的一批教授聘书，塞进废纸堆一起卖掉了。

但“革命师生”和红卫兵们并没有因为他的态度积极主动而让他逍遥“法”外，8月31日早上，历史系师生在楼前集合，当场揪出谭其骧和王造时、程博洪、陈守实、吴杰、吴浩坤等批斗。对谭其骧的揭发更使他大吃一惊：“串通右派儿子，盗用文化革命小组成员的名义，写信给市委搞翻案。”9点，他们六人和苏乾英、田汝康、靳文翰、胡绳武、柏明、董进泉、姜义华共13人被红卫兵押送去学生宿舍劳动改造。74岁的陈守实被迫手举“牛鬼蛇神劳改队”的木牌走在最前面，队伍两旁红卫兵们相随，一路高呼口号，引来校园中成群人的围观尾随。谭其骧在众目睽睽下锄草，可是他弯不下腰，左手使不上劲，尽管汗流浃背，精疲力竭，却锄不了多少，当场受到一片斥责，背上被贴上了“牛鬼蛇神谭其骧”的纸片。劳动结束后，这支“牛鬼蛇神”队伍又从学校东边的学生宿舍列队至西边的历史系楼前才解散。

回家后，谭其骧急忙让李永藩去找儿子了解真相。原来谭德睿见父亲受到冲击，想向上海市委反映，他还天真地以为只要市委了解情况，一定会采取措施保护这位全国人大代表和知名学者。信写好后，他又觉得用自己名义写可能没有用，干脆改为“复旦大学文化革命小组部分成员”。信还没有发出，就不小心让宿舍中同事发现，向领导告密，又转到了复旦历史系。

9月1日上午，谭其骧等在红卫兵监督下在历史系楼边锄草。劳改队中增加了周予同、周谷城、章巽、吴应寿。大概红卫兵嫌声势不够大，又将他们带到中文系，与中文系劳改队并在一起，接受红卫兵训话。研究室一名资料员拿来“黑牌”勒令他们挂在脖子上，谭其骧的牌上写着“反动学术权威”，陈守实的是“反动学阀”，王造时的是“大右派”，周予同和周谷城挂“反共老手”，吴杰挂“汉奸卖国贼”，吴浩坤和柏明挂“右派分子”，姜义华和董进泉挂“反党反社会主义分子”，还规定今后进校门时一律要挂上牌子，出门才能取下。其余各人幸免于挂牌。训话后，陈守实、周谷城（69岁）、周予同（69岁）、王造时（65岁）等被带到室内劳动，其他人继续锄草。

下午谭其骧又去研究室接受批斗，谭德睿工厂也贴来了大字报，列举了谭其骧的四大罪状：给儿子看《参考消息》，并让他带到工厂；给儿子高级香烟抽并带到工厂；将全国人大文件的内容告诉儿子并在厂里宣传；指使儿子冒名向市委写信搞翻案。下班回家，他见书橱、书架上都已贴上封条，原来下午红卫兵已上门“破四旧”，抄走了旧唱片、小件古玩、首饰和文稿等物，也没有留下清单。客厅中一对沙发扶手两旁有木雕花纹，红卫兵认为不是革命内容，当即撬下毁坏。李永藩与红卫兵发生争执，以后成为谭其骧“对抗”红卫兵的罪行。谭其骧连日自觉清理家中物品，先后上缴的有：新中国成立前旧币1包，吴晗来信2封，致吴晗信稿1件，燕京、清华教职员名录与点名簿5册，全国人大代表证，照相1包，英国出版的印度地图1幅（向田汝康借来，田又借自王亚南），他母亲陪嫁的皮棉袄1件，李永藩的股票1张，教授证书2份，内部未定稿、未定文稿24册。

记得当时笔者曾到复旦大学看大字报，但见在揭发“牛鬼蛇神罪行”的专栏中一份全国人大代表证书赫然在目，上面却打着一个鲜红的大叉。虽已记不得这是谁的，或许当时就没有注意，但这是笔者第一次见到全国人大代表的证书，所以留下了特别深刻的印象。

以后，接受监督劳动和批斗成了谭其骧每天的任务。和他一样，历史系十多名“牛鬼蛇神”对红卫兵和“革命师生”的命令只能一一照办，只有最大胆的姜义华例外，他在9月2日宣布“自己解放自己”，离校出走。姜义华的“反党反社会主义”罪行是他在复旦历史系当学生时一次政治学习时的发言，大意是党一直只反右，不反左，明明已够左了却还要反右。这段话被逐级汇报到了中共上海市委第一书记柯庆施那里，又由柯庆施汇报给国家领导人，而国家领导人居然对这样一位名不见经传的大学生特别重视，写下了一长段从宇宙、银河、太阳系直到复旦大学的批示。姜义华1962年毕业后已分配至内蒙古当中学教师，对这样一位得到国家领导人批示的“反动学生”自然不能不充分发挥他反面教员的作用，为此复旦大学专门将他调回历史系。

9月2日开始，由于陈守实不参加室外劳动，谭其骧顶了他的位置，排在第一排举“劳改队”牌子。劳动中过来一个女红卫兵，见谭其骧等穿着鞋子，竟勃然大怒，责令他们全部脱下鞋袜，赤脚干活。由于受到感染，他两脚的大脚趾发肿，到5日，脚指甲完全变成紫黑色。当天打扫厕所时，因满地是水，谭其骧穿的布鞋完全浸透，他的双脚肿得更厉害，几乎无法脱下鞋子。但劳改不能停止，他只得买来胶鞋穿上。8日，红卫兵通知明日背诵“十六条”中的一条和《毛主席语录》第16页中一段。当晚谭其骧将这两段背熟，岂料第二天让红卫兵一吆喝，他神经紧张，竟漏了两句，自然又招来了一阵批斗。

为了使“牛鬼蛇神”有活可干，红卫兵让他们轮流到宿舍、办公楼和厕所打扫，清扫校园场地，干拔毛豆、捞水草、翻土、挖沟、挑粪、施肥等重活。10月20日在物理二系后面锄草，草又密又深，难以锄尽。在最后一小时，谭其骧几乎无法支持，好不容易坚持了下来。尽管谭其骧尽了最大努力，仍然经常受到红卫兵的训斥，11月5日劳动结束时，训话竟长达半小时。在评价他们的劳动时，负责监督他们的那个资料员还说“仅值三个工分，每工分六七分钱”。

与此同时，谭其骧在研究室的学习会和批判会上不断地交代检查问题，如：学术方面搞考据，迷恋逛旧书铺，看旧戏，向青年宣传这类“资产阶级生活方式”；讲历史时少讲劳动人民，多讲统治阶级，跟着旧史料走；绘图时以《资治通鉴》中的地名为准，大多是帝王将相活动的地点，而缺少农民战争的地点；讲开运河、治黄河时不提劳动人民。室文革小组负责人规定他每星期五要交出一份检查。

10月10日，历史系成立文化革命委员会。15日，某学生代表系革委会宣布对谭其骧等人的规定：自下周起每天7点半学语录，8点至11点劳动，星期一、三、五下午学习，星期二下午2点半楼前集合，星期一7点半要交出两份汇报。为此，整个星期天谭其骧都在写检查，直到晚上12点。

10月27日，谭其骧从大字报中看到，22日在文化广场召开的大专院校造反派大会上，中共上海市委候补书记、复旦大学党委原书记杨西光被批斗并挂了黑牌。11月2日，他听到了中共上海市委批准红革会（“红卫兵革命造反委员会”的简称）成立，红革会封闭复旦大学红卫兵大队部、校“文革”筹备会和工作组的消息，校内两派斗争日趋激烈。6日下午，生物系几名“八一八”（8月18日是毛泽东首次接见红卫兵的日子，一些红卫兵组织以此为称号）红卫兵闯到谭其骧家，由女红卫兵张某带头向他要钱，据说是要去外地闹革命，缺少经费。逼得谭其骧拿出200元，才将他们打发走。在大学生一个月的伙食费标准为15元的年代，这是一笔不小的款子。总算她还留下了一张收据，到打倒江青反革命集团后的清查运动时由笔者转交给系党总支书记。虽然张某有名有姓，这笔钱却没有再偿还。

从11月8日开始，监督他们劳动的红卫兵不见了，以后连汇报也没有人收了。好在“牛鬼蛇神”们已高度自觉，照样不知疲倦地干着。那天下班时，造反派与红卫兵大队部、工人赤卫队发生冲突，大队部的广播台宣布已有两人受伤，同时号召革命师生保卫党委机密档案，因为造反派正在冲砸档案室。

11月19日上午，历史系造反派开会批判资产阶级反动路线，在会上红革会成员与“乘风破浪战斗队”成员发生冲突，引起第一场武斗。21日，造反派贴出“向历史系总支的资产阶级反动路线猛烈开火”的大幅标语，把矛头对准了党总支。“革命师生”们也贴出大字报，要求将朱永嘉揪回学校批判。朱永嘉本是历史系党总支委员，在“文化大革命”开始前就已借调至上海市委写作组，为姚文元写《评新编历史剧〈海瑞罢官〉》提供资料，是写作组“罗思鼎”的负责人。26日早上，谭其骧在系办公楼走廊上见到了朱永嘉，以为他已被揪回，殊不知他接受了张春桥“支持少数派”的指示，正好回校大显身手。

11月26日中午，刚与谭其骧等一起结束劳动的周予同被红卫兵留下，通知他去山东曲阜接受批判孔子大会的批斗，当晚就得出发。他连家里也无法通知，以至于第二天家属急得到学校来找他。原来周予同1962年在曲阜参加孔子学术讨论会时，曾向孔子像鞠躬行礼，这成了他尊孔的罪状。

在历史系被揪出的“牛鬼蛇神”中，周予同或许是最不幸的一位。一方面是由于他秉性耿直，即使身陷逆境也绝不苟且，使他多受了不少苦；另一方面是由于他的家住在校外，偏偏又紧靠着“革命大串连”的专列停靠的一个火车站和几处外地驻上海的红卫兵联络站。得知附近住着这样一位“反共老手”“老牛鬼蛇神”，本地的，外地的，常住的，路过的，甚至刚下火车的“红卫兵小将”，不分昼夜，随时都会将他拉出来批斗、殴打、侮辱、戏弄一番。周予同在家一刻不得安宁，家产被洗劫一空，连被谁劫走都不知道。手表被抄走后，为了掌握时间，买了一个闹钟，没几天闹钟也不见了。雨衣没有了，买一把雨伞，可是连雨伞也不翼而飞。从曲阜回来后他就一病不起，1967年1月16日才去学校，不久又病倒了。

在一个多月的时间里，造反派由弱而强，终于对党委发动致命攻击。面对着这解放以来从未见过的、也不敢设想的变局，谭其骧在日记中记下了他的见闻：

12月2日，看大字报“杨西光十大罪状”。3日，看大字报，“造反派声势日壮，闻蔡祖泉（工人出身的电光源专家、上海市活学活用毛泽东著作标兵，此前支持工人赤卫队）亦在昨日会上揭发党委走资产阶级反动路线”。4日，“知昨下午造反派开会斗杨西光，各系总支、指导员多有起而造反者，包括余子道。大队部大印已由造反者夺得，校广播、电话已由造反派接管，各系革委会解散，党委大势已去”。5日，“下午校中开大会斗杨西光。晚继续，聂元梓来出席”。6日，“闻杨西光、王零被扣在校内，造反派已接收系革委会，人事部亦有大字报揭发杨西光等”。

12月5日，在谭其骧的日记中又出现了“杂览”的记录。到了1967年1月造反派“夺权斗争”的高潮，他的“杂览”也越来越多，从1月中旬至2月7日，共有15天，除了“写汇报”的日子外，几乎每天晚上都在看书。2月8日是农历除夕，当天的日记写着：“连日翻阅东北地志地图，注意其城市位置所受铁路线之影响。读日人所著《白山黑水录》（清光绪年间），谈及帝俄筑东省铁路之计划。”这应该是前阶段“杂览”的总结。至3月16日，日记中又有16天有“杂览”，直到17日，当了造反派负责人的那名资料员宣布“加强管制，以后每星期仍须写汇报”，才暂时中止。

谭其骧逝世后，笔者意外地在他的遗物中发现了五页抄在五百格稿纸上的旧稿，题为《东北地区县治移驻铁路线》，辑录了吉林、辽宁、黑龙江和内蒙古四省区数十个县、市治地移往铁路沿线的资料。说明他“杂览”的结果，是总结出了东北地区在铁路建成后，县级行政区域的中心普遍移到铁路沿线的规律。虽然这未必就是“文化大革命”时所录的原件，但肯定是1967年初“杂览”的成果。尽管还没有整理成文，但它显示了一位不懈探求真理的学者在极端困难的条件下所作的努力。

1967年初，造反派已大权在握，暂还顾不得加强对“牛鬼蛇神”的监督。

但“牛鬼蛇神”已成惊弓之鸟，只要是红卫兵或造反派，无论是哪一派的，都不敢违抗。2月8日早上，谭其骧等遇见前大队部的学生徐某，声称来监督他们劳动。徐某令他们在六号楼前列队，又是“只许规规矩矩，不许乱说乱动”的训话，然后宣布以后天天要劳动，天天要写汇报，今天先打扫一二楼厕所和走廊。劳动结束后，谭其骧等找到系里造反派，他们也不了解徐某代表什么组织。第二天，徐某又要谭其骧等去劳动，他们要他与系造反派联系，徐某警告道：“不许搞阴谋，明天一定要去”，但从此再未露面。

2月27日，历史系内张贴了“只许左派夺权，不许右派翻天”的标语，并以“革命造反派”的名义印发了“通令”，要“牛鬼蛇神”“必须老老实实接受管理监督”。这主要是针对田汝康等三人在不久前成立“劲松战斗组”而采取的措施。但田汝康等人在3月3日还是贴出大字报，揭发系党总支和“旧文革”“打击一大片”的罪行。次日，有人在这份大字报上批上了“大毒草”几个字。6日，田汝康等作出反应，贴出了“四点声明”，青年教师们针锋相对，贴出“正告资产阶级的老爷们”。7日，田汝康等又贴出小字报，称“正告”的作者是自己跳出来的谭力夫（“文化大革命”初鼓吹“老子反动儿混蛋，老子英雄儿好汉”的反动血统论者），又转抄了“《文汇报》答铁道学院问”作为依据。但田汝康等实在太天真了，他们这样做的结果自然是适得其反。等到“清理阶级队伍”时，田汝康受到严重迫害，割静脉自杀，幸而被及时发现才保住性命。

3月中旬，由张春桥派来复旦领导运动的郭仁杰（哲学系党总支原副书记、市委写作班党支部副书记）召开了中老年教师座谈会。21日下午，谭其骧出席了“全校中老年教师学革命誓师大会”，先观看了红卫兵演出的节目，接着由原副校长李铁民主持会议，原校长陈望道致辞，红卫兵代表讲话，蔡尚思、方俊鑫、郑北渭（新闻系副教授）、胡裕树（中文系副教授）相继发言。据说郭仁杰准备讲话，但临时市里有会未能到会。会上称他们为“要革命的中老年教师们”，宣布已被解放，会后将参加革命了。谭其骧以为7个月又22天的批斗生活可以结束了，他也注意到各系还有少数人未参加这次会议，估计他们将成为下阶段运动的对象。

但事与愿违，第二天一切如常。3月25日，造反派资料员又布置他们去农业组劳动。在29日的训话中，此人依然称谭其骧为“反动学术权威”，强调他是运动初期由群众揪出打倒的，并非属于被资产阶级反动路线所打击的一大片。以后几个月间，谭其骧依然是劳动、学习、汇报，或根据要求揭发、交代某一方面的问题，一切都得听那名资料员的安排，接受他的监督和训斥。那名资料员当上了系造反派的头目，俨然以领导自居，眼看谭其骧等系领导、名教授如今都成了只能低头认罪的“牛鬼蛇神”、改造对象，自己却说一不二，小人得志，好不猖狂！

6月1日，系里动员全体师生下乡参加“三夏”劳动，资料员通知谭其骧随同下乡接受监督劳动。5日，到达罗店公社天平大队中申宅生产队，他与吴浩坤、吴杰、余子道被编在四年级一队。队长规定他们每三天口头汇报一次，劳动结束后写书面汇报一份。从6日起，57岁的谭其骧就和其他人一样，每天5点半起床，6点学毛选，7点吃早饭，7点3刻出工，11点午饭，下午1点出工，4点至5点与社员一起学语录，6点半收工。割麦，运麦，脱粒，捡麦穗，采蚕豆，摘棉苗，锄地，一天的劳动常使他吃完晚饭就躺在床上，动弹不得，但逢到汇报的日子还得起来完成这项改造任务。所幸那个态度凶恶的纪某只听取了第一次汇报，以后改由另外两位教师听取，其中一位就是本所的赵永复，他们态度和气，从第三次起甚至根本不要谭其骧等人汇报了。

“三夏”劳动结束不久，就传出了要教授们紧缩住房的消息。6月28日，谈家桢家首先搬进了两户。7月18日，谭其骧与陈守实被通知各自让出两间。他原来住的是四间半（一个小间）一套住房，差不多被紧缩了一半。他赶快回家整理书籍，搬走书橱、书架，忙到8月初才勉强腾出。8月8日，体育室一位教师一家搬入。在理书的过程中，他销毁了吴晗的《春天集》、邓拓的《燕山夜话》《陈布雷日记》，还将抽印本上的“反动”人名涂去。实际这些做法非但没有使他避祸，反而增加了以后的交代内容。在理书时他又忍不住找了一些书看了起来，从8月1日起写了“同城二县”的札记，以后还看了《宋人轶事汇编》等书。9月29日，他又心血来潮，去了古籍书店，见除了还有一柜台的中医书之外，已经完全是毛选、语录和毛主席像了。

就在被作为“要革命的中老年教师”而“解放”后的半年又五天，谭其骧又接到了参加“老教师大批判座谈会”的通知。令人啼笑皆非的是，上次“解放”的主持者郭仁杰已被关押审查，正在度过他自杀前的最后几个月。9月27日下午2点半，谭其骧与朱东润、吴文祺、田汝康、全增嘏、戚叔含、朱伯康等到会。会议刚开始，谭其骧就被叫到另一间房间参加“打杨（西光）会”，主持人读了一份“四月黑提纲”，据说1957年杨西光曾交各民主党派讨论过。但到会的苏步青、谈家桢、蒋学模、鲍正鹄、陈传璋、笪移今与谭其骧都毫无印象，他们也没有想出杨西光有什么“右派言论”。28日，谭其骧又参加了理科干部会，也是谈杨西光的情况。会议主持人鼓励大家投入大批判，主动向革命师生争取归口学习。

10月5日，蒋学模首先贴出了揭发杨西光在“四清”工作中的罪行的大字报。谭其骧深感压力，傍晚找到谈家桢，向他借来了他写的大字报底稿作参考，但晚上考虑再三，仍未动笔。9日，朱东润等的大字报也贴出来了，谭其骧的稿子却还没有眉目。这倒不是谭其骧不想通过揭发杨西光来争取“归口”，实在因为他长期忙于编绘“杨图”，经常去北京工作或开会，党委为了他能尽早完成任务，免除了他不少日常会议和事务，所以他对杨西光和党委的情况实在所知有限。第二天，他与陈守实、苏乾英和吴杰商议，决定四人联名写一张，自己再以个人名义写一张。连开了两个夜车，写出来的却只有六条，13日让吴杰抄清集体一份，自己抄清个人一份。

14日上午，谭其骧拿了两份大字报稿去找大权在握的资料员，要求“归口”，此人听了不置可否，他不得要领，只得先改定大字报再说。在征求室内意见时，有人提出，谭其骧所揭没有上纲上线，不像是大字报。谭其骧也自知大字报所写的一些内容算不上是什么大问题，但他认为揭发也要实事求是，不能为了表明自己的立场就随意夸大，为此他感到难以落笔，17日晚上只改了一两句。但这时揭发杨西光等人的大字报已出现不少涉及他们“包庇”谭其骧的内容，原党委副书记、长期负责联系历史系的徐常太在检查中也提到，谭其骧在1957年有“言论”，他曾示意谭其骧缄默。谭其骧知道，在这种形势下，再揭发已无济于事，这两张没有写成的大字报最终流产。

12月1日上午，历史系召开“揭发控诉资产阶级知识分子统治历史系滔天罪行大会”，主要批斗“二周”，谭其骧与陈守实陪斗。但在发言中涉及苏乾英、吴杰、章巽、程博洪、田汝康、靳文翰等人，都被一一叫起，苏乾英与吴杰还被拉到台前。揭发中提出了谭其骧的“三大罪状”：说台湾在清代不属于中国文化范围，西藏属印度文化区域，澳门不应归还中国。这三句话或者完全是无中生有，或者是歪曲原意，谭其骧自然不能保持沉默，他大声争辩，在一片打倒声中被强按低头。散会时，他们被勒令明天到学生宿舍报到。

12月2日上午，又是列队训话，打扫厕所。结束时的训话斥责谭其骧昨天态度恶劣，引起群众公愤，“文化大革命”已一年多，仍不知认罪，群众决不会随便放过；同时宣布恢复每天上午的监督劳动，经常性的成员是谭其骧、“二周”（周予同因病经常不参加）、陈守实、苏乾英、吴杰六人。以后，不是打扫厕所，就是清理场地，但红卫兵又想出了新花样，要他们背诵“老三篇”（《为人民服务》《愚公移山》《纪念白求恩》），劳动前后要背，中间也要背，有时集体背，有时两人一组背。谭其骧曾与周谷城分在一组，周背得不如他熟，但相互影响，两人都背错不少。

在12月6日的大字报中又出现了1日会上提到的“三大罪状”，谭其骧觉得事关重要，无论如何必须澄清，开始起草声辩书。又根据室负责人的要求，写了“杨图委员会是一个怎么样的组织”的材料，连同历届审稿会的名单上交。

12月16日，研究室召开“批判资产阶级统治研究室罪行大会”，批斗王零、徐常太和谭其骧。22日下午，研究室举行“彻底揭露批判党内资产阶级代表人物相互勾结利用统治历史地理研究室罪行大会”，并在校门口贴出海报，“勒令反革命修正主义分子杨西光、王零，旧党委徐常太，资产阶级权威谭其骧到会受审”。批斗的主要对象当然是杨西光，但他却不易斗倒，对一些可笑的揭发竟发笑，被揪头发揿头。在徐常太揭发他时，他大发脾气，斥责徐“胡说”，被群众按倒罚跪。

12月25日，上海又刮起了大抓叛徒、大搞清理阶级队伍、大揪流氓阿飞的“红色风暴”，文艺界在全市电视斗争大会上斗了白杨、赵丹、李玉茹、童芷苓等名流，校内王零、苏步青、吴常铭等领导和系里陈守实、吴杰等被抄家。28日，校门口和系办公楼门口都贴出布告，勒令地、富、反、坏、右、汉奸、特务、叛徒、反动学术权威（或思想反动分子）登记。谭其骧认为“反动学术权威”和“思想反动分子”定义不明，决定不予理睬，等着瞧。

1968年在一次强大的寒潮中来到，预示着又是冷酷的一年。1月3日，李铁民、余子道加入劳改队，负责监督的韩某训话，规定今后每周要交一次汇报，有事随时口头汇报，劳动前要背《愚公移山》，结束后要背《为人民服务》。他要大家选出队长二人，结果谭其骧与余子道当选。系主任和党总支书记双双担任“牛鬼蛇神劳改队”的队长，这不能不说是复旦大学历史系历史上最悲惨、最可耻的一页。两天后，劳改队又增加了徐常太、柏明、吴浩坤三人。

1月3日下午，“造反有理串联会”贴出声明，规定“走资派”及反动学术权威今后每月领18元生活费，家属每人领12元，副教授以上自动减薪，房屋重新调配。第二天又通告：“二周”、谈家桢、焦启源、蒋学模、萧纯锦、李铁民、黄有恒、吴常铭、朱东润、赵汉威（化学系教授）11人本月起不准领高薪。6日领工资后，谭其骧立即让李永藩上交60元于系办公室，以示自动减薪。陈守实闻讯，赶紧照办。他们又去“造反有理串联会”填表，“自愿”将下月工资减半。但到了2月5日，谭其骧拿到的工资仅75元，其余全部被冻结。

1月25日，复旦大学革命委员会成立。但这并不意味着秩序的恢复，三派争权夺利，无不以对“牛鬼蛇神”的坚决打击来显示自己的革命造反精神，对谭其骧来说，只能是新灾难的开始。“飓风兵团”接管了劳改队，采取了冻结存款、抄家、逼令交出存款等“革命行动”。3月29日，劳改队又由“文攻武卫连”接管。3月15日，历史系召开“清理阶级队伍誓师大会”，会后掀起揪斗高潮。由于全国各地也都在进行清队，找谭其骧调查的人纷至沓来，应接不暇。实际有的调查对象谭其骧根本不了解（如在浙江大学教过的学生），但也不得不一一应答，大多还要求他写出书面材料。在为外单位、本单位其他人写证明材料的同时，他又被要求写出详尽的自传和专题交代、思想汇报。

随着清队的进行，劳改队人员不断扩大。真是“三十年河东，三十年河西”，研究室中一位一度造反的前党支部负责人也因被发现是“阶级异己分子”而被揪出，成了劳改队的学习组长。女学生郭黎安被打成“小牛鬼蛇神”，几个月间与谭其骧患难与共。1980年郭黎安在南京大学历史系研究生毕业，谭其骧专程去南京主持论文答辩。不少人不明白她与导师蒋赞初何以有如此大的面子，谭其骧说："她是我的'棚友'，是患难之交。科举时代同年考上的人不分老幼，称为'年谊'。我们曾经关在同一牛棚，可谓'棚谊'。"

同是天涯沦落人，同时被打入牛棚的人一般都同病相怜，互相照应，共渡难关，而不问原来的身份地位。但也有个别例外，中年讲师吴杰往日对谭其骧毕恭毕敬，还经常与谭其骧逛书店，聊天，关系虽谈不上亲密，至少比一般人多些交往。但这位"棚友"对谭其骧的态度却与众不同，如果说在批斗时揭发批判是为了自保或显示划清界限，还可以理解，那么在平时他颇为凶狠的样子竟与以往判若两人，就使谭其骧百思不得其解了。当然，随着以后谭其骧被"一批二用"，他马上又恢复了恭敬，似乎根本没有发生过什么事。

顺便说一下，谭其骧晚年又见到了此人的变化：他曾以副教授身份参加谭其骧主持的国务院古籍整理出版规划小组的重点项目——《肇域志》整理，集中在申江饭店工作，有一天他忽然提出要退出了。谭其骧对他说："你与我平时不是一个专业，如果你参加这个项目，讨论你的职称时我多少能说几句话。要是你不参加了，我就不便发表意见了。"他说："谢谢你的好意。现在职称已经冻结，就不必再麻烦你了。"可就在他退出不久，职称评定恢复，他又写了一封用词极为谦卑的信，大意说谭其骧是"宰相肚里好撑船"，不会与他这样的小人计较；而他十几年来一向视谭其骧为长兄，务请像以前一样照顾他这位"弱弟"。其实即便他不写这封信，谭其骧也会对他的职称发表实事求是的意见的。他不仅不时写去这样的信，还经常不辞路远，从复旦大学去淮海路谭家问候。但到了1990年，谭其骧已不再担任行政职务，而他已俨然以知名老教授自居了，当然没有必要再给谭其骧写信或问候了。有一次某出版社为解决与他的纠纷，请谭其骧出面调停。谭其骧告诉他们"他不会买我的账的"，但还是给他写了一封信。他收到信时，笔者正好也在历史系办公室，他说："谭先生写的字倒一点不抖。"然后嘿嘿一笑就把信收了。直到谭其骧去世，他始终没有作过答复，并且再也没有与谭其骧有任何联系。谭其骧谈及他时十分感慨，也想起了"牛棚"中的往事，说："我也不知道这个人究竟为什么，他大概以为我这辈子不会出牛棚，所以没有必要再对我客气了。"

在批斗会上对批斗对象动手动脚已是家常便饭，谭其骧也不能幸免。多年后，李永藩和其他人曾提起，研究室中一位负责人、党员、谭其骧的学生之一曾打过他。笔者向谭其骧询问此事，他说："我自己不知道。"在整党时，市委调查组的同志直接向他了解，谭其骧说："别人这样说。当时我低着头，确实有人在我头上、背上打冷拳，不过我看不见是谁，不能随便说。至于此人打吴杰，打苏乾英，是我亲眼看见的。"5月21日，谭其骧从六号楼回系，因在路上看了大字报而晚到了一会，监督人员见面就打了他两拳。当时殴打审查、监督对象的事已相当普遍，由于谭其骧已不记日记，这只是偶然留下的记录。事过境迁，当年的打人者大概没有谁会主动承认这类"革命行动"吧！

6月5日，谭其骧再次被带至中申宅参加"三夏"劳动，所不同的是，这次除了同样参加繁重的劳动外，还增加了大量现场批斗。下乡当天，谭其骧等就按规定订了"下乡守则"。9日，他们被拉到田头示众。11日开忆苦思甜会后，又把他们作为批斗的靶子。15日，三年级在南垄生产队斗徐常太、吴杰，谭其骧、吴浩坤、姜义华被带去陪斗。批斗会结束，学唱《敬爱的毛主席》，"牛鬼蛇神"倒也有资格一起引吭高歌。研究室那位"阶级异己分子"因"态度恶劣"多次被打，其中一次还被按在地上，用扁担狠打了一顿。回校后，他又因"翻案"被斗，谭其骧、吴杰也因此而陪斗。

7月3日下午，研究室中一批教工在那个造反资料员的带领下来到谭其骧家查抄，带走全套《禹贡》半月刊和旧报纸、手稿、文件等一大包，历年日记也被抄走，书柜、书橱全部被贴上了封条。多年后李永藩告诉笔者，当时曾有人主张将书全部搬走，她闻言高呼："毛主席要他画地图，现在还没有画好，谁敢拿走书，以后画不成地图就找谁算账。"所以书才没有拿走。此话的真实性如何已难查证，但同时被抄的陈守实、苏乾英、吴杰三家的书的确被全部搬走了。

在抄家中发现，谭其骧还保留着被斗时戴的高帽子和牌子，次日受到"企图秋后算账""反攻倒算"的训斥，并被责令写出"认罪书"。在此前谭其骧已将最近一本日记中自"文化大革命"开始至1968年1月10日的日记撕下，他考虑再三，为避免被发现后说不清楚，就将撕下的日记散页上交了。这些散页奇迹般地保存了下来，回到了谭其骧手中，而今成为笔者撰写这些文字的可靠依据。要不然，当年的若干真相大概会永远湮没无闻了。

8月26日，上海市革命委员会派工人毛泽东思想宣传队（工宣队）千余人进驻复旦大学，工宣队接管全校大权，造反派全部靠边站了。一切又被推倒重来，原来交代过的问题，写过的汇报，谈过的认识又得向工宣队重新表达一遍，而批斗会、政策攻心、学习班，以至于逼供信也一一重演。10月28日至11月10日，谭其骧等又被勒令下乡参加“三秋”劳动，监督管理自然更加严厉。

11月29日，全隔离的封闭式“政策学习班”开始，谭其骧奉命带着铺盖住进学校，等待他的会是什么前途呢？

1968年是复旦大学灾难深重的一年，当年“非正常”死亡人数是“文化大革命”中最多的。所幸谭其骧熬过了这一关。

“一批二用”

谭其骧是在“政策学习班”中迎来1969年的。新年伊始，照例学习“两报一刊”（《人民日报》《解放军报》和《红旗》杂志）的《元旦社论》。但经过整整一个月的交代、检查，工宣队知道对这些审查对象再也挤不出什么油水了。更重要的是，在毛泽东作了对资产阶级知识分子“一批二用”的指示，并且具体谈到了复旦大学周谷城等人的情况后，对谭其骧等人的“一批二用”再也不能拖延了。于是，一方面他们开始与谭其骧谈“出路”问题，另一方面对他发动了最后一次的全面批斗。

在1月6日后的几天里，又成为工宣队“依靠对象”的那个资料员要谭其骧设想今后“杨图”如何画，本系过去的教学坏在哪里，今后应如何改。14日，两名工宣队员要他谈对出路的意见，他表示听候安排。15日，资料员将他带到校组织组，由军训团某负责人问他“文化大革命”以来的想法和对今后出路的打算。那人还问：“你还能不能教书？”谭其骧回答得很干脆：“不能。”“画图没有你行吗？”“行。”但那人还是问了对今后搞“杨图”的看法。

与此同时，他们要谭其骧学习《南京政府向何处去》《敦促杜聿明等投降书》《论人民民主专政》《中国人民解放军宣言》等毛泽东文章，要他拿出行动来，说他还没有交代彻底，不揭发别人也是不彻底的表现。1月27日，对他进行第三次大会批判，内容是肃反、反右中的问题和所谓“为帝修反说话”的罪行。2月4日，在新教室大楼召开了全系“高举毛泽东思想伟大红旗，彻底清算谭其骧罪行大会”，这也是对他的最后一次批斗大会。在此期间还让他写了一系列交代。

2月7日，学习清华大学工宣队、军宣队对知识分子再教育给出路的经验，座谈体会。10日，校军训团负责人找了谈家桢、郭绍虞、周予同、蔡尚思和谭其骧座谈。12日，一位工宣队员和两位教师找谭其骧谈话，大意是：（1）正确认识自己；（2）正确对待群众；（3）坚信工宣队、革命群众能贯彻党的政策。给出路后还是要时刻注意，还要批判，不能翘尾巴，不能有情绪，要态度积极，振作起来，“多做多错，少做少错”的想法是错误的，不要想自己哪天能出去，不要比，春节期间多想想。

由于准备让他们这些审查对象回家过春节，14日又宣布了三条规定：（1）不准到公共场所；（2）春节期间写出书面汇报；（3）春节后汇报活动。

春节四天“假期”后，谭其骧又住进了“学习班”。2月22日下午，他参加了军训团团部的座谈会，到会的还有“二周”、苏步青、谈家桢、刘大杰、蒋学模。在他们发言后，王参谋长和工宣队政委方耀华又训了一通话，并宣布：第一次先批苏步青的“学好数理化，走遍天下都不怕”和周谷城的“时代精神汇合论”。

2月24日中午，学校广播台开始播批判谈家桢、苏步青、周谷城、刘大杰、蒋学模五人的文章。当晚，工宣队要谭其骧赶紧准备自我批判，可能明天会上会点到。谭其骧开夜车至12点，25日上午又赶了半天，才写好批判稿。下午1点在大礼堂召开“高举主席思想伟大红旗，批字当头，给予出路大会”，“二周”、苏、谈、刘、蒋和谭其骧等七人坐在台上的批判席。先由周谷城作自我批判，接着由其他六人进行批判，然后工宣队员、历史系学生徐某批判，最后张扣发讲话，宣布对他们“给出路”：回班组学习，其中有人已安排了搞业务的时间，生活费刘大杰发150元，蒋学模发130元，其余五人发120元。

会议结束回系后，工宣队栾连长、王师傅和室内一位教师找周予同和谭其骧谈话，要他们回去写大会体会一份，准备自我批判。并宣布他们可以立即回家，明天起参加班组学习，谭其骧分在第二班。由于正下雪，又没有人相帮，谭其骧将行李留在系里，带着零星物件回家了。

当天大雪纷飞，朔风怒号，但谭其骧根本感觉不到寒冷，也完全不理会飘在身上脸上的雪片，因为他终于离开了关押他两个多月的“牛棚”，回到“人民”中间来了。但他走得很慢，他实在太疲劳了——两个多月来的繁重劳动、持续不断的检查交代、连续数小时的批斗、经常变换的逼供诱供手段，还有从昨天晚上开始的紧张准备——在当时都挺过来了，但当长期绷紧的心弦一旦放松，他就再也提不起一点精神来。两年多的运动已经使他不会对前途轻易乐观，何况还是“批字当头”“一批二用”。2月25日，正是谭其骧的生日，他就这样回家，开始了他第59年的生活。

晚饭后，一名工宣队员和两名学生就来他家开学习班，表示在进一步落实“给出路”政策，先由谭其骧和李永藩谈今天大会的体会和“文化大革命”以来的思想变化，再由他们给予帮助教育，至9点才散。

第二天起，谭其骧就开始在革命群众内部享受“批字当头”的待遇了。早上6点3刻到校集合作“早请示”（在毛主席像前敬祝“毛主席万寿无疆，林副主席身体健康，永远健康”，唱《敬祝毛主席万寿无疆》等歌曲，朗读数段毛主席语录），参加操练。8点起到六号楼231室参加班组学习，谈昨日大会体会，联系《纪念白求恩》，检查罪行。10点至团部谈昨日大会的体会。下午1点起班组学习讨论。晚6点半到第八宿舍接受批判，因迟到一分钟又忘记向毛主席请罪，被指责为“翘尾巴”。在谭其骧谈了昨天大会的体会后，有人提到张团长说有人“上推吴晗，下推党小组”。谭其骧忙说这是运动初期的思想，以后认识到自己有罪。又问：“是什么罪？”答：“不用毛泽东思想挂帅，不走群众路线。”“你是镇压群众！”又问谭其骧：“你的问题要害何在？”他一时答不上，众人就责问：“为什么避而不谈反对毛泽东思想？”大家认为他态度很坏，毫无认识，“翘尾巴”。散会后，两名工人和两名教师把他带到另一间屋子训话，说他对毛主席感情很差，又指出他老婆很反动，必须加强教育，否则会把他拉过去。

2月27日晚上，历史系召开批判会，主要批“学历史地理用不着毛泽东思想”“政治上反动学术上仍有成就”等观点。工宣队员发言时说，不为人民服务谈不上成就，帝国主义国家的炼钢是为帝国主义服务的，所以不能说炼出了钢就是有成就。军训团的杨某说：“你满口历史事实（指台湾在明以前不属于中原王朝管辖），为什么看不到解放后20年的历史事实？没有毛泽东思想能取得工农业、科技、教育各方面的成就吗？思想不革命化，不用毛泽东思想挂帅，一切生产学术成就都办不到。”今天的读者对这些言论会感到莫名其妙，或者会怀疑发言者是否神经错乱，但当时谭其骧听了，只能唯唯称是，否则就又是对工人阶级和解放军的态度问题了。

3月4日，全校召开第二次“批字当头给予出路大会”，批苏步青的“学好数理化，走遍天下都不怕”，上台坐批判席的除上次七人外，增加了陈守实和戚叔含二人。结束时宣布陈、戚二人归队，每月发生活费100元。晚上。谭其骧赶写两次大会体会“第二生命的开端”，直到后半夜3点。

3月13日上午，历史系批周谷城的“民族投降主义”，采用全校大会的方式，“二周”、陈守实和谭其骧坐在台前，周谷城自我批判后，由他们三人批。谭其骧指出：对民族敌人并不是不可谈和，但要看对国家民族是否有利，如《布列斯特和约》及1953年朝鲜停战谈判，就是有利的。而绍兴初年南宋方面正取得战争胜利，秦桧却割地求和，实在是出于个人私利，邀主宠，固相位，牺牲国家和民族利益。况且秦桧本来就是金人纵归的间谍。金人也需要和谈，秦桧是为敌人服务。话刚说完，就被群起而攻之：“大毒草”“玩弄史料”“不应该以朝鲜和谈比拟”。谭其骧一名学生竟诬蔑他以前讲通史时也曾为秦桧辩解，还有人乘机随声附和。

3月14日上午，学校在大礼堂召开第三次“批字当头给予出路大会”，批谈家桢，谭其骧等七位“权威”依然上台接受批判。但这一次没有宣布新的“解放”对象，而且态度较前两次严厉，谈家桢被斥为“翘尾巴”，这大概是出于阶级斗争和革命大批判常抓不懈的需要。

3月22日刚上班，历史系革委会就开大会，宣布有六人将下乡劳动，谭其骧是其中之一。9点召开全校大会，工宣队负责人讲话，谭其骧才知道他的下乡居然是“斗、批、改和教育革命措施的一部分”。

3月24日下乡后，谭其骧与几位教师分散住在第五生产队的农民家中，开始几天主要是与农民一起劳动。但为了迎接党的九大的召开，工余的大量时间用在搞“红化”（用毛主席像、语录、标语和“忠”字等布置成红色的“忠字化”的环境）。在九大开幕、新闻公报发表、闭幕的三天，照例要在晚上收听完广播后举行游行，回来后再座谈到后半夜，第二天再学习。所以实际用于讨论“教育革命”的时间很有限，仅一个下午讨论了“教改方案”，又匆匆进行了一次大会交流，就草草收场了。

4月8日早上，谭其骧在搬稻草，忽然发现弯腰时疼痛，并越来越厉害，一小时以后就支持不住了，只好请假回去躺倒休息。第二天穿衣、起坐都很困难，就去朱家角医院就诊，但这种慢性腰伤一时无法治愈，给他带来了很大的麻烦。劳动不能不参加，但即使干轻一点的活，对他来说也是艰巨的任务。如14日那天，安排他赶麻雀，从早上6点到下午5点3刻，奔走号呼，已经疲惫不堪。但晚上还得开会，9点听九大新闻公报，接着去大队报喜，然后照顾他留下写标语，其余人去朱家角报喜，等报喜队伍回来后又一起讨论到12点50分。

就在谭其骧腰伤那天，一名工宣队员要他考虑“教改”，并指责他是“为劳动而劳动，过一天是一天”。其实像他这样的批判对象，怎么可能提出符合当时要求的教改想法来呢？果然，在12日讨论教育革命时他发了言后，工宣队王某就说他“不接触思想”。16日早上，在风雨中赶了一小时麻雀后，他的腰疼又加剧了。下午开会时某师傅认为他在“打瞌睡”，将他叫出，训斥他“不坐端正，精神不振”，还说：“贫下中农对你怎样？你以前对贫下中农又是怎样的？”在看“小分队”（宣传毛泽东思想文艺小分队）排演时，一位师傅又问他好不好，他说好，那人马上追问：“好在哪里？你是说才子佳人好吧！”这类莫名其妙的“阶级感情”和“政治觉悟”令人啼笑皆非。在以后几天里，曹某指责他“怕脏怕累，不好好劳动，毫无收获”。一位胖师傅的训斥更严厉：“你不能以腰伤为借口不接受再教育。是不是要拍片子？是不是要到上海找石筱山（骨科名医）？”他们不顾谭其骧的腰伤，安排他到棉田撒猪粪，说是为了“锻炼不怕脏”。

4月29日，“试点”结束，谭其骧回校不久，编绘“杨图”工作恢复，他总算得到“用”了。

尽管从此以后，他是复旦大学教授中被用得最多的人之一，但“批字当头”并没有丝毫减弱，而且“资产阶级知识分子”的帽子是不会摘除的，至多只是承认他“改造得好”而已。1973年4月，长江流域规划办公室召开长江流域文物考古工作座谈会，邀请他和杨宽参加。复旦大学党委批准他和杨宽去，却增派了一位研究室负责人与他们同行。这是谭其骧自1966年后第一次获准外出出席学术会议，显然党委对他还不放心，需要派一位可靠的人随时在政治上把关，或者作必要的监督。

1974年，上海学习清华大学的经验，对所有正副教授进行突然袭击式的考试。1月5日上午，复旦大学的正副教授按事先通知集中到1237教室，主持人宣布立即进行考试，试卷是本校各科的入学试卷，包括政治、语文、数学、物理、化学。政治考的内容有党在社会主义时期的基本路线、毛主席讲话原文及其发表时间地点、列宁论帝国主义的特点、“鞍钢宪法”、“三大纪律八项注意”，语文有《红楼梦》《三国演义》《水浒》《西游记》《儒林外史》《天问》《资治通鉴》《论衡》《聊斋志异》等的作者及写作年代等。数理化除了一亩等于几平方丈一类题目外，谭其骧对大多数题目也没有看懂。考试下来，他对社会主义时期的基本路线只能举其大意，帝国主义的五大特点只写了三点，“鞍钢宪法”没有答，“三大纪律八项注意”也没有写全，数理化只做了亩的面积这一题。当天下午，市革会一办来人找他与全增嘏、王福山（物理系前主任、教授）、朱伯康（经济系教授）座谈参加考试的体会。

这次考试是迟群之流自鸣得意的“杰作”，考试的结果被作为资产阶级知识分子毫无知识、一窍不通、连大学生入学资格都没有的事例而广泛宣传。笔者当时是上海的中学教师，也听到关于这次考试的“传达报告”，周谷城写不出“三大纪律八项注意”、某教授本专业的试卷考了不及格以及某些“反动学术权威”全部交白卷的例子至今还记得。

值得注意的是，谭其骧已在此前“当选”为第四届全国人大代表，但也没有能享受免试的“豁免权”。

“政治任务”——接待外宾和出访

除了编绘“杨图”以外，接待外宾和港澳来宾也是对谭其骧“用”的一个方面，特别是在1971年至1974年间。

当时来访的外宾，当然是以“左派”或“友好”的居多。但“文化大革命”造成的严重破坏和“斗批改”的实际情况，恐怕连这类外宾都无法接受，所以每次接待之前少不了要作周到的准备。为了显示旧知识分子、教授已得到充分的任用和尊重，也为了让他们亲自向外宾表达对“文化大革命”的拥护，每次少不了要找谭其骧等人出面接待。这类接待在今天看来就像演戏，但当初却是重大的政治任务，必须不折不扣地完成，那当然要演得非常认真。对谭其骧而言，这也是对“文化大革命”、对毛主席革命路线的态度问题，所以不得不一次次重复违心的话。由于他还有繁忙的编绘工作和其他项目（当然同样是重大政治任务），常常弄得心力交瘁，苦不堪言，但在外宾面前却丝毫不能有所显露。

第一次接待是在1970年12月31日，来者是荷兰阿姆斯特丹大学一对60余岁的夫妻教授，丈夫研究社会学，妻子研究历史学。负责接待的是复旦大学党委常委唐金文、委员高若海，参加的是工宣队员唐某、工农兵学员六人、红卫兵一人及谈家桢、刘大杰和谭其骧三位教授。他们上午8点1刻就在楼前迎候，半小时后外宾才到，先由唐金文介绍情况，谈家桢谈经历“文化大革命”的体会，高若海谈学校的教育革命。中午一起在大食堂吃饭，饭后由红卫兵谈造反经过，“四一”工厂代表谈学生如何在工厂学习，然后参观“四一”工厂，下午4点送别。

1971年1月2日晚上，谭其骧应召来到工宣队团部，朱永嘉召开接待外宾准备工作会议，原来英国共产党（马列）代表团将在6日来访。朱永嘉指出上次接待中的缺点，规定了每人在接待时应讲的内容。第二天一早，大家又集中起来准备，幸而三位教授中依然只要谈家桢准备发言。6日早上，复旦校园红旗招展，全校师生在校门口列队欢迎。但谭其骧咳嗽加剧，临时请了假。

以后的接待基本都是这样的模式，只是轮到谭其骧发言或回答的机会更多了，所以准备工作更繁忙。如6月3日接待日本史学家井上清、哲学教授松村一人、经济学教授小林义雄等人时，谭其骧就在前一天上午到党委接受指示，晚上在家准备要应付的内容。上午集中介绍、问答，下午分哲学、经济、历史三组座谈。在历史系党总支负责人介绍情况后，井上清谈了日本军国主义在战后的情况，中间涉及钓鱼岛的归属。由于事先没有安排谭其骧讲这方面的问题，所以他仅插了一句话。然后由经济系教授江泽宏根据预先的准备向井上清提出四个问题，井上清回答后即告结束。

遇到需要由谭其骧重点发言的时候，就得格外小心。1972年5月13日上午，意大利东方出版社马利亚来访，此人50多岁，曾在北京大学中文系留学三年，对中国情况相当了解，还带着一位30多岁的助手菲利普。座谈时她问了招生办法、教学计划、教学方法、理论联系实际等不少问题。谭其骧负责介绍新中国成立后史学界的“斗争”，又谈了唐代文化繁荣昌盛的原因，是北朝末年和隋末农民起义促使领主贵族政权衰落，代之以地主经济、官僚政治，文化的繁荣正是这一变革的反映，也是中外交流的结果。主动向马利亚谈这些内容是经过精心准备的，以唐代文化为例无非是要借古喻今——经过史无前例的无产阶级“文化大革命”，社会主义的中国文化也必定会繁荣昌盛。

费正清的来访，因其在中美关系和中国研究方面的影响而备受重视。几天前，谭其骧就去党委听取接待注意事项，根据要求作准备。6月30日下午2点又去党委接受指示，然后理发、更衣，4点半出发去上海大厦。当晚，上海市革委会常委、外事办公室主任冯国柱宴请费正清及其随行人员，谭其骧和刘大杰作陪。7月1日上午8点，谭其骧等就在学校物理楼（主楼）前等待，9点费正清夫妇及《纽约时报》某主编夫妇到来，由他、刘大杰与外语系、历史系的三位教师接待，座谈至11点3刻。

复旦大学的接待对象中不乏一些颇有来历或有影响的人。如1972年3月24日来访的美国作家贝尔登，曾在中国生活11年，其中有三年还是在解放区，著有同情中国革命的作品，他的问题涉及很广，从教学计划、课程设置至孔子、秦始皇、李白、杜甫及《红楼梦》《水浒》《聊斋志异》《金瓶梅》等。7月6日，美国《华盛顿邮报》记者哈里森来访，在当时也是颇不寻常的事。7月29日，巴勒斯坦法塔赫参观团来访。8月22日，后来以写江青传记而名噪一时的美国女作家、历史学副教授维特克来访时，主要由刘大杰、中文系和历史系两位教师与其谈话。1973年3月1日来访的美国密苏里州圣路易斯华盛顿大学教授克拉特，既教中国史，又在日本早稻田大学教毛泽东思想。3月21日接待的挪威拉杜甫教授研究红军长征，因中国没有提供给他材料而大为不满。此外还有法国参议院文化委员会、美国美中关系委员会、日本市长代表团、越南古籍整理代表团等来宾。之所以有如此频繁的接待任务，倒不是因为来访的外宾太多，而是能够供他们参观的地方和访问的对象太少，到上海访问的外宾，凡是比较重要的，或与文化、教育、学术有关的，几乎没有不到复旦大学的，而复旦大学的接待又都少不了这几位教授。

还有一些外宾名不见经传，只是因为这个特殊时期，才获得复旦大学隆重的接待。如加拿大华侨某校一位历史教师、奥地利维也纳大学一位讲师、美国公谊会委员11人、日本渔业株式会社皮毛访华团和一些外籍华人教授。

有的则因与谭其骧稍有关系。如1972年美籍华裔科学家来访时，发现其中有一位刘子健（James Liu）毕业于燕京大学，所以临时找谭其骧来参加接待。刘子健是抗战开始后毕业的，原来与谭其骧不认识，但毕竟有这样一层关系，又是同行，所以一见如故。刘子健是普林斯顿大学教授，是海外研究宋史的权威。他知道中国与外界隔绝多年，图书资料肯定缺乏，所以建议由谭其骧开一张需要的书单，由他在海外募集捐赠。谭其骧当时虽表示感谢，但此事他岂敢擅自做主，所以会见结束后立即向研究室内工宣队员和党支部汇报，请示能否提供书单，但此后就杳无音信了。

著名美籍华裔数学家陈省身是谭其骧的表兄郑桐荪的女婿，他来访时，校方安排谭其骧参加接待。谭其骧曾以关系疏远推辞，实际上他与陈省身并不认识，但届时还是安排他参加了由冯国柱举行的宴会，第二天一早又去锦江饭店和虹桥机场欢送。

1973年6月8日，谭其骧参加接待美国科学家代表团时，见到了浙江大学原文学院院长梅光迪之女梅仪慈及其丈夫，得知她的母亲和兄弟妹妹都在美国。7月16日会见的澳大利亚国立图书馆东方馆馆长王省吾，是谭其骧的学生，浙江大学史地系1944届毕业。

因为接待外宾是“政治任务”，所以从来不计时间、精力，尽管谭其骧已年过六十，其他几位教授年纪更大，也得服从外宾和领导的需要，常常使他们疲于奔命。如1975年4月1日早上8点，谭其骧与谷超豪、蔡祖泉、江泽宏四人就出发去锦江饭店，路上又接了刘大杰。9点去虹桥机场，10点半迎接日本学术文化代表团。回到锦江饭店后，听市革委会副主任徐景贤谈情况。留下吃饭，饭店却没有准备，等到1点钟才吃上。下午到市革委会写作组开会，6点半又赶到国际饭店，7点多日本客人来，彼此介绍后，徐景贤闲谈至8点，再举行宴会，吃完已10点多，“回家疲极”（日记）。第二天下午1点半到党委，再开接待预备会。5点半吃晚饭，6点1刻与苏步青、谷超豪、江泽宏出发去友谊剧场，7点陪日本客人看杂技。第三天8点1刻到物理楼门前等候，9点客人来。党委书记介绍，分两组参观，文科看图书馆；又分四组座谈。11点送客，12点半在锦江饭店参加答谢宴会，然后送至机场，至3点告别，傍晚才回到学校。从早到晚一整天的接待活动就更多了。

接待外宾是当时一件大事，也是民主党派和知名人士的一项重要任务，所以市里还专门召开过经验交流会，贾亦斌、张秀山、刘念智和复旦的刘大杰等发言介绍。谭其骧等经常性的接待人员还得不时参加市外办举办的外事报告会，听取有关指示和情况介绍。所有与外宾的来往，事后都要汇报，收到的信件和拟定的复信也都要送党委审查后才能发出。

1973年5月19日下午，谭其骧参加会见一位特殊的“外宾”——诺贝尔奖得主、美国哥伦比亚大学李政道教授之子李中清（James Lee），他是来复旦大学留学的。自从“文化大革命”以来，大学停课，本来就为数不多的外国留学生都已打道回府。“复课闹革命”和工农兵学员入学后，留学生还没有恢复。但李中清和著名美籍华裔物理学家任之恭的女儿仰慕中国的“文化大革命”，希望能亲身感受中国的大学生活，李政道和任之恭直接向周恩来总理提出了让他们的子女来中国留学的要求。周恩来同意，特批了三名来自美国的留学生，并将任之恭的女儿安排在北京大学，李中清来复旦大学，另一位美籍华裔教授的女儿去南开大学。

李中清到复旦后，要求与工农兵学生同吃同住同劳动。校方为他的安排颇费“心机”，他是“通天人物”，不能不满足他的要求，可毕竟是外国人，内外有别。但不管怎样，李中清的确参加了学习毛选、革命大批判、教育改革、下乡劳动等各种活动，这一段特殊经历给他留下深刻的印象，1993年初笔者与他在东京一起开会时，他还谈得津津有味。

李中清学的专业是中国史，所以校方要谭其骧给他上课。6月7日晚上，负责安排的中文系讲师许宝华来与他商议，决定为李中清讲魏晋南北朝史。6月21日上午，谭其骧讲了第一次，学生就李中清一人，许宝华和另一位教师每次都旁听。到7月26日上完最后一次，共上了六次，每次约三小时。

8月27日下午，谭其骧接通知去党委开会，原来是布置欢送李中清。28日上午，谭其骧等参加欢送会，会后又与李中清聚餐。为了体现“同吃”，菜是学校食堂做的。李中清离开复旦后，又到其他大学短期学习，每到一处，都由该校最著名的历史学教授为他讲课。由中国一批第一流的教授为一个人单独讲授各人最擅长的课程，能享受这样待遇的大学生，世界上大概只有李中清一人了。

李中清从耶鲁大学毕业后，到芝加哥大学读研究生，后师从何炳棣教授，获得博士学位，曾在加州理工学院、密歇根大学任教[①]，主要从事中国历史人口研究。

在当时，要维持这样的师生关系也是相当困难的，谭其骧每次收到李中清的来信，即使是一般的问候或提出的是纯粹的学术问题，也得首先交党委审阅，然后拟定复信，送党委审查批准后再以个人名义寄出。如果党委一时不给答复，一封信的往返就需要很长的时间，往往会引起对方的误解。有一次李中清等得不耐烦了，又担心谭其骧收不到他直接从美国寄出的信，只能写信给他在上海的姑妈，请她将信转给谭其骧。可是由于党委迟迟没有答复，谭其骧依然无法给李中清复信，又不便告诉她的姑妈，实在是有苦难言。

朱永嘉在复旦大学办了《学习与批判》杂志，几次要谭其骧写文章，到了

① 2009年至今任香港科技大学人文社会科学学院院长、讲座教授。

1976年初，朱永嘉对他说："我们的杂志已出了一年，你怎么还没有写文章？"谭其骧说："你们要的大批判文章我实在不会写，我只会写考证文章。"朱说："考证文章也可以，只是要简单一些。"谭其骧不得已，以毛泽东的《浪淘沙·北戴河》中"东临碣石有遗篇"中的碣石为题，写了一篇《碣石考》。稿子交去后，朱永嘉还嫌烦琐，又让一位青年教师作了删节。1976年，朱永嘉又提出要编中国通史，并指定由谭其骧主持。谭其骧知道，在当时的情况下，要编成一部通史谈何容易，可是又推脱不了，急得他毫无办法。幸亏不久江青反革命集团被打倒，此事随着朱永嘉的被捕而胎死腹中。

1976年6月，复旦大学准备组团访问罗马尼亚克鲁日大学和布加勒斯特大学，由党委书记侯赞民任团长，两名团员是谭其骧和数学系讲师郑绍濂。9月5日，代表团到达北京，向教育部报到，在以后几天里听取了中联部的介绍和教育部外事组的布置。9月9日下午，毛泽东主席逝世的消息公布，此后他们参加了在人民大会堂的瞻仰遗容、教育部的追悼会，又参加了天安门广场追悼会的演习。经再三劝阻，谭其骧才没有参加在天安门广场举行的追悼大会。追悼会后，教育部决定代表团照原定安排出发，但因出发时间推迟，访问时间相应缩短，原定在布加勒斯特的活动大多取消，还规定出访期间不参加任何宴会。

9月20日，迟群和教育部负责人周宏宝（上海的造反派）等来到他们住的友谊宾馆座谈。迟群谈话的要点是："反潮流"，要能识别路线，学习毛主席的革命实践，应该比人家更多地懂得毛主席，大学要培养革命的火种、培养造反派、培养无产阶级革命事业的接班人，继承毛主席遗志。从以后的揭露可以证实，当时迟群之流的这些话都是有所指的。但对不了解高层政治斗争背景的谭其骧来说，这些不过是重复报纸上的大批判言论，并没有听出有什么异常。教育部负责人则要求他们认真了解人家的教育情况，说了解人家对我们自己的改革可以加深理解，有先进的值得学习，但更主要的需要深入了解对方与我们有什么不同；还要求他们谦虚谨慎，不卑不亢，要掌握分寸，遇事多与使馆商量。

9月22日上午8点20分，代表团乘中国民航飞机从北京出发。下午4点经过卡拉奇，在机场休息候机，休息室内气温超过30度，大家口渴难忍，可是找不到水，身边又没有一分零花钱。一个半小时后上飞机，又等了半小时起飞，才喝上水。飞机原定经停雅典，临时决定不停，比原定时间提前3小时到达布加勒斯特，罗方人员不知道，无人来接。幸而我国驻罗马尼亚大使馆来了人，将他们先接到使馆，会见了李庭荃大使。不久，布加勒斯特大学中文系教师、代表团罗方翻译伟克思列儿闻讯赶来，将他们接到旅馆。

23日上午，代表团由伟克思列儿陪同，乘飞机去克鲁日，中午就开始了对克鲁日大学的访问。在以后的几天里，他们参观了市区奥匈帝国时的城堡、新建住宅区，参观了大学的物理系实验室、地质系展览馆、植物园、工学院宿舍与饭厅、体育场、历史博物馆、图书馆，与校长、学校评议会常委及历史研究所、历史哲学系、语文系、经济系、化学系相关人员和社会科学工作者进行了座谈。还到附近的达波卡游览，在一户农民家品尝李子酒、熏猪肉和羊酪，参观了特兰西瓦尼亚民俗博物馆。临行前由市委第一书记接见。活动排得毫无空隙，谭其骧仅在参观图书馆时请假回旅馆休息了一会。

29日下午回到布加勒斯特，30日起访问布加勒斯特大学，并受到教育部部长接见。布加勒斯特大学已改为顺访，活动相当简单，中文系座谈，参观物理中心，与校长聚餐后就结束了。他们抽空游览了新市区和老城区，于10月2日下午乘中国民航班机回国。

这是谭其骧第一次出国访问，因为纯属“政治任务”，所以事先花了不少时间作准备，他的笔记本上至今还留着当时摘录的罗马尼亚历史、现状的资料，事先还拟定了一些备用发言稿，一切活动都遵守领导的安排。与当时国内的情况相比（当然罗方未必让他们看到了真相），谭其骧对罗马尼亚和克鲁日大学的印象还是相当好的，觉得各方面比我们强，但他也惊奇地听到罗方人员私下表示：“那边（匈牙利、南斯拉夫）比我们这儿好。”

10月8日代表团回到上海时，校党委领导全部到机场迎接侯赞民书记，但不久随着江青反革命集团的倒台，侯赞民成为审查对象，清查人员还专门向谭其骧了解了他这次出访时和出发前在北京的活动。

为毛泽东注释“大字本”

1972年12月25日上午，谭其骧接到复旦大学历史系青年教师、当时借调在上海市委写作组工作的王守稼从写作组打来的电话，询问《旧唐书·傅奕传》中的典故，先后两次，谈了一个多小时。后来得知，王守稼等人正在完成一项重大任务：为毛泽东要阅读的古文作注释。

据当时担任上海市革命委员会常委、复旦大学革命委员会常委的朱永嘉说，为毛泽东作注释的任务是由姚文元下达的，每次都由姚打电话给他，通知具体篇目，然后他再组织注释，完成后送姚文元审定后，再由姚送毛泽东。注释的题解一般都经过姚文元的修改。毛泽东阅后，基本都批给全体政治局委员阅读，有的还专门批给特定的人看。朱永嘉也曾将一些注释本送给当时主持上海市委日常工作的马天水作参考。

这些文件都在上海澳门路中华印刷厂排印，正文用四号老宋、注文用小四号老宋，全部繁体，版本长30厘米、宽20厘米，用60克米色道林纸，线装；以后每次又加印两册宣纸本。参与这项工作的人都称之为“大字本”。注释的具体组织工作交王守稼负责。至于毛泽东选择这些文章的目的，看了注释后的反应，有的当时向注释人员作过传达，多数并没有具体说明，谭其骧等只是奉命注释而已。

1973年1月2日上午11点，朱永嘉来到复旦大学200号楼内的中国历史地理研究室，向谭其骧等人布置了注释任务，要求谭其骧为全部注释把关。由于时间紧迫，其他人的注释稿还没有出来，所以谭其骧自己也先开始注释，他分到的是《三国志·吴书·吕蒙传》。从3日起，注释成为谭其骧的主要工作，他花了整整五天时间完成了《吕蒙传》的注释。8日夜间他家中煤气泄漏，9日起床后谭其骧感到头痛，作呕，四肢无力，但只休息到9点就去学校作注释了。

13日，朱永嘉将谭其骧找到复旦大学党委会，又就注释工作的重要性和具体要求谈了半个多小时，总之是要他负责为青年教师和其他人作的注释初稿把关，尽全力完成这项政治任务。当时需要注释的文章主要是历史类的，但后来增加了一些诗词赋，对这些文学作品的注释，朱永嘉和写作组一般没有交给谭其骧“把关”，只有在修改《江梅引》的注释时听取了他的意见。当晚谭其骧开始看邹逸麟、王文楚（均为复旦大学历史系中国历史地理研究室教师）所作的《三国志·魏书·夏侯渊传》注释。

14日是星期天，他晚上修改至1点，15日晚上又改至近1点，至16日下午3点改毕。当晚又开始改《晋书·桓伊传》的注释，由于白天都要开会，每天都工作至深夜，至21日（星期天）上午改毕。此时，《吕蒙传》和《明史·朱升传》的校样已经送到，经他改正后在12点1刻送走。

《吕蒙传》注引《江表传》中一段关于吕蒙在孙权激励下发愤学习的记载“蒙始就学，笃志不倦，其所览见，旧儒不胜”，为毛泽东用以勉励高级干部重视学习时所引用，也成为全国军民学习的重要内容。朱升向朱元璋提出的“高筑墙，广积粮，缓称王”的建议使毛泽东受到启发，他向全世界发出的“深挖洞，广积粮，不称霸”的号召无疑受到《朱升传》的影响。

谭其骧在22日下午校《夏侯渊传》校样，晚上开始审校《晋书·谢玄传》的注释，到25日上午还没有全部改完，但市委写作组已来催索，只能将稿子先送印刷厂排印，到时在校样上再改。26日下午3点，他到研究室看《晋书·桓伊传》的清样。晚上他在《晋书·谢安传》注释的排样上校改到1点，第二天上午接着改，到下午3点，在16页中改完了8页，交写作组取走。28日（星期天）一早，写作组送来了《谢安传》注释，要他全部看完，当晚他看到1点，第二天看到半夜12点3刻，30日上午将注释改完。31日下午起改《晋书·刘牢之传》，直到晚上2点。2月1日上午9点将最后改定的《谢玄传》送到学校，正好接到王守稼来电，下午4点一定要将《刘牢之传》送去，可不必细看。不久又接到通知，4点是将稿子送到写作组的时间，谭其骧午饭后顾不得休息，将《刘牢之传》注释大致看完，2点半交邹逸麟和王文楚送往写作组。

3月5日上午，朱永嘉又交给中国历史地理研究室三篇注释任务。为此，研究室在晚上开会作了研究，并传达了朱永嘉带来的讯息：毛泽东在看上次注释稿时，发现了一个错字，“濉溪”的“溪”错成了“漢”。不过经查对原稿，此字是中华厂排错的，但负责校对的人没有校出。大家听后既惊又喜，惊的是如此重大的政治任务，稍有不慎就会出大问题，要是在关键地方出错如何得了？喜的是这些注释果然是伟大领袖毛主席亲自阅读的，并且看得那么仔细。

会后回家，谭其骧就查阅郭沫若对屈原《天问》的注释，作审改注释的准备，以后几天又夜以继日，至11日（星期天）半夜12点3刻将《天问》、柳宗元《天对》的注释稿改定。12日起改《三国志·魏书·张郃传》注释，至16日结束。当天开始看《三国志·魏书·张辽传》注释，至24日半夜1点20分完成。当天下午，谭其骧在医务室量出的血压是160/100，医生要他半休一周。但他没有时间休息，3月27日起注释《旧唐书·李愬传》，至4月5日完成。6日又花了一整天时间对这三篇稿子作了校对。

6月24日虽然是星期天，谭其骧却与平时一样去研究室工作，因为新的注释任务已下达——注《史记·汲郑列传》。他参加至30日，此后转入其他工作。

7月27日上午10点，朱永嘉来研究室，布置注释《旧五代史·李袭吉传》。29日，中文系教师胡裕树交来了《李袭吉传》注释初稿，谭其骧立即投入工作，直到晚上12点20分。30日，他从早上注释至半夜1点1刻，到31日下午4点完成，送至陈守实（历史系教授）处，估计陈守实又作了加工。8月4日清早，胡绳武（历史系教师）来通知，要大家8点去中华印刷厂校对《李袭吉传》，谭其骧、陈守实、胡裕树乘学校的吉普车先到康平路141号市委写作组，再由写作组派车送至印刷厂，王守稼陪同校对，至下午3点校毕回校。

8月5日又是一个星期天，晚上朱永嘉找到历史系，要谭其骧立即着手注释柳宗元《封建论》。为了抓紧时间，谭其骧、胡裕树与中文系的顾易生等集中在复旦大学四号楼注释，连续两天日夜突击，至7日下午4点完成。9日上午8点半，谭其骧、胡裕树、顾易生乘吉普车前往中华印刷厂，由董进泉（历史系教师，当时借调在写作组）及历史研究所一位借调在写作组的人员陪同，校对《封建论》注释稿，至下午2点半校毕。

《封建论》的注释之所以要得如此急，是因为毛泽东在8月5日写了一首《七律·读〈封建论〉呈郭老》："劝君少骂秦始皇，焚坑事业要商量。祖龙魂死秦犹在，孔学名高实秕糠。百代都行秦政法，十批不是好文章。熟读唐人封建论，莫从子厚返文王。"

8月11日下午，章太炎《秦政记》的注释稿送到，谭其骧改至次日凌晨2点。第二天整天在赶，至后半夜2点半结束。13日早上，姜义华（历史系教师）来家取走稿子。谭其骧累极，上午补睡觉，但到下午3点又开始校改章太炎《秦献记》注释，也是到次日凌晨2点。休息了几个小时，谭其骧又起来工作，上午10点将一部分已完成的稿子送到学校。回家后再干，到下午1点多实在支撑不住，才上床睡了一会。5点多，周维衍（历史系教师）、邹逸麟来拿走一部分稿子。6点完稿，晚饭后又修改，7点20分由周维衍取走。第二天（15日）上午9点去中华印刷厂校对《秦政记》《秦献记》两篇。下午等了很久，排印稿还没有出来，朱永嘉赶到工厂，召集工人讲话，强调这项工作的重要性，要求工人务必尽快完成。

当时广州中山大学教授杨荣国正来上海作“评法批儒”报告，由于杨荣国的特殊地位，上海市革委会十分重视对他的接待。当被问及想会见什么人时，杨荣国提出要见谭其骧，朱永嘉立即作了安排，预约的时间就是这天下午。所以朱永嘉讲完话后，就与谭其骧去和平饭店与杨荣国会面。5点，谭其骧又回到工厂，校到7点半才结束。这是注释工作中最紧张的一次。

8月18日下午，王夫之《读通鉴论·秦始皇》节选的注释稿送来让谭其骧校改，当晚他改《论秦始皇变封建为郡县》一文至半夜1点。第二天工作至凌晨2点半。第三天上午10点交出一部分，下午从2点赶到晚上8点半，由邹逸麟、周维衍分三批拿走。

8月30日校改的是韩愈《石鼓歌》注释，31日校阅的是杨宽（历史系教授）所作《石鼓文》注释。由于《石鼓歌》涉及先秦的石鼓文，而杨宽是先秦史专家，所以专门请杨宽注出初稿。

1974年4月2日，谭其骧因下午去历史研究所讲课，上午顺道去了康平路写作组，请他们代买去北京的飞机票。见到陈旭麓（华东师范大学历史系副教授，当时借调在写作组）、王守稼、董进泉等后，他们谈及正在作《天问》《天对》注释，要谭其骧帮助看一下稿子。谭其骧因4月4日就要去北京，只答应大致看一下。3日晚上，谭其骧将稿子看毕，第二天清晨动身去北京前让家人交给胡裕树。

8月11日，谭其骧审阅邹逸麟注释的刘禹锡《天论》。但当时正值《中国历史地图集》第一册中的商周图急需定稿，不久又得参加市里召开的法家著作注释会议，所以他直到26日才又看了一次《天论》注释稿。由中文系王运熙等注释的牛僧孺的文章，他也仅在10月10日上午参加了一次讨论。

11月中旬起，谭其骧陆续参加了在香港路和市总工会举行的法家著作注释审稿会，如19日、22日讨论李斯《谏逐客书》《韩非子·解蔽》，28日上午审《商君书·强国》，12月3日在家审《韩非子·五蠹》，4日改《荀子·王制》，5日至8日改《荀子·王霸》和王夫子《论治河》。这些注释稿显然并不是“大字本”的范围，但同样属政治任务，他自然也不敢怠慢。

11月23日上午，谭其骧又应召赴康平路，与陈旭麓等商议注释《后汉书》中的《李固传》和《黄琼传》。中午由陈旭麓招待在食堂吃饭，至下午4点结束。24日（星期天）早上，历史系教师许道勋就将注释稿送来了，谭其骧在上午看完两张，下午、晚上继续看，但不断有人来催促，至半夜2点看完三十多张。25日早上起身后，他又看了两张。因工作时间过长，眼睛发痛，就去研究室处理一些杂务，下午3点起继续审改，7点写作组工宣队员王某取走一批，谭其骧继续工作到凌晨3点。26日上午完成五张，下午完成五六张，傍晚取走一批，晚上完成八张，至12点半结束。28日下午，谭其骧去康平路看《黄琼传》《李固传》的校样，接着又与邹逸麟、王文楚、王守稼、董进泉一起去中华印刷厂校对。到晚上6点半，工作大体完成，他与王文楚先回家。邹逸麟的家离厂很近，他与王守稼一直等到正式付印。

这次的注释要得非常紧急，《黄琼传》中“峣峣者易缺，皦皦者易污”“阳春之曲，和者必寡；盛名之下，其实难副”和《李固传》中“表曲者景必邪，源清者流必洁”“以天下与人易，为天下得人难”等话都被毛泽东引用。不久毛泽东的批示层层下传，这几句话也成为广大干部必须弄懂的内容。

12月10日，写作组送来了《谢安传》等注释，晚上谭其骧初步翻阅了一下。11日上午，他去康平路，王守稼告诉他《谢安传》四篇的注释要重新整理修改，以便出版。下午，谭其骧就开始校改，夜里改至2点。第二天又干了一天，到凌晨2点半改定《谢安传》。但他发现其他人作的《谢玄传》《桓伊传》

和《刘牢之传》注释仅仅是转录一下，与要求相差甚远。上床后，他又翻阅了所附的《淝水之战》一文，觉得错误很多。13日上午，他打电话告诉王守稼，王要他修改。晚上，谭其骧开始修改此文，发现无从入手，他只好将意见一一写出，忙到12点半。14日上午，李霞芬来将意见拿走，谭其骧请王守稼决定要不要改。15日傍晚，谭其骧去朱永嘉处，朱仍然要他修改《淝水之战》，并要他另写一篇。17日上午，周维衍来谭其骧家，告诉他王守稼打来电话，提了写作组方面的三个方案，即修改《淝水之战》、写一封信指出其中的错误、另外写一篇，让他决定怎么办。谭其骧选择了修改，18日白天和晚上，他都在改文章，至半夜1点才改毕，第二天又花一天时间抄清。

12月27日起，谭其骧参加上海出席第四届全国人大代表团的学习。但29日回家时见有周维衍留下的李斯《谏逐客书》，要他修改，当晚他改到12点。第二天一早继续，至10点结束。

1975年1月3日至4日上午，谭其骧在赴京出席四届人大前修改了晁错《论贵粟疏》的注释。

5月5日，谭其骧一到研究室就接到王守稼的通知，要他赶快去写作组。到后才知道是因为北京大学写作组对《江梅引》（南宋洪皓所作词）的注释提出了意见，姚文元交上海征求意见，由王运熙与顾易生负责，要他发表意见。由于有了不同意见，这次修改特别谨慎。7月8日，王运熙又就《江梅引》的注释征求谭其骧的意见，并请他校改了注释全文。

8月中旬，又有《晋书》中的几篇传记要求作注释，其中一部分是以前曾经注过的，要求修改后重新排印的。谭其骧负责的是《刘牢之传》和《王弥传》。前者是修改，自8月11日至13日；后者是新注，自13日晚至17日半夜1点完成。

22日下午，谭其骧去写作组听取关于注释工作的批示。这是毛泽东与江青对庾信《枯树赋》注释所作的批示。1975年5月，毛泽东对《枯树赋》的注释提出了四条意见，后来又提了三条意见，被整理出一份题为《主席对几条注文的意见》的文件。江青将《枯树赋》等几篇赋的注文交北京大学、清华大学注释组讨论后，两校（梁效）注释组写了一份《关于〈枯树赋〉、〈别赋〉、〈恨赋〉

注文的问题》的材料。江青将两校的材料送给毛泽东。不久，毛泽东作了批示，请他们仔细研究。谭其骧虽然没有参加这些赋的注释，但因为是毛泽东的最新指示，所以也被要求听取了传达。结束时，王守稼要求他继续注释《苏峻传》和《孙恩传》。

由于又有了批判《水浒》的运动，他不得不先看了张政烺、余嘉锡的《宋江考》，并参加了25日下午新华社来校召开的座谈会，到26日晚上才开始《苏峻传》的注释。27日、28日搞了两天，《中国历史地图集》第七册的青藏幅又等着他定稿。9月1日，他接到国家文物局通知，3日去河北承德参加北方文物考古座谈会。他赶忙抄清了元朝宣政院地图的校改记录，准备在承德用的讲话稿。2日上午去研究室，校完了《刘牢之传》的清样，下午又与地图出版社谈了地图稿中的问题，晚上整理行李时，却没有找到原来用过的讲话稿和边疆各区的讲义稿。3日一早他赶到研究室，还是找不到讲稿，只能匆匆登车去机场，到北京后他才发现离家时连皮带也没有系上。

9月27日，谭其骧返回上海，修改清朝地图新疆幅、改正唐时期地图东北幅、研究黄河源资料等事又迫在眉睫。10月8日下午，王守稼来找他，提醒他还有注释未了。13日，王守稼和董进泉又来催他作注释，他只能腾出手来，从14日开始注释《苏峻传》。当天接到通知，15日上午去康平路写作组看批示。19日半夜注完《苏峻传》，但第二天用吴士鉴的《晋书斠注》复查，又改了一天，到21日上午交出。11月12日，《苏峻传》的清样送来，由他改定。

但剩下的《孙恩传》，谭其骧只在12月2日、3日作了注释，以后再无下文，王守稼也没有再催。究竟是什么原因，因王守稼已于1988年12月病逝，无从询问。据其他当事人回忆，1975年底后不再有注释任务。

出席第四届全国人民代表大会

谭其骧是第三届全国人大代表，但三届人大只开了一次大会，“文化大革命”就爆发了。1973年10月10日，在北京参加《中国历史地图集》审稿会议，他获悉，在新的一届全国人民代表大会代表名单中有他在内。但四届人大一拖再拖，直到1974年12月下旬才得到正式通知，四届人大即将召开，要他作好准备。

12月27日下午，上海的全国人大代表集中在延安西路200号，由市委书记、市革命委员会副主任马天水作了简短讲话后，就分六组进行座谈，学习中共中央关于召开四届人大的30号文件。谭其骧分在第六组，组长施国华，来自国棉三十五厂，时任同济大学党委书记。晚饭后放映电影《渡江侦察记》，看完电影后各自回家，以后几天的活动也都安排在下午和晚上。28日下午开大会，由上海市革委会常委陈阿大、马振龙、黄金海这三位王洪文的小兄弟、造反派出身的新干部分别谈上海工交、轻工业和财贸三方面的“伟大成就”和“大好形势”，晚上分组座谈。在29日下午的大会上，黄金海继续发言后，农民出身的市革委会委员龚丽琰介绍农业和郊区的成就。接着，市革委会常委朱永嘉谈文教卫生战线的大好形势（根据谭其骧记录整理，以下同）：

> 胜利是在斗争中取得的，能否用马列主义改造和占领这条战线，关系到能否将无产阶级“文化大革命”进行到底。十七年是黑线专政，“文化大革命”首先是从这条战线开刀的。1968年7月27日工宣队进驻学校，八年来发生了巨大的变化。
>
> 教育战线：中小学生从114万增加到138万，上山下乡知青达120万。旧教育“三脱离”（脱离劳动、工农兵、实践），现在实行开门办学，为无产阶级政治服务，对课程设置和教材进行了改革。大学文科结合战斗任务，明确了不是培养院士，而是要培养战士。中学毕业生到农村有很多工作能做，能文能武。业余大学、职工业余学校、农场办大学，多种形式。大学办短训班，到边疆地区普及科学知识，大有作为。
>
> 出版战线：原来有10家出版社。“文化大革命”以来出了2900多种书，马列毛泽东著作出版了6640万册。批林批孔、注释法家著作，走群众路线。《历代法家著作选》作者有上千家单位、一万多人，参加讨论的人就更多。为下乡知青服务，《智取威虎山》的连环画发行了400万册。上海有15种期刊，发行量300万份，其中《学习与批判》有90万份。作者、编辑搞

三结合，培养了工农作者队伍，改造了原来的专业工作者。

卫生战线：贯彻了毛主席的革命卫生路线，肯定了赤脚医生，公社卫生院医生增加了一倍。重视防病，进行粪便管理，崇明县已消灭血吸虫病，有六县送走了瘟神。计划生育取得成效，人口年平均增长率1.48%。八年中派出十二批八千人的巡回医疗队去十个省、十二个国家。坚持中西医结合，针刺麻醉，抢救大面积烧伤，经过中药针灸治疗肿瘤细胞可以变成正常细胞，搞了新的医疗器械。

这条战线地主阶级统治了几千年，资产阶级统治了上百年，斗争是长期的，习惯势力很深，今后还有艰难的仗要打。

晚上座谈，市委书记、市革委会副主任王秀珍参加了第六组的座谈，发言的有董秋芳（国棉十七厂工人）、龚丽琰、曹杨宝（新江机器厂技术员）、潘梅仙（上海开关厂工人、第一机电局负责人）和谭其骧。谭其骧介绍了复旦大学历史系的情况：

全系有教职工112人，其中教授9人，副教授4人，讲师11人，助教59人，教员2人，编译3人，干部6人，职员14人。分四个教研组：古代史、近代史、现代史、世界史；三个研究室：拉丁美洲、日本史、历史地理；另有系资料室。有工宣队员7人，军宣队员1人。

工农兵学员招了四届：第一届42人，1974年4月毕业，原则上回本地区、本单位，本校留了2人，军垦农场、青浦县各分去1人，国务院科教组分去2人。回去的大多搞政宣工作，也有做理论工作者，成为批林批孔的骨干，少数当中学教师、大专院校教师，如江西南昌师专去了2人。少数民族学员有傈僳族、达斡尔族、回族、蒙古族，去地区民族学院工作。第二届现在三年级，29人，原有30人，一位华侨出国了。解放军占一半。第三届42人。第四届47人，今年入学。

坚持教学革命，实践毛主席的革命路线，以社会为工厂，阶级斗争为主课，以马列毛主席著作为基本教材，按战斗任务组织教学。以自学为主，与启发式、讨论式教学结合，培养分析和解决问题的能力。分四个组，两个下厂，一个搞王明资料，一个搞近代地主资产阶级分子言论。第二年下农村，调查七一公社。批林批孔到了九个厂，与工人一起批，做了宣讲，写了文章。实行三年学制，课程减少，只开中国古代史、中国近代史、党史、世界近现代史四门专业课，另有政治经济学、哲学、外语、体育。第一年上学期上党史，下学期上中国近代史，二年级上中国古代史，三年级上世界近现代史，下半年实践。上课不多，以专题讲座为主。一年级就动手，批林彪反革命军事路线。

教师以教学与科研结合，主要为当前现实斗争服务，为工农兵服务，两个三结合，老带青，互相学习。主要是改造世界观，与工农兵相结合。五七干校半年一期，每次去四五人；三夏、三秋下乡劳动；函授，在江西井冈山招了500人。章炳麟著作注组，请进来13人。教师表现积极，如耿淡如，1964年开始就患膀胱癌，开过三次刀，通四五种外文，翻译了不少东西，还要学日文。田汝康，坚持编写《沙俄侵华史》。程博洪，工作夜以继日。施一揆，一直在抱病工作。江泽宏、□□□，每天晚上不到12点钟不会休息。教师团结战斗，几年来取得显著成绩，日本史出书十多种，近代史出了十本丛书。在人员未增加的情况下，教学工作继续进行，科研成绩很大，证明路线对了，精神变了。现有一个总支，五个支部，教师二个、学员三个。正结合26号文件的学习，正确处理人民内部矛盾，搞出十年规划，准备1975年大跃进。

30日下午继续开大会，由革命样板戏京剧《海港》剧组演员李丽芳谈文艺战线大好形势，市革委会常委、市外办主任冯国柱谈国际大好形势。晚上观看文艺节目，看电影《第七届亚运会》。

31日早上，全体代表去延安西路200号验血，量血压，检查身体。但究竟何时进北京开会，还没有任何通知。

同样是人大代表，谭其骧、刘大杰、杨宽这三位复旦大学教授在代表团中的待遇还是有很大区别。刘大杰虽是“爱国人士”，但当时也是一位典型，并担任上海代表团副团长，所以王洪文的小兄弟陈阿大、黄金海、马振龙等对他和杨宽都称为“老刘”“老杨”，对谭其骧却敬而远之，客气地称为“谭先生”。在会议期间，这些人经常要老刘、老杨请客买香烟买酒，说教授工资这么高，钱多，因是自己人而无所顾忌；却从来不敲谭其骧的竹杠，这倒使他省了不少事。

1975年1月2日下午，市委统战小组负责人王阿牛在泰兴路原文化俱乐部主持座谈会，由人大代表中的爱国人士谈学习《元旦社论》的体会。1月4日，谭其骧接到市革委会通知，次日下午到延安西路200号报到。

5日下午2点报到，5点半进入锦江饭店，当晚8点在小礼堂开会，宣布纪律：不许打电话，不许通信，不许会客，活动范围限锦江南楼至小礼堂，文件不准抄录，不准带回宿舍，公共场所不准谈会议内容。每天7点半吃早饭，8点半至11点半小组学习，12点半吃中饭，下午2点半至5点半小组学习，6点吃晚饭，晚上7点至9点自学、看报，10点熄灯。要是不知道参加活动的对象，人们很可能以为这是一次当时盛行的军事化的“学习班”，新中国历史上最保密的一次全国人民代表大会的预备会议就这样开始了。

1月6日上下午都是小组讨论，上午将宪法、修改宪法的报告和政府工作报告三个文件读了一遍，下午谈体会，晚上自学。7日上午逐段讨论，下午继续，晚上看电影《杂技英豪》。8日上午小组讨论政府工作报告，下午继续，多数发言人歌颂“文化大革命”以来的变化。9日大会发言，由宗教界爱国人士吴耀宗、冯国柱谈新旧宪法对比，吴耀宗的发言中说宗教信仰自由不一定要有寺院教堂，对教徒的家庭聚会和地下活动要坚决打击，大概与谭其骧一样言不由衷。晚上看纪录片《五七京剧训练班》。10日上午小组讨论，发言者继续歌颂“文化大革命”大好形势。下午休息，4点集合，冯国柱宣布当晚出发赴北京。晚饭后看电影《我国第一颗原子弹爆炸成功》《国庆颂》，10点3刻吃点心，11点3刻出发去北站。夜深人静，事先作了戒备的站台更是空无一人，送代表进京的专列于凌晨2点开车。12日凌晨2点，专列停靠北京永定门车站，代表们被悄然送进京西宾馆。谭其骧住1120室，与杨钟健同住，但杨因病未到。这样的时间安排，显然是为了能严格保密。

12日上午11点在京西宾馆开上海代表团全体会议，由市革委会常委金祖敏宣布纪律，大致与上海时相同，但又增加了保密措施，诸如天黑前房间都要拉上窗帘等。当然实际上服务员已接受严格规定，不到天黑，早已将窗帘拉上，完全用不着谭其骧操心。当晚王洪文来到京西宾馆，召集全体上海代表见面。13日上午10点，由马天水主持会议，提名王秀珍为上海代表团团长，金祖敏、冯国柱、刘大杰、吕美英为副团长。又通过了大会主席团名单。宣布分组名单、大会时座位、上车次序等事项。下午5点用晚餐，然后排队由宾馆的地道步行至地铁军事博物馆站，坐地铁专车至前门站下车后，又由地道进入人民大会堂。8点半举行大会，由朱德主持，张春桥作修改宪法报告，周恩来作政府工作报告。由于报告只读首尾两段，全部议程在半小时内结束。上海代表仍由原线路回宾馆。

14日下午3点开小组会，谭其骧所在的第三组有66人，召集人是黄金海、施国华和倪志钦（跳高运动员），北京到会的有沙千里、赵朴初、叶圣陶、庄希泉、胡子婴、季方、荣毅仁、史良、胡厥文、张志让，另有赵忠尧、胡愈之、葛敬恩等。姚文元也分在这一组，但他简单说了几句，就说有事而去。15日下午继续小组讨论。晚上10点，江青突然来到宾馆，接见全体上海代表并讲了话。16日上午11点，上海代表团举行大会，说明将要讨论的两个名单（国家领导人、人大常委会委员）是由党的十届二中全会提名的，传达张春桥对各代表团提出的对修改宪法报告意见的说明。下午通过两个名单，小组继续发言。5点半，王洪文到会，根据名单一一点名询问，到7点才散会。晚上9点，王秀珍传达大会秘书处规定：明晚广播十届二中全会公报，后天晚上广播四届人大公报。明天晚上大会的注意事项：入场时不能乱，上车前检查一下签到证带了没有，上面有没有签名，到大会堂后排成一队交签到证，按指定地点休息，整队后由专人领入会场。认真搞清选举办法，两张选票一次投。王秀珍还宣布：这次人代会严格的保密措施已经取得完全成功，虽然外国记者一直在千方百计打听消息，但到目前为止，帝修反和外国对会议的进行一无所知，这是毛主席革命路线的伟大胜利。

17日白天休息，下午4点3刻吃晚饭，然后分乘四辆大客车去人民大会堂，等候至晚上8点10分才开会。通过宪法及修改宪法报告、政府工作报告，投票进行等额选举，不到一小时全部结束。大会闭幕后，代表们去宴会厅吃点心，然后返回宾馆。11点多，谭其骧刚睡下又被叫起，原来餐厅在举行庆祝大会闭幕的酒会。

18日中午12点半宣布解除保密，代表们可以与外界通电话写信了。又安排了丰富的参观娱乐活动：当天下午参观故宫，晚上去人民剧场看革命京剧《平原作战》；19日上午参观北京重型电机厂，下午游览天坛，晚上去集体购物；20日上午参观北京维尼龙厂，下午游览动物园，晚上去首都剧场看革命现代芭蕾舞；21日上午参观北京汽车制造厂，下午游颐和园，晚上去民族文化宫欣赏音乐舞蹈；22日上午机动，下午参观首都体育馆。这些都是政治活动，所以不参加者要请假，经批准后才能外出。19日晚上9点，当代表们去王府井百货大楼和东风市场购物时，两家商店早已作好准备，专门为人大代表开放，毛线、保暖瓶等紧俏商品一律免票供应，谭其骧还买到了四部旧小说。

1月25日下午，上海代表团回到上海延安西路200号，谭其骧等十人被留下，要求他们明天交出大会发言稿。次日下午，谭其骧正在家中起草发言稿，市里打来电话，通知当晚到康平路165号开会。原来是朱永嘉等人要听取十位代表的发言稿，谭其骧将小组会上的发言稿念了一遍，主持人认为“乱、散、长”，要他重写。10点多回家后，他又写至凌晨2点半。27日上午再去康平路，将稿子交给朱永嘉和另一人修改，打出清样。晚上谭其骧接到党委电话，去办公室等了半小时，市委派人送来改定的发言稿。28日下午2点，上海市革委会在文化广场召开大会，先由马天水传达人代会情况，然后代表发言，他们是电焊工任锡康、川沙县插队知青吕美英、上钢五厂二车间工人理论队伍林耀华、金山县八二大队队长陆阿其、《海港》剧组演员李丽芳、电珠二厂工人吴玉琴和谭其骧。散会后刚回家，《文汇报》就打来电话，要他将发言稿修改后发表，但不要用代表身份。谭其骧干脆请编辑执笔，到晚上11点送来样稿，经他修改后，次日见报：

向工农兵学习　与工农兵相结合

学习了四届人大文件，受到了很大的鼓舞和教育，心情十分激动。

四届人大通过的新宪法，是根据建国以来社会主义革命的历史经验，伟大领袖毛主席所制定的社会主义历史阶段的基本路线制订的社会主义根本大法，它标志着我国社会主义革命将进入一个新的阶段，保证我们伟大祖国永远沿着马列主义、毛泽东思想指引的道路胜利前进。周恩来总理的《政府工作报告》总结了三届人大以来，特别是无产阶级“文化大革命”以来我国在国内各条战线和国际事务中所取得的伟大成就，指出了在本世纪内我国将建成一个社会主义的现代化强国的光辉灿烂的远景。

四届人大是在“文化大革命”和“批林批孔”运动取得伟大胜利的形势下召开的，和前三届有显著的不同。四届人大代表的组成，充分体现了以工人阶级为领导的以工农联盟为基础的，包括各爱国民主党派、爱国人士、爱国侨胞和港澳同胞在内的各族人民的大团结，反映了我们伟大祖国欣欣向荣的兴旺景象。这一届的代表有三多：工农兵多，青年多，妇女多。这是经过“文化大革命”和“批林批孔”运动出现的可喜现象。

我是一个从旧学校出来的知识分子，通过无产阶级“文化大革命”和“批林批孔”运动，认识到自己过去无论在教学工作方面还是在科研工作方面，都犯了不少的错误，曾一度产生了消极情绪，但当我对过去的错误有所认识，显示了一定的要为无产阶级政治服务，为工农兵服务的积极性时，党和人民就马上给我多方面的鼓励，极大的信任。当我在工作上做出了一些微小的贡献时，党和群众又在政治上给我很大的荣誉，对此，我的心情确是感到万分激动。这使我深深体会到伟大领袖毛主席“团结——批评和自我批评——团结”的方针的无比伟大，自己必须加紧学习马列主义、毛泽东思想，加紧改造世界观，才能不辜负人民给我的荣誉。

新宪法第十二条规定：“无产阶级必须在上层建筑其中包括各个文化领域对资产阶级实行全面的专政。文化教育、文学艺术、体育卫生、科学研究都必须为无产阶级政治服务，为工农兵服务，与生产劳动相结合。”一个从旧社会过来的知识分子，要认真做到这一条，一定要认真学习马克思主义、列宁主义、毛泽东思想，一定要向工农兵学习，走与工农兵相结合的道路。只有这样，我们这种人才有可能不背离党的基本路线，才有可能为人民做一点好事，为社会主义事业作出一些贡献。我要以此自勉，同时也希望和我年辈相若、情况相似的旧知识分子，都能相互勉励，共同在这条道路上奋勇前进！

29日下午，复旦大学大会传达四届人大报告，随后六位代表相继发言，谭其骧仍用市里的稿子读了一遍。会议一结束，学校就派车将他送到上海人民广播电台，广播《文汇报》上发表的文章。30日下午，学校又派他和蔡祖泉、方宗洛去崇明复旦大学的五七干校，由方宗洛传达马天水讲话，他与蔡祖泉谈体会。

2月5日，谭其骧被通知参加上海市春节拥军慰问团，从当天下午到8日，天天早上六七点就得出发去上海展览馆集中，然后去各单位慰问，半夜才能到家。春节后的14日至16日又慰问了三天，17日起还要下海岛十天，他只得请了假。

此后，谭其骧还不时以人大代表的身份接待外宾、参加表态性的座谈会、参观访问、瞻仰孙中山故居、对台湾广播、接受记者摄影等活动。这些活动往往都是临时通知，使他本来就极其繁忙的工作更加难以完成，他的血压不时升高，医生经常要他半休或全休，但实际上他一天也没有休息过。

粉碎江青反革命集团后的1977年12月，在上海市第七届人代会上，谭其骧被选为第五届全国人大代表。笔者是代表之一，对包括谭其骧在内的候选人全部投了赞成票。当时笔者还不认识他，想不到半年后报考了他的研究生。

1973年2月28日，在谭其骧被宣布为“一批二用”的四年后，复旦大学革命委员会对他作了一个正式的审查结论，这个结论无疑是按照“这场无产阶级‘文化大革命’是完全及时，非常必要”这样的基调作出的。到了江青反革命集团被打倒，“文化大革命”结束后的1978年7月28日，中共复旦大学委员会作了“关于谭其骧教授的复查意见”，推翻了“文化大革命”中的结论，但还是留了一点尾巴。1983年9月20日，根据中共中央组织部中组发（82）8号文件精神，复旦大学党委又对这个复查意见作了修改：

谭其骧，男，一九一一年二月生，浙江嘉兴人，家庭出身：职员，本人成分：教师，二级教授，曾任复旦大学历史系主任兼历史地理研究室主任，第三、四、五届全国人大代表。现为中国科学院学部委员，复旦大学中国历史地理研究所所长，上海市政协常委。

十年内乱中，谭其骧教授遭受审查迫害。

谭其骧教授历史清楚，工作一贯积极负责，学术上造诣很深，在国内外都有影响，在政治上要求进步，相信党，依靠党，于一九八三年七月一月被批准为中共预备党员。十年内乱中对他的审查是错误的。为此，撤销原复旦大学革委会一九七三年二月二十八日所作的结论，“文革”中强加给谭其骧教授的一切诬陷不实之词应予推倒，彻底平反，恢复名誉，消除影响。

在谭其骧的一生中，十年浩劫无疑给他留下了刻骨铭心的记忆。尽管在笔者成为他的研究生到他逝世的14年间，已经很少听到他谈论这十年间的往事了，但有两件事使笔者深信，“文化大革命”给他造成的创伤是何等惨痛，何等深刻！并没有因为有了这份“复查意见”而真正消除。

1982年5月在北京香山别墅开会期间，他与老友王钟翰、程应镠闲谈。王钟翰说：“解放初有人替我算命，说我某年后要作鬼，那年我果然当了右派；又说我某年要做官，官倒没有做，但右派改正后当了系主任。”谭其骧也说：“以前有人替我算命，算到55岁就不算了，说是算不得。55岁那年正是‘文化大革命’开始。”我相信他们这辈人遇到的算命先生肯定不止一位，听到过的预言也不会只此一种，要是中国的知识分子不必经历那么多的运动，尤其是这场“史无前例的无产阶级‘文化大革命’”，这类胡诌又何至于会得到应验呢？

1988年7月26日深夜，谭其骧在北京京西宾馆的房间中昏迷过去，完全失去了知觉。事后医生的检查证明，当时他曾站在死亡的边缘。在医生打了急救针后，他开始说胡话，笔者听得清楚的是“毛主席”“林彪”“文化革命”等话，显然他想说的是“文化大革命”的事，这是他至死不忘的。一个人在这样的情况下要说的话，无疑是积淀在他脑海中最深刻的事情。

1992年8月下旬，在他弥留之际，笔者守候在他的床前，只是他早已丧失了说话的功能。如果他能说话，我相信他一定会再次提到这场万恶的浩劫，他是带着对“文化大革命”的极度恐惧和深切痛恨离开这个世界的，尽管这场噩梦已经过去十多年了。

第十二章 编绘《中国历史地图集》（下）

1969年5月6日下午，才获得“一批二用”两个多月、刚结束在青浦农村40多天劳动改造的谭其骧，“文化大革命”以来第一次接待了《文汇报》记者。当时正值学习林彪在党的九大所作政治报告，两位记者此次采访主要是要他谈学习体会。听了谭其骧自我批判式的体会后，记者要他谈谈接受“用”的打算。当时谭其骧名义上已是“一批二用”的对象，却只享受到了“批”的待遇，还没有任何“用”的机会，自然谈不出什么内容，更不敢有什么打算。这时两位记者直截了当提到了“杨图”，详细地询问了编绘“杨图”的前因后果。

据朱永嘉说，这次采访是由他安排的，目的是要通过记者的内部报道引起张春桥等人的注意，推动“杨图”编绘工作的恢复。

“批”字当头 恢复编绘

几天后，由文汇报革委会办公室编的第359期《文汇情况》送到了中共中央政治局委员、中央文革小组成员、中共上海市委第一书记、上海市革命委员会主任张春桥的桌上。张春桥立即招来朱永嘉了解详情。朱永嘉告诉他，编图的事是毛主席交下来的，具体是由谭其骧在主编，但“文化大革命”前的确是由吴晗抓的，与吴晗有关。张春桥说，只要是毛主席交办的事，就可以恢复。

得到张春桥同意后，朱永嘉马上通知了驻复旦大学军宣队政委方耀华，要他直接负责恢复“杨图”的工作，不要受其他运动的影响，尽快抓起来。不久张春桥又催问："图动工搞了没有？要快点搞，谭其骧要积极工作。"5月15日上午9点，在复旦大学军训团团部召开了恢复"杨图"工作会议。会议由市革委会第一办公室主任、上海警备区政委杨一民主持，朱永嘉代表市革委会参加，除了方耀华、工宣队团长张扣发和进驻历史系的一位刘指导员外，历史系师生参加的有徐彪（学生，校革委会委员）、程显道（青年教师、历史地理专业1965届毕业生、系革委会主任）、周维衍（研究室党支部原书记）、林汀水（研究室教师）、邹逸麟，谭其骧是临时被通知参加的。

会议决定："杨图"恢复工作，要快一点，争取一两年结束，大体告一段落。还提出要从备战的角度考虑问题，站在党的立场上，"备战，备荒，为人民"。要作为革命事业来搞，不要作为名山事业搞。

会议确定：北方边界可以打破，不受什么限制。地名不要搞得太繁，从实际出发，要古为今用，为当前阶级斗争服务，要使大多数人看得懂，不是为少数专家服务。对参加搞图的同志来说，要体现出三年无产阶级"文化大革命"以来的提高。要吸取学习"样板戏"的经验，把革命性与科学性结合起来。有些制度该坚持的还要坚持，不合理的要改，要走群众路线，要突出政治，加强思想政治工作，不能单纯军事观点。

这次会议显然是经过事先准备的，与会者中肯定有人参与其中，但对谭其骧来说，尽管他已风闻要恢复编图，对具体准备过程却一无所知。处在他当时的身份，自然只有接受"批"和"用"的义务。会议所确定的原则，从一开始就使恢复后的编绘工作不可避免地受到了那个特定时代的影响。不久前发生的珍宝岛事件已使中苏之间的冲突达到最紧张的程度，"苏修"已成为中国的头号敌人。所谓"北方边界可以打破，不受什么限制"，就是意味着在编绘历史地图时，凡是历代中原王朝或历史时期的中国的北方边界，都应该尽可能地画大，以便能为当前的"政治"服务。在这种原则的指导下，谁能想办法把历史上的边界画得最靠北，谁就是突出政治，坚持毛主席的革命路线，就是爱国；谁要坚持历史事实，坚持实事求是，谁就是不突出政治，就是坚持资产阶级反动路线，就是卖国。所以尽管有时也说要"尊重历史事实"，实际上只能曲解历史，迎合"政治"的需要。

会议要求谭其骧：本人要作自我批判，积极工作，政治面貌应该振奋起来，现在是为无产阶级司令部服务，不要缩手缩脚。现在不是主编负责制，而是民主集中制，但该看的也要看。还向他举了电影导演谢铁骊的例子，说他过去拍《早春二月》（据柔石小说改编的电影，“文化大革命”前夕受到批判，定为“大毒草”），挖空心思，而拍《智取威虎山》（京剧革命样板戏），拍了6000米胶卷，还是不理想。

第二天晚上，两名工宣队员和程显道、周维衍找谭其骧谈话，问他昨天上午参加会议后的体会，最后要他准备在下星期对以前的编图工作进行“斗私批修”。

从5月19日开始，中国历史地理研究室举办学习班，成立了由工宣队负责人徐以万，军训团成员、校党委委员王耀忠，以及程显道、周维衍组成的领导班子。除教师外，还有红卫兵两名和工宣队员一名参加。第二天开始分两组，就“领导权”问题开展大批判。所谓“领导权”问题，就是指“文化大革命”前，重编改绘“杨图”的领导权被以吴晗为首的“资产阶级反党反社会主义分子”所把持，而吴晗又重用了谭其骧这样的“资产阶级反动学术权威”，在编绘工作中实行主编负责制和专家路线，实行资产阶级专政。现在要恢复编图，首先就要将领导权夺过来，牢牢地掌握在无产阶级革命派的手中。吴晗远在北京，原来代表“资产阶级”掌握领导权又兼有“反动学术权威”身份的谭其骧自然成为批判的主要目标。

谭其骧被责令先发言，但在发言后就被指责为“没有将自己摆进去”，受到猛烈批判，认为他完全站在原来的反动立场。谭其骧再次发言，表示既然革命群众认为自己的立场还没有转过来，为了不影响革命工作，今后可以做具体工作，但不愿再看图审图了。这马上引来群众激烈的批判，认为他是向革命群众要挟，有人还责问谭其骧：“难道没有你，图就画不成吗？”下午开大组会，在大批判的压力下，谭其骧表示不敢再坚持己见，又被指责为消极对抗。其实谭其骧的检查再诚恳也不会减轻批判的火力，因为这是恢复工作前必须进行的步骤，否则就不符合“大批判开路”的革命路线了。

5月21日和22日继续边批判、边表态，所有到会者都表示要全心全意投入工作。23日，朱永嘉代表市革委会来室催促，当即决定先搞清图。作这样的决定主要是考虑到当时中苏对峙、“反帝反修”的需要，同时清图已完成的基础也比较好。下午《文汇报》记者又来找谭其骧，专门采访了编图的问题。《文汇报》革委会办公室当时就编成《文汇情况》第403期上报，这篇题为《复旦历史系恢复绘制地图的工作，准备画出〈清图〉向建国二十周年献礼》的报道还专门加了一个副标题：谭其骧也参加了这项工作既高兴又害怕。从报道中可以看出，尽管谭其骧动辄得咎，处境十分困难，但他还是利用这次采访的机会，直率地表明了自己的意见：

> 谭其骧谈到，他在一九五六年时，曾花一年时间，搞过一张四百万分之一的《清图》，选的是一八二〇年，清朝全盛的地理位置，这次绘制的《清图》，是准备在原来这张地图的基础上放大，画成三百万分之一的。工程量还是比较大的。
>
> 谭其骧又说：“大家提出绘图要为反帝反修服务，这是对的，不过现在看来困难很大，尽管我们准备在边界多画几个点，但是边界仍然不可能画得很详细，要依靠我们画的地图来外交斗争是不行的，这些地图至多只能对人民进行一些爱国主义的教育。”谭认为主要的困难是看不到材料，许多材料都是属于机密的，因此他就无法作出判断。另外，即使看到了一些零星材料，要把地名在地图正确标出，还必须查阅历史记载。现在这方面的困难是很大的，特别是新疆、西藏，过去这些地方的边界是没有条约的，要确定位置，更需要历史资料。目前在西藏有不少藏文材料，有的留存在佛经中，要从中找出资料，困难是相当大的。
>
> 在谈到边界问题时，谭说：“这个问题是很复杂的，过去的人不如现在国家观念这样强，由于边境上往往是非汉族的人居住，中央管不着，关系不能稳定，因此边界线模糊不清。沙俄是在十七世纪占领西伯利亚，与我们发生了冲突，订了《尼布楚条约》，确定了边界，这样，后来就可以看出它侵占了我们多少土地。而在新疆、西藏一带却不同，沙俄是在十九世纪才侵占中亚细亚的，从清朝顺治到康熙（原文如此，应作同治到光绪），断

断续续签订了六七个条约，才算把帕米尔高原、乌兹别里山口以北的边界确定了，因此现在要清算苏修究竟占领了我们多少土地，还讲不大清楚。在帕米尔高原、乌兹别里山口以南地区，苏修至今仍然占领着。”谭其骧说：“边界问题是复杂的，一定要研究大量材料才能判断。但是有些人即使有了材料，也不一定判断得正确，过去就有这样的情况，有些人不大会使用材料。如果把边界画得不正确了，那就很麻烦。”

最近，准备参加历史地图绘制的同志，正在对过去绘制过程中反映出来的修正主义路线进行批判。谭其骧与记者交谈时，流露出一些情绪。

谭其骧说：“这次批判主要对象还是我，首先批判过去的领导权问题，这是正确的。不过我现在也不参加领导了。”他又说：“别人批判我看不起群众，我不相信群众能够搞得成，这是错误的。不过，画地图还有些专业性的东西，总应有一个熟练的过程，不是什么都是一下子画得出的，这也不是我不相信群众。”“有些同志批判我不为工农兵服务，我思想是确实没有想到尽可能使历史地图让工农兵都看得懂，但是，是不是一定要工农兵看得懂了就算为工农兵服务了呢？我曾经说过，任何人要使用任何一本工具书都必须经过学习，这句话，我看不是完全错的。过去别人批评我画的图都是为帝王将相服务的，其实所谓××陵，××陵，都是一些地名，是《资治通鉴》上有记载的。”

谭其骧目前还存在“怕”的思想。工宣队刚通知他参加工作时，他曾表态说：“今后领导上要我干什么我就干什么，要我出主意，我是不出了。”后来别人批判了他这种想法，谭表示现在对这问题仍未完全想通。领导上最近提出绘制历史地图由过去的“主编负责制”改为“民主集中制”，但最后仍要谭其骧看一遍，并希望他如果认为自己意见是正确的，应该坚持。谭其骧说：“我心里确实很怕，其实过去也是这样，都要我最后看一遍，看图不比看文章，必须逐点逐点根据资料来核对，很花时间，过去的工作往往到我这一关就停下来了，今后可能仍会发生这问题，别人会有意见的。另外，我过去有这样的教训，我为了对图负责，别人点错了就给他指出，弄得别人很不开心，今后可能仍会发生这种情况。”

谭其骧还谈到，这几天还批判了过去少慢差费的路线，他说："我过去对多快好省的认识是有问题的，以为'多、快'了，就不能'好、省'。不过，我们当初搞的时候，也并没有要'慢慢搞'，每次也都希望一两年能结束，只是因为计划脱离实际，时间越拖越长。"

最后，谭其骧说，领导上要我们在二十八日前订出计划，我觉得这样太仓促了，可能会搞得很粗糙。过去我们是有教训的，老是更改计划，将来可能会有反复，不如现在讨论得充分些。他又说："这次画地图，不必像过去那样繁琐，例如过去我在画宋朝地图时，为了判别'城、镇、堡、塞、关'相当于州、县、镇哪一级，花费了不少时间，现在看来，不必去做这样的工作了。在标志行政区域上，可以简化一下，这样可能会缩短一些时间。不过，领导上到底有什么具体要求，还不明确，如果明确了，那就更好办。"

谭其骧觉得目前的困难还很大，他说："这次参加工作的，几乎有一半是新手，恐怕会影响速度。另外在资料上也有些困难，有时必须看些外文材料，但熟悉外文的人不多。过去是与其他兄弟单位例如南京大学、云南大学等合作的，现在不知他们能不能继续搞。"

谭其骧的担心不是多余的，事后都被他不幸言中了，但当时踌躇满志的"革命领导班子"是完全听不进去的。要不是朱永嘉坚持要让谭其骧最后把关，他们或许根本不会让谭其骧参加。实际上到那年国庆，编绘工作还根本没有眉目，而《中国历史地图集》第八册清图的完成和出版是在几年以后。

经过这几天大批判的"开路"，5月24日终于开始了实际行动，讨论修改1965年最后一次"杨图"工作会议所定的编例。几名红卫兵也参加了编绘工作，其中三名1970届的学生到1970年7月毕业分配时还被借用了一年。

忍辱负重

5月25日开始，谭其骧就投入了紧张的工作。虽然当天是星期天，他还是在家里修订了清图的改编草案，供第二天讨论。接着又开出边疆地区的参考书目，查阅资料，准备讲稿，并在29日花了一整天时间向研究室人员讲解清代的疆域政区和国界。6月2日开始正式工作，谭其骧排江苏省的地名表，星期一排出后嫌太繁，星期二又改变方法，至星期四完成，星期五又自己去市区的上海图书馆借书。下一周参加青藏组的讨论，并修改清图体例。他还得参加各种学习、批判、劳动（日常劳动、下厂、挖防空洞）、军训、学唱样板戏、补充交代问题、接待外调等等，所以尽管整天忙碌，能用于编图的时间往往并不多。如从6月16日到21日的一星期内，实际工作时间只有13个半小时，整个7月份的工作时间也只有102小时，8月份有一周只工作了3个半小时。

不过更使他痛苦的，还不是身体和精力的疲劳，而是无休止的批判和不公正的待遇。且不说编图工作的领导他根本无权参与，对与外单位的联系一无所知，就是具体做法也动辄得咎，常常受到无端指责，弄得不知所措。如刚在天天读时批他不发挥作用，不拿出经验来，又要在全室大会上指责他是“过去一套”，有纯业务倾向，提出要将编例的讨论与大批判结合起来。一会儿要他不能束手束脚，一会儿又要他把“文化大革命”前的明图编例拿出来作为批判的靶子。9月23日天天读时，工宣队卢某指责他排江苏表拖了两星期（实际只花了三天），又说他在图上搞错了两个县治，一名进入“领导班子”的青年教师竟说他1956年编的图上每个省的县治都有错。过了两天，又批他排挤青年，招降纳叛，以名利诱惑青年的“罪行”。外交部关于中苏边界争端的文件发表后，室内规定每天早上天天读学一段文件，就要对他批判一次，并责令他每天写一篇自我批判。10月14日晚上他写批判至11点半，第二天晚上又写到半夜，才写成2000余字。16日上交，当晚工作至9点后又得准备写第二、第三段（因已有两天）的批判。显然这不仅是对他思想上的折磨，也是对他身体的摧残。

直到12月，批判的火力还相当猛烈，如10日天天读时他发言后，有人就批他“只培养出了一个人”，“拉右派进研究室”，甚至要他交代搞《延昌地形志》有什么反动目的。

关于“只培养出了一个人”这种话似乎不需要任何说明，明眼人一听就知道说这话的人是一种什么心态。时至今日，谭其骧究竟培养出了多少人已不必再费笔墨了。“拉右派进研究室”却纯粹是一场历史的误会，但在当时的确是谭其骧的一大罪状。“文化大革命”前，在辽宁某县城一所中学工作的青年孙进己对历史地理和民族分布等问题很有兴趣，曾写信给谭其骧请教，在回上海探亲时也找过他。他觉得孙进己基础不错，也有自己的见解，曾向系党总支提出，能否将孙调入研究室。组织上一了解，孙进己是右派分子，谭其骧得知后自然不敢再提，岂知到了“文化大革命”时就成了他“招降纳叛”的具体行动。可是到了中共中央发出文件，为被错划的右派分子改正时，孙进己却没有能享受到改正的待遇，原来在他的档案中根本找不到当年划为右派的决定，他本来就没有被划为右派，当了20多年右派只是某一位负责人当年随口一句话，谭其骧要拉的人根本就没有戴过右派帽子。

《延昌地形志》是清代学者张穆的一部未完成的著作，稿本收藏于上海图书馆。原来魏收修《魏书》时，北魏已分裂为东魏和西魏，东魏由权臣高欢执政。魏收为了取悦于高氏，在编撰《地形志》(相当于一般正史的《地理志》)时不采用北魏全盛时的延昌时代（512—515），却记载了东魏末武定年间（543—550）的行政区域。由于东魏的实际控制区有限，西魏部分和南北边疆地区的行政区划不是沿用旧制，就只能留下空白，所以《魏书·地形志》所载根本不能代表北魏的全盛面貌，一直受到学者的批评，张穆就企图改以北魏延昌年间为标准年代，利用《魏书》及其他史料，编一部反映北魏全盛时代疆域政区的《延昌地形志》。“文化大革命”前为了编图的需要，谭其骧曾从上海图书馆借来此书，将其目录印出作为参考材料，并想组织人员在张穆的基础上将延昌年间的疆域政区梳理清楚，以便编出以延昌年间为标准年代的地图。这本来是正常的业务，但在政治嗅觉极其灵敏、路线斗争觉悟大大提高的无产阶级革命派面前，凡是谭其骧积极要干的事自然都有其反动目的，尽管最后连他们自己也不知道这目的究竟是什么。

到12月12日天天读时，又集中批判谭其骧在10日的发言，指责他在检查中说“忘记了”，是翘尾巴。他谈及“文化大革命”前编图工作的教训有重复劳动、改变计划，是向革命群众挑衅。还说他的问题不是执行资产阶级反动科研路线，而是初则独霸，继则拒绝青年参加，引诱青年走白专道路，排挤青年，拉牛鬼蛇神，最后消极怠工。

但谭其骧还是忍辱负重，在业务上尽量发挥作用，同时坚持自己的正确主张。如中原组提出要将清代主要战争的地名全部收入，他就指出近代的战争地名既收不胜收，又往往与今地名没有什么变化，主张只收1840年以前的。9月18日，针对一些人吹嘘通过革命大批判进度大大加快，他指出要重视扫尾和汇总工作，并以明图青海幅为例来说明。对旧编例中合乎科学性的条文，他也耐心解释，力争保留。而那些革命造反派虽然表面气壮如牛，实际却离不开这位“反动学术权威”，他写了清图、明图的编例，边疆地区编例，布鲁特和哈萨克的编图提纲，广西边界的处理方案，明代蒙古幅表示疆域政区的方案，明图西北幅增补疆域的建议，并校阅了全部图幅。

在此后的编绘工作中，还是贯彻“大批判开路”，每开始一个图组，必定先要对谭其骧批判一番，尽管都得依靠他写出编例。如1970年1月19日批判唐、宋图编例，他对“求大求全”和“客观主义”作了自我批判，却被认为是假批判，会议从下午3点一直开到晚上8点多。批判的结果是取消了“文化大革命”前已经开编的唐大中年间的图组，使唐朝由两个分别显示前后期的图组减为一个。7月8日，谭其骧不得不对过去编图工作中的“爬行主义”作自我批判并接受群众的批判。9月底开始修改两汉至南北朝图幅，谭其骧又得从自我批判旧图例开始，接受批判。到11月初作出的决定是，东晋十六国、南朝宋梁陈、北朝东西魏北齐周等图都只画州郡而不画县治。工作量当然大大减少，但图的质量无疑也降低了。

1970年2月9日，复旦大学传达中央25号文件，开展“一打三反”（打击现行反革命分子，反对贪污、盗窃、投机倒把）运动。一些人又把谭其骧列为对象，11日中午突然派人到他家中抄走了信件笔记。曾经担任历史系革委会主任的领导班子成员程显道也被作为现行反革命揪出，隔离审查，接受批斗。为了肃清影响，还特意从地图出版社和中科院民族所追回了他所画的清图新疆幅和他审查过的图幅、文字资料，进行批判。程显道经过数月的隔离审查，于当年10月底自杀身亡。有人又提出了谭其骧的所谓历史问题，重新派人外出调查，希望能找到新的问题。5月25日召开第三次编绘工作会议时，他们明知谭其骧甲状腺瘤切除后已出院回家，两天前还接待了一次外调，却不让他参加。27日，朱永嘉发现谭其骧未到会，他们才通知他参加后三天的会议。

8月初又在北京召开了一次工作会议，会上讨论的清图前言、编例和其他各册图的有关材料都是由谭其骧撰写或准备的，如撰写前言是他7月13日至19日的主要工作，但他不仅无权参加会议，事后也没有征求他的意见。相反，除了集中下乡以外，任何其他活动都无一幸免，每遇政治活动还少不了成为批判的靶子。如1970年12月，首批工农兵学员入学，60岁的谭其骧奉命与革命师生一起，参加在校门口的欢迎工作，时间为：8日中午12点至1点半，晚7点至8点；9日中午至2点多，晚6点；10日傍晚至7点半；11日下午4点3刻；12日中午；17日7点至9点半。这几天谭其骧依然要参加从上午8点至晚上10点的日常工作，结束后往往还要在家里加班。1971年3月15日从早上7点到8点半到校门口迎接拉练返校队伍，晚上的全室大会又是结合参观泥塑《收租院》，批判他的“资产阶级生活方式”。10月29日上午听林彪事件的文件传达时，谭其骧因已在学校听过，加上前一天晚上睡得太迟，精神不济，有瞌睡现象，遭到支部委员、工宣队员鞠德三的斥责。休息时，鞠又找他谈话，称这是对毛主席的态度问题，令他在会上作检查。

最令谭其骧不满的是，由于主编负责制已作为资产阶级反动路线而受到彻底批判，包括来“掺沙子”的红卫兵在内的一些人不但会在编稿中犯下莫名其妙的错误，还常常擅自修改他的编稿。一旦被他发现，他还是不顾受到批判的压力，提出异议。如1971年1月7日，他发现隋、唐图幅上的“大江”（长江当时的名称）已被改为“长江”，就向室负责人提出抗议，并写成书面意见；当晚又提出明以前灵州附近黄河应按《读史方舆纪要》《大清一统志》的记载改作古今不相同。可惜他个人的精力毕竟有限，而且并非所有被改的编稿都能让他看到，一些令人啼笑皆非的错误就这样留在以后内部出版的图集上。根据恢复编绘工作后制定的《工作责任制条例》第五条：“定稿由三结合领导小组成员和编稿人员代表数人组成专门小组，负责各朝图幅最后审查、定稿和各编稿单位图幅的汇总统一工作，力求保证图幅的政治性和科学性。”谭其骧还没有资格参加定稿小组。如此重大的一项学术成果的定稿权居然掌握在红卫兵、工宣队、军宣队和几名学术上并不成熟的中青年人手中，今天看来似乎不可思议，却是当年谭其骧不得不接受的残酷事实。

主客易位：上海市革委会成了主办单位

1969年5月24日，一封由复旦大学工宣队、军宣队、校革委会盖章的信件发往中国科学院历史研究所革委会负责同志：

> 接春桥同志和上海市革命委员会指示：我校历史地理研究室所承担的国家任务——《中国历代舆地图》工作必须立即上马。为了落实无产阶级司令部的战斗号令，我们已成立了由工宣队、军宣队、革命师生组成的三结合领导小组，负责领导编绘《中国历代舆地图》工作。目前全室人员正在举办毛泽东思想学习班，落实市革委会决定，认真总结经验。六月初，历史地图的编绘工作即将全面展开。
>
> 你处原是编绘《中国历代舆地图》协作单位之一，承担夏、商、周的任务，现在工作已进展到何等程度？对《中国历代舆地图》的编绘有什么设想与考虑？今后如何进一步搞好协作等等，望请速告。

同样内容的信件同时发往原协作单位：中国科学院民族研究所、近代史研究所，中央民族学院历史系，南京大学历史系，云南大学历史系，国家测绘科学研究所历史地图室。

与“文化大革命”前不同的是，那时中国科学院哲学社会科学部是重编改绘“杨图”的主持单位，上海市委和复旦大学党委只是负配合之责，此时则张春桥权倾一时，上海市革委会是各地的马首，已反客为主，俨然是编图的主持单位了。此信发出不久，各单位陆续复信。复旦大学中国历史地理研究室又派人持上海市革委会介绍信到南京大学和北京各单位联络，不久这些单位都恢复了编图工作。只有云南大学，在发出三封信件后仍杳无音信，直到11月1日召开协作会议的通知发出后才有了反应。

6月10日后，复旦大学派工宣队负责人徐以万和中国历史地理研究室一位教师去南京、北京各协作单位联系，传达5月15日会议的情况和有关决定。7月14日，复旦大学工宣队、军宣队、革委会向上海市革命委员会写了一份报告：

按照市革命委员会的指示，我校原历史地理研究室于六月一日正式恢复了《中国历代疆域政区图》的编绘工作。

图幅除中原地区编绘工作由我校历史地理研究室承担外，内蒙古地区由南京大学历史系承担，东北地区由中央民族学院承担，西北地区由北京民族所承担，最近我们派人去北京与上述各单位联系，他们都答允立即开始工作，而青藏地区原由近代史所承担，他们表示有困难，现准备派人到北京去与他们协作。云南地区原由云南大学历史系承担，我们去信未能联系上，现准备由我校自己承担。为了加强与兄弟单位配合共同搞好编绘工作，我们准备派五六人至北京去与各单位一起协同工作，北京的各个单位亦希望领导上能征得国务院（因学部各所属国务院）和北京市革命委员会（民族学院属北京市革命委员会管）的同意和支持，以便于他们安排任务。

国家测绘总局测绘所原系负责该图集的出版工作，最近我们与他们联系，他们表示愿意派人来上海参加有关出版方面的工作（包括抄清、等大编稿、清绘），他们希望市革委会能协助他们在上海解决印刷和出版的安排。

为了保证图幅边疆部分的政治质量，我们希望能将边疆部分编稿的抄清，送外交部转有关方面审查。

图幅的进程，我们初步打算在今年十月一日以前完成清图和明图的编稿工作，今年十二月十五日以前力争能在清图和明图中完成一册的印刷出版工作。一九七〇年年底以前基本完成图幅的编稿任务，力争在一九七一年九月底以前完成全部图幅的印刷出版工作。

经过伟大的无产阶级“文化大革命”，我们心更齐了，干劲更足了，我们有信心一定能完成毛主席和中央交托给我们的光荣任务。

以上意见当否，请批示。

上海市革委会副主任徐景贤将报告转给张春桥：

春桥同志：历代疆域图绘制工作，由复旦大学转市革委会介绍信去北京等地交涉后，工作渐见眉目，先搞清图、明图，请一阅。

景贤　7.18

张春桥圈阅后，没有表示书面意见。

与此同时，复旦大学向国家测绘总局及各省、自治区和有关市县发函，征集地图或地图册，包括属于机密的大比例尺地图。收到的单位绝大多数都相当重视，及时寄来了各种地图。从当年11月开始，又根据编图中遇到的在现有文献资料或地图中难以解决的问题，向各地发出了大批信件，要求支持。1973年后发出的信件已改变了格式，称为“请教”。

但这类信的效果就不像征集地图那么显著了，原因不难理解，“文化大革命”期间地方上正常的学术文化活动大多受到严重破坏，各类专业人员或业务人员受到冲击，不少人已经离开了原来的岗位，少数留任的人也同样属于“一批二用”，所以收到的答复大多没有什么具体内容，只有少数有新的考古发现。

在复旦大学中国历史地理研究所的资料中还保存着几件“文化大革命”前外单位的复信，如1965年4月13日陕西柞水县人委答复清孝义厅的治所，1966年1月17日山西永济县人委答复清蒲州府永济县治、汉蒲坂县故城位置，1966年5月4日陕西文管会答复汉惠帝安陵县的位置，不过那时征询的规模显然要小得多。

1969年7月15日，复旦大学向国家测绘总局军管会负责同志发出一封公函：

国家测绘总局军管会负责同志：

为协作编绘《中国历代疆域政区图》事宜，根据上海市革命委员会有关方面的指示，最近我校给上海市革命委员会写了报告，提出了编绘出版的计划。我们初步打算：在今年十月一日以前完成清图和明图的编稿工作，今年十二月十五日以前力争能在清图和明图中完成一册的出版工作。一九七〇年年底以前基本完成图幅的编稿任务，力争在一九七一年六月底以前完成全部图幅的印刷出版工作。此计划已得张春桥同志支持，徐景贤同志作了批示，先搞清图、明图。为此，我们急需与你们商议有关绘制出版方面的计划安排问题，特别是今年十二月十五日前完成清、明图组中的一册。你们在绘制出版方面还存在什么困难，希望你们速来公函说明之，能立即派一二人来我处联系。此项任务你们如需向上级请示，可呈国务院总理处。

关于经费问题，我们已向上海市革命委员会反映，目前还难统一解决，先由各单位自行负责，等我们接到指示后再同你们联系。

复旦大学工宣队、军宣队、校革委会

1969年7月30日

但对方收到此函后，并没有作出积极反应，而是要求一个正式的中央文件，以便解决经费和人员安排的问题，其他单位也有类似的要求。为此，朱永嘉让复旦大学拟了一个电报稿，想以上海市革命委员会的名义上报中央：

（标题：关于编绘《中国历史舆地图》的请示报告）电报稿

中央、中央文革：

毛主席早有指示，要改绘杨守敬的《中国历史舆地图》，此项工作，在无产阶级“文化大革命”前中原部分的编稿工作，由上海复旦大学历史地理研究室负责，边疆部分由北京民族研究所、近代史研究所、民族学院负责；夏商周部分由北京历史研究所负责；画幅的清绘由测绘总局负责。

无产阶级“文化大革命”期间，此项工作暂时中断。

今年六月份，我们根据斗、批、改运动的需要，要求复旦大学工宣队、军宣队，重新调整原来的编稿班子，在抓紧革命大批判的基础上恢复工作。在这同时，又派人到北京联系原来的有关协作单位，要求共同来完成此项

> 任务。经过几个月来的努力，工作已渐见眉目。我们（如果协作单位同意的话）计划今年十月一日以前完成清图、明图的编稿工作，力争在一九七一年六月底前，出版全部图幅，向毛主席献礼，向党成立五十周年献礼！
>
> 但目前北京各协作单位的领导上，向我们在那里协同工作的同志表示，没有中央正式文件，此项工作不能再继续下去。整个工作如单由上海承担下来，困难很大。我们意见，能否（还是）继续协作下去，共同完成毛主席所交的光荣任务。为此特报中央，希予（可否）批转上述北京有关单位。（请阅示。）
>
> 以上报告，当否？请指示。
>
> 上海市革命委员会　一九六九年九月七日

徐景贤在9月8日作了批示："请少庸同志阅改，并报春桥同志审阅。历代舆地图的编绘工作，最近遇到一些困难，北京的协作单位要有中央批文。我们起草了一个电报，拟争取转发。"市革委会常委王少庸圈阅后，当天就对电报稿作了修改（括号中即为王少庸所改），并立即报给张春桥，张却批了"暂不发，面商。春桥　九月八日"这几个字，于是这份稿子又退回了朱永嘉。

张春桥不同意发电报的原因我们已经无从了解，但面商的结果是由上海市革委会分别向各协作单位的上级发文，北京市、江苏省、云南省、中国科学院和国家测绘总局的革委会或军管会都收到了要求协作的文件，问题基本解决。

"为政治服务"

就在编图的工作恢复不久的1969年8月17日，由研究室向各协作单位提出了这样的意见：

> 《中国历代疆域政区图》中中原王朝分幅图中除了画标准年代的疆域外，还应画出王朝曾达到的最大疆域。在不影响原来分幅比例尺的原则下，或在标准年代分幅图上补充最大疆域的那块地方，或作插图附在该分幅图

中，如明代哈密八卫应在明陕西幅中表示，又如明代洪武年间王朝疆域曾到西拉木伦河，洪武时这块疆域应补画在京师幅中，当时政区地名如系蒙古前期图幅中未画上应补，这样可粉碎苏修所谓“中国疆域北以长城为界，西以嘉峪关为止”的无耻谰言。以后各朝都应这样做。

在当时的情况下，只要有人提出这样的建议，谁也不会反对，也不敢反对。但由于中原王朝的疆域的盈缩一般不可能在同一年代中出现，往往在某一方向达到了极盛，另一方向却缩小了，所以这样做实际上必定要将属于不同年代的疆域合在一幅图上，以拼凑出一个“极盛疆域”来。

为了使明图能显示明朝的极盛疆域，在10月25日决定将其标准年代改为宣德三年（1428）。但这样做也未必能达到目的，于是一部分人提出干脆取消标准年代。11月12日，经朱永嘉参加讨论决定，仍用宣德十年，但边界要画极盛版图。

11月20日，各协作单位碰头会在复旦大学召开。根据会前发出的通知，会议主要讨论以下问题：

（1）编绘工作如何更好地突出毛泽东思想，如何更好地为无产阶级政治服务，特别是为反帝、反修斗争服务。

（2）根据“鼓足干劲，力争上游，多快好省地建设社会主义”总路线的精神和当前备战的要求，如何高速度、高质量完成编绘工作。

（3）总结、交流前一阶段的工作情况。

（4）制订今后编绘工作的计划和措施。

（5）讨论图幅中存在的一些疑难问题，着重是边区图幅中有关问题的处理。

（6）各单位今后如何进一步搞好协作关系。

（7）制定《编绘工作责任制条例》。

（8）其他（如经费问题等）。

代表复旦大学汇报情况的是领导班子成员之一、工宣队员徐以万，代表上海市革委会讲话的是朱永嘉，各单位来参加的也是工宣队、军宣队员或较年轻的研究人员，没有像谭其骧那样的“反动学术权威”。谭其骧只是作为复旦大学一名普通的编绘人员参加讨论，当天下午3点后的“头头会商”就与他无关了。

这次会上讨论并安排了明、清图稿的绘制和印刷出版，又研究了汉、唐、元图的编绘要求。谭其骧从会议期间就开始拟定有关图册的编例，在会议结束时完成了汉图编例草案。

就在会议结束的27日晚上，谭其骧意想不到地见到了刚到达的云南大学教授方国瑜。原来云南大学历史系之所以一直没有给复旦大学回信，是因为方国瑜迟迟不能“解放”，没有人能够承担这项任务。直到收到上海市革委会的文件后，云南省革委会下令立即参加协作，云南大学才同意让方国瑜到上海来开会。据说方国瑜事先一无所知，是从“牛棚”直接去火车站的，以至于他误以为要被送到什么地方去接受新的审查了。

会后，谭其骧继续忙于撰写各册的编例，解决编稿中的疑难问题，增补缺漏。12月20日下午4点，室领导突然召集会议，传达了刚得到的来自北京的消息：中共中央政治局委员、中央文革小组顾问陈伯达关心图集。

由于图集涉及边界和民族方面的敏感问题，1970年1月谭其骧就接到任务，要他撰写有关送审材料，准备通过民族研究所和中央民族学院上报外交部。4月，北京传来消息：外交部已将送审图幅退回，但只是一般地看了西北与东北两个地区；总的意见是边区地区政治性强，每个点一定要有充分的资料根据，不能搞错，今国界外的各点文字资料均要保存，以便于审查。朱永嘉打电话问张春桥，张回答说：“最近外交部较忙，时间挤不出来，我们自己仔细复核一遍。特别是边界问题，一定要力求准确。在此基础上可打印100份成图样张，呈送毛主席和中央其他负责同志审阅。”5月3日下午，历史系召开全系大会，宣布张春桥即将赴京向毛主席报告历史地图集工作，朱永嘉作了讲话，研究室人员纷纷表决心。朱永嘉还带来一份上海市革委会准备上报给毛主席、林副主席、中共中央的《关于编绘〈中国历史疆域图〉工作的报告》，研究室立即转发给各协作单位。事后上海市革委会要求在8月15日前将清图装成若干册，送中央审阅。

12月23日，复旦大学中国历史地理研究室向各协作单位通报：

> 今接上海市革委会有关方面负责同志电告：清图送审报告和样本经周总理看后已转给康老（康生）。康老同志亲自挂帅，并会同郭老（郭沫若）、外交部、国务院科教组、历史所等单位组成专门小组审查。
>
> 这是无产阶级司令部对我们工作的最大关怀、最大鼓舞、最大鞭策。我室同志得悉这个好消息后大家都很振奋，纷纷表示一定要鼓足干劲、高速度、高质量地完成编图任务。

当时确定的计划是，“力争七册图集于七一年十二月二十六日这个光辉日子全部出齐，每册印一千五百本”。1971年1月，该计划以复旦大学党委、工宣队、军宣队、革委会的名义上报上海市革委会，并申请当年经费55万元。由于已明确由郭沫若与外交部审查，此后复旦上报的材料都送郭沫若四份、外交部五份。

1971年1月15日，领导小组决定将五代总图原定的标准年代由后唐长兴二年（931）改为后晋天福八年（943），主要是考虑到939年静海军节度使脱离南汉独立，这样可不至于把今天越南的一大片领土划进来，而且那时东北地区东丹割据势力与中原政权的关系也较密切。在回答云南大学来信询问时，领导班子一位成员答：“关于五代总图标准年代的改动问题，我们没有接到中央新的指示，但是上海市革委会有关同志口头跟我们说过：选择标准年代最好能避开与越南、朝鲜等兄弟国家大块土地的进出问题。郭老最近在北京与有关编绘同志谈话中也是那个意思：今国界线外的地区，凡涉及友好国家，图上最好能有与内部不同的表示。根据这个精神，我们考虑五代总图年代还是改一下好。”这位“市革委会有关同志”，应该就是朱永嘉。

1971年初，中央民族学院制图组将清图中有关中俄、中朝边界的资料送外交部审查，并请示要不要编绘清代后期中俄边界变迁形势图以揭露沙俄帝国主义鲸吞我国领土的罪行。2月18日上午，外交部领事司派人去中央民族学院，口头传达了外交部的几点意见。他说，我们觉得绘这一部图很好。关于中俄边界变迁形势图，根据当前斗争形势，是非常需要的。从我们的角度，提五点要求：

第一，你们的报告提出要补画清代后期中俄国界变迁形势图。我们希望不仅画清代后期，能不能包括明代或明代以前北部边界变迁的情况。如有困难，最好从中俄《尼布楚条约》以来的变迁都包括进去。

第二，你们送来的报告提出画东段中俄边界的变迁，中段、西段同样需要，最好都画。这样涉及各个单位，请你们各单位协商一下。

第三，整个中俄边界的变迁，最好都包括明代以前的情况，绘在一张图上，用不同颜色表示，注明各个朝代、年代。

第四，边界线上各点和边界线的画法，要有充分根据，希望在画出图的同时，整理出文字资料，并注明出处。

第五，建议你们向上海市革委会负责同志汇报，向《中国历史疆域图》编绘组建议组织有关单位协商一下，看这样一幅图好不好画。这是我们的希望，画不画，由编辑组决定，请你们协商。

3月19日，复旦大学革委会向各协作单位发出通知，传达以上意见，建议于3月29日在北京召开编绘工作会议，并请外交部条法司派人参加。中央民族学院很快回电，称此会必须报请国务院批准，有关方面也没有作出答复。4月下旬，复旦决定5月6日在上海召开第五次编绘工作会议。

4月27日，上海市出席全国出版工作会议的绳树珊，口头传达了周总理接见他们时对《中国历史疆域图》的指示。当绳树珊问到送总理和春桥同志关于编绘《中国历史疆域图》的报告有否批下来时，总理说：春桥同志最近很忙，还没有来得及研究。当绳问历史上的边界问题如何处理时，总理说：工作要继续抓紧搞好。关于边界问题，我们是历史唯物主义者，还是按历史事实画出。我们画的是历史地图，应该反映当时统治阶级统治的范围，不必区分是否兄弟国家。

八个协作单位都派代表参加了5月6日开始的工作会议，十多天的会期讨论了第一至第六册（原始社会至明）图中的问题，谭其骧除参加讨论外，还忙于与到会的外单位同志研究涉及的学术问题和协调各图幅间的一致性。但决定权当然还属于领导班子。6月9日，复旦大学革委会向上海市革委会第一办公室报告：《中国历史疆域图》第四、第五、第六三册的编稿和清绘工作基本完成，

143幅图稿将分批交中华印刷厂制版。

会后，民族研究所的林家有两次来信，并附来材料，对是否要画夏代图和图集的名称提出问题，研究室于6月22日作了答复：

> 夏代是否存在，目前史学界尚未定论。如果画出，范围仅限于黄河中、下游，没有几个地名。且夏代没有实际材料流传下来，我们现在看到的有关夏代地名的记载，都是春秋、战国以后的，距离夏代已上千年了，可靠性大成问题。“文化大革命”以前图集中没有包括夏代图，这次恢复工作时，我们曾有所考虑，除了由于上述原因外，很重要的一点就是我们看到了一份毛主席1964年2月与毛远新同志的谈话记录，里边提到：“尧、舜、禹有没有？我就是不信，你没有实际材料嘛！商有乌龟壳证明，可以相信。”此材料系“文化大革命”中非正式印发的，其后注：“根据1964年9月22日国防科委办公会议转发《毛主席与毛远新同志的谈话纪要》。”可靠与否，请你向出版口吴庆彤同志汇报、请示。
>
> 关于《中国历史疆域图》是否改名为《中国历史地图》问题。记得在一、二两次协作会议上曾进行过讨论，当时的意见认为我们这本图集的内容主要是反映疆域政区变化的，如果以《中国历史地图》为名的话，名称和内容不很贴切。中国历史地图应该主要反映中国历史上的阶级斗争，如农民起义、战争形势、人口、民族分布、迁徙等。
>
> 以上我们仅提供了一些情况。当然，尚需请示领导同志考虑。

5月18日下午，谭其骧路遇朱永嘉，朱永嘉给他看了毛主席批示同意的关于“二十四史”标点工作的文件，要他准备参加。21日，研究室内正式传达，大部分人承担了校点“二十四史”的任务。朱永嘉要谭其骧为这项工作把关，审定“二十四史”校点稿成为他和研究室的主要工作。复旦大学承担的是《旧唐书》《新唐书》《新五代史》《旧五代史》和《宋史》。先分给中文系，研究室因正忙于编图，暂时没有领受任务。

朱永嘉指定中文系完成的稿子都要送谭其骧通读，所以从8月下旬开始，

《房玄龄传》《则天本纪》等陆续送来。9月4日上午，出席“二十四史”标点学习会回来的邹逸麟和钱林书向全室传达周总理在出版工作会议上的指示。9月15日下午，全室进行讨论。在9月28日上午的会上，周维衍宣布从10月20日起，全室人员全部参加标点“二十四史”。谭其骧仍负责通读《旧唐书》，杨宽负责《宋史》，邹逸麟负责《新唐书》，其余人员分三组，每组七人，分别承担任务。1972年上半年，谭其骧校阅了《高宗本纪》《太宗本纪》等几十卷。但他主要的工作还是编图，其他临时性任务太多，只能利用晚上或工作间隙时间，校阅的速度远远跟不上进度。朱永嘉同意此后不再由谭其骧全部校阅，让中文系人员到研究室来工作，有解决不了的问题随时问谭其骧。《旧唐书》中四卷《地理志》由中文系初标后交王天良改定，一部分稿子又交谭其骧审阅，如1973年1月26日谭其骧校勘了《地理志》河东道部分。

1971年5月19日，谭其骧收到云南大学方国瑜关于隋唐寸地南界的考释，觉得对史料的一些解释并不妥当，写信提出了意见。8月9日，他收到了云南大学关于隋唐边界的意见书，仔细研究后，觉得有必要加以答复，从23日开始撰写，因其他工作极多，直到9月20日才写完，他又根据这一结果修改了隋唐图幅有关界线。

在这篇近2万字的答复中，谭其骧与方国瑜讨论了三个问题：

（1）隋南宁州总管府南界。方国瑜主张大致按今红河、文山两自治州的国界线画，根据是《隋书·梁睿传》《隋书·韦冲传》《南诏德化碑》和《新唐书·南蛮传》中的记载。谭其骧认为这四个论据都难以成立，南宁州总管府的南界在今通海以东大致以曲江、盘江为界，通海以西约以今峨山、新平县南界为界。

（2）唐剑南道戎州都督府南界及西界。方国瑜认为唐开元前戎州都督府领地包有旧兴古郡南部，并推定《太平寰宇记》所载距戎州最远的几个州应在今曲江以南。谭其骧指出《太平寰宇记》所载戎州距“旧管蛮夷新旧州”的里距错误很多，不可轻信，而张九龄《曲江集》中的《敕安南首领爨仁哲书》所载的界线并非“暂时之事”，是稳定的，应该是今天绘图的依据，所以原画的安南北界，不是向南移至今国界，而是应该北移，东以盘江与戎府为界，西以曲江及今石屏、元江的北界，折南以哀牢山脉与姚府为界。

（3）南诏在爨地的南界。在逐条分析了方国瑜所采用的史料后，谭其骧指出：南诏南界达到今国界的可靠年代是大中初，所以在以乾符五年（878）为标准年代的南诏图上，这条界线可大致按今国界来画。

这本来是一个不难解决的学术问题，但在“爱国”和“政治”情结的影响下，方国瑜却认为是重大的政治问题。

1972年1月22日傍晚，朱永嘉带来了中国科学院历史研究所的林甘泉和陈可畏，交下了为郭沫若主编的《中国史稿》配插图的任务。此后，新任务接踵而至，编写《秦始皇》《曹操》小册子，编写农民战争史，为毛泽东注释古籍名篇，编写《沙俄侵华史》，修改《辞海》中涉外条目，等等，这些工作大多要由谭其骧把关或审定，对地图的事只是处理个别重大学术问题或编图中的未了事务。到当年底，编图工作基本完成。

1973年1月10日，又在复旦大学召开了一次协作会议。由于谭其骧此前已被任命为历史系革委会副主任，并经常被当作复旦大学落实老知识分子政策的典型，所以由他代表复旦大学汇报工作。对他来说，这同样是一项痛苦的任务，因为他不得不说上一番违心的话。

会上还向大家传达了这样的消息：张春桥修改了《前言》。周总理将图交外交部、郭老和历史研究所审，郭老为此专门召集了会议。毛主席已看到了地图。

张春桥对《前言》的修改其实只有一处两个字，即将“但是有的国家不仅继承了帝国主义侵略我国的衣钵”中“有的”二字改为“还有两个”。

这个会议讨论了编绘中尚未解决的一些重大问题，如历史上疆域范围的处理和界线的表示，各政权政治中心的表示方法。分裂时期各政权间界线的处理，没有资料根据的内部界线如何表示等。会议决定将图名改为《中国历史地图集》，作者则署名为“编辑组”，还要求各协作单位派代表参加定稿小组，作出版前的最后审定。

会议到22日结束，会后谭其骧与中央民族学院的郭毅生、云南大学的尤中和朱惠荣商谈确定东北、云南图幅中的问题，春节后又与刘宗弼、金竹安讨论了图幅排列次序、目录编排、扩大图的名称，与南京大学施一揆、陈得芝商谈修改蒙古地区图，与云南大学会谈宋图、战国秦图和清图中的问题，并陆续审阅、改定各册图幅。但由于时间紧迫，他所审阅的范围只能限于已经发现问题或有问题尚未解决的那一部分，直到8月底还没有结束。

8月24日，谭其骧接到周维衍通知，要他准备去北京向外交部汇报。他匆匆结束手头工作，开始准备秦至唐历代在今越南境内的边界、五代至清中越边界的资料，写成报告；又查阅了历代西界的资料。9月10日，他与王耀忠、赵永复一起去北京开会。

北京审图

《中国历史疆域图》的样本、有关边界的图幅和资料上报后，周恩来曾要外交部、郭沫若和历史所审阅。周恩来工作繁忙，不可能亲自过问，而在当时的特殊条件下，郭沫若年事既高，又不愿多发表具体意见，外交部和历史所也感到难以接手，所以审图的事久拖未决。张春桥急于在他手中完成图的编绘和出版，扬言如外交部不审就不用等，照样出版。在这种情况下，周恩来决定委派外交部副部长余湛主持审图。

1973年7月28日下午3点至7点半，余湛召集会议，听取中国科学院民族研究所制图组和中国历史博物馆关于清代新疆图幅的边界和沙俄侵占我国西北领土示意图的边界画法的汇报，在听取汇报的过程中余湛作了很多插话，会议结束时又作了指示。

9月11日，谭其骧等到达国务院第二招待所，第二天就与外交部国际条法司沈伟良商谈了会议的开法，并与其他单位协商了汇报的内容。13日下午，审图会议在中国历史博物馆召开，余湛、沈伟良等听取汇报。

谭其骧首先汇报了清图编绘的原则和存在的问题：

> “文革”前历史图画了十一年，只画到明朝，没有画清朝，因为怕，怕与当前存在的边界问题关系太密切。“文革”后的1969年5月底，在张春桥同志、上海市革委会关怀领导之下复工，大批判带路，首先批判了过去不

画清图的思想。大家一致认为，学术主要应为现实斗争服务，清图与当前关系密切，不仅要画，而且要先画，要当作重点。开始几个月复旦一家搞，接着市革委会与原协作单位联系，邀请它们参加。各单位的分工基本上同“文革”前一样：中央民族学院负责东北，南京大学北方，民族所西北，近代史所王忠同志搞西藏，云南大学云南两广，海疆归复旦。复旦负责汇总，并派人去参加民院、民所、近代史所的编绘工作。

1970年7月打出样子，由市革委会送审，12月总理批示交外交部、郭老、历史所审查，至今已两年多了。这两年多来，根据总理、外交部指示，自己发现问题，各单位对各自的图幅进行了许多修改。至于复旦，没有尽到汇总之责，制版以前根本没看，打出样子以后也没有认真仔细看。

目前存在的主要问题，首先是怎样做到按照历史事实。原来编图中有把疆域尽量画大的倾向，或者强调区分友好国家与不友好国家，学习了总理的指示后，大家统一了认识。但遇到具体问题，各单位或各编绘者之间的认识就不一致，对同样的资料往往有不同的解释、不同的倾向。

其次是材料不足。如一些历史地名与今地图上的地名究竟是什么关系？有些地段只能按解放前未定界来画，还有的只能按照山脉来划分。

再就是藩属画不画？哈萨克和布哈拉都画了一部分，但哈萨克与布哈拉的情况不同。

最后还有标准年代问题，按照现定的标准年代，帕米尔、拔达克山、博洛尔和光绪年间刘锦棠收复六帕如何表示，都需要讨论。

接着由各方面汇报，当天仅汇报了东北的中朝、中俄边界和北方蒙古界，蒙古界还未汇报完，已到了6点半。第二天继续汇报，上午由南京大学汇报蒙古幅国界及内外蒙古界线，下午继续谈西北边界，然后由谭其骧谈两广边界，云南大学汇报刚开了头。当天会上决定，根据《尼布楚条约》的满文本和俄文本，将中俄待议地区定为乌地河以南、兴安岭以北。复旦又派项国茂（研究室教师）来京参加会议。

从9月15日至18日，会议继续听取了云南和西藏边界的汇报。接着商定，有外交部参加的会议仍在博物馆举行，编绘单位内部会议在招待所根据需要随时召开，已经确定要修改的图幅及时交地图出版社修改，由谭其骧负责改写边界画法的说明，并起草向中央的请示报告。

从9月19日至25日，结束了有关清图的讨论。又经过多次讨论和商谈，至10月24日决定清图按1840年的版图来画，不同年代的疆域在图上标明。在此期间，他们查阅了故宫档案馆的有关地图、北京图书馆的有关书籍，阅读和讨论了周总理1957年在云南省政协的讲话，在10月20日改定了请示报告。

10月10日开始讨论明以前的原则和明图的边界处理意见，着重讨论了准格尔、亦力把里、乌斯藏、朵甘思等问题，至29日结束。20日后，谭其骧与各单位的与会人员迁至和平里招待所。

10月25日开始内部讨论元图，先后讨论了东北、北方、西北、西藏的边界和将新疆地区划归岭北甘肃行省的方案，至11月1日结束。11月5日，谭其骧写出明以前图的编绘原则，并将修改了的元明图界线交地图出版社。

原先虽然知道会议时间较长，却没有料到会在北京过冬，看来会议结束遥遥无期，谭其骧只得写信让家里送来棉衣，作长期打算。

11月2日，在讨论如何写元明阶段的请示报告后，内部研究了两宋图的汇报。7日上午，谭其骧与王忠、项国茂及沈伟良等去和平门附近阿沛·阿旺晋美的寓所拜访，询问他有关唐朝以来西藏的历史疆域，但对明朝在西藏的都司卫所与五王的关系，阿沛也不十分了解。13日晚，谭其骧得知南京大学等单位对他的汇报有意见，决定以后由各单位自行汇报。至15日，辽金两宋图结束。

11月20日下午起讨论隋唐图，谭其骧认为此后的关键在于如何确定领土与藩属等关系，所以迫切需要补充这方面的材料，同时希望外交部将清图报告早日送上去。但在多次讨论中，大家对藩属政权、独立政权、直辖领土无法形成统一的认识。24日，余湛提出：凡是已经归入中原王朝版图的地区，以后又独立了的，都定为割据政权；外交部的同志还在谭其骧起草的基础上提出了明以前图编绘的七条原则。经多次讨论后，12月8日决定按新七条处理图幅。但涉及具体问题后，发现七条仍有不适合的地方，到14日修改为六条，到22日的内部会议才由陈得芝执笔写定这新六条，并确定了画示意图的范围，中原王朝与边疆政权用同一颜色。在此期间决定：台湾从明图开始画入版图，其他凡置州县（包括羁縻）后均作为归入版图处理；帕米尔应画入清版图内。谭其骧还与邓锐龄商议了哈密力的处理，决定暂时不改。

11月27日下午，谭其骧与沈伟良、王厚立去大跃进路七条21号拜访了乌兰夫，向他谈了编图的情况，乌兰夫听后没有发表具体意见。

鉴于需要讨论的问题还有很多，沈伟良与谭其骧商定，在春节前暂时休会。12月26日，王耀忠、赵永复、项国茂和南京大学的丁国范、陈得芝离京。谭其骧留下参加中国地理学会编纂《中国自然地理》丛书的讨论后，于30日返回上海。临行前，他与外交部工作人员陶明商谈了修改明以前六条原则的事宜，请陶明向外交部负责同志转达自己对中原王朝与边疆政权间界线的看法，并在30日凌晨赶写出了元明两广边界说明。

谭其骧回校后，花了几天的时间向学校领导写了一份近万字的书面报告，又在研究室内介绍了审图会议和与中国地理学会商定参加编纂《中国自然地理·历史自然地理》的情况。1974年1月23日是春节，但学校已在准备传达中央1号文件，大搞“批林批孔”。谭其骧仅处理了一些紧迫的材料后，就又准备去北京了。

2月3日，朱永嘉要谭其骧在会上坚持中原王朝与边疆政权不分色的原则，并作了三点指示：（1）工作必须抓紧。（2）不能只认中原王朝为中国，中原王朝与边疆政权应用同样颜色；若上报用分色、不分色两种方案，要求注明主张两种不同方案的单位名。（3）条例不要订得太死，以免作茧自缚。王耀忠要他转达外交部，因运动太忙不能去，但如必须出席时还可打电报来，到时马上就去。

2月5日，谭其骧、赵永复和南京大学的陈得芝等到达北京，仍住在和平里招待所，6日就向沈伟良汇报了朱永嘉的三条意见。此后几天，他主要整理南海诸岛的资料。外交部自然知道朱永嘉的意见实际上来自张春桥，所以准备由余湛出面给张春桥写一封信，14日开始就请谭其骧等到会人员讨论起草。15日晚上，上海打来电话，对谭其骧作了两点指示：（1）对讨论的问题应求得一致意见；（2）不赞成给春桥同志写信，如要写就应写给政治局。16日下午，沈伟良、柯在铄等参加了商谈，决定暂时不写信。

2月19日上午在中国历史博物馆举行了1974年的第一次审图会议，讨论明以前的编图原则，各方争论激烈，仍然不能统一。下午转而进行内部讨论。就在当天早晨，谭其骧收到家里电报，妻子李永藩“18日于第六人民医院切除，化验结果后日知晓”；当晚10点又来一电，“母癌即归”。他急忙与研究室联系，请人帮助了解实际情况，次日下午得到答复，李永藩需要动大手术，学校同意他回去。外交部帮他购妥机票，他于21日下午回上海。

23日，李永藩动了手术。谭其骧稍作安排后，第二天就找朱永嘉汇报了北京的情况。朱要他将会上双方发言的内容写出来，如外交部向张春桥写信，就可作为向王洪文、张春桥、姚文元写信的根据。他每天往返于复旦大学宿舍与市区的第六人民医院之间，还得抽时间写报告，常常弄得筋疲力尽，到3月3日终于写完报告，交给朱永嘉。接着又开始整理南海诸岛资料，改写《沙俄侵华史》的元明部分。

周维衍于25日晚到达北京，代替谭其骧参加审图会议。

3月16日上午，谭其骧接到党委10点半开会的通知，朱永嘉传达了张春桥意见：元明以上图不再交外交部审查。朱永嘉要谭其骧搞一份报告，写明审图会议有什么收获，还有哪些问题需要外交部审，用意显然是要将审图会移至上海，由编辑组自审，不再要求外交部负责，想搞得快一些。下午谭其骧到研究室与王天良（研究室教师）等商谈后，晚上就动笔写报告，当晚一直写到半夜2点。第二天也写到半夜2点半。第三天上午学校就派人来催，他只得不停地写，到下午2点半完成了这份长达25页的报告。22日晚上，朱永嘉打来电话，询问他是否给北京写过信，又要他转问郑宝恒（研究室教师）是否与北京有过联系。估计是朱永嘉或上海的什么人听到了来自北京对他们拟议中的方案的反映。

李永藩做了切除肿瘤手术后，没有发现癌细胞转移，经治疗后逐渐康复，谭其骧决定去北京继续参加会议。他于4月4日中午到达北京，下午就参加了秦汉图的讨论，晚上开始看西沙、南沙资料。此后每星期三、六上午在历史博物馆举行审图例会，与外交部人员一起逐册讨论，其余时间内部讨论，或准备资料，或修改已审定的图幅，或协商解决问题，例会到5月18日结束。5月20日，又在历史博物馆就西藏和堪察加半岛问题召开了一次汇报会。

一个多月间讨论和解决的主要问题有：两汉北边汉与匈奴、鲜卑的界线，东北玄菟、乐浪郡的东界；南海诸岛的画法；十二条编绘原则，上报编绘原则和图集的发行办法；葱岭以西回鹘改用黑汗，括注哈喇汗；唐代安南北界的画法；陈可畏提出的元明时堪察加半岛在境内的论据；元明西藏图；三国、西晋图将乌孙划出西域长史府；南海不注珊瑚礁等。

其中对今云南开远市以南唐安南都护府北界的争论，是1971年那次讨论的继续和扩大。对这条界线的画法有三种意见：一是云南大学其他同志的意见，主要根据唐樊绰的《蛮书》；二是方国瑜的意见，在上面一条线之南；三是谭其骧的意见，在上面一线之北，根据是《曲江集·敕安南首领爨仁哲书》，其中记有开元二十四年（736）的确切界线，与图集采用的标准年代只差五年。方国瑜认为此五年中有很大变动，却举不出具体事例。经反复讨论，余湛决定采用云大其他同志所定中间一线，实际上只是一种折中办法。当时大家都服从了，但谭其骧和方国瑜心里都不赞成，所以以后方国瑜旧事重提，谭其骧也一直想写文章重申己见，只是因为其他工作太忙才没有写成，为此他与笔者谈过不止一次。他逝世后，笔者将他1971年答复云大的意见整理后在1994年第4期《复旦学报》上发表了。

会议确认图集用《中国历史地图集》的名称，确定由地图出版社内部发行，先出8开本，供领导同志和专业部门使用；然后出16开本，适当增加发行量。

5月19日至6月17日，谭其骧与各方面商谈图幅的修改，起草各图册的报告，补充有关资料。

张春桥收到外交部3月18日的报告和有关材料后，在4月17日给周总理写信，信中提道：这个问题较复杂，自己对此事又没有研究，很难答复。几经考虑，他倾向照他们提出的第四个方案办。虽然这个方案也有缺点，但可能是目前找到的较合理的方案。好在地图是内部发行，印数不多，出版以后一定会发现许多缺点、错误，那时还可以再版，再改正。否则，一直争论下去，地图就出不来了。总之，他倾向外交部着重审查对外交是否不利这一条，历史学家们争论的问题，不需要急于作结论。

周总理在5月31日作出批示：请送洪文、春桥同志阅后退余湛同志及上海来京同志办。

6月5日上午，外交部的余湛送来了周恩来、张春桥等作的批示，附件中有朱永嘉给王洪文的信、周维衍给朱永嘉的信和3月初谭其骧在上海所写的2月19日会议情况报告。当天下午，全体人员在历史博物馆开会。由于周总理已明确表态，中原王朝与边疆政权采用同一颜色等自然已不成问题；而且审图例会已经结束，也不再存在移往上海的必要，所以会议主要讨论了中央指示下达后应注意和应完成的事项。

6月18日，余湛来招待所为谭其骧送别，20日谭其骧回到上海。

6月30日，张春桥给中共中央政治局委员、国务院副总理李先念写信，信中提道：《中国历史地图集》是1954年毛主席指示出版的，二十年未见结果。因为涉及边界问题，经总理同意，请外交部审查。第八册清图，涉及问题最多，已经审查完毕，经总理批示准备出版了。建议其他各册，中央不审查了。因为涉外问题外交部已提出意见，其他问题可以由编辑部门决定。至于印多少，开本大小，建议由编辑部门同出版局征求读者意见后，由他们决定。考虑到虽是内部发行，也难免流入外国人手中，可否不用地图出版社名义，而用中华书局或其他名义，可以较为主动。

在“开本大小”一行旁，张春桥注：开本太小，老先生看起来困难。

李先念于7月1日作出批示：同意春桥同志意见。

在放暑假前的7月17日，研究室总结工作，会上宣读了张春桥的批示。因为要校第一册商、春秋战国图，谭其骧与赵永复、钱林书不放假，从20日起就投入工作，还与作者之一杨宽作了多次研究。8月底，应外交部的要求，谭其骧转入整理中越边界资料，同时继续审校图集的第一、第二、第三册。

7月13日，地图出版社向国家出版事业管理局上报《关于使用“中华地图学社”出版名称的请示报告》。8月30日，复旦大学革命委员会就《中国历史地图集》出版、发行、经费预算上报上海市革命委员会：

《中国历史地图集》业经中央批示，准备修改印刷出版，内部发行。根据中央批示精神，关于该图集开本大小、发行数量、出版名义等问题，经我校历史地理研究室同各编辑单位、地图出版社、国家出版事业管理局商议结果，图集拟分八开本、十六开本两种。八开本五千套（内散装一千套），十六开本五万套；以“中华地图学社”名义出版。

原先我们准备了八开本三千套的经费和用料，现需再增加八开本二千套、十六开本五万套。增加部分的经费、用料问题，已与地图出版社商定，八开本用料除海图纸、辽阳纸板因上海就地无法解决，由地图出版社呈请中央有关部门调拨外，其他用料均在上海解决，经费则全部由上海支付；十六开本五万套的用料、经费全由地图出版社负责解决。为此，我校尚需呈请审批增加部分的经费和用料。（见附页）

为了抓紧、抓好该图集的印刷、出版、发行等工作，我们建议市委、市革委会有关部门召集轻工业局、印刷公司、中华印刷厂、新华书店上海发行所、商业局等单位落实此项任务。

当否，请批示。

复旦大学革命委员会

一九七四年八月卅日

11月5日，地图出版社向新华书店上海发行所发去了“请协助做好《中国历史地图集》发行工作”的公函：

《中国历史地图集》……经各编辑单位商议，决定用“中华地图学社”名义出版。关于该图集的发行工作，已请示上海市革委会并经你所同意由你所承担，按内部发行系统向全国布置发行。

图集全套共分八册，分八开精装、八开散装、16开普及本三种，八开精装和散装根据上海市革委会批示精神，收回部分成本费，不计算定价，估价精装每册40—50元左右，散装20—30元左右，16开普及本按照一般书刊以定价处理，估价每册6—8元左右。

八开精装每套印4000，散装每套印1000，除编辑单位和社内样本等留精装400、散装100外，其余请分发到全国地师级单位，或凭地师级介绍信供应，重点照顾文教、宣传、新闻、出版以及有关科研单位，16开普及本计划印数每套5万册，凭县团级介绍信供应。

出版时间：第八册（清时期）争取在年内12月底以前出版，其余一至七册计划从明年起两三年内陆续出齐。附该图内容提要简介一册，供布置发行时参考。

《中国历史地图集》第八册（清时期）的八开本在年底印出，实际发行已在1975年下半年。8月15日，新华书店上海发行所发出《关于做好专业单位〈中国历史地图集〉发行工作通知》。

由于购买《中国历史地图集》八开本是地师级单位的政治待遇，当时也没有什么书可买，所以很快发售一空。但各单位都按规定严格控制，有资格用的人未必有兴趣看，所以不少单位买回去后就束之高阁。

第八册出版后，谭其骧等曾经问过朱永嘉是否应该呈送毛主席、周总理和中央领导，朱永嘉请示张春桥后得到的答复是，等出全后一起送。但到1976年9月毛泽东逝世，图集还没有出全，毛泽东自然没有能看到这套他自己要求编绘的历史地图集。

谭其骧在可能情况下，继续对图稿做一些补改工作。如1975年4月，他根据长沙马王堆汉墓新出土的西汉地图重画了秦长沙郡、汉初长沙国的南界。6月下旬修改汉唐的西域图，7、8月间修改唐安东都护府图，8月下旬修改元明青藏图，9、10月间修改唐图东北幅，11月修改唐安北、单于都护府、五代西域。

西北边界　波澜又起

1975年6月13日，谭其骧陪同国家文物局局长王冶秋去新疆检查文物工作并作考察后回到北京，正逢中国历史博物馆的中国通史陈列在作了较大修改后，准备在国庆节重新开放，其中有一幅清代西北边疆的地图急需改定，王冶秋要博物馆的洪廷彦请谭其骧去商议。6月16日，谭其骧到馆与洪廷彦研究了这幅地图，又当场查阅了《嘉庆一统志》等有关史料，提出了修改意见。洪廷彦与文物局的金冲及都赞成他的意见，即通知馆内地图组作了修改。根据这些史料，谭其骧认为清图新疆幅的西界一带的几个湖泊和吹河下游也应作相应的修改。

1976年1月14日，民族研究所历史室致函复旦大学，对清图新疆幅提出了一些改动意见。18日，谭其骧与朱永嘉谈及此事。19日，朱永嘉来电，说以不改为原则，并让谭其骧起草了给余湛的信，让研究室答复民族所方面：

> 有关《中国历史地图集》第八册清图新疆幅西部界线及哈萨克、布鲁特等民族注记要改动一事，已向上海市革委会有关领导作了汇报，经研究认为：该图集内容繁复，其中必定会有些缺点错误，对此春桥同志曾作过批示，有错误允许在再版时修正。基于图集已经正式出版内部发行，有关新疆的那段界线和哈萨克、布鲁特民族注记等问题，我们拟仍按经北京审图会议审定，并由中央领导同志批转的画法处理，十六开本亦不予改动。为此，我们已发信给外交部余湛同志谈了这个想法，如有不妥，余湛同志自当复示。

但考虑到图的质量，谭其骧在2月21日致函民族所同志，提出对新疆幅西境几个湖泊和吹河下游修改的方案，但对方认为不必修改。谭其骧回信说明理由后，他们仍未接受，要求外交部开会审定。余湛同意开一个小会，约定在谭其骧到北京去时顺便举行。

7月14日，谭其骧得知周维衍将去北京开会，他估计外交部会利用此机会开会，所以从当天晚上开始，连续几天赶写了一份说明理由的材料《关于清图新疆幅伊犁西境几个湖沼的位置》，准备让周维衍带往北京。19日上午，谭其骧在研究室内介绍了材料的内容，周维衍却表示不同意，而是赞成民族所的观点，经过争辩仍不能一致。中午，周维衍去北京。

因此，谭其骧在20日又写了一份《关于清图伊犁西境边界内外几个湖泊的补充说明》，将这两份材料分别寄给外交部和历史博物馆的洪廷彦。在给洪廷彦的信中，谭其骧提出，如洪廷彦赞成他的观点，请代表他在会上申述意见。

23日，赵永复为谭其骧借得苏联穆尔扎也夫所著《中亚细亚——自然地理概要》一书，谭其骧从中找到了新的证据，当天他又写成一篇《关于清图吹河下游的处理方案》寄给洪廷彦。

不久，外交部召集会议，洪廷彦与民族所的几位同志参加。当时正值唐山大地震后不久，就在一辆大轿车中开会。在洪廷彦说明谭其骧的意见后，由主持会议的沈伟良表态同意，民族所方面未提出异议，会议决定清图新疆幅应与历史博物馆陈列图的画法一致，今后有关地图也按此画法。

1976年10月，江青反革命集团覆灭，朱永嘉作为他们在上海的得力干将而被逮捕。朱永嘉是“文化大革命”期间编图工作的直接主管，在此期间有何问题及江青反革命集团如何染指这个项目，自然成为清查其罪行的内容之一，1977年2月26日历史系运动小组王金二等四人专门向谭其骧作了调查。另一方面，为了消除外界对《中国历史地图集》工作的误解，需要向以苏振华、倪志福、彭冲为首的新的中共上海市委汇报。1976年12月16日，复旦大学党委常委郑英年与历史系领导商议，决定将已出版的图集送新市委，请转呈党中央。同时决定由研究室起草一份报告，向市委汇报编绘历史地图集的始末情况。1977年1月22日，题为《关于呈送〈中国历史地图集〉的报告》上报上海市革命委员会。

5月13日，刚结束了长江中游考察的谭其骧得到消息，《中国历史地图集》第五册北部界线的画法出了问题。原来这一部分是由南京大学负责编绘的，两汉图幅将坚昆、丁令（零）的北界作为历史时期中国的北界，有一段画在苏联（今俄罗斯）境内的安加拉河以南，即所谓南线；隋、唐图幅以契骨、黠戛斯的北界为中国北界，有一段画在安加拉河一线，即所谓北线；外交部审图时通过了。会后复旦大学在汇总时，觉得前后不统一，画在北线并没有可靠的根据，所以将隋唐图也改成画南线，而从元图开始仍画北线，第五册图就照这样印刷出版，一部分已开始发行。但地图出版社发现第五册与元明图这一不同后，认为是严重问题，坚持要按元明图统一，并于4月8日通知新华书店，第五册暂停发行，等候处理。5月5日又通知新华书店上海发行所："现经请示有关上级后决定：已经发行的全部收回，未发的修改后重新印刷再发。请你所对已经发行部分即通知各省、市、书店全部迅速收退。有关费用已商定，请向上海复旦大学史地室经管的专款项目结算。"16日，地图社报告外交部，要求对北界的处理作出决定。

为谨慎起见，谭其骧又查阅了北部边界的资料。《汉书·匈奴传》提到坚昆"东去单于庭七千里，南去车师五千里"，并没有提到它的北界。同书《苏武传》称匈奴曾让他牧羊"北海上"，"丁令（零）盗武牛羊"，说明丁零在今贝加尔湖一带，但也没有明确它的北界。东汉、魏、晋的史料没有提到这两个部族。北魏时，丁零的后裔高车是柔然的属部，《魏书》记载东部高车的牧地在巳尼陂，即今贝加尔湖。坚昆在北朝后期被称为契骨，《周书·突厥传》说它"国于阿辅水、剑水之间"。阿辅水即今阿巴根河，剑水即今叶尼塞河。但这些史料都没有涉及它们的北界。唐代称契骨为结骨或黠戛斯，置有坚昆都督府，隶属于安北都护府。据《通典》《唐会要》《册府元龟》《新唐书》等记载，黠戛斯的南界是贪漫山（今萨彦岭），剑河"经其国"，"北入于海"。安北都护府所属还有骨利干，据《新唐书·黠戛斯传》，其牧地在黠戛斯之东。但这些史籍中也找不到任何关于它们北界的材料。黠戛斯至元代被称为吉利吉思，据《元史·地理志》西北地附录："其境长一千四百里，广半之，谦河经其中，西北流。又西南有水曰阿浦，东北有水曰玉须，皆巨浸也，会于谦，而注于昴可剌河，北入于海。……昴可剌者，因水为名，附庸于吉利吉思，去大都二万五千余里。……即《唐史》所载骨利干国也。"谦河即唐剑河，今叶尼塞河；阿浦水即今阿巴根河，玉须水可能即今叶尼塞河东岸支流乌斯水，昴可剌河即今安加拉河，"海"即今北冰洋。从这些史料中不难看出，由于这些部族都是游牧民族，其占有地区或活动范围本来就没有明确的界线，对其北界更无确切的记载。所以谭其骧认为，将隋唐时的北界画在今安加拉河东西流处并没有确凿证据，不能因为元朝吉利吉思的北界画在这一线，就一定要将隋、唐的北界也定在那里。他又与研究室同人商议，大家一致建议维持原来的画法，决定由谭其骧等去南京大学协商。5月21日，历史地理研究室向外交部余湛、沈伟良报告："对于这个问题我们正在与南京大学同志联系中，并准备向您和上海市革委会文教组陈锦华同志详细汇报。”并同时报告了陈锦华（后任全国政协副主席）。

24日，谭其骧与周维衍、赵永复、项国茂去南京大学协商。25日下午2点，双方在南大历史系元史研究室开会讨论，南大方面参加的有韩儒林、蒋赞初、陈得芝、丁国范、邱树森。主要发言的是谭其骧、周维衍、陈得芝、丁国范，但争辩至5点半，仍不能取得一致意见。26日上午又开了四小时的会，依然没有统一。双方依据的史料完全一样，并且也都认为仅仅根据这些记载，不可能将界线画得十分准确。但对史料的理解不同，所以南大方面倾向于用北线，而复旦方面主张用南线。虽然大家都认为照目前的办法问题也不大，但在地图出版社坚持要统一的情况下就难以维持，所以只能决定向外交部报告。下午谭其骧开始起草报告，晚上又到韩儒林家抄录了《元史・地理志》的有关内容，直写到半夜，次日清晨继续写完，与其他三人一起改定后交给南大方面。此材料经南大同志改定后，由复旦大学寄往外交部。

6月1日，谭其骧与周维衍去衡山宾馆，向市革委会常委、文教组负责人陈锦华作了汇报。7月18日，谭其骧接到通知，外交部定于8月2日开会。他不仅准备了有关界线不同画法的资料，而且还在日记上摘抄了朱永嘉插手审图会议的具体情况，因为党委副书记徐常太和总支书记要他们在会上主动揭发批判江青反革命集团的罪行。

8月2日，谭其骧与周维衍到达北京后，就忙于在住处外交部招待所（原六国饭店）起草发言稿，第二天下午3点才写完。5日下午，与沈伟良商定先开预备会议，又继续准备需要打印的材料。

6日上午9点，预备会议在外交部六楼国际条法司举行，到会的除复旦和南大双方外，还有外交部、地图出版社、民族研究所、中央民族学院、历史研究所、近代史研究所、地理研究所、历史博物馆等各单位的有关人员。地图出版社介绍情况后，复旦、南大发言，接着就展开辩论，其他与会者也时有插话，至11点3刻结束时毫无结果。

11日上午9点，在外交部三楼会议室举行正式会议。余湛讲话后，谭其骧代表研究室揭批江青反革命集团，并检查过去的工作，接着就北界展开辩论。

发言中赞成取北线的有历史所的陈可畏，历史博物馆的周继忠，民族所的肖之兴、杜荣坤；民族所的邓锐龄分析了有关材料而没有表态。会议没有得出结论，但余湛的意见已倾向于取北线。12日，谭其骧去外交部见沈伟良，希望约时间专门向余湛解释有关史料。

原定15日开会，早上接到陶明电话，会议改至次日。谭其骧就去了中央民族学院郭毅生家，饭后在郭家午睡，醒来后才知道上午余湛曾约他去谈话。他立即回招待所，路上又遇大雨，6点才到，下午来访的沈伟良也没有能见到。

16日上午9点半继续在外交部开会，谭其骧与周维衍发言后，丁国范、陈得芝、郭毅生、杜荣坤、周继忠、邓锐龄相继发言，除郭毅生外都主张用北线，但都没有具体解释《元史・地理志》的记载。至11点半，余湛问大家除此以外还有什么问题，然后就宣布散会。18日上午10点，沈伟良、王厚立、陶明来招待所，谭其骧与周维衍再次谈了隋唐图的北界不宜用北线的理由，沈伟良、王厚立相继发言，明确表示余湛的意见是用北线，会上不再讨论。中午，周维衍向南大提出一个折中方案：隋唐图用复旦主张的南线，金以后用北线。谭其骧并不赞成，但也不反对他与南大协商，结果这一方案也遭拒绝。

20日上午9点半，在外交部召开了最后一次会议。余湛宣布对隋及五代辽东边界所作的决定，然后又对明瓦剌，五代高丽、广源州、七源州及唐尼婆罗等一一作出决定，再讨论文字资料及分送编绘人员图册等事项，至下午1点结束。26日，谭其骧去外交部会见沈伟良，初步商定了文字资料的整理办法和印数。实际由于之后又开始了对内部本的修订，这项计划并没有实行。

《中国历史地图集》的第七册于1978年出版，至此内部本八册出全，从1955年算起已有24年。包括谭其骧在内的全体编绘人员一直没有拿过稿费。“文化大革命”结束后，经多次争取，1983年分两次发下稿费，2月2日谭其骧领到5548元，4月7日领到1666.4元，合计7214.4元。他是编绘人员中稿费最多的，平均每年300.6元，每月25.05元。

《中国历史地图集》修订出版

1979年初，谭其骧大病后恢复了工作，复旦大学历史地理研究室开始酝酿起草将《中国历史地图集》公开出版的请示报告。当时除了考虑在公开出版前对原稿作必要的修改补充外，还有续编民国图的打算。当年底，地图出版社给国家测绘总局打了报告，要求公开出版《中国历史地图集》。

1980年1月16日，复旦大学党委副书记徐常太、历史系党总支书记孟伯衡与谭其骧研究了《中国历史地图集》的公开出版和续编第九、第十两册的问题，决定由谭其骧给中共中央总书记胡耀邦和中共中央政治局委员、国务院副总理方毅写信，反映《中国历史地图集》是全国有关专家、学者20多年辛勤劳动的结果，无论在内容的丰富性上还是编制的科学性、准确性上，都远远超过了以往的同类历史地图，包括我国台湾地区和外国出版的。这是我国史学界自新中国成立以来一项具有重要意义的、质量较高的科学成果，呼吁尽快公开出版。

这封信批转中宣部后，领导同志在4月上旬的工作简报上表示原则上同意公开出版发行《中国历史地图集》，并提出由中国社会科学院主持，就公开出版图集所涉及的一些学术问题和其他问题，与有关单位协商处理，最后报送中央审批。

4月13日下午，利用谭其骧去北京出席中国史学会代表大会之机，由中国社会科学院常务副院长梅益主持，在京西宾馆召开会议，讨论《中国历史地图集》公开出版的问题，副院长张友渔，历史研究所负责人尹达、林甘泉，外交部代表沈伟良，地图出版社社长沈静芷、副社长张思俊，历史所刘宗弼参加。会议决定对《中国历史地图集》作必要修改，争取早日出版。

会后，谭其骧开始考虑修改方案，发现问题并不简单，为此拖了一段时间还没有动笔，同时让周维衍等拟出初稿。6月3日，社科院来信催问修改方案，谭其骧只得腾出手来，集中精力逐册研究，至6月20日完成方案，寄往社科院组织局和历史所。

9月14日上午，梅益在社科院历史所主持会议，讨论由谭其骧起草的《中国历史地图集》修改方案，尹达、沈伟良、方国瑜、高德（社科院规划局）、陈可畏、刘宗弼、史为乐（历史所）、邓锐龄、郭毅生、陈连开（中央民族学院）、王世民（考古所）、杜荣坤和地图社的江涛、邹明芳出席。谭其骧介绍了方案后，尹达、沈伟良、方国瑜、江涛等相继发言，邓锐龄、陈可畏对修改方案提了意见。第二天上午继续开会，至12点梅益作了总结，决定在复旦将方案改定后，由社科院上报中央批准，修订的准备工作可以着手进行。会前社科院已确定这项工作由规划局负责，由学术秘书高德（副局级）与谭其骧和各方面联系协调。8月27日，高德与谭其骧第一次在北京赵家楼招待所见面。此后高德长期负责《中国历史地图集》和《中华人民共和国国家历史地图集》的组织协调工作，与谭其骧密切配合，也结下了深厚的友谊。

回校后，谭其骧召集邹逸麟、周维衍、赵永复等人，讨论修订方案和具体工作计划，并就承担修订任务的安排，征求了民族所、中央民族学院、南京大学等单位有关同志的意见。1981年4月6日，邓锐龄、洛桑群觉（中央民族学院）、陈得芝应邀来复旦参加《中国历史地图集》修改工作会议，与谭其骧、周维衍、魏嵩山、赵永复、钱林书讨论确定了修改方案和分工，决定修改工作由复旦一家承担，必要时约请有关单位的个别人员参加，以加快进度。22日，谭其骧将修改方案交笔者作文字润饰。5月1日，方案定稿后寄送社科院。

这份方案经高德征求有关领导意见后又作了一些修改，寄回谭其骧。在收到谭其骧同意的答复后，社科院于1981年6月25日上报了《关于公开出版〈中国历史地图集〉的请示报告》，报中宣部并转中央书记处。

这不是一份普通的修改方案或工作计划，其中总图和分幅图的具体修改意见实际上是对长期以来盛行于史学界和学术界的教条主义、片面强调“为政治服务，为现实服务”、违背历史事实的“左”风的彻底否定，也是对编绘《中国历史地图集》以来特别是“文化大革命”十年所造成的错误的全面纠正。但因涉及台湾、疆域、与邻国关系、少数民族等敏感问题，加上当时不少人还心有余悸或心有“预”悸，也提出过不同意见。有人囿于旧观念，认为内部本的画法虽未必妥当，“政治上”却不会有问题，何必改得那么多？有的人还劝谭其骧，为了《中国历史地图集》能早日公开出版，不妨作些妥协，不要冒政治风险。但谭其骧表示：党的十一届三中全会号召解放思想，拨乱反正，实事求是，修改方案就是要讲历史事实，讲实事求是。不过说老实话，当时他对方案能否得到批准，也还没有把握。

由于原来负责青藏地区编稿的近代史研究所的王忠因病无法工作，而汉文史料又相当有限，青藏图幅的修改难度很大。5月27日，在北京参加中国民族关系史研究学术座谈会后，谭其骧请邓锐龄约常凤玄、王辅仁、孙尔康、马久、扎西旺堆等见面，请他们对西藏图幅，特别是其中的明清图的修改提出意见。10月15日，他致函高德，建议约请民族所、中央民族学院若干西藏学者审图。12月15日上午，谭其骧在北京听取了王森、邓锐龄、黄颢、祝启源、洛桑群觉、王尧、王辅仁等人的意见。以后邓锐龄、王森、常凤玄、黄颢、祝启源、洛桑群觉等参加了第五至第八册青藏地区图幅的修改工作。

会上有人提出，唐分幅图采用元和十五年（820）为标准年代，画出吐蕃的极盛疆域，拥有今甘肃大部、新疆西部、青海全部、四川西部和云南一部分地区，是否会被当时少数地方民族主义情绪严重的人所利用？或成为某些人提出“东藏”或“全藏”自治的根据？但多数人认为，吐蕃盛时势力曾达到上述地区是历史事实，即使我们不画，也不能隐瞒真相，何况吐蕃的疆域在历史上变化很大，这幅图不能成为少数人的借口。还有人提到，宋、元图上的亚泽地区领有今尼泊尔的西北一块地方，据藏文史料，历史上的亚泽王系为吐蕃王室的后裔，但外国也有人认为此王系来自印度。

谭其骧认为，吐蕃图幅同样应该坚持历史事实，也应该画出吐蕃历史上的极盛疆域，历史上与邻国的界线不能因为今天是否友好而采用不同标准。梅益得知他的意见后，向中共中央政治局委员、中国社会科学院院长胡乔木作了介绍，胡乔木同意谭其骧的意见。1982年2月，在中国社科院将有关此事报给胡耀邦、乌兰夫和习仲勋的一份简报上，胡乔木在谭其骧的意见下写道：“我认为谭其骧老教授的意见是客观的和公正的。”“《中国历史地图集》是全国有关学者积数十年努力的重大科学著作。”胡耀邦等阅后都圈批“同意”。

从1981年6月起，复旦大学的有关人员开始了《中国历史地图集》的修改，具体分工是：杨宽（复旦大学历史系教授）、钱林书负责第一册（夏至战国），王文楚（研究室教师）负责第二册（秦、汉）和第八册（清），魏嵩山负责第三册（三国、西晋）和第六册（辽、宋、金），周维衍负责第四册（东晋、十六国、南北朝）和第七册的元，赵永复负责第五册（隋、唐、五代）和第七册的明。此后谭其骧在审图时发现，王文楚等“颇用功”，个别人却“马虎为甚”（见日记），使他不得不一一复核。外单位的人员也陆续开始修订，他们是：中国社科院考古研究所的王世民、郑乃武，负责第一册原始社会遗址部分；南京大学的陈得芝，负责第二至第八册蒙古地区；中国社科院民族研究所的邓锐龄，负责第二至第八册西北地区。

10月间，谭其骧写出《中国历史地图集》前言初稿，11月底由高德将前言的打印稿发往有关单位和个人处征求意见。

1982年1月2日，经中共中央宣传部部长朱穆之、副部长赵守一和王惠德批准，中宣部向中央书记处送上了一份报告：“中国社会科学院报来《关于公开出版〈中国历史地图集〉的请示报告》，为慎重起见，我们征求了外交部的意见。外交部一九八一年十二月三十日函复，同意社会科学院关于将《中国历史地图集》修改后公开出版的意见，同时建议，该图集修改后，样图的审查工作仍由社会科学院主持。我们同意外交部的意见，现送上中国社会科学院《关于公开出版〈中国历史地图集〉的请示报告》，请审批。”

2月8日，中宣部收到中央办公厅的通知，中央领导同志已批示同意。9日，中宣部正式向社科院发函通知此事。

梅益和副院长宦乡阅后，立即批转科研局和历史所。2月15日，谭其骧接到高德来信，得知这一消息，感到无比振奋。他说：“三中全会以后就是不一样，多少年没有解决的问题，现在一下子就彻底解决了。”

2月26日的《光明日报》和《文汇报》发表了《中国历史地图集》即将公开出版的报道，香港《文汇报》和第二天的英文版《中国日报》等报刊也刊登了这一消息，引起了国内外学术界的瞩目。

为了落实修改和出版等各方面的工作，3月13日在复旦大学召开了有上海市高教局、出版局、印刷公司、中华印刷厂、地图出版社和修订者参加的工作会议。10月24日和26日，又在上海中华地图学社召开了作者、出版、印刷三方会议，根据实际进度，将出齐八册的期限延至1984年底或1985年初，还决定将护封改为纸套。

《中国历史地图集》的全部文字说明，包括前言、编例、目录、图例、后记等都要配译英文，笔者向谭其骧推荐了同届外文系硕士研究生、原上海外语学院教师周敦仁。译稿由笔者作了学术内容方面的校正后，又由地图出版社的凌大夏审校，笔者还曾就几处重要文字的译法征求过夏鼐、翁独健和侯仁之的意见。《中国历史地图集》出版后，英译文很受赞誉。周敦仁后为复旦大学美国研究中心教授、副主任。

《中国历史地图集》内部本的封面书名曾考虑请郭沫若题写，又曾准备用印刷体，出版时用了集字。公开本改请谭其骧的老友、上海图书馆馆长顾廷龙（起潜）题写。由于地图社制成的样板不理想，谭其骧又请他写了一次。

在5月和6月间，谭其骧集中精力处理图集的修订，边审校已修订过的图幅，边解决修订中提出的问题，如将西晋图的标准年代由太康三年（282）改为太康二年，并写出后记。

天气渐热，考虑到谭其骧家中的工作条件较差，各方面来访又多，影响工作，学校报请杨恺副市长批准，他在6月28日住进衡山宾馆，笔者作为他的助手陪同。在此后的三个月间，谭其骧先后校定了前言、总编例、第二册（秦、汉）、第五册（隋、唐、五代）、第六册（辽、宋、金）和第一册（原始社会、夏、商、周）的清样，答复地图出版社关于南海诸岛插图的意见，与邓锐龄讨论改定了吐蕃图幅。

7月27日晚，谭其骧在日记中记下了这样一段话："五代幅梁图画错首都，南汉图、南唐图标错年代，云南图标名长和亦不标年代，皆可笑之至，其他邻区等标错者不一其例甚矣。当初'革命'班子领导下之草率从事也。"

1983年初，第七册（元、明）的修订稿亟待审定，1月24日谭其骧又迁入衡山宾馆，笔者也随从，至4月1日才结束。在审校元时期全图一［至元十七年（1280）］时，谭其骧发现错误甚多，如将江淮省误作江浙，陕西四川行省误作陕西，图上出现了当时根本没有的河南行省，路、府及省界搞错的也不少，为此费时颇多。

8月24日，谭其骧开始审校第八册的修改稿，重点校了新编的光绪总图，并解决了图中涉及的问题。

8月5日上午，地图出版社上海办事处派人送来了公开出版的《中国历史地图集》第二册的精装本和平装本。至1984年3月，第一、第四册出版；1985年1月，第五、第六册出版。但在校清样的过程中，谭其骧仍不断发现并修改了不妥之处，如补充了隋图淮南江表幅的脱漏，改正了隋唐图中昆山县治定点的错误，将总章二年（669）总图中的新罗划出唐朝疆域，修改了吐蕃诸部图，决定第八册加绘1885年台湾省图，附于福建分幅。

“政治错误”种种　出版阻力重重

从《中国历史地图集》内部本出版到公开本发行的过程中，不断有人提出各种意见。对这些意见，无论是否正确，谭其骧和同事们都认真作了研究，凡言之有理又能够反映在图上的，一般都在修订中得到采纳。即使是非专业人员或普通读者的来信，也会受到应有的重视。如1983年5月3日，谭其骧收到浙江舟山地区科协毛德传来信，指出内部本明图中“双屿”位置画得不对，应指今六横、佛渡二岛。谭其骧核对史料后，认为这一意见正确，就写信给负责该册修订的赵永复，采纳了毛德传的建议。1984年6月20日，谭其骧收到高德转来的瀛云萍对唐至清图西域幅的意见，“发现北宋西域图以1001年为准，则西州回鹘应都于龟兹，东部应为瓜沙曹氏即归义军，其他亦有可取处”；当晚他就写信给负责该册修订的魏嵩山，要他立即与地图出版社联系，看能否再作修改。

但“文化大革命”和长期存在的“左”的影响，使一些人习惯于将一切问题归结为“政治”，所以一旦发现图集中的问题或与他们意见不一致的地方，就认为是“政治错误”，甚至是“严重政治错误”，动辄向报社、宣传部反映，引起一些领导的关注，甚至将状告到中央。尽管主持修订工作的中国社科院完全支持谭其骧的正确意见，但他还是不得不一次次奉命答复，为此耗费了不少时间和精力。

云南大学方国瑜教授对唐图幅中安南都护府与戎州、姚州边界的画法一直有不同看法，对余湛主持的审图结论持保留态度。1979年6月，他又向外交部作了反映，有人认为他并没有提出原上报材料以外的证据，觉得应该维持原议。6月30日，正在北京开会的谭其骧收到指示，要他回上海后给方国瑜复一封信，加以解释。8月26日和第二年的3月28日，谭其骧两次去信，说明了维持审图结果的理由。1982年3月，方国瑜致函中国社科院领导，再次提出了唐图和清图中有关边界画法的“严重错误”。在接到高德的电话后，谭其骧命笔者写一书面答复，送社科院备用。与此同时，方国瑜要云南大学领导禁止出版该校负责整理的《中国历史地图集》西南地区的文字资料，说这些资料是“卖国”。

1983年12月，方国瑜在中共云南省委召开的党外人士座谈会上发言，指责《中国历史地图集》存在严重问题。他还表示，如果图上这些错误得不到改正，他死不瞑目。这一发言由宣传部门上报后，刊登于中国新闻社的第356期内参上，立即引起了高层的注意。28日，谭其骧看到地图出版社转来的这份内参，考虑到内参造成的影响，与校领导商议后，决定以复旦大学中国历史地理研究所的名义正式作出答复，命笔者起草了《所谓〈中国历史地图集〉“若干严重问题”的真相》一文，针对对方的指责作了具体说明：

一、关于“三蓬”的归属问题

在清代中后期，清政府尚未控制田蓬街。田蓬“原属越南之上蓬地区”，中法划界时，我方“拓地纵横约三十里”，并由“地方官分别收入册籍”。但当地有“三蓬陪嫁”的传说，谓上、中、下三蓬是广南土司嫁女儿时陪嫁给保东土司（属越南）的，中法划界时才收回上蓬的八寨。方先生认为国家疆域地方土司不能私相授受，没有经过中央政府批准，不能承认既成事实。

但由于清图的标准年代是1820年，当时三蓬在越南辖境，且得到清政府实际上的承认。因此，还是将三蓬画在越南一侧。这是在一九七三年由外交部余湛同志主持审定，并报中央批准的。

二、关于台湾的处理问题

一九八〇年修订《图集》的方案确定对台湾的处理办法是：在清康熙之前，台湾用中国各政权、各地区同类色彩，与邻国有明显区别，但与大陆政权也不完全相同，类似中国范围内其他少数民族的政权或地区。这样做的依据是：台湾自古以来是中国的领土，但与大陆处于同一政权统治之下，是从康熙时开始的。方先生所说“在明、清以前的历史图中，台湾与大陆颜色处理不一致，而与相邻国家同为白色”，并非事实。而且，修改后的《图集》一、二册已发行，读者可以核对审查。

三、关于汉龙关的故址

对汉龙关故址的今地，学术界并无“公认的”说法，在云南大学几位同志中也有不同意见，《图集》采用了不同于方先生的一种。历史地图当然应该尽量符合历史事实，但在异说并存又无法判定哪一说是绝对正确的情况下，编者采用其中一说，是完全正常的。这在《图集》编绘过程中是常有的事。汉龙关故址的两说均在今缅甸，显然并不涉及边界问题。

四、唐图中今开远市以南界线的划法

这一段界线的划法，在一九七三年外交部审图时有三种意见：一是云南大学其他同志的意见，主要依据唐人樊绰的《蛮书》；二是方先生的意见，界线定在第一说之南；三是我所的意见，主要据张九龄《曲江集》记有开元二十四年的确切界线，离《图集》标准年代仅五年，界线定在第一说之北。方先生称这五年间界线已有改变，却并无史料根据。经过反复讨论，余湛同志决定采用第一说，《图集》即据此上图。

顺便说明一下，当时越南并未独立，这只是唐朝内部安南都护府与戎州都督府两个政区间的界线，不仅不同于今天的中越边界，也有异于此后越南与中国王朝的边界。如果越南方面要节外生枝，必然是枉费心机的。

此文经谭其骧审定，已是1984年1月8日，却传来了方国瑜逝世的消息。对于要不要再作答复，我们犹豫再三，最后决定加上一段附记后仍然寄往中新社、中国社科院和各有关部门。

应该指出：方国瑜与谭其骧个人之间并无芥蒂。1982年10月，谭其骧去昆明出席《肇域志》整理工作会议期间，于15日下午去云南大学方国瑜的寓所拜访，当晚方国瑜与江应梁一起在江家宴请谭其骧。当时，81岁的方国瑜几乎失明，他不顾行动不便，亲自陪同，热情接待，令始终在场的笔者也深为感动。19日下午，谭其骧在圆通饭店向云南史学界作学术报告，方国瑜自始至终参加，据云南的同人讲，这是多年未有的盛事。会后，他们和江应梁、李埏等老友摄影留念。笔者与方先生的学生、云南省首位博士林超民（后任云南大学副校长）相识，我们与方、谭两位老师一起留下了珍贵的合影。

但是他们在学术上的分歧无法调和，在方国瑜逝世后的1984年3月19日，谭其骧为唐图定稿。他“终日考虑唐图戎州、安南界问题”，反复思考方国瑜的意思有何接受的可能，当天没有作出决定。20日，他还是否定了方国瑜的意见，作出了图上界线不改的决定，并用了两天时间写下理由。

1984年初，云南有人又向外交部写信，反映清图云南幅中三蓬地区的画法。4月5日，谭其骧接到高德来信，花了三天时间写了一封长信，请高德转复外交部。5月19日，高德复函，外交部同意谭其骧意见，清图维持原画法不变。

就是在上海，有的人明明与谭其骧相识，或不时有与他见面的机会，却也要采用背着他向上反映的办法。1981年8月，华东师范大学地理系两位教师向《文汇报》反映，有必要组织边疆学会，并以《中国历史地图集》上西汉、南北朝、隋、唐图幅将友谊关画在交趾的“严重政治错误”为例。谭其骧得知后，立即写信给邹逸麟、周维衍、王文楚、赵永复等，要他们查明事实。结果非常清楚，他们列举的“史料”毫无根据，充其量只是几种不同说法之一。而且他们根本不提这样的事实：自西汉至唐，“交趾”（或安南）都是中原王朝的一部分，所以这条界线纯属中国内部的政区界，与今天的边界根本无关，岂能与今天的边界完全重合？正因为如此，他对这一反映未予置理。但到9月间，谭其骧得知他们的意见已经反映到外交部、国家测绘总局、中国社科院、地图出版社和胡乔木等处，9月20日，他只能据这些意见写了详细的答复，由笔者复写三份，寄给高德、地图出版社社长沈静芷和国家测绘总局。

1984年7月，在处理第五册（隋、唐、五代）和第六册（辽、宋、金）时，地图出版社提出了南海的画法问题。因为根据有关方面的规定，凡出版中国全国地图一定要画出南海诸岛和南海界线，第五、第六两册的总图和有关的分幅图上没有画南海界线。谭其骧认为，这项规定适用于今地图，所以图集的底图都应该照办，但历史地图要按历史事实画，凡是在南海诸岛还没有行政建置的时代就不必画，更不应该画南海界线。地图出版社请示国家测绘总局，测绘局也不敢作主，就反映到了某部门。7月14日，某部门致电中国社科院：

> 《中国历史地图集》第五、六册隋唐、辽宋图有个共同的问题是都未画南海诸岛。据了解，地图出版社与复旦大学有关人在此问题上有不同意见，复旦方面以“当时行政管辖还未到南海诸岛”为由，坚持不画出。
>
> 据查，1980年8月30日发表的外交部文件中明确指出“汉武帝时代中国人民就在南海航行，唐宋时期中国海军就在这一带巡海”。至少从唐宋开始，我已在南沙群岛进行捕捞活动。……地图上把香港地区界明确画出，本来1840年才有香港，如把香港画出，南海则更应画出。
>
> 根据以上理由，（我们）认为应该把南海画上，同时也应与外交部文件的说法统一起来。

谭其骧见到这一电话的记录稿后，在上面写上了这样的意见：“航行不反映主权，今天有许多国家航行于世界海洋，凡航行所及都要画到本国地图上吗?”“巡海也不一定限于本国领海，今天美苏舰队定期游弋全世界，都算他们领海吗？至于捕捞，今天苏联不是在全世界捕捞吗?”“香港自《江宁条约》后割让英国，自应与广东州县岛屿之间画界，南海是我国的土地，画什么界？底图上可以起自上古都画出，历史图上得有了明确记载后才能画。”可见某部门实际上是混淆了概念，作为底图的今地图当然应该按照今天的内容画，包括内地与香港的界线在内，但历史图只能按当时的实际画，如果还没有正式设置政区，自然不能将以后的内容提前画上去。但他还是在图稿上作了适当修改，第五、第六两册在年底出版了。

1985年8月28日，地图出版社派人通知谭其骧，某部门要求从第七册元图开始，台湾应与大陆政权着同样颜色，明图起南海诸岛要画海界。对第一项要求，谭其骧感到十分意外，因为经中央书记处批准的《中国历史地图集》修改方案已经确定，中国社科院的请示报告上写着：

> 台澎地区自古以来与中国大陆密切相关，但相当长时间只是我国当地土著民族的自主区，不属中原王朝直接管辖（宋以前全都在大陆王朝版图之外，南宋、元、明将澎湖收入版图。明末西班牙人、荷兰人侵占台湾，清初郑成功驱逐荷兰侵略者，以台湾建立奉明朝正朔的政权。直到康熙二十二年，郑氏政权为清所灭，台湾才正式成为清王朝疆域的一部）。内部发行本分幅图自三国以来历朝都把台澎划作大陆王朝领土，不妥，应如上述把台澎改作邻区处理。

经了解，他才得知，此前中国科学院自然科学史研究所等单位编辑出版《中国古代地图集》时，某部门曾要求从元朝开始凡选入的古地图都应包括台湾在内，当年4月这一方案也得到了中央批准，所以某部门就根据新的“中央精神”来要求《中国历史地图集》也从元朝开始将台湾画成与大陆政权同样的颜色。10月10日至13日，谭其骧给高德写了一封长信，说明不能接受某部门意见的理由。他指出，《中国古代地图集》是汇编前人的地图，完全可以根据我们定的原则来挑选；《中国历史地图集》是根据历史事实来画图，绝不能违背历史事实。中央的两次指示是针对两个不同的对象，某部门以后一个批示来限制前一个批示是毫无道理的。

由于这封挂号信在路上走了20多天，高德已来电话催问，并希望他对南海的画法也作一答复，谭其骧又写了第二封信。他指出：今地图上的南海界线是1946年抗战胜利后国民政府派舰巡视后画的，绝不能说明明清时就已存在此线。但西方人画的地图称南海为“大明海”，如利玛窦的地图就是如此，所以可以在明图南海上注“大明海”。清初葡萄牙人所绘地图于南海诸岛旁注“干豆”，据韩振华的研究，“干豆”即广东（Canton）的误译，因此可在明图南海诸岛注明“广东”。

胡乔木获悉这两封信的内容后，说此图由学者负责，应该按主编的意见画，对某部门方面让社科院副院长宦乡去做工作。12月间，宦乡约某部门同志解释，希望他们改变态度，但某部门不接受宦乡的劝告，并正式致函社科院，要求《中国历史地图集》第七、第八两册必须按内部本画。这时离第五、第六两册的出版已近一年，第七、第八两册却迟迟不见问世，引起了国内外有关人士的注意，地图出版社和谭其骧等都收到不少询问的函电，也出现了一些猜测。谭其骧去无锡参加纪念徐霞客学术讨论会时遇到美国明尼苏达大学地理系的徐美龄教授，徐美龄就问了《中国历史地图集》第七、第八两册不出版的原因，还问是不是遇到了经济上的困难，要不要在海外发动募捐。

1986年初，谭其骧看到了某部门函件的复印件。1月27日，他针对某部门提出的五点，逐点提出了反驳意见，又给社科院写了一份长达七八千字的材料。如他指出郑成功收复台湾是收复“先人（郑芝龙）旧业”，并不是恢复明朝的政区；元朝郭守敬南海测验是在占城（今越南南部），而不是在南海；至于他在70年代外交部审图会上没有提出异议，是因为“怕被斗，被戴上反革命卖国的帽子，所以在会上缄默，不等于真正同意”；而80年代之所以要修改后才公开出版，正因为内部本有不符合史实之处。他又应社科院的要求，将此信缩写成一份千余字的摘要，以便向中央汇报。有人问他：“要是中央不明确表态怎么办?”他说：“那我只有在第八册的后记中写明，此图集所有的点、线都有史料根据，唯有第七、八册中台湾和南海的画法是根据某部门的指示。”“如果办不到，最低限度也要在第七、八册上取消谭其骧的主编字样。”他表示，主编可以不当，图可以不出，但历史事实不能歪曲。

当时笔者正在美国访学，谭其骧在2月24日给笔者的信中写道：“现在毕竟不是‘四人帮’时代了，我是决心斗争到底。……我若顺从某部门的要求，我还能算一个学者吗？我不怕拖，即使拖到我死后才出，那时照某部门主张画，人家也可以知道歪曲历史的责任不在我了。”

一些朋友和同事知道此事后，劝他妥协，以便将图集尽快出版。有人劝他：“你已经76岁了，这套图已经编了30年了，最后这两册无论如何要出全。这样改也不要你负责任，别人都明白，没有人会怪你的。”老友曾世英对他说：“你顶不过某部门，还是照他们办了吧。我已快90岁了，要不我就看不到这套图了。”但谭其骧不为所动，他坚信十一届三中全会后的党中央一定会贯彻实事求是的方针，妥善解决这个问题。

艰难的胜利

1986年5月，宦乡向中央报告此事，请求中央作出决定。5月下旬，他又在北京召开了国际法学者座谈会，审查元明图的画法。6月11日，胡乔木致函中央书记处书记胡启立：

启立同志：文件均已详阅。同意宦乡同志所提意见。谭的画法对我外交无损，幸勿在形式上争论不休，致此图集不能出版，如此则不独不利于我之内政（学术民主），亦不利于我之外交，因此地图集的命运早为国内外所注目。以上妥否，请书记处讨论决定。

胡乔木，6月11日

不久，中央书记处正式讨论了《中国历史地图集》第七、第八册中有关台湾和南海的画法问题，虽然也有人提出既然有不同意见就慢慢再出，但最后一致认为要尊重历史事实，尊重专家学者的意见。为了慎重起见，中央要求中国社科院主持召集国内有关专家作一次讨论，以便统一认识。

1986年8月3日，由中国社科院院长胡绳主持的讨论会在北京国务院第一招待所举行，出席会议的有中国社科院历史研究所所长林甘泉研究员，历史地理研究室主任陈可畏副研究员，近代史研究所所长余绳武研究员，民族研究所杜荣坤研究员（所长）、邓锐龄研究员，中国科学院地理研究所纽仲勋研究员，北京大学侯仁之教授，中央民族学院历史系贾敬颜教授，厦门大学台湾研究所陈碧笙教授（所长）、韩振华教授，杭州大学地理系陈桥驿教授，南京大学元史研究所陈得芝教授，云南大学历史系尤中教授，测绘研究所曾世英研究员，外交部国际条法司王厚立（余湛已任他职，沈伟良已退居二线），高德，谭其骧，周维衍。笔者作为谭其骧的助手列席，并为会议录音。

会议集中了全国学术界的权威人士、各有关学术机构的负责人或代表，经过一天半的讨论——有时是很激烈的辩论，最后基本取得了一致意见：元、明图中台湾用中国基色中的邻区颜色，与大陆不同；明图增加郑氏台湾图，附于福建幅；元、明、清图南海不画界线，在有关岛屿下注“广东”；在第八册后记中说明，《中国历史地图集》系学者研究成果，不代表政府观点，学术界虽有不同意见，图上只能表示其中一种。

当年10月底，谭其骧应日本学术振兴会之邀在大阪大学等校访问讲学。在日本期间，他见到了由原来浙江大学史地系的学生、台湾中国文化大学程光裕教授和徐圣谟教授编绘的《中国历史地图集》上下二册，发现他们对元、明台湾的画法与自己的方案相同，南海诸岛也从未画过海上界线。11月3日，他写信给高德，告诉他这一情况。在日本，又有不少学者问道，为什么第七、第八两册久拖不出，谭其骧只得把责任推给出版社。

中国社科院在10月就给中央书记处打了报告，只待批复。但在当时的形势之下，此事的讨论显然不可能很快列入书记处的议程。但胡绳和胡乔木还是积极争取，在看到高德所写的关于台湾所出《中国历史地图集》介绍的简报后，胡绳给胡乔木写了一个报告，指出关于历史上台湾、南海诸岛的画法实不成为问题，不会引起现实问题，已不需要再提交到中央书记处会议上讨论；建议或者由中央书记处的领导同志在中国社科院去年10月的报告上批示一下，或者委托中国社科院负责，社科院愿意承担责任。不能使《中国历史地图集》老拖着不得出版。胡乔木专门写了一封信给国务院总理、外交部部长和国务院副总理等三位中央领导，表示完全同意胡绳同志意见，并同意按10月报告处理；三位中央领导都圈示同意。至此，一切障碍都已扫除。

高德在1月28日（农历除夕）写信向谭其骧传达喜讯，他在31日（正月初三）收到来信，感到无比欣慰。2月12日，谭其骧在北京主持《中国历史地图集》编委扩大会议，当晚就与地图出版社的尹正寿和计伯仁商谈了加紧出版第七、第八册的有关事项。3月上旬，他审定了第八册新增加的郑氏台湾图和清光绪建省后台湾图，修订工作结束。

由于《中国历史地图集》从1955年开编起已经过了30余年，前后参与人员参加的时间不一，情况各异，其中又有“文化大革命”这样的特殊年代，原始记录不全，所以署名方案和具体名单的确定相当困难。经过反复协商，征求意见，至当年5月14日大致确定。

1987年12月第七册出版，1988年12月第八册出版，从1980年开始修订，历时八年半，公开本终于出齐。1989年1月23日，《文汇报》首先发布了这一消息。

3月13日上午9点半，中国社会科学院在院部召开庆祝《中国历史地图集》出齐大会，胡乔木、胡绳、余湛、刘导生等，各编绘、制图、印刷、发行单位代表和有关人员，专家学者共七八十人出席。谭其骧和复旦大学中国历史地理研究所所长邹逸麟教授专程赴会，笔者也随同前往。

中国社科院丁伟志副院长主持会议，胡绳、谭其骧、国家测绘局副局长和胡乔木先后讲话。在回顾了自1955年起的编绘、修订过程后，谭其骧说：

> 在我们庆祝这项重大任务胜利完成的时候，最大的遗憾是，对这部图集曾寄予厚望的毛泽东主席和曾经关怀图集编绘工作的周恩来总理没有能看到图集的出版。最令人痛心的是，主持这项任务达11年之久，为组织编绘人员，确定编绘方案付出了大量心血的吴晗同志，在“文化大革命”初起时就遭到“四人帮”残酷迫害，匆匆离开了我们。曾为图集作出贡献的白敏、冯家升、傅乐焕、胡德煌、施一揆等同志在图集公开出版前已先后去世；在修订、出版的这几年间，又有韩儒林、尹达、方国瑜、夏鼐、姜君辰、翁独健等同志离开了我们。图集凝聚着他们的心血，他们的名字与图集共存，并将随着图集在国内外的流布，为越来越多的读者们所了解和纪念。
>
> 《中国历史地图集》所要描述的疆域之辽阔、年代之悠久是世界上任何国家的历史地图所无法比拟的，但编绘的物质条件又相当简陋，远远不及发达国家的水平。全体编绘人员为了国家利益，为了学术研究，为了共同的事业，发扬了无私奉献的精神，在连续几年或十几年的时间里，大多数编绘人员放弃了节假日和业余时间，放弃了个人研究和兴趣爱好，根本没

有想到会有署名和领取稿酬的可能，没有工资之外的任何津贴，还要受到各种政治运动的折磨和干扰。编绘人员中有人因遭受打击而身亡，有人因积劳成疾而早逝，也有人戴着政治帽子而坚持工作。今天，参加过编绘的人员大多已年过五十，他们为《中国历史地图集》奉献了一生最宝贵的时光，尽管他们所获得的荣誉和报酬同他们付出的代价是很不相称的，但他们都以能参加这项工作而感到自豪。《中国历史地图集》的编绘虽然已成为过去，但这种奉献精神是永存的。即使将来我国的物质条件大大提高了，知识分子的待遇大大改善了，这种奉献精神还是值得我们发扬的。

谭其骧没有提到他自己，但在场的人都知道，他为图集作出了最大的奉献。就拿公开本的稿费来说，尽管已逐渐有所提高，但他分得的是：第一、第二、第四册917元，第三册623元，第四、第五册1494元，第七册1077元，第八册1120元，合计5231元。以八年半计，平均每月约51元。《中国历史地图集》获得上海市哲学社会科学优秀成果特等奖的3000元奖金中，他分得了最多的一份——220元。

会后中国社科院设宴招待，谭其骧与胡绳、刘导生、余湛、曾世英同桌。面对着这几位饱经沧桑的老领导、老专家，笔者仿佛见到了吴晗、范文澜、尹达、夏鼐、翁独健、韩儒林、方国瑜等老一辈（实际上笔者从未见过吴、范二位），八年来在谭其骧身边的所见所闻也浮现在眼前，仿佛看到了他们怎样用自己的生命、智慧和良心建成了《中国历史地图集》这块辉煌的里程碑。

宴会后，谭其骧专门向到会的地图出版社、中华印刷厂和上海新华书店的代表致谢，高兴地与他们合影留念。

历史是公正的，对谭其骧和《中国历史地图集》也是如此。1980年4月8日，胡乔木在中国史学会代表大会上的讲话中指出："解放以后，我国史学界做了很多工作，其中最有成绩的工作之一，就是在谭其骧同志和其他同志领导之下编纂的《中国历史地图集》。这项工作还没有最后完成，但它是非常了不起的工作，可以帮助我们了解我国领土的历史。"1986年，在《中国历史地图集》的公开本还没有出全的情况下，就被评为上海市哲学社会科学优秀成果特等奖；

1994年，《中国历史地图集》获中国社会科学院荣誉奖；1995年，获国家教委社会科学优秀成果一等奖。谭其骧于1980年当选为中国科学院学部委员（后改称院士），与他主编《中国历史地图集》的巨大成就是分不开的。

历史也是令人遗憾的，失去的便永远无法挽回。在《中国历史地图集》的前言中谭其骧就曾指出："'文革'中被无理删除的唐大中时期图组、首都城市图和一些首都近郊插图，被简化为只画州郡不画县治的东晋十六国图、南朝宋梁陈、北朝东西魏北齐周、五代十国等图，以及各图幅中被删除的民族注记和一些县级以下地名，若要一一恢复，制图工作量太大，只得暂不改动。"这就是说，要是没有这场浩劫，要是按照原来的计划，我们今天能从《中国历史地图集》中获得的信息将更多。例如，唐朝（618—907）有近300年，前后的政区设置变化很大，《图集》原来准备编绘两套分幅图，分别显示安史之乱前的开元二十九年（741）和后期的大中年间（847—860）的状况，但现在只能看到开元这一套分幅地图。又如，本来在图上可以查到历代首都城市图和城市周围不少小地名，现在大多未能恢复，当时删除的理由很简单："首都和近郊是谁住的？还不是帝王将相！为什么对帝王将相就那么感兴趣？""画那么多地名，搞繁琐哲学，工农兵根本看不懂，是典型的资产阶级专无产阶级的政。"《图集》至今还没有能恢复这些被删除的内容，我们只能把希望寄托于下一个世纪了。

就在庆祝胜利的时刻，谭其骧念念不忘他毕生的追求，他在讲话中说：

> 《中国历史地图集》的完成固然是中国历史地图史上一项空前的成就，但严格说来，还只是一个开端，因为它仅仅是一部以疆域政区为主的普通地图集。要真正称得上完整的历史地图集，就应该包括历史时期任何自然、经济、政治、军事、民族、文化等所有有资料可据又能够用地图表示的地理现象，只有等这部地图集完成了，绘制中国历史地图的事业才能算大功告成，或者说告一段落。在中国社会科学院的主持下，从1982年底开始，我们已经着手编绘《中华人民共和国国家历史地图集》，并已完成了一百几十幅地图的初稿和复审，不少参加过《中国历史地图集》编绘的老同志又接受了这项新的任务，也有很多年轻的新同志加入了这支队伍。我们虽有

编绘历史地图集的经验，但也碰到了前所未有的新困难和新问题。我已经七十九岁了，作为主编，当然希望在有生之年能看到这部新图集的完成和出版。我将一如既往，贡献自己的绵薄力量。只要党和政府能像当年重视和关怀杨图一样给予必要的条件，只要全体编绘人员能继承和发扬以往的奉献精神，我就有信心克服困难，完成我们的任务。

但报之以热烈掌声的听众和谭其骧本人都不会料到，他的生命已到了最后的三年五个月，而留给他工作的时间只剩下两年半了。

第十三章 从沿革地理到历史地理学

如果说，1935年《禹贡》半月刊开始用“中国历史地理”（The Chinese Historical Geography）作为该刊的英文译名还不是完全自觉的话，到谭其骧1942年起在浙江大学开设“中国历史地理”这门课时，他已经在有意识地开创一门新的学科了。但对中国历史地理学这门新学科的理论、学科性质、研究对象、学科体系、研究方法的认识，他也经历了一个由浅入深的过程，是到20世纪60年代才明确的。

历史地理学的研究在中国有悠久的传统，主要表现在沿革地理方面。所谓沿革地理，主要是研究政区的“沿”和“革”。“沿”是政区建置的延续，“革”是政区建置的改变或撤销，这说明这门学问关注的重点是行政区划的设置和演变，在此基础上，也研究疆域的盈缩、地名的考证和一些主要水道的变迁。但历史地理不是沿革地理的延续，而是在沿革地理基础上的发展，这不仅表现在研究范围上的扩展，更体现在研究性质的变化。谭其骧数十年孜孜不倦地求索，使他从沿革地理走向历史地理学，为中国历史地理学奠定了坚实的基础。他的成就丰富了中国历史地理学，也使更多的人看到了这门新兴学科的深厚潜力和辉煌前途。

历史上的中国和中国疆域的界定

从1955年主持重编改绘杨守敬《历代舆地图》开始，如何理解和确定历史上的中国及其疆域范围就成了谭其骧和同事们一个无法回避的难题。如果说在编撰论著时还能有所取舍详略的话，绘制地图却不能有丝毫含糊，用什么颜色，界线画在什么地方都得有明确的理论基础和史料根据，也不能随意空缺。从那时候开始，他一直在思考这个问题，并提出过一些自己的想法。1962年6月7日，在复旦大学校庆科学报告会上，他作了《历史上的中国范围、王朝疆域及中国与王朝的关系》的报告，7月12日又在上海市历史学会作了同一报告，但当时只准备了一个提纲，会后他着手整理，至8月2日写成了《历史上的中国和中原王朝》一文，但不知什么原因，这篇文章后来没有发表，现在也没有发现原稿。

在编绘《中国历史地图集》的过程中，编绘人员和学术界有关人士发表了各种各样的观点，其中最突出的意见有两种：一是强调以今天的中国领土为历史上中国的疆域，即凡是在今天中国范围内的一切政权和民族的疆域都属于历史上的中国，否则就不算中国。一是以历史上的中原王朝及传统史家承认的地区性政权为历史上的中国。但前者遇到的最大矛盾是，今天中国的领土比19世纪40年代前的清朝已经减少了100多万平方千米，其中包括一两千年前就已在中原王朝管辖之下的地区，如今天的朝鲜北部、越南大部、蒙古国全部、黑龙江以北和乌苏里江以东地区、新疆境外直至中亚巴尔喀什湖之间地区。如果根据这一原则画历史地图，连一幅清朝的疆域图都画不完全，更不用说汉、唐、元这样疆域辽阔的朝代，因为这些朝代的领土都有相当大一部分在今天的国界之外。另一方面，历史上在今天国境之内的一些实际上独立于中原王朝的政权或自治地区又不得不解释为中原王朝的一部分，似乎中国的疆域自古以来就是那么大，两三千年来一成不变。从后一种意见出发，对今天一些边疆地区，为了证明它们历史上是中国的一部分，就只能寻找它们对中原王朝的“归属”关系，不管是名义上的臣服还是打着“朝贡”旗号的贸易，甚或是中原统治者和学者一厢情愿的记载，都被列为“历史证据”。如果连这样的证据都找不到，就会感到理不直、气不壮，无法自圆其说。

经过长期、反复的讨论和实践，谭其骧及同事们最终确定的原则是：“十八世纪五十年代清朝完成统一之后、十九世纪四十年代帝国主义入侵以前的中国版图，是几千年来历史发展所形成的中国的范围。历史时期所有在这个范围之内活动的民族，都是中国史上的民族，他们所建立的政权，都是历史上中国的一部分。”同时确定：“有些政权的辖境可能在有些时期一部分在这个范围以内，一部分在这个范围以外，那就以它的政治中心为转移，中心在范围内则作中国政权处理，在范围外则作邻国处理。”（见《中国历史地图集》总编例，《中国历史地图集》第一册，中国地图出版社1982年版）对清以前的中原王朝超出这一范围的疆域，也根据实际情况，保持其完整性。

在《中国历史地图集》的编绘工作基本完成以后，谭其骧就在多次学术会议上对这一原则作了理论上的阐述。1975年5月，谭其骧与武汉大学历史系唐长孺教授应国家文物局局长王冶秋之邀，陪同他一起去新疆视察文物保护工作。在新疆期间，谭其骧于5月24日在乌鲁木齐市、6月1日在库车县、6月3日在乌鲁木齐市三次讲了与新疆有关的历史地理问题，主要是结合历史事实，对如何理解新疆是历史上中国疆域的一部分发表了意见。6月12日，他在兰州作了《祖国的西北边疆》的报告，也是根据他对历史上的中国的新见解来阐述西北地区在中国边疆中的地位。9月10日，应在河北承德召开的北部边疆省区文物考古工作座谈会的邀请，他在会上作了题为《对历史时期的中国边界和边疆的几点看法》的长篇报告。事先他来不及写出讲稿，事后由会议工作人员整理出记录稿，12月30日寄给他，由他修改后在内部印发。

在承德，他讲了三个方面：历史时期的中国边界，中原王朝的北部边界，各个边疆地区是谁开发的。这篇讲话以大量历史事实，结合新发现的文物考古资料，论证了历史时期中国疆域的范围。考虑到会议的主题，讲话侧重于北部边界。在当时中苏关系的特殊条件下，还较多地驳斥了苏方的有关言论。

在第一部分，他着重阐明了一点，即某一历史时期的中国边界不等于这一时期中原王朝的边界，这是两个不同的概念，不要混为一谈。中国的边界绝不能仅仅指中原王朝的边界，而应该包括边疆其他少数民族建立的政权的边界，其他少数民族所建立的政权也是中国的一部分。他指出：有人把今天中国境内各个历史时期的政权，除了中原王朝以外，分为两类，一类承认为中国，对另一类就不认为是中国。还有些人认为，一个地区，过去的历史时期曾受中原王朝的管辖，以后建立了独立政权，可以算是中国的一个地方政权、割据政权；要是这个地方从来没有受过中原王朝的管辖，那么这个地方少数民族所建立的政权，就不能算是中国的政权。这些看法的根源都是大汉族主义在作祟，还是认为只有汉族才是中国，中国就等于汉族政权，都是错误的。中国是一个由多民族结合而成的拥有广大人口的国家，是中华民族的各族所共同缔造的。不仅现在的中华人民共和国是由中华民族的各族共同建设的，就是历史时期的中国，也是由各民族共同缔造的。正因为如此，我们应该把中华民族各族人民的祖先都看成是中国史上的成员，各民族的历史都是中国史的一部分，各民族所建立的政权都是中国的政权。我们应该把各个历史时期边疆人民所建立的政权，看得犹如中原地区的分裂政权一样。他举例说："汉朝的时候，中国的北界在哪里呢？就是匈奴的北界，一直到达贝加尔湖一带。唐朝时候中国的北界在哪里呢？应该就是突厥、回纥的北界。同样，其他方向也是如此，唐朝时候（中国）的西南边界在哪里呢？应该就是吐蕃的边界、南诏的边界。东北的边界在哪里呢？应该是室韦的边界、靺鞨的边界。"

这篇讲话首次比较完整地提出了历史时期中国疆域的概念，引起了学术界很大的注意，但因涉及敏感的历史边界问题，所以没有正式发表，以后仅在《中国史研究动态》上刊登了摘要。1979年11月23日，他在厦门大学历史系向师生作学术报告，谈了两方面的问题，其中一个就是"研究中国历史地理的一个急需解决的问题——如何正确理解历史时期的中国"，用的就是前一个报告中的观点。

1981年5月，在出席了中国科学院学部委员大会后，谭其骧应老友、中国社会科学院民族研究所所长翁独健教授之邀，在北京香山别墅参加中国民族关系史研究学术座谈会，27日下午又就同一主题作了长篇讲话。当时，《中国历史地图集》的修订方案已经由中央有关方面批准，谭其骧提出的严格遵照历史事实、实事求是地反映中国历史疆域的具体意见得到了采纳，所以他不仅更全面地论述了这一原则和有关的史实，还针对长期流行的"左"的思潮，批评了史学界在羁縻州、称臣纳贡、历史上台湾与大陆的关系等问题上的不实之风。讲话的记录稿整理出来后，本拟公开发表，但因他对历史上台湾与大陆关系的论述与流行的说法颇有不同，刊物主编不无顾虑，曾提出将这一部分删去的方案，为谭其骧所拒绝。直到1990年，创刊不久的《中国边疆史地研究》决定发表这份记录稿，谭其骧命笔者作了校改，又亲自修改后，以《历史上的中国和中国历代疆域》为题发表于该刊1991年第1期。

在这篇报告中，谭其骧已经涉及了历史上的羁縻州，针对“文化大革命”期间的“左”风，他指出：“那时历史学界讳言‘羁縻州’，‘羁縻’两字不许提，硬要把羁縻都督府、羁縻州的‘羁縻’两字去掉，要把它看成正式的行政区划一样。”尽管因报告的重点在历史时期中国与周边国家和地区间的界线，因而他没有在羁縻州问题上多作论述，但实际上这也是编绘《中国历史地图集》过程中的一大难题，并且使他在修订本公开出版以后仍然感到不安。他不止一次对笔者说过：“羁縻州的情况千差万别，但大多数不同于正式政区。现在《图集》虽在图后附了几张表格，图面上却与正式政区毫无区别，难免不使人产生误解，似乎中原王朝的直接统治区一直就有那么大。当然，要画出它们的具体范围或许根本不可能，但总要有所表示。”

这里有必要对“羁縻州”稍作解释。所谓“羁”就是控制、约束，所谓“縻”就是抚慰、拉拢，正反映了统治者对少数民族聚居地区所实行的政策。当中原王朝或汉族政权的军事力量和政治势力已经控制或影响到少数民族聚居地区时，当然都希望能够将它们纳入自己的疆域范围，建立起经常性的行政区域。但少数民族地区大多地广人稀，经济落后；或山高林密，交通不便；或从事游牧，聚散无常；而且有与汉族差异很大的风俗习惯、语言文化。要设置正式行政机构不但需要派驻官吏、军队，进行移民，背上沉重的财政包袱，而且若有处置不当，就会引起当地民族的反抗。所以从唐朝开始，陆续在边远地区设置了800多个羁縻府、州、县，由朝廷根据地域大小、人口多少、地位强弱、影响或重要性等因素，分别授予当地少数民族首领以都督、刺史等官职，听任世袭或按本族习惯推举。这类羁縻政区不向朝廷缴纳赋税，上级政府也不向它们派遣官员或干预它们的内部事务，但必须服从所属都护府、边州都督或节镇的管辖，保持对朝廷的忠诚。由于情况千差万别，这些羁縻政区差异很大，有的已相当于近代的民族自治地区，甚至与正式的行政区没有多大区别，有的却只有相当松散的联系，甚至只有一个名义。所以如果将羁縻政区一概当作正式政区处理，无疑会使中原王朝的疆域大大扩展，但这并不符合历史事实。

撰成于1986年的《唐代羁縻州述论》一文，首先对《新唐书·地理志》中的羁縻州篇作了阐释和补证，指出唐代正州（正式的州）与羁縻州的区别在法制上可能并未作出过明确的规定，所以有些州在《旧唐书·地理志》中是正州，在《新唐书·地理志》中却列为羁縻州。在此基础上，通过对羁縻州的任命、册封、官职、俸禄、征调、进贡等方面的具体分析，认为唐朝在羁縻州与一般未设羁縻州的称臣纳贡的部族或国家之间，并无明确的制度上的区别。至于羁縻州地区是不是唐朝的版图所届，或是不是唐朝的领土，情况十分复杂，往往因地域、国族而异，因时间而变，差别甚大，不可一概而论，大致有三种情况：（1）一些边州时而由正州降为羁縻州，时而由羁縻州升为正州，这证明唐朝能够任意改革这些州的建置，自应视为在版图之内。（2）有些羁縻州自始至终只是一个虚名，应视为唐朝境外的邻邦部族，如靺鞨粟末部及以后的渤海国、靺鞨黑水部、室韦、新罗等。（3）有些羁縻州与唐的关系前后有变化，应按实际情况区分何时为唐土，何时不是唐土，如奚、契丹、高丽、突厥、安西四镇（在今新疆及相邻的中亚地区）、松州都督府（在今四川西南部）、剑南道戎州（在今四川南部）等都督府、江南道黔州都督府（在今贵州境内）、岭南道桂邕二州都督府（在今广西境内）等，但葱岭（今帕米尔高原）以西的羁縻州一般只能视为境外的藩属。

此文本拟直接发表，但因《纪念顾颉刚诞辰九十周年学术论文集》迟迟不能问世，而原来送交的《唐北陲二都护府建置沿革与治所迁移》一文（作于1980年）已收入《长水集》下册，即将出版，所以将此文送编委会替换。但这本论文集直到1990年才由巴蜀书社出版，印数也仅数百，了解谭其骧观点的学者仍然有限，是十分可惜的。

创立“七大古都”说

1983年，中国青年出版社出版了一本《中国六大古都》，这六大古都就是北京、西安、洛阳、开封、南京、杭州。但就在前一年，谭其骧发表了《中国历史上的七大首都》，提出了“七大古都”说，即在前面六大古都以外加上了河南安阳。

谭其骧思考这个问题已经有很多年了。他曾告诉笔者，他记得以前讲中国历史上的首都只是提“五大古都”，20世纪40年代后逐渐流行了“六大古都”说，不知道始作俑者是谁，“我怀疑是张晓峰（其昀），他长期在浙江大学，对杭州偏爱。但我一直没有找到证据”。他认为五大古都的提法是合理的，从各方面看，北京、西安、洛阳、开封、南京都胜过其他古都，所以不赞成提六大古都。但既然六大古都说已经流行，而且杭州在中国的古都中也的确具有重要地位，讲课时就不能回避。但他将杭州与其他古都相比，觉得安阳的重要性实在不在杭州之下，所以就将安阳与杭州加上五大古都，称之为七大政治中心。60年代在给复旦大学历史系历史地理专业学生上课时，谭其骧就采用了这一说法，用于区别当时通行的六大古都说。又经过多年的考虑，他逐渐形成了“七大古都”的想法，并在70年代后期的学术报告中正式提出了。1981年，谭其骧就以此为题向复旦大学历史系的学生作了一次报告，笔者作了详细的记录。

当年底，华东师范大学的《历史教学问题》多次索稿，谭其骧感到盛情难却，可又苦于抽不出时间来写一篇文章。笔者建议即以七大古都为题，由笔者根据报告记录稿整理出初稿，他改定后发表。第一部分七大首都的建都过程改定后，字数已有数千，编辑觉得可以分期刊登，因此以《中国历史上的七大首都（上）》为题发表于该刊1982年第1期。以后又发了中篇，下篇却始终没有完成。

1987年4月，笔者随谭其骧去河南安阳，参加该市地方志办公室召开的一个小型论证会。在20日的会上，谭其骧对安阳应列为七大古都之一的理由作了进一步的论述。1988年8月，中国古都学会在安阳召开年会，一致同意采纳谭其骧的建议，改“六大古都”为“七大古都”，将安阳列为七大古都之一。学会还决定编写《中国七大古都》一书，仍由《中国六大古都》原主编陈桥驿任主编，中国青年出版社出版；并拍摄电视片，在中央电视台和各大电视台播放。

当年11月16日，在给他的学生、中国社科院历史研究所史为乐的信中，谭其骧谈了他提出七大古都说的一些想法：

> 安阳论建都之早应比长安、洛阳早，安阳始于商代之殷，而长安则始于周之丰镐，洛阳则始于周之洛邑。唯建都时间之久则安阳自比长安、洛阳、北京等差得多。殷墟273年，加上邺都几十年，安阳建都充其量不过三百多年，怎能比得上长安、洛阳？也赶不上北京、南京，仅比开封、杭州长久一些而已。我首创七大古都之说，只是就古而言，不应只计周以后，不计殷代。长安可丰、镐、咸阳、汉唐长安合计，安阳自亦应殷、邺合计，而安阳在隋以前作为重要古都之一，不应因其隋以后之衰落而不计也。
>
> 六大古都之说，实由于六大古都为今日北京、南京、西安、洛阳、开封、杭州六大城市之前身。安阳只是一个中等城市，比不上这六大城市，便被忽视或遗忘了。其实既讲古都，自只应问在古代是否为都城，不必问今日是否为大城市也。鄙人之所以要创议改六为七，实意在求实，非标新立异也。

《中国七大古都》一书请谭其骧作序，他利用这个机会，对《中国历史上的七大古都》一文作了简单的补充。谭其骧逝世后，笔者以《序》为主，补入前文上、中两部分的内容改写为《中国历史上的七大首都》，编入《长水集续编》。这与谭其骧要写一篇更完整的论文的愿望肯定不符，但要在一篇文章中比较全面地表达他的看法，舍此也没有别的办法。

正因为如此，谭其骧对七大古都说的一些看法并没有完全包括在这篇文章之中。他逝世后，马正林在《陕西师范大学学报》1993年第2期上发表了《论确定中国“大”古都的条件》一文，对安阳被列为七大古都之一提出异议。如果谭其骧还健在的话，他一定会乐意回答马正林的驳难的，因为他曾多次对笔者谈过他的想法，有的正可用以答复马正林。

例如，谭其骧曾指出：“历代统治者择都的条件是多方面的，主要是军事、政治、经济三方面，但在不同的历史条件下的侧重点是不同的，实际并没有十全十美的首都，就是拿当时的标准看也是如此。所以我们今天讨论古都，也应该综合起来看，不能一条条死扣标准。拿杭州与安阳相比，用今天的地位是无法比的，但在历史上安阳的地位至少不在杭州之下。宋高宗选择杭州，而不选更有利于恢复的建康，主要是满足于偏安局面。杭州的优势主要也是经济、文化，包括名胜风景，一定要说军事上、政治上或者地理条件如何如何好是说不通的。不过因为杭州一直是全国闻名的城市，把它列为古都之一就很容易为人们所接受，安阳就没有这个条件。但我们研究历史地理的人不能这样看，应该综合分析。不赞成安阳列入大古都的意见中主要一条，是安阳与殷、邺不完全在一个地方。如果一定要完全重合，那么周的丰镐、秦咸阳、汉长安与隋大兴、唐长安都不重合，它们之间相差的距离比邺与今天的安阳只多不少，甚至比殷与邺的遗址间的距离也要大。为什么它们可以合起来作为一个古都的发展过程，殷、邺与安阳就不可以呢？邺被杨坚焚毁时，它的居民以及行政机构相州、邺的治所都迁到了安阳，而且以后安阳就改名为邺，直到北宋才归入临漳县，所以安阳与邺是有承继关系的。既然它们有这样的关系，距离也不能算很远，为什么不能把安阳作为殷、邺的后身呢？”

1991年夏，上海古籍出版社约请复旦大学赵永复撰写一本《十大古都》，他征求谭其骧的意见。由于出版社要出“十大系列”，非“十”不可，谭其骧感到很为难，他认为古都的划分只能取若干标准，非以十为界不可就比较牵强。他对笔者说：“古都有不同的等级，不能硬凑数。比如说西安、洛阳、北京是一个等级，加上开封、南京作五大古都是第二个等级，再加上安阳与杭州是第三个等级，但不能随便定一个数正好也是一个等级，非要‘十大’就很难办。我提七大古都，就是考虑到安阳与杭州应在同一等级，至少不比杭州差。而且安阳的条件的确要比排在以后的古都好不少。安阳当然不能与西安比，也不如南京，但可以与杭州比。”

如果认真理解谭其骧的意图和观点，我们就不难发现，马正林的一些反对意见其实并没有抓住关键，但进一步讨论无疑会有利于学术界逐步取得共识。不过，在谭其骧提出七大古都说后的七八年中马正林并没有提出不同意见，直到1991年才将批驳文章送到《历史地理》要求发表。当时谭其骧已生命垂危，自然无法再对这篇文章作出反应。编辑部有鉴于此，将文章退回，马正林才改投《陕西师范大学学报（哲学社会科学版）》。出现这种缺席争鸣的局面，不能不使人感到遗憾。

历史自然地理研究的硕果

1955年4月9日下午，谭其骧在地图出版社作学术报告，题目是《黄河与运河的变迁》。这引起了地理学界不少人的注意，《地理知识》杂志编辑部派人来作了记录，会后他们将记录稿交谭其骧修订，要求在杂志上发表。人民出版社闻讯后，与谭其骧商议，希望他能写成一部专著，初步商定由三联书店出版，不久还寄来了200元预支稿费。6月14日，谭其骧将讲稿修订完毕，以后又补画了地图，发表于当年第8期和第9期《地理知识》。在这次报告的准备过程中，谭其骧把黄河有史以来的变迁分成唐以前和五代以后两期，指出黄河在前期决徙的次数并不太多，基本上利多害少，后期却决徙频仍，害多于利。发生这种变化的原因，是整个流域内森林、草原的逐渐破坏，沟渠、支津、湖泊的逐渐淤塞。但同时他也发现，黄河的灾害不是一贯直线发展的，而是在中间有过一个大曲折；前期的灾害虽然比后期少，但在前期本身范围内，灾害也不是一个愈演愈烈的过程。过去研究黄河史的学者，习惯于把各个时期黄河灾害轻重的原因，归于时世的治乱和防治工程的成败，这也与史实不符。乱世未必多灾，治世却常常有决溢泛滥。归之于治理工程的成败更不可思议，难道数千年来工程技术是在退步吗？元明清时的贾鲁、潘季驯、靳辅等人主持的治河工程难道反而不如东汉的王景和传说中的大禹吗？对于这些矛盾，当时他还没有找到有说服力的答案。

1957年，在编绘西汉河北地区的地图时，谭其骧发现杨守敬《历代舆地图》中西汉河北水道的画法不符合《汉书·地理志》的记载，而《汉书·地理志》的记载又可以证明《说文解字》《水经》中有关部分存在错误。将这些史料综合分析，可见西汉时河北平原上的主要河流是分流入海的，还没有像以后那样合流于今天津，形成海河水系。直到公元3世纪初曹操开白沟和平虏渠以后，才逐渐使各条河的下流淤塞，合流入海；这一过程也就是从《汉书·地理志》

所记载的状况发展到了《水经注》所记载的状况。适逢复旦大学在5月27日召开校庆学术报告会，谭其骧便将这一探索成果在历史系作了一次题为《海河水系的形成与发展》的报告。当时因时间匆促，来不及写成论文，只在5月20日写了一个报告提纲，附上几篇用文言文写的考证几条水道变迁的笔记，印发给听众，事后还寄发了几十份给有关的科研单位和历史地理学界的同行。由于各方面索取者甚多，以后又加印了两次。此后谭其骧因忙于编图，一直没有时间将提纲写成论文。但这一研究成果已得到广泛运用，治理海河的基本思路，就是通过人工开凿的水道将海河水系众水合流入海变为分流入海。

1984年7月，谭其骧对旧稿作了充实改写，1986年发表于《历史地理》第四辑。

1957年夏天，侯仁之主编《中国古代地理名著选读》，特邀谭其骧去青岛，集中一个月的时间撰写其中的《〈汉书·地理志〉选释》。限于篇幅和时间，谭其骧在全志103个郡国中选了6个郡。在撰写的过程中，他发现不仅在中原地区的今河南河北，就是在西南的云贵高原、西北的河西走廊，《汉书·地理志》中所记载的水道经流都与后世有不同的地方，这就说明全国很多地区的河流在不同历史时期都不断在发生变化，这应该成为历史地理研究的重要内容，而这正是传统的沿革地理和以往的研究的薄弱环节。此前谭其骧的研究是以政区沿革为主的，从此扩展到了水道变迁等历史自然地理方面。

1958年，江苏省有十个县划归上海市。1959年起在上海市西部发现了新石器时代的遗址，报刊上不少文章据此批判以前中外学者关于上海成陆历史不过一两千年的说法，认为考古发现证实了上海的历史至少已有五六千年之久。谭其骧认为：1958年前的上海仅指市区，在冈身以东，而此后的上海包括了十个郊县，有大片土地是在冈身以西，二者的范围相差极大，不可混为一谈。在冈身以西发现新石器时代遗址并不能证明冈身以东也有那么长的历史，以往学者的结论并不能轻易否定。因此他根据文献资料，结合考古发现和地理研究成果，论述了上海地区不同时期的成陆过程，先后发表了《关于上海地区的成陆年代》（载《文汇报》1960年11月15日）和《再论上海地区的成陆年代》（载《文汇报》1961年3月10日）。谭其骧指出：这一过程相当复杂，既不能如以往某些学者所认定的是按同一速度每60年或69年向外延伸1英里，也不能因为西部发现了新石器遗址就不承认大陆的东部成陆于较近的历史时期。

谭其骧的文章刊登后，其他学者又发表了一些不同意见。至20世纪70年代，上海地区有一些新的考古发现。尽管谭其骧认为他的基本观点无须改变，因为这些论据并不能推翻他的结论，但还是认真地修正了原来论文中某些与新发现不符合之处和原来对文献资料理解不尽合理的部分，于1973年写了《上海市大陆部分的海陆变迁和开发过程》一文，发表于《考古》1973年第1期。文中将上海大陆部分分为四区，论证了各区的成陆时间、速度的差异，人类各项开发措施对成陆速度的不同影响，也论述了同时发生的某些地点陆地不断沦没于海的现象，使海陆变迁的两个方面都得到了反映。

1982年，上海社会科学院编辑《上海地方史资料》，要重新发表这些论文，征求谭其骧的意见，为此谭其骧写了长达数千言的《后记》。在《后记》中，他坦率地承认了对旧捍海塘塘址考定的失误，纠正了前几篇文章中在这一点上的自相矛盾。并对决定上海地区成陆速度的自然因素作补充，即除了长江所挟带的泥沙量的多少和长江主泓道的南北摆动，还应该考虑到气候变化对海平面升降的影响。这对本课题的进一步深入研究无疑是有启发性的。

谭其骧对黄河变迁史的探索终于在20世纪60年代初找到了新的答案。他从导致黄河决溢改道的地理环境着手，肯定泥沙淤积是关键因素，而黄河泥沙的主要来源是中游泾、渭、北洛河水系流域的黄土高原。在同样的降水条件下，植被保存的好坏会使水土流失量相差悬殊，因此当地人民利用土地的方式是影响水土流失乃至黄河灾情的主要因素。从历史事实看，秦汉以前，山陕峡谷流域和泾渭北洛河地区人民还是以畜牧、狩猎为主要生产手段，原始植被未受破坏，水土流失轻微。秦始皇、汉武帝大规模向西北边郡移民的结果，导致该地区不合理的开发，牧地、荒地辟为农田，导致水土严重流失。东汉以后，以牧为主的少数民族逐渐迁入该地区，经营农业的汉人日益减少以至于基本退出。此后几个世纪中，该地区重新成为牧区或半农半牧区，天然植被得到恢复，水土流失得到控制。显然，这才是东汉以后黄河长期安流的根本原因。1961年5月，谭其骧在复旦大学校庆科学报告会上以此观点作了讲演，1962年初整理成

《何以黄河在东汉以后会出现一个长期安流的局面——从历史上论证黄河中游的土地合理利用是消弭下游水害的决定性因素》一文，发表于《学术月刊》第2期。

在论文最后，谭其骧结合历史经验，谈了黄河中游的土地利用规划，并瞻望了黄河流域的前景：

> 黄河中游山陕峡谷流域和泾、渭、北洛上游地区这两区，按其自然条件而言，本来是应该农、林、牧兼营的地区。农耕只应该在不容易引起水土流失的平地上精耕细作地进行，不应该扩展到坡地、台地上去，这是地理学家、水利学家、农学家们早就作出的科学结论。我们在上面所讲的历史事实更充分证实了这一点：什么时候的土地利用合乎此原则，那末本区与下游同受其利；反之，则同受其害。因此当前我们建设社会主义新中国，要根治黄河水害，开发黄河水利，繁荣整个流域经济，那就必须对中游这二区的土地利用予以充分的注意，作出缜密合理的安排与规划。否则，不仅当地人民的生活无法改善提高，下游也不可能单单依靠三门峡水库就获得长治久安。因为三门峡水库的库容不是无限的，中游的水土流失问题不解决，要不了一百年，泥沙就会把水库填满。
>
> ……
>
> 因此健全的方针应该不是消极地单纯地耕地退耕，而是积极地综合地发展农、林、牧，结合着农、林、牧生产的提高和收益的增加，逐步移转或减缩耕地，变土地的不合理利用为合理利用。具体的措施是四化：（1）山区园林化。封山育林，同时利用所有荒坡、荒沟、荒地，大量植树种草。这样做不仅增加了林、牧业收入，并且对蓄水保水，调节气候，改良土壤都发生良好作用。（2）沟壑川台化。在沟壑中打坝淤地，制止沟蚀，变荒沟为良田。这样做既有效地控制了水土流失，又为逐步停耕坡地，把耕地从山上坡上转移到沟川准备了条件。（3）坡地梯田化。用培地埂的办法，起高垫低，把坡地修成一台台的梯田。（4）耕地水利化。打井，挖泉，开渠，修水库，天上水、地面水、地下水一齐抓，节节蓄水，层层灌溉。三

四两项都是改造现有耕地，提高产量，减少水土流失的有效措施。

可惜在“左”的思想和政策的影响下，这一重要结论和建议非但未受到应有的重视，十年动乱中反而成了他反对“以粮为纲”的罪状。但近几十年来的大量科学研究和实地调查的结果已经充分肯定了这篇论文的价值，他的建议也已成为正在实施的政策和措施。

1973年3月20日，谭其骧收到了老友、中国科学院地理研究所所长黄秉维的来信，请他担任《中国自然地理》编委会委员，请复旦大学中国历史地理研究室承担其中《历史自然地理》分册的主要编撰任务。这是一个列入中国科学院1973—1980年重点科学规划的重要项目，由竺可桢副院长任编委会主任，黄秉维、郭敬辉任副主任，将组织二三十个单位协作。全书由12个分册组成。3月25日，在征得学校同意后，谭其骧复函黄秉维，同意承担任务，但希望等《中国历史地图集》的编绘工作完成后再开始。12月下旬，谭其骧在北京参加审图会议期间，和黄秉维、史念海、瞿宁淑等举行了多次会议，拟定了《历史自然地理》的纲目和分工方案，复旦大学将承担历史时期的水系变迁一章的主要部分，即黄河、长江和辽河。1974年1月12日，研究室决定由谭其骧先拟出黄河、长江演变的大纲，他在28日完成，交研究室讨论。

为了弥补实地考察的不足，谭其骧建议利用编撰《历史自然地理》的机会，组织对黄河下游地区和长江中下游地区的调查考察。他还提议先组织一次对澄湖一带的历史地理调查考察，作为试验。7月8日，谭其骧一行12人对江苏吴县、吴江、昆山三县（今苏州市吴中、虎丘、姑苏、相城、吴江区和昆山市）太湖以东和东太湖地区进行了一次考察，在八天时间内经车坊、甪直、周庄、同里、吴江、洞庭东山等地，考察了古文化遗址、出土文物、古河道、泥沙淤积、堤岸崩塌、水利设施，搜集了有关资料。考察结束后，由谭其骧和张修桂合作写出了调查报告。这是谭其骧第一次组织和参加野外考察，但因此后“政治任务”不断，应接不暇，加上《中国历史地图集》的后期工作使他无法脱身，原定的考察计划一推再推。

1977年4月15日，谭其骧到武汉参加“长江中下游河道特性及整治规划研究工作成果交流座谈会”。会后与张修桂、袁樾方一起先后去湖北洪湖，湖南岳阳、长沙，江西南昌、九江、湖口等地调查考察，历时20多天。6月5日，67岁的谭其骧不顾接连外出的劳累和日渐严重的高血压，与邹逸麟、王文楚、赵永复在郑州、荥阳、安阳、浚县、滑县、濮阳、大名、邯郸、新乡、延津、开封、徐州作调查考察，7月10日才回到上海。这两次考察使谭其骧对长江、黄河的变迁增加了大量感性认识，特别是对黄河下游河道变迁及其造成的影响所作的实地调查使他对黄河变迁规律的认识得到了升华，最终构成了关于黄河下游河道变迁的名作。

《历史自然地理》各章的初稿写出后，于1976年、1977年、1978年三年分别在西安、开封、上海三地举行了累计达四个多月的审稿会议，于1978年初基本完成。全书是由谭其骧、史念海、陈桥驿汇总、修改和定稿的，但就在最后一次审稿会议在华东师范大学结束后三天，谭其骧突发脑血栓，长期住院，所以由陈桥驿完成了定稿的后期工作。这是我国第一部历史自然地理专著，尽管内容还不够全面，已经写到的部分也有畸重畸轻的现象，如水系占全书的73%，而黄河、长江又占水系的63%，沙漠、气候的篇幅极少，但还是填补了长期存在的空白，所以1982年由科学出版社出版后就受到国内外学术界的高度重视。谭其骧不仅承担了主编的责任，而且主持了黄河、长江两节的编写，这两节中对黄河、长江历史变迁的重大突破都出自他的思路。此书的完成，也是谭其骧的历史自然地理研究进入成熟期的标志。由于此书的容量有限，他已取得的成果先后以专题论文的方式发表。

西汉以前的文献记载极少，古今学者讲西汉前的黄河故道，都只知道见于《尚书·禹贡》记载的那一条。从司马迁的《史记·河渠书》开始，直到清代研究黄河变迁的名著——胡渭的《禹贡锥指》、现代研究黄河的巨著——岑仲勉的《黄河变迁史》，叙述黄河的历史都是从“《禹贡》大河”开始的，都没有注意到在《山海经》中还隐藏着相当丰富的有关黄河下游河道的具体资料。1975年，谭其骧在研究先秦时代黄河下游河道的位置时，发现了这一秘密。尽管《山海经》没有像《禹贡》那样有一节“导河”来记载黄河的具体流路，却在《山经·北次山经》中记录了数十条黄河下游的支流。谭其骧发现，与《汉书·

地理志》《水经》及《水经注》中所载的河北水道作比较，这些支流的终点，即它们流入黄河的地点不同于后世，所以只要将这些支流的终点连接起来，就可以钩稽出一条径流确凿、远比《禹贡》河水详确的古河道，这就证明了西汉以前的黄河水道绝不止《禹贡》这一条。1978年，谭其骧将这一考订过程撰为《〈山经〉河水下游及其支流考》，发表于复刊后的《中华文史论丛》。在《〈长水集〉自序》中，谭其骧说："这是我的一篇得意之作。古今学者讲到汉以前古黄河全都只知道有一条见于《禹贡》的河道，谁也不知道还有其他记载。如今被我从《山经》中找出这么一条经流凿凿可考，远比《禹贡》河水详确得多的大河故道来，怎不令人得意！"

但谭其骧的研究并没有因为得意而止步，他进而考虑另一个重大课题：西汉以前的黄河河道是不是只有已知的几条，也就是说，在西汉以前黄河究竟改道过了多少次？前人只有两种看法：一种是认为汉以前只发生过一次改道，那就是《汉书・沟洫志》所载王莽时大司空掾王横所引《周谱》中"定王五年河徙"这一次。从东汉的班固、北魏的郦道元、南宋的程大昌，到清代的阎若璩、胡渭都是如此。胡渭的《禹贡锥指》将黄河有史以来至清代的改道归纳为"五大徙"，这是第一次，他认为发生在春秋时周定王五年，即公元前602年。岑仲勉也持此观点，只是将发生的年代改为战国时的后定王五年（前464）。另一种是认为《周谱》的记载不可信，汉以前黄河根本没有改过道，首先提出这一观点的是清嘉庆、道光年间的学者焦循所著《禹贡郑注释》，史念海《论〈禹贡〉的导河和春秋战国时期的黄河》一文更进一步提出，见于《汉书・武帝纪》元光三年（前132）的"河水徙从顿丘，东南流入勃海"，才是历史上的第一次改道。

谭其骧认为，从黄河下游的地形特征分析，黄河在汉以前不可能不改道，《周谱》中的记载只是很多次改道中偶然被保留下来的一次，以上两种看法都不正确。不过，要在文献记载中再寻找当时的黄河故道目前已无可能，谭其骧把目光转向考古发现，果然找到了新的论据。因为迄今为止的考古发掘，从新石器时代直到春秋时期，河北平原中部始终存在着一片极为宽广的空白，其间既没有发现过有关的文化遗址，也没有任何城邑聚落的可靠记载。这片空白直到战国时期才逐渐消失。谭其骧指出：由于这片空白正是河北平原相对低平的地区，在战国中期黄河筑堤之前水道经常在这一带摆动。因为没有河堤的约束，每遇汛期，黄河不免漫溢泛滥，河床渐渐淤高，每隔一段时间就会改道，所以人们不会在这里定居。而在筑堤以后，经常性的泛滥和频繁的改道得到控制，两岸的土地才逐渐开发，大小居民点才会形成。因此谭其骧在《西汉以前的黄河下游河道》一文得出了一系列重要结论：汉以前至少可以上推到新石器时代，黄河下游一直是取道河北平原注入渤海的。黄河下游在战国筑堤以前，决溢改道是屡见不鲜的事，只是因为当时河北平原中部人烟稀少，荒芜寥落，黄河改道对人民生活的影响很小，因而为一般古代文献记载所不及。见于《周谱》记载的周定王五年（前602）那一次“河徙”是汉以前唯一被记载下来的一次改道，但决不能说事实上汉以前只改过这一次道。不能因为胡渭对这次改道的解释不可信，而否定这一记载。黄河下游河道见于先秦文献记载的有《禹贡》河及《山经》河这两条，见于《汉书・地理志》《汉书・沟洫志》和《水经注》的西汉河道，既不是“禹之旧迹”，也不是形成于周定王五年的河徙，更不可能迟至汉武帝元光三年（前132）黄河在顿丘决口后才形成。《汉书・地理志》所载河道始见于公元前7世纪中叶，并且是春秋战国时代长期存在的河道，《禹贡》《山经》两河形成较晚，目前无法决定二者的先后。春秋战国时黄河下游可能有东（《汉书・地理志》河）西（《禹贡》《山经》河）两股长期并存，迭为干流，而以东股为常。战国筑堤以前，黄河下游曾多次改道，但黄河经流每条河道的确切年代已不可考。约公元前4世纪40年代，齐与赵、魏各自在河的东西两岸筑堤，从此《禹贡》《山经》河断流，专走《汉书・地理志》河，沿袭至汉代。

为了正确显示历史时期长江流域的地貌和水系的变迁，谭其骧曾与张修桂等一起搜集、整理、研究了大量文献、考古和水文调查资料，对古代的云梦、洞庭湖、鄱阳湖的演变过程得出了与传统说法迥然不同的结论。关于洞庭湖和鄱阳湖的演变由张修桂写成论文，他自己撰写了《云梦与云梦泽》一文。他得出的结论是：古籍中的云梦乃是泛指一个楚王游猎区，包括山、水、湖、平原等多种地貌，范围也极为广阔。云梦泽只是其中一部分，位于大江北岸，主要在江汉之间，与云梦游猎区不可等量齐观。先秦的云梦泽有三部分，但从战国至南朝已先后淤为平原，或被分割为更小的湖泊和陂泽。令人惊喜的是，湖北省的地质工作者通过大量钻探和实地调查得出的结论，与谭其骧不谋而合，即历史上不存在跨大江南北的云梦大泽。

让古代瑰宝重现光彩

1958年，在安徽寿县出土了战国时楚国鄂君启节，节上的铭文说明了当时楚国境内的水陆交通路线，是一件很有价值的文物。考古学界不少人作了研究考释，但由于没有正确解释节文中的地名，也就无法复原出当时的交通线路。商承祚就其中一些地名函询谭其骧的意见，促使他对节文中的地名和路线作了一番考订，写成了《鄂君启节铭文释地》。后为答复黄盛璋的驳难，又发表了《再论鄂君启节地理答黄盛璋同志》一文。应该说，节文中涉及的水陆路线至此已大致复原，得到了合理的解释。但谭其骧觉得某些问题仍有进一步修订补充的必要，因此当1966年文物出版社通知他准备将两篇论文汇入专集时，他又动手写一篇后记附入集中。文章尚未写完，“文化大革命”就开始了。到1981年汇集《长水集》文稿时，连那写好的一半也没有找全。但在谭其骧的遗物中，保存着商承祚的全部来信，从中也可以看出他们当年为研究鄂君启节的热烈讨论和深入探索。

1973年，长沙马王堆三号汉墓出土了三幅汉文帝时代的帛制地图，其中最重要的一幅是长沙国西南部当时的深平防区和相邻地区的地形图。原图已断裂成32大块和一些碎块，经整修拼合为32块，文物出版社摄成缩小一半的照片供拼合复原。1974年8月27日，谭其骧收到国家文物局金冲及寄来的照片，请他进行研究并撰写论文，在《文物》杂志上发表。谭其骧先将照片交给研究室一位教师拼合，但没有拼成；又交给张修桂试拼，取得成功。

10月2日，谭其骧利用国庆假期，开始撰写第一篇研究马王堆地图的论文《二千一百多年前的一幅地图》。在马王堆地图被发现之前，中国地图史学者对西汉地图的评价只能依照西晋地图学家裴秀的说法：汉氏舆地及括地诸杂图

“各不设分率，又不考正准望，亦不备载名山大川，虽有粗形，皆不精审，不可依据”（《禹贡地域图序》，载《晋书·裴秀传》）。但在仔细研究了这幅古地图后，谭其骧认为裴秀的说法是完全不可信的。由于“水道画得是否准确，最足以说明地图的精密程度”，为了对这幅地图的精确度有一个客观的评估，他花了好几天时间将图上所绘的水道与以后各种地图作了比较，发现图的主区深水流域诸水的屈曲轮廓，“大体都接近于今地图，有些部分几乎没有什么差别，各水支流注入干流的次序，也都符合于实际情况”。“所以总的说来，这幅图的主区部分准确性很高，下这样一个结论，决非过誉。”但近邻区的水道画得较差，远邻区的水道极其粗讹，精确程度更谈不上。不过这类错误，主要是由于制图者对邻区的地理状况了解不够或不了解，这种现象屡见于传世的南宋以来、晚清以前的各种地图。到10月24日，谭其骧写出初稿；25日开始抄写，晚上与张修桂作了一番讨论，然后继续抄稿。在抄到关于图的精确度这一段时，他又查了几幅清地图，发现这幅图的主区部分和采用现代测绘技术以前的旧图相比，“决不比任何图差”，就连《嘉庆重修一统志》的永州府图和以《内府舆图》为蓝本的《大清一统舆图》的这一部分，也都不及此图准确。他为之而兴奋，居然不知道手表已停了，一直写到2点多。第二天他又改写了原文中有关制图学的一节，得出的结论是：“它不仅是一幅截至今天为止我们所能看到的最古的地图，同时又是一幅足以显示我国制图学早在二千多年前业已达到高度科学水平的地图。”

第二篇《马王堆汉墓出土地图所说明的几个历史地理问题》，是前文的续篇，专谈此图所涉及和说明的历史地理问题：

第一部分关于汉初长沙国的南界，《史记》《汉书》中对汉初长沙国的南界的记载非常简略，对长沙国如何从汉初很大的疆域缩小到西汉末较小的范围的过程也语焉不详，但根据这幅地图所绘，可以确定当时长沙国桂阳县一段的南界，正好弥补了文献资料的不足。将文献记载与地图所显示的情况结合起来，就可大致复原出长沙国整条南界。这条界线既不与五岭重合，也与《汉书·地理志》中桂阳、零陵二郡南界不同，还证实了汉高祖在划界时确实采取了“犬牙相入”的原则。

第二部分具体考证了长沙国西南边区的八个县治。这八县都见于地图，其中三县不见于《汉书·地理志》，经具体考证，在主区和近邻区的五县中有四县都有补正文献记载确定故城方位的作用。同时说明在局部地区，秦县的数量未必比汉县少，秦朝对边疆地区的经营相当重视，在非华夏民族聚居区已开始设置县治。

第三部分对地图上的水道名称作了考证。谭其骧采用的是由张修桂拼合的地图，论文写成后又由张修桂提出过修改意见，他打算与张修桂联合署名，但研究室负责人反对，他只得改为单独署名，而在文章中提到张修桂复原的经过。10月29日下午文章寄出后，他与这位负责人谈及，此人连提到张修桂的名字也反对，谭其骧无奈，当晚与张修桂商议，取消了叙述地图复原的第一段，改用一两百字的说明，第二天上午交张修桂和这位负责人看过后寄往《文物》杂志社。12月间，《文物》将原文与由《帛书》整理小组拼合的地图寄来，谭其骧又作了一次修改。

这两篇论文分别在1975年《文物》第2期、第5期上发表，以后又编入文物出版社的《古地图论文集》和湖南人民出版社1981年出版的《马王堆汉墓研究》。

这两篇论文确立了这幅2100多年前的古地图的科学价值和历史地理学意义，国际权威的地图学史著作已经采用了谭其骧的结论，重新评价了中国早期的制图学成就。美国明尼苏达大学地理系教授、地图学家徐美龄告诉笔者，她对中国古地图的兴趣和研究就是从阅读谭其骧这两篇论文开始的。她为《世界测绘史》撰写其中有关中国地图学史部分时，就是按谭其骧的论文评价了马王堆地图和汉以前的制图学成就，并将稿子寄笔者审阅。

1981年，为庆祝英国李约瑟博士八十寿辰，上海古籍出版社筹备出版纪念论文集《中国科技史探索》，征稿于谭其骧。鉴于李约瑟对中国科技史的贡献和此书的国际性特点，他决定写一篇阐发《山海经》中《五藏山经》科学价值的长篇论文。

在我国最早的有关地理的著作中，人们对《山海经》一直评价不一。谭其骧认为对《山海经》各部分应该加以区别，其中的《山经》从内容到形式都以叙述山川物产为主，是很有价值的地理书。但《山经》同样掺杂着诡谲荒诞的幻想和臆测，前人注释中的问题也不少，必须去伪存真，才能恢复其本来面目。19世纪末开始，吴承志等中国学者和西方一些汉学家把《山经》所描述的最远处解释得相当遥远，如以《西山经》远达今我国新疆东部、帕米尔高原、阿富汗和我国西藏的阿里地区，《北山经》至于今蒙古和东西伯利亚，《东山经》包括今朝鲜、日本和俄罗斯的远东、库页岛。国外学者甚至提出《东山经》所指为北美及中美洲，如“无皋之山”为加州圣巴巴拉附近二山，而“幼海”则实指圣巴巴拉海峡。谭其骧以为任何解释都不能离开经文本身，重要的是要具体弄清《山经》中每座山所指，相互间的实际方位和里距，因为《山经》中的二十六经，每经在首山后的第二山开始就记载了方向和里距，如能最大限度地复原出其中一部分，其地域范围就可以大致明白了。

这项研究的艰巨程度是无须赘述的，要不，古今中外如此多的《山海经》学者早会有正确结论了，对这一点，读过这篇论文的人是不难理解的。他断断续续写了数月，有几次曾停笔多日，苦于史料太少，找不到起码的证据。4月23日下午，笔者到他家去，发现他兴致甚高。他说：“昨晚搞得很晚，终于解决了一个大问题。”原来对《南山经》首经的十山，仅首山招摇山又见于本书《大荒东经》，自堂庭以下八山均不见他书记载。如果不能确定招摇山所指，整列山的位置就无法落实。他仔细研究高诱、郭璞、毕沅、全祖望、郝懿行等人的注释，认为招摇山即今广西龙胜县大融江发源处之山。今大融江长仅数十里，南流至灵川县入漓江，但在秦始皇前，即史禄未凿渠沟通湘漓分湘入漓时，大融江被视为漓江源头是很正常的，所以自灵川以下的漓江也会被称为融水。长沙马王堆出土的汉初长沙国西南隅地图也证实了，高诱以招摇山“在桂阳”，是指桂阳县。以桂阳县以北之山为招摇山，以出山之水为西流入海，完全符合于汉以前人对这一带的地理知识。这一见解使不少问题迎刃而解，他高兴道：“今天看来错误的东西，当时人不一定知道错，反而符合当时人的地理知识。这一发现还可以作为《山经》成书年代的证据。”他说好久没有出门了，要笔者陪他去古籍书店。因事先没有定车，去书店恐不方便，他说可以坐电车。当即在门口乘上26路电车，在终点站下车后步行至书店。回来时他还想乘电车，书店派了一辆车送他回家。这是一个少有的晴朗而凉爽的暮春天气，先师也是少有的勃勃兴致，所以笔者至今保留着清晰美好的记忆。

在最终完成的《论〈五藏山经〉的地域范围》一文中，他在分析了其中七篇所录140座可考定确址的山的基础上，推断《山经》所述的范围大致西起新疆东南，东抵山东半岛东端，北至内蒙古阴山以北，南达广东南海；不可能如有人所说达到今朝鲜、越南、日本、原苏联、蒙古、阿富汗，更不会如外国某些学者所称远达美洲。他还断定《山经》成书于秦始皇统一六国（前221）之后、完全征服南越（前214）之前。

近年来不断见到某些人对《山海经》的“惊人发现”和“新见解”，不知这些人是否读过这篇《论〈五藏山经〉的地域范围》？是否注意到了谭其骧指出的吴承志等中外学者致误的原因？

开展历史人文地理研究

谭其骧一直认为，历史人文地理应该是中国历史地理研究的一个主要领域，他自己早年的研究就是从政区沿革、人口迁移和民族分布等方面入手的。但从20世纪50年代开始，由于众所周知的原因，人文地理在中国大陆实际被列为禁区，历史人文地理自然也难逃厄运，加上谭其骧的主要精力转入编图，这方面研究不得不中断了。

进入20世纪80年代，尽管他依然忙于国家项目，但只要有可能，都要大力倡导、推动历史人文地理研究的开展。胡乔木曾提出要振兴人文地理，并希望他与费孝通带头写文章。谭其骧很愿意，却因抽不出时间未能写成，但他平时对笔者谈得最多的还是历史人文地理方面的问题。每到一处，他常会讲到当地的风俗、方言、人口的历史变迁和文化区的归属，有什么值得探讨的问题。他还不止一次谈论过，为什么东北在经济发展后文化上还相对落后，四川明清以前的人口究竟还留下多少，客家人形成于何时，政治中心转移以后文化中心的地位还能保持多久，汉族人口中的少数民族成分及其作用，等等。

1986年1月，复旦大学在上海主办国际中国文化学术讨论会，谭其骧作了题为《中国文化的时代差异与地区差异》的报告，事后又对讲稿作了补充，发表于《复旦学报》1986年第2期。在这篇论文中，他首先强调，中国文化不应专指中国封建时代的文化，也不等于全部东方文化。中国自古以来就是一个多民族的国家，各民族在未完全融合为一体之前，各有本族独特的文化，所以中国文化理应包括各个历史时期中国各民族的文化。姑以中国文化专指汉族文化，也各有其具体的时代性，同时各个时期也都存在好几个不同的文化区，各区文化不仅有差别，甚至完全不同。

在简要列举了中国文化在六个历史时期的不同特点后，他认为："中国文化一方面随着时代的演进而随时在变，各时代的差异是相当大的，决不能认为存在着一种几千年来以儒家思想为核心或代表的一成不变的文化。另一方面，五四以前，无论是从孔子以诗书礼乐教三千弟子以来的二千三四百年，还是从汉武帝'罢黜百家，独尊儒术'以来的二千年，还是从宋儒建立理学以来的七八百年，儒家思想始终并没有成为任何一个时期的唯一的统治思想。"他极其深刻地指出：

> 两汉是经学和阴阳、五行、谶纬之学并盛的时代，六朝隋唐则佛道盛而儒学衰，宋以后则佛道思想融入儒教，表面上儒家思想居于统治地位，骨子里则不仅下层社会崇信菩萨神仙远过于对孔夫子的尊敬，就是仕宦人家，一般也都是既要参加文庙的祀典，对至圣先师孔子拜兴如仪，更乐于上佛寺道观，在佛菩萨神仙塑像前烧香磕头祈福。总的说来，控制当时整个社会精神世界的，是菩萨神仙，而不是周公、孔子、孟子。
>
> ……
>
> 除了崇信菩萨神仙之外，还有形形色色数不清的各种迷信，如算命、看相、起课、拆字、堪舆、扶乩、请神、捉鬼等等，无一不广泛流传，深入人心。甚至如近代史上负盛名的进步思想家魏源，也是一个堪舆迷。他在江苏做官，在镇江找到一块"好地"，竟不惜把他已在湖南老家安葬多年的父母骸骨，迢迢千里迁葬过来。我们怎么能说五四以前中国封建社会文化就是孔孟一家的儒家思想呢？

他又以《汉书·地理志》《隋书·地理志》《通典·州郡志》《宋史·地理志》《明宰辅考略》《广志绎》《五杂俎》《文武库》《万历野获编》等资料为基础，着重论述了西汉中期至明代中原王朝范围内显著的地区性差异。他的结论是："二千年来既没有一种纵贯各时代的同一文化，更没有一种广被各地区的同一文化。虽然儒家学说一直是二千年来中国文化的一个重要组成部分，却从没有建立起它的一统天下……"他希望研究中国文化的学者，稍稍改变一下过去那种中国文化长期不变、全国统一的看法。

他说："我强调中国文化的时代差异和地区差异，不等于我否定中国文化有它的共同性。""中国文化的共同性何在？这是直接关系到中国文化的前途的关键问题。"正因为如此，他的真知灼见已经超越了历史文化地理，成为对中国文化具有普遍意义的重要观点：

> 我以为中国在一个国家里，汉族在一个民族里，一贯对待不同文化采取容许共存共荣的态度，不论是统治阶级还是被统治阶级都是如此，因此儒佛道三教得以长期并存，进一步又互相渗透，同时又有接受伊斯兰教、基督教等其他宗教，这就是中国文化的共同性。也就是中国文化的特点。因此，中国（汉族地区）尽管发生过三武之厄，佛教皆不久即复兴；尽管在朝廷上发生过几次佛道之争，却从没有发生过宗教战争；即使最高统治者皇帝非常虔诚地信仰一种宗教，却从没有强迫过他统治下的任何一民族一地区的人民改变信仰。尽管有一些和尚道士受到统治者备极尊崇的礼遇，也曾参与治政，却从没有搞过政教合一。这种早已形成，长期坚持的兼收并蓄的文化开放传统，使整部中国史只能出现政治上的封建集权大一统，任何时期都做不到思想文化的统一。秦始皇不能，汉武帝不能，唐宗、宋祖、成吉思汗、朱元璋都不可能。这些帝王不是不想做，但做不到。秦汉一统王朝做不到，一到魏晋南北朝时代，专制政权的衰落，使思想文化更得到了自由发展的机会，所以这一政治上的分裂时期，在学术思想上、文学艺术上的活跃与进步，远远超过秦汉。隋唐以一统王朝而能在文化发展上取得丰硕成果，那是由于输入、吸收、融合了多种周围各族各国的文化

之故。中国之所以能长期继续发展，汉族之所以能长期屹立于世界先进民族之林，繁衍为占全国人口大多数的主体民族，对不同文化采取兼收并蓄的开放态度，应该是主要原因之一。中国的封建统治在政治上以专制著称，但从来并不严格限制其臣民的思想文化与宗教信仰。范缜坚持他的神灭论，虔诚的佛教徒萧子良、萧衍以帝王之尊，无可他奈何。就是到了君主专制发展到最高度的明清时代，统治者也只要求应试的士子在试卷上必须按经义代圣贤立言，却并不管你所信仰的到底是圣贤神仙，是周公、孔子、孟子、程、朱，还是释迦牟尼、耶稣基督或安拉真主。我认为这正是中国文化的主要优良传统。今后我们必须继续遵循这条道路去推进中国文化在新时代新形势下健全地向前发展。当前我国在经济上实行对外开放对内搞活的政策，理所当然，在文化上也应该采用同样的政策。文化上的对外开放，就是大胆地接受吸收外国的优良文化；对内搞活，就是真正地做到百家争鸣、百花齐放。

他曾计划研究历史时期文化区的界定和演变过程，并且初步拟定了方案，后因辅助人员流动等原因而未能进行。但这些年来历史区域文化的研究方兴未艾，与之前已不可同日而语，无疑与他的大力倡导有关。

自1983年以来，由他指导完成的八篇博士论文都是以历史人文地理为主题的，其中五篇已出版专著，两篇的成果已吸收入六卷本《中国移民史》(福建人民出版社1997年版)。已出版的几种专著引起了国内外学术界的高度重视，被视为具有开拓和示范作用的成果。其中卢云的《汉晋文化地理》是我国第一部历史文化地理著作，既吸收了西方的研究理论和方法，又充分发挥了传统文献考证的长处，填补了这方面的空白。我们在研究和撰写《中国移民史》的过程中，也始终得到谭其骧的指导，1993年由福建人民出版社出版的55万字的《简明中国移民史》的一些章节还曾由他审阅并提出过具体的修改意见。

1990年初，复旦大学中国历史地理研究所筹备召开以历史人文地理为重点的国际学术讨论会，并庆祝谭其骧八十寿辰暨从事学术活动六十周年。大家希望他能在会议开幕时作一个主题报告，阐述开展历史人文地理研究的意义和前景，他也有这样的打算。不料6月中旬他又发病住院，一个多月后才出院。尽管医生要他以休养为主，但实际上他依然忙于工作。这时离会议开幕的时间已不多，考虑到他的精力，笔者就根据他平时的想法和以往发表过的意见，起草了一份讲稿，由他征求了邹逸麟、周振鹤的意见后改定。11月12日，谭其骧在会议的开幕式上作了题为《积极开展历史人文地理研究》的主题报告。在阐述了积极开展历史人文地理研究的迫切性与必要性后，谭其骧说："尽管现在可能还为时过早，但我还是要大胆地预言：历史人文地理将是中国历史地理研究领域中最有希望、最繁荣的分支。在中国实现现代化的过程中，历史人文地理研究必将作出自己的贡献，这是其他学科所无法替代的。"

会后不久，《文汇报》《中国历史地理论丛》《复旦学报》等相继登载了这篇文章。《历史地理》第11辑在会前就约定要刊登此文，但谭其骧觉得不能光提出问题，还应该以自己的积累，对历史人文地理研究提出一些具体的内容，因而决定写一篇《历史人文地理研究发凡与举例》，将此文作为上篇，另外撰写人口、政区、文化各一部分作为下篇。人口部分写完后，文章已经很长，《历史地理》也急于发稿，就与他商定将政区、文化部分留作下一辑用，以使他有充分的撰写时间。他对这些方面有很多研究心得，平时也常常说起，如能写成，必定会有十分精辟的见解。但疾病夺去了他的工作能力，这篇未完成的文章终成广陵绝响。

谭其骧认为，我们不仅应该注意中国历史文献这个历史人文地理研究的宝库，还要留意发掘古代学者的人文地理研究成就和人文地理学家。但以前人们对古代自然地理方面的成就比较重视，对人文地理方面却注意不够，今后要加以弥补。他早就发现了明代学者王士性对人文地理学的贡献，认为他是一位杰出的人文地理学家，地位不在徐霞客之下。1982年，王士性的《广志绎》由中华书局点校出版后，他托人买了好几本送人，笔者也获得一本。他还多次讲过其中值得重视的内容和观点。《万历野获编》中的人文地理资料也受到他的重视，中华书局的重印本出版后，他又购了几部，如今笔者书架上的一部即他所赐。他还对谢肇淛的《五杂俎》不能及时再版，以至于一般学者难以读到表示遗憾，要大家多看看。

1985年12月，广西桂林召开纪念徐霞客学术讨论会，谭其骧应邀作报告，他说："作为地理学家的徐霞客其人其贡献为世人所知，不能不归功于半个多世纪以前的丁文江先生。要不是丁文江在20年代整理、重印了徐霞客的游记，画了图，并做了年谱，知道徐霞客的人是很少的，恐怕也就不会引起建国以来对徐的重视。……其实，值得重视、宣扬的文化遗产肯定很多，只是由于像丁文江那样的人太少，以至不少珍贵的东西被长期掩埋在故纸堆中，不为人所知。"因此他利用这个机会，介绍了这位"与徐霞客差相同时的杰出的地理学家——王士性"。在简要论述了王士性其人其事后，他着重评价了王士性的代表作《广志绎》的价值，介绍了书中有关各地区各方面的若干条精彩记载以及关于广西的记载。讲稿经增补后收入《纪念徐霞客论文集》（广西人民出版社1987年版）。尽管此书的流布不广，但谭其骧的观点已引起学术界的重视，浙江省社科院徐建春、中国科学院自然科学史研究所杨文衡等不断撰文予以介绍和研究，对王士性的研究还被列为浙江省社会科学"八五"规划的重点课题。在王士性故乡浙江临海市的支持下，由周振鹤编校的《王士性地理书三种》于1993年由上海古籍出版社出版，为王士性研究提供了一个较全面的通行本。谭其骧的遗愿正在实现之中。当王士性作为杰出的人文地理学家的地位得到确立时，相信人们绝不会忘记谭其骧的表彰之功，就像在纪念徐霞客时不会忘记丁文江一样。

"守旧"和创新

谭其骧经常强调：传统的沿革地理不符合现代化的要求，应该发展到历史地理学。但历史地理学离不开沿革地理的基础，任何历史地理学的分支如果离开了行政区划和地名考释的基础，就等于进行现代地理研究而没有一份精确的地图一样。所以他一直非常重视历代政区的研究和历史地名的考释，但又不断开创新的研究领域，使这门传统的学问在现代历史地理研究中得到重视和运用，使历史的经验成为未来行政区划改革的借鉴。

1979年后，在指导笔者撰写硕士、博士论文时，因涉及西汉时海南岛的人口问题，谭其骧曾多次提到，元帝罢珠崖郡后，西汉在海南岛上不再设有行政区域，直到南朝梁才恢复，所谓东汉、三国又在岛上设治的证据是靠不住的。以后，他又说过：梁陈时大陆政权并未对海南岛用兵，海南岛能重新归于大陆政权，显然是大陆俚（黎）人移殖岛上的结果，起决定性作用的应是冼夫人。可惜史书对如此重大的事件没有记载清楚，到现在还没有引起大家的重视。政府决定在海南岛建省，促使他摒除杂务，写出了《自汉至唐海南岛历史政治地理——附论梁隋间高凉冼夫人功业及隋唐高凉冯氏地方势力》这篇重要论文，发表于《历史研究》1988年第5期。

要论证冼夫人对海南岛重新归入大陆王朝疆域的前提，是西汉后大陆政权未在岛上设置政区，这正是一些学者所不愿接受的。产生这种分歧的原因既有对史料的不同理解，也有观念上的差异，因为有些人总认为既然大陆政权已在岛上设置过正式政区，何至于会放弃数百年之久？果然，《历史研究》收到了杨武泉的商榷文章，对此文的前半部分的主要观点，即西汉初元三年（前46）后至萧梁建置崖州前约600年间“大陆王朝未在岛上设治，全岛不在王朝版图之内”提出异议，认为西汉晚期至萧齐海南岛不在大陆王朝版图之外。编辑部征求谭其骧意见，他写了《再论海南岛建置沿革——答杨武泉同志驳难》一文作答，两篇针锋相对的文章同时刊登于《历史研究》1989年第6期。谭其骧以12点内容逐条回答了杨文的批评，最后“还想说几句关于研究讨论王朝疆域问题应持的原则的话”：“长期以来，我国史学界对待这方面的论述往往感情用事较多，实事求是不够。喜欢讲一些王朝极盛时的版图所属，不愿意讲这些大版图能够维持多久。喜欢讲各边区何时加入王朝疆域，不愿意提到这些地区曾经有过一个或几个时期是王朝管不到的化外之地，或转移为另一政权的疆域。总之，凡是今天中国的国土，都要尽可能说成是很古以来就为中原王朝所有，并为历代所有，有了就不再分出去。这种论述与历史实际情况不符。在漫长的历史时期内，中原王朝与边区政权的疆域都不是一成不变的，有时会伸，有时会缩，有时会合，有时会分。历史工作者只应该尽可能实事求是搞清楚各时期各地区的具体变化，而不能感情用事，按自己的心意去处理史料，凭臆解释。”

1989年4月，中南民族学院吕名中教授要笔者将他所撰《两汉六朝对海南岛的管辖问题》一文转交谭其骧。此文所论包括汉初南越国时代及汉元帝弃珠崖后两部分，考虑到后一部分与杨文大致相同，已在前文答复（当时虽尚未发表，他已嘱笔者以复印稿寄吕名中），而前一部分前后两篇均未涉及，他于6月初复函吕名中，并附《答吕名中论汉初南越国领有海南岛否》一文，指出赵佗南越国的疆域并未包括海南岛，汉取珠崖、儋耳在平南越之后，《三国志・薛综传》语多谬讹，《琼台外纪》中琼州人尚六之说更不足信。这封信以后也收入《长水集续编》。

我国古籍中的“七洲洋”是不是现在的西沙群岛？对此，谭其骧一直持怀疑态度。1977年，他去广州参观了广东省博物馆举办的“南海诸岛展览”后又找了一些资料，肯定了自己的看法，写成《七洲洋不是西沙群岛》一文。因与报刊上的宣传不同，友人们都劝他不可发表。1979年初，《中国史研究》索稿，谭其骧检出此稿寄去。在给编辑部的信中，他说：“三中全会号召大家一切要从实际出发，实事求是。我认为过去忽视政治与科学的一致性的作风应予纠正。在过去论述南海诸岛历史的文章中，只问政治不问科学的毛病是大量存在着的，实则在科学上站不住，怎能产生在政治上有利于我的作用？当然，写专文来批驳这种文章是不必要的，但就中提出若干问题予以澄清，看来今其时矣。”大概是为了谨慎起见，编辑将这篇文章发表在限于国内发行的《中国史研究动态》（1979年第6期）上。但此事还是引起了学术界很大的反响，《文汇报》曾在一篇报道中作为学者思想解放的例子。夏鼐阅后，致函指出，西方汉学家以古籍中的七洲洋为今西沙群岛并不始于夏之时，而是发端于1874年迈厄斯在《中国评论》第3期的文章，而伯希和在其遗著《〈真腊风土记〉注》的增订本中已改以七洲洋为七洲列岛附近海面，他肯定谭其骧“十八世纪以前华籍中之七洲洋皆非西沙群岛”之说可作定论；但对宋端宗到过的“七州洋”系“九洲洋”之误则认为理由仍不够充分。因此，当《宋端宗到过的“七州洋”考》一文在《中国史研究动态》1980年第3期发表时，谭其骧与夏鼐先生的讨论信件也作为附件同时刊登。

在整理《长水集》稿时，笔者与出版社的责任编辑考虑再三，为了保证此书的及时出版，最后抽出了这两篇文章，也得到了谭其骧的谅解。谭其骧逝世后，笔者将此文编入《长水集续编》。虽然晚了十余年，但从不可发表到内部发表，进而公开出版，毕竟是一个进步的过程。

80年代开始，全国各地出现修纂方志热潮，对各地政区沿革和地名考释也提出了新的需求，谭其骧经常接到这方面的要求和邀请。另一方面，由于多数地方史志编纂者并没有受过系统的历史和历史地理训练，对历代政区制度的演变过程缺乏正确概念，又盲目信从旧方志的记载，所以在编纂政区沿革或作地名考释时往往错误迭出。在历史地理学界，也存在着轻视这门传统学问的倾向，以为沿革地理已经由那么多学者研究了那么长时间，不会再有很大价值的课题；或者热衷于开辟新的研究领域，不愿从事这方面的工作。因此谭其骧在多次学术会议上反复强调应该重视政区沿革和地名考释的研究，不能掉以轻心，更不能看成可有可无。同时他身体力行，多次作了中国历代政区变迁和古地名考释的报告，并对一些地区作了具体研究。

1982年4月，笔者随谭其骧去洛阳参加由中国地方志领导小组召开的规划会。会议期间，河南省和洛阳市方志办请他作报告，26日上午，他讲了“地方志与总志及历代地方行政区划”。记得会场是一个很大的礼堂，听众有千余人，因一些人对历史资料不熟悉，笔者替他作板书，以便听众记录。洛阳市方志办《方志文摘》第四辑刊登了记录稿，但错漏较多，他曾命笔者作过修改，以后《中国地方志》等刊物先后作过转载。次年，谭其骧为中央广播电视大学语文类专业1982级录了“历代行政区划略说”的课程，讲稿收入了由王力主编的《中国古代文化史讲座》（中央广播电视大学出版社1984年版）。1986年9月至11月，应日本学术振兴会之邀访问日本期间，谭其骧作了中国历代政区变迁的报告。此讲稿经修改后，以《中国历代政区概述》为题发表于《文史知识》1987年第8期。编《长水集续编》时，笔者以这篇文章为基础，补入了前两篇讲稿中的部分内容。

长期的深入研究，使谭其骧对中国历史政区演变的内在规律有了深刻的认识，他归纳出了三个主要方面：（1）同一种政区，通例都是越划越多，越划越小；到一定程度，它的级别就会降低；其原因主要是经济开发，但也有政治、经济、军事诸方面的因素。（2）汉武帝后二级制就已不适应需要，多级制又不利于政令民情的上下传达，所以两千年来最常用的是三级制，但有时采用虚三级制，有时用实三级制，民国以来的三个阶段则分别采用了不同的虚三级制。（3）历代最高一级行政区往往由吏治监察区或军务管理区转变而来，最高地方行政长官往往由派遣在外的中央官转变而来。他认为政区的这些演变规律，一方面正好说明了中国自秦汉以来长期在中央集权制统治之下，所以中央的使者能以监督的名义侵夺地方官的权力，终于使中央使者成为最高地方长官，原来的地方长官降而成为他的下级或僚属。但另一方面，因为由这种方式形成的一级政区辖境权力过大，所以一到乱世，这种政区的首长很容易成为破坏统一的割据者，犹如东汉末年的州牧刺史，唐安史之乱后的节度使和民国的督军、省主席。

从总结历史经验出发，谭其骧一直关注着我国现行行政区划的改革。他认为，现行的行政区划制度是两千多年来中央集权制度下长期演变发展的产物，有其合理的一面，也有其不合理或不适应时代需要的一面，必要的改革是不可避免的。与其花费很大的人力物力做划定省、区界线的工作，不如下决心调整省、区的设置，理顺省、县两级政区的关系，从根本上解决问题。所以他在担任全国人大代表期间曾多次向政府提出建议，以后也经常发表这方面的意见。

1989年8月，为准备在即将召开的中国行政区划学术讨论会上发言，谭其骧着手研究更改现行行政区划的方案，后因其他工作而搁置。11月27日，他收到会议通知，又开始拟订分省方案。那几天正值冷空气南下，室内整天生火，还感到寒气袭人，但他每天都工作到深夜，终于在30日凌晨4点零5分将方案抄清完成。12月7日，他在江苏昆山市召开的中国行政区划学术讨论会上作了题为《我国行政区划改革设想》的报告。他的建议主要包括：调整现行政区的名称，避免不同等级的政区使用同一名称，如市、区等。划小省区界，将省级政区调整增加至50个，每个平均辖47个市县；在此基础上取消虚三级制（省、地或市、县），实行二级制（省、县）。

谭其骧还建议将一级政区的名称定为“道”，并拟订了一份《全国分道方案》。这份方案没有公开发表，仅提供给有关部门参考。谭其骧完全明白，这一方案不是短时期内可能实施的，但他相信在未来将成为现实。正因为如此，笔者愿将它抄录下来，公之于众，以便历史的检验。

全国分道方案

道名	简称	辖境	驻地	市县数
京畿道	京	北京市、原领八县，保定区六市县（1），廊坊市六市县（2）	北京市	21
京东道	津	天津市、原领五县，唐山市十一市县，秦皇岛市五市县	天津市	22
京南道	冀	石家庄市、区十八市县，衡水区十一市县，沧州市、区十五市县，保定市、区十七市县（3），廊坊市三市县（4）	石家庄市	64
河北道	邺	邢台市、区十八市县，邯郸市、区十五市县，安阳市六市县，濮阳市六市县，新乡市七市县，焦作市七市县，鹤壁市三市县，卫辉市，济源市，辉县市	安阳市	65
河南道	豫	郑州市七市县，开封市六市县，洛阳市十市县，平顶山市六市县，许昌市四市县，漯河市四市县，三门峡市五市县，周口区十市县，驻马店区十市县，义马市，汝州市，禹州市	郑州市	65
山西道	赵	太原市四市县，阳泉市三市县，朔州市二市县、雁北区十一市县，忻州区十四市县，晋中区八市县（5），吕梁区十三市县，古交市	太原市	56
河东道	晋	临汾区十七市县，运城区十三市县，长治市十二市县，晋城市五市县，晋中区三市县（6）	临汾市	50
济淄道	齐	济南市五市县，淄博市二市县，德州区十三市县，聊城区八市县，东营市四市县，惠民区八市县	济南市	40
胶莱道	胶	青岛市五市县，烟台市七市县，威海市二市县，潍坊市八市县，临沂区十三市县，胶州市，龙口市，莱州市，莱阳市，荣成市，文登市，青州市，诸城市，莱芜市，新泰市	青岛市	45
徐兖道	徐	徐州市七市县，宿迁市，商丘区九市县，菏泽区十市县，济宁市九市县，曲阜市，泰安市四市县，枣庄市，滕州市	徐州市	43
辽西道	锦	锦州市六市县，朝阳市六市县，北票市，阜新市三市县，张家口市、区十四市区，承德市、区九市县，哲里木盟六市县（7），赤峰市五市县（8），锦西市，兴城市	锦州市	52

续表

道名	简称	辖境	驻地	市县数
辽东道	辽	沈阳市三市县，大连市四市县，瓦房店市，鞍山市二市县，海城市，抚顺市四市县，本溪市三市县，丹东市五市县，营口市三市县，盘锦市三市县，辽阳市三市县，铁岭市六市县，开原市，铁法市	沈阳市	40
长白道	吉	原吉林省	长春市	47
松江道	松	哈尔滨市十一市县，牡丹江市七市县，佳木斯市，双鸭山市十一市县，七台河市，鸡西市四市县，绥芬河市，阿城市，同江市，富锦市，密山市	哈尔滨市	40
黑龙道	黑	齐齐哈尔市十二市县，鹤岗市三市县，大庆市，伊春市二市县，铁力市，绥化区十二市县，黑河区七市县，大兴安岭区四县	齐齐哈尔市	42
兴安道	兴	兴安盟五市县，呼伦贝尔盟十三市县，锡林郭勒盟十二市县，赤峰市五市县（9），哲里木盟二市县	乌兰浩特市	37
河套道	套	呼和浩特市三市县，包头市三市县，乌海市，乌兰察布盟十五市县，伊克昭盟八市县，巴彦淖尔盟七市县	呼和浩特市	37
太湖道	湖	上海市十市县，常州市四市县，无锡市二市县，苏州市五市县，常熟市，张家港市，江阴市，宜兴市，嘉兴市五市县，湖州市四市县，海宁市	上海市	35
江东道	升	南京市六市县，镇江市四市县，丹阳市，马鞍山市二市县，芜湖市四市县，铜陵市二市县，黄山市五市县，宣城区七市县，池州市四市县	南京市	35
江西道	洪	南昌市五市县，九江市十一市县，新余市二市县，景德镇市三市县，鹰潭市三市县，上饶区十二市县，宜春区十市县，萍乡市	南昌市	47
吉赣道	吉	吉安区十四市县，抚州区十一市县，赣州区十八市县	吉安市	43
淮扬道	扬	扬州市八市县，仪征市，泰州市，兴化市，南通市七市县，淮阴市十市县，淮安市，盐城市七市县，东台市，连云港市四市县，天长县，新沂县	扬州市	43
淮肥道	肥	原安徽省去江南二十四市县及天长、萧、砀山县	合肥市	54
浙江道	浙	原浙江省去嘉湖十市县	杭州市	66

续表

道名	简称	辖境	驻地	市县数
江汉道	鄂	武汉市五市县，黄石市二市县，鄂州市，咸宁区七市县，孝感市七市县，随州市，黄冈区九市县，信阳区十市县，荆州区七市县（10）	武汉市	49
荆襄道	襄	荆州区四市县（11），沙市市，荆门市，宜昌市、区十市县，老河口市，枣阳市，神农架区，郧阳区七市县，鄂西州八市县，襄樊市六市县，南阳区十三市县	襄樊市	53
湘资道	湘	长沙市五市县，株洲市五市县，湘潭市二市县，衡阳市七市县，邵阳市十市县，岳阳市六市县，醴陵市，湘乡市，耒阳市，汨罗市，益阳区六市县，娄底区五市县	长沙市	50
沅澧道	沅	常德市七市县，大庸市三市县，津市市，怀化区十二市县，湘西州八市县，黔东南州十六市县，铜仁区五市县（12）	常德市	52
黔中道	黔	原贵州省去黔东南州十六市县、铜仁区五市县	贵阳市	62
福建道	福	福州市九市县，三明市十市县，永安市，莆田市三市县，南平区十市县，宁德市九市县	福州市	42
潮泉道	潮	厦门市二市县，泉州市八市县，石狮市，漳州市十市县，龙岩区七市县，汕头市九市县，潮州市，梅州市八市县，汕尾市四市县	厦门市	50
南岭道	岭	桂林市、区十三市县，零陵区十一市县，柳州区十一市县，原广东之乳源、连县、连南、连山、阳山五县	桂林市	40
广东道	粤	原广东省去划入潮泉二十二市县、划入雷琼十一市县、划入南岭五县	广州市	56
广西道	邕	原广西省去划入南岭十三市县	南宁市	75
雷琼道	琼	原海南省十九市县，湛江市六市县，茂名市五市县	海口市	30
陕西道	秦	原陕西省去划入宁夏二十五市县、划入川北二十一市县	西安市	51
宁夏道	夏	原宁夏回族自治区二十市县，延安区十三市县，榆林区十二市县，庆阳区八市县，平凉区七市县	银川市	60
甘兰道	甘	原甘肃省去划入宁夏十五市县	兰州市	65
青海道	青	原青海省	西宁市	40

续表

道名	简称	辖境	驻地	市县数
北疆道	准	天山以北东起伊吾、巴里坤，西抵伊犁地区	乌鲁木齐市	41
南疆道	维	天山以南东起哈密，西抵塔什库尔干	喀什市	45
西川道	蜀	成都市十二市县，德阳市四市县，绵阳市去平武六市县，内江市九市县，乐山市九市县，雅安区八市县，阿坝州三市县，江油市，广汉市，峨眉市，都江堰市	成都市	55
东川道	巴	重庆市十三市县，涪陵区五市县，黔江区五县，万县区十市县，达县区十三市县，遂宁市三市县	重庆市	49
川北道	梁	汉中区十一市县，安康区十市县，广元市五市县，南充区十二市县，平武县，南坪县	汉中市	40
川南道	叙	宜宾区十市县，凉山州十七市县，泸州市六市县，攀枝花市三市县，自贡市三市县，乐山市犍为、沐川、马边、峨边四县	宜宾市	43
滇池道	滇	昆明市九市县，东川市，曲靖区九市县，昭通区十一市县，玉溪区九市县，文山州八县，红河州十三市县，楚雄州楚雄、双柏、元谋、禄丰、武定五市县	昆明市	65
洱海道	洱	大理州十二市县，德宏州六市县，怒江州四县，迪庆州三县，西双版纳州三县，丽江区四县，保山区五市县，思茅区十县，临沧区八县，楚雄州大姚、姚安、南华、牟定、永仁五县	大理市	60
东藏道	康	甘孜州十八县，阿坝州九县，昌都区十五县，林芝区七县	昌都县	49
西藏道	藏	拉萨市八市县，那曲区十县，山南区十二县，日喀则区十八市县，阿里区八县	拉萨市	56
以上49道，台湾一道等回归，共50道。				

（1）涿州市、容城、定兴、新城、易县、涞水。

（2）廊坊市、固安、永清、香河、大厂、三河。

（3）除涿州市六市县以外。

（4）霸县、文安、大城。

（5）榆次市、昔阳、灵石、祁县、寿阳、介休、太谷、平遥。

（6）榆社、左权、和顺。

（7）不包括扎鲁特、霍林郭勒。
（8）赤峰市、喀喇沁、宁城、敖汉、翁牛特。
（9）林西、巴林左、巴林右、阿鲁科尔沁、克什克腾。
（10）仙桃、洪湖、监利、潜江、天门、京山、钟祥。
（11）江陵、松滋、公安、石首。
（12）铜仁、松桃、万山、玉屏、江口。

他曾先后参加过福建福州、河南安阳、江苏如东、浙江海盐和平湖及上海金山、松江等市县的地方史志讨论会，就这些地区的政区沿革研究发表过讲话，并就上海市地方志编纂工作提出过不少重要的意见。已经编入《长水集续编》的《关于秦闽中郡、汉冶都、冶县问题》《海盐县的建置沿革、县治迁移和辖境变迁》《上海地方史志记述建置沿革中的几个通病》《对编纂第一部上海市志的几点期望》就是其中的一部分。在他为《金山县志》所作评价和为《松江县志》所作序中，也着重指出了这两部书在建置沿革方面的成绩和意义。

1981年夏，中国地方史志协会成立大会在山西太原召开，谭其骧在参加国务院学位委员会首次学科评议会期间由北京飞赴太原，于7月15日作了《地方史志不可偏废，旧志材料不可轻信》的报告。与会学者对他的讲话给予很高评价，但也有一些不同意见，如认为现在修志工作还刚起步，为什么非要讲旧志材料不可轻信？哪种史料没有错，“二十四史”就都可信吗？他听后说：“旧方志当然有很多优点，是很重要的资料来源，这些我并不否定，实际上现在这方面的话已经讲得够多了。正因为将要大规模修志，所以就特别要注意正确估价旧方志的价值，不能轻信。否则有些人以为历史部分只要照抄旧方志就行了，结果不知道会搞成什么样子。”会后各地的地方史志刊物纷纷刊登这篇讲话，但只有《江海学刊》1982年第1期所刊题为《浅谈地方史和地方志》一文是事先经过他审阅的，以后汇编入中华书局出版的论文集。同年，《红旗》杂志社哲史编辑室拟编《历史研究的理论与方法论文集》，征集此稿，谭其骧又作了修订，但以后此稿未被选用而退回。1992年6月，南开大学来新夏教授与日本独协大学齐藤博教授合编《中日地方史志比较研究》，来索此文。当时谭其骧已久病不起，笔者据此稿整理后寄去，中文版已由南开大学出版社于1996年出版。

谭其骧1981年前的主要论著已编为《长水集》上下册，约70万字，1987年由人民出版社出版。在编绘《中国历史地图集》的过程中，谭其骧写了大量释文，但生前仅整理出《唐北陲二都护府建置沿革和治所迁移》《元代的水达达路和开元路》等几篇，尚未发表的释文还有约30万字。谭其骧逝世后，笔者将他1981年后的主要论著编为《长水集续编》，约38万字，1994年由人民出版社出版。谭其骧生前还为《简明中国历史地图集》撰写了图说，此书已于1991年底由中国地图出版社出版，但到发行时他已离开了人间。由谭其骧任主编的《中国历史大辞典·历史地理分册》，近130万字，历时十多年，至1996年由上海辞书出版社出版。笔者应河北教育出版社之约，将他的历史地理论文选编为40多万字的《长水粹编》，于2000年出版。

谭其骧的名字已经与中国历史地理学这门学科紧紧地联系在一起，任何一个想学习或研究中国历史地理的人，都离不开他的著作，都是他的贡献的受益者。

第十四章　荣誉与烦恼

1980年4月11日，在中国史学会代表大会上谭其骧被选为理事，在当天的首次理事会上，他被选为15位常务理事之一。同年底，他当选为中国科学院地学部委员，是复旦大学10位学部委员中唯一的文科教授，也是400位新当选委员中屈指可数的跨文理两科的学者。如果中国早些恢复社会科学院院士的话，谭其骧完全可能成为“双院士”。他是中国地理学会的发起人之一，长期担任学会理事。1981年，他被聘为首届国务院学位委员会学科评议组成员，同年首批被批准为博士研究生导师。在他的指导下，周振鹤和笔者于1983年10月成为我国首批文科博士。谭其骧于1982年被聘为国务院古籍整理出版规划小组成员，1986年任上海市哲学社会科学联合会副主席，他在其他学术团体的兼职、社会团体中的荣誉职务就更多了。1986年开始，他列名美国传记研究所出版的《世界领袖辞典》，1988年起列名英国剑桥国际传记中心的《世界名人录》。在他逝世前的几个月，美国传记研究所发来通知，他已入选将在1993年出版的世界名人录《500位有重大影响的杰出人物》。应该承认，在中国的知识分子中，有幸能够获得如此殊荣的人是极少的。一些学者用“国宝”来形容谭其骧，绝非过誉。

但作为一位知识分子、大学教授、系主任、研究室主任、研究所所长、科研项目的主持人、研究生导师、一个家庭的家长、社会的一员，他又免不了有与旁人一样或不一样的种种烦恼。

加入中国共产党

1980年7月1日，在中国共产党成立59周年之际，谭其骧致函历史系党总支书记，表达了加入中国共产党的愿望。

晚年的谭其骧为什么要申请入党呢？在1983年6月入党后，他在上海《党的生活》（1983年第5期）上发表了一篇题为《为什么年逾七十还要入党》的文章，其中写道：

> 解放初期，我在旧社会过来的知识分子中，思想上是比较靠拢党的。那末，为什么解放以后长达三十年之久，我一直没有争取入党呢？总结起来主要有如下三个方面的原因：
>
> 一是那时党内一般都把旧知识分子的阶级属性定为资产阶级，既然是无产阶级的阶级异己分子，当然不属于党的发展对象。旧知识分子在那时被吸收入党虽不是绝对不可能，但这种可能性太小了。我有一点自知之明，知道自己没有这种可能，所以不愿意冒昧提出。
>
> 二是“文革”以前，在形势比较正常的时期，我也曾不止一次萌发过要求入党的念头，可是那时的运动是那么频繁，一次接一次，结果每次刚刚萌发出来的入党念头，来不及发展到采取行动，都被运动打了下去。“文革”时期对党由怀疑发展为失去信心，入党的念头也就无从谈起了。
>
> 三是作为一个史学工作者，讲历史不能违反历史事实，这是最起码的科学道德。但长期以来“左”的思潮硬要把学术与政治混为一谈，历史与现实联系起来，按现实政治需要来讲历史，有时不惜歪曲、篡改历史事实。这就使我对入党多了一层顾虑。
>
> 党的十一届三中全会彻底纠正了过去的“左”倾错误路线，过去使我不敢、不愿提出入党申请的顾虑很快一一打消了。知识分子包括从旧社会过来的老知识分子，他们已经成为工人阶级的一部分，这就消除了我的顾虑。

社会主义现代化建设代替了过去的“以阶级斗争为纲”，成为全党工作的重心，从指导思想到各条战线的实际工作都取得了决定性的拨乱反正的胜利，这就使我认识到，建国以前党曾经犯过“左”的和右的错误，后来错误得到了纠正，终于取得了新民主主义革命的胜利；建国以后犯的“左”倾错误更大一些，时间更长一些，但终于还是依靠自己的力量实现了历史性的伟大转变，正在领导全国人民斗志昂扬地、顺利地开创社会主义现代化建设的新局面。可见中国共产党确是一个具有无比伟大生命力的党，在前进的道路上虽然不免会犯错误，遭受挫折，但最后毕竟还是会回到正确的道路上来；党是能够领导人民建成社会主义，走向共产主义的。过去自己由于几次“左”的运动便失去了对党的信心是错误的；自己既然深信社会主义事业是正义的事业，愿意为社会主义贡献自己的力量，那就没有理由再不积极争取入党。

尤其使我欣慰的是，三中全会提出的实事求是的原则，影响到历史学界。过去学术与政治不分，历史与现实不分，为了现实政治的需要不惜歪曲篡改历史事实的风气，也基本上得到了纠正。百家争鸣的政策真正得到了贯彻，人人都可以各抒己见，用不着耽心被戴上政治帽子了。

这方面我的体会比别人可能更深一些。从五十年代中期到七十年代中期，由于当时强调编历史地图要“为无产阶级政治服务”，我作为《中国历史地图集》的主编，无法实现我的按历史实际情况画的主张。有些少数民族独立自主的地区被画成了在中原王朝版图之内。好多幅“某时期全图”，东西南北各边都是按不同时期的最大版图拼凑而成的。名为“某时期全图”，却并不反映这个时期任何一年的实际疆域全貌。我不以这种做法为然是形于言表的，我也不想隐讳。这在“文革”时代当然就构成了我的“反动铁证”“弥天大罪”。图集出版以后，由于它的详细程度远远超过此前已出版过的任何历史地图，因而得到了学术界的好评，图中违反历史真实的地方，或一时还没有为读者所发现，或发现了而处于那个时期不便公开揭发指责，但我内心则深深引以为愧。我希望有朝一日能把这些不正确的地方一一改正，这才对得住读者；但二十多年来的经验，使我不敢想这个希望有可能实现。

想不到历史性的大转变不久竟然反映到这套图集身上。1980年，中国社会科学院提出要把这套原来限于内部发行的图集改为公开向海内外发行，召集原编绘和制图单位讨论如何进行。我当即指出图集存在着“左”的一套错误是很严重的，明显违反历史真实的地方不少，不作必要的修改不宜公开发行。社科院领导肯定了我的意见，并且决定由我草拟修改方案。这已使我感觉到气氛确已和三中全会以前不同。在起草修改方案过程中，我排除了干扰，坚决主张要把一些没有历史事实作根据的画法一一改正过来。不过这个方案能否得到领导批准，说老实话，那时我还没有多大信心。出乎意料的是，方案不仅很快取得了社科院领导的同意，由社科院呈送中央书记处，好几位中央领导同志都作了具体批示，完全同意了我这个在过去必然会被认为大逆不道的修改方案。这是多么令人激动啊！这使我深深体会到三中全会的实事求是精神确已贯彻到学术研究领域里。这对一个历史工作者来说，是多么大的鼓舞啊！

三中全会以前，由于“左”的错误影响，给人这样一种印象，似乎忠于学术就无法“忠于党”，特别像我这样搞历史地理的人，更是如此。所以那时我对入党不能不有所顾忌。现在的情况全不同了，党提倡实事求是，忠于党和忠于学术是一致的了，这又是促使我从对入党有所顾忌转变为积极争取的一个重要原因。

党总支和党委领导对他的入党要求表示热烈欢迎，鼓励他努力争取，但令人感到不可思议的是，研究室中有几位党员却反对吸收他们的老师入党，公开提出来的理由只是两条：一是谭其骧联系群众不够，一是没有培养出一支队伍。这两条意见的潜台词是什么，明眼人一看就明白，“群众”也好、“队伍”也好，显然非他们莫属，因为到1983年为止他们的职称还是讲师，而由于领导人选难以安排而拖了两年多才成立的中国历史地理研究所最终也没有他们的副所长位置。如果谭其骧不坚持学术水平和道德标准，在职称提升、学术评价或干部人选推荐时少说一些真话，多讲一些人情，或者随一下大流，这些意见至少会减少很多。可是他却不会也不愿意说假话。有时身边的人为了“大局”，劝他在一些发言或评议中尽量说得婉转些，或者少说些，但当他一开口、一动笔，直率的言辞就再也止不住了。有时实在事关重大，领导和同人要笔者务必劝他节制，他只得无可奈何地说：“我不会写这些东西，也不会这样说，实在不行就你们去写吧，我照念就是了。”其实谭其骧的严格要求并不是专对别人的，对自己也是如此。1981年底，他在“文化大革命”后招收的首批四名研究生毕业时，就有一位未被授予硕士学位；1985年他的一位硕士生答辩时，因论文内容不尽全面而被要求在三个月后重新答辩。这在复旦大学也是少有的严格。正因为如此，谭其骧在得知这些意见后，坦率地说：“我不能接受这些意见，不能为了要入党而说假话。”

这样一拖就是一年多，学校党委多次指示历史系党总支应该尽快吸收谭其骧入党，市委组织部、统战部领导也不止一次过问此事，那几位党员却依然以谭其骧接受这些意见为前提，有人甚至扬言：“你们一定要发展，到时我就投反对票。”谭其骧得知后，还是这句话：“他们的意见如果正确，我一定接受，但要我满足他们的私心办不到。我不能为了要入党就说假话。”为了打破僵局，总支书记要笔者这个党外人士以个人的名义说服谭其骧，听取这两位党员所代表的“群众”意见，不发表不同看法，以示接受。谭其骧终于同意听他们意见，并打电话约他们来寓所。见面前笔者还提醒他，要多听少说，不要多作解释。其中一位除了上面提到的意见外，还专门提出了谭其骧发表批评郭沫若《李白与杜甫》一书中的地理错误的事，认为批评郭沫若是错误的，这是一个原则问题。另一位的意见甚多，下午未谈完，晚上又谈了一个多小时。在此后的一次党支部会议上，他们没有再反对谭其骧入党。

1982年7月7日，党委组织部和系党总支领导来到衡山宾馆谭其骧的临时工作室，与他谈了入党问题，要求他尽快递交申请书。由于当时正忙于审定亟待付印的《中国历史地图集》和准备一次国际学术讨论会，谭其骧直到会后的9月20日才开始写入党申请书。他学习了党章和十二大的报告，用三天时间写完了申请，在24日下午挂号寄出。11月6日，他学习了宋振庭的文章《做一个怎样的共产党员》后，又补写了入党申请的附件。

1983年5月5日下午，系党总支书记来谭其骧家看望，告诉他组织上已同意吸收他入党，要他作好准备。10日下午，上海《党的生活》杂志三位同志来作采访，请他谈了入党动机和争取的经过。6月18日，总支派人送来了入党志愿书。20日谭其骧写完草稿，总支书记看后提了意见。由于谭其骧即将去北京参加国家教委召开的学科评议会，总支要求他提前返回，参加29日的审批会。在出发当天的凌晨3点，他填好了入党志愿书。

6月29日上午8点半，笔者陪谭其骧离开评议组开会的北京钢铁学院回上海，12点飞机降落在虹桥机场。回家稍事休息后，谭其骧赶到学校，参加下午3点召开的支部大会。会议在历史系资料室举行，笔者和几位党外人士列席。谭其骧宣读志愿书后，他的两位介绍人——党委前副书记徐常太和本所的周维衍介绍了情况，党员们相继发言后进行表决，10名党员一致通过。

尽管如此，会上有人又反复提出原来提过的两方面的意见，对此，参加会议的党委副书记郑子文在结束前明确表态："党和国家交给谭先生的主要任务是科学研究，他的学术成就就是对党和国家的最大贡献。对他这样的科学家，不能用一般党员的要求。他年纪大了，身体又不好，主要精力花在工作上，他根本没有空，如果有空也应该多休息，难道还要他一家一家去联系群众？至于说到带出一支队伍，要从两方面看，老师要教，学生要学。老师教好了，学生不好好学也不行。同样是他的学生，为什么现在的就学得很好呢？"散会后，郑子文又单独与谭其骧谈话，要他千万不要受到这类意见的影响，不要为一些琐事操心，入党后更要注意保重身体，多休息，才能争取为党多工作。

6月30日，学校党委批准了谭其骧的入党申请。7月1日早上，上海人民广播电台发表了他入党的消息，当天上海的报纸也刊登了这一报道。下午2点，他登上复旦大学相辉堂的主席台，与其他56名新党员一起，在党旗前宣誓。他是新党员中年龄最大的一位，其他新党员中他认识的只有外文系教授董亚芬。

谭其骧入党的消息传出后，收到了不少朋友和学生的来电、来信，表示祝贺，使他感触最深的是老友周一良11月30日的来信：

昨日读《新华文摘》，喜悉我兄光荣入党，雀跃无已，特函道贺！五十

> 年代末，夏作铭（夏鼐）兄入党，弟亦曾致贺，并谓宜先以党员要求自己，再以专家要求。此语自今日观之，仍不为错误。但回顾三十年来，自己作为“驯服工具”之党员时多，而凭专家之科学良心办事时分嫌少。前者大驾在北大演说，谈及少正卯、柳下跖事，更使我深有感慨。当年在梁效时，初闻此说，亦曾期期以为不可，但只私下与历史、哲学系梁效成员有此议论而已，从未正式提出。尤其后来闻少正卯事乃康生嘱赵纪彬所为，遂知必是毛主席授意，更不敢议论矣。此实有负党员专家之称号也。“四人帮”粉碎后，关于弟有不少谣言，如保险柜钥匙事等，事若属实，确尔可鄙可恨。当时曾收一信，墨笔大书四字：“无耻之尤”，下署“一个老朋友”。虽一笑置之，而保存至今。（魏建功先生亦接类似之信。）一来“老友”之义忿可以理解，二来虽不至“无耻”，然为评法批儒鼓噪，尽管不预闻阴谋，终乏科学良心，此一纸四字还是永远为诫也。

周一良信中提到的“在北大演说”事，是指此前的9月24日上午，谭其骧在京参加国务院学位委员会学科评议组会议期间应邀到北大历史系作报告。谭其骧谈道，“文化大革命”期间江青反革命集团出于政治目的，大捧少正卯和柳下跖，故意歪曲和编造史料。像柳下跖这个人，有没有还是个问题，居然说他战斗过的地方就发现了几十处，其实靠得住的可以说一处也没有。

从“匡谬”到“正误”：对《李白与杜甫》的批评

“文化大革命”期间，郭沫若出版了《李白与杜甫》，谭其骧看后感到该书在涉及的历史地理方面错误很多，对郭沫若为了加强自己的论据而不惜曲解史料的做法很不以为然。但在当时的政治气候下，他作为一名“一批二用”的“反动学术权威”，自然无法公开发表意见。至1980年，对《李白与杜甫》虽已有多篇批评文章，但都集中在文学、思想方面，而对其地理方面的错误却无人指出。谭其骧认为，尽管郭沫若已经逝世，但这些流传很广的谬误还是应该加以纠正，所以选取几条，写成了《郭著〈李白与杜甫〉地理匡谬》一文。稿子编入《历史地理》第二辑送到出版社后，责任编辑、他的学生刘伯涵认为不应该批评郭沫若，几次劝他不要发表。在谭其骧的坚持下，他又劝谭其骧尽量减少批评的成分。谭其骧接受他的建议，将题目中的“匡谬”改为“正误”，又作了不少删削，于1982年底发表。但文章发表后，还有人责问他为什么要批评郭老，认为即使郭沫若有错误也不应该写。

其实经过几次删削的文章所涉及的只是三个具体的地名：

1. 碎叶。郭沫若认为唐代有两个碎叶：一个在中亚，即苏联哈萨克（今哈萨克斯坦）境内托克马克；一个在焉耆，其城为王方翼于高宗调露元年（679）所筑。谭其骧指出唐朝只有一个碎叶城，即王方翼筑于中亚碎叶水，在苏联吉尔吉斯（今吉尔吉斯斯坦，并不在哈萨克）境内托克马克。焉耆从未有过碎叶城，但因碎叶城本为安西四镇之一，碎叶城罢后，唐朝以焉耆备四镇。到了北宋，欧阳修误以为碎叶即焉耆，所以在《新唐书》中将碎叶城列在焉耆都督府下。郭沫若没有深究，误信谬说。他又以为李白生于隋末，不可能出生在调露年间才建成的碎叶城。谭其骧指出，这在逻辑上也是说不通的，要是焉耆真建过碎叶城，说筑城前生于此地的人为生于碎叶也未尝不可。

2. 条支。李阳冰《草堂集序》称李白先世“中叶非罪，谪居条支”。郭沫若认为碎叶城属于条支都督府，所以不说谪居碎叶而改为条支；又据李白《战城南》中“今年战，葱河道；洗兵条支海上波，放马天山雪中草”断言：“诗中条支与葱河（喀什噶尔河）、天山连文，表示其地望相接。”“此唐代条支既与葱河、天山等接壤，自当包含碎叶。是则所谓条支海，或条支都督府所辖之海，如非伊塞克湖（热海），当即巴尔喀什湖。因而条支都督府所辖地即今苏联境内的哈萨克一带，是毫无疑问的。”

谭其骧指出郭沫若的这一段断论是极为荒谬的。《草堂集序》中的“条支”和《战城南》中的“条支海”都是文人用典，是文人心目中西方极远地区的代名词，不能指实，郭沫若据此得出的结论实则大误特误。唐朝条支都督府为高宗龙朔元年（661）所置安西吐火罗道十六都督府之一，见于《新唐书》的《地理志》《西域传》和《大唐西域记》的记载，郭沫若连正史列传都不查，遽云“旧不详其地望”，未免太疏忽。根据上述史料记载，唐朝的条支都督府应在今阿富汗的加兹尼一带，北距碎叶城有数千里之遥，中间隔有阿姆河两岸吐火罗道诸府州和锡尔河北岸的西突厥濛池都护府诸府州，碎叶城怎么可能飞越这么许多府州悬属于条支都督府？“今阿富汗的东北境可以说与葱岭相接，在今阿富汗西南境的条支都督府就说不上与葱岭相接。何况葱河在葱岭之东，天山更在葱岭之北，条支怎么可能与葱河、天山相接？即令如郭老所说条支在碎叶一带，南去葱河亦有千里，去天山数百里，也说不上相接。阿富汗西南境去海甚远，哪儿会有什么条支海？伊塞克湖唐时名热海，一名大清池，一名咸海，见《大唐西域记》、《经行记》、贾耽《记入四夷道里》；巴尔喀什湖唐时名夷播海，见《新唐书·地理志》北庭大都护府；二湖去条支都督府及古条支国各远达数千里，又怎么可能会叫起条支海来？”因此谭其骧指出：“考证历史时期的地理，自当取证于历史记载。文学作品旨在比兴，但求典雅，不求真实，是作不得史证的。郭老置《两唐书》纪传于无睹，竟想用迷离恍惚，不着边际的一二诗句来解决条支的地望问题，这就难怪会得出如此稀奇古怪的结论来了。”

3.河西。杜甫于天宝末选授河西尉，不就，作有“不作河西尉，凄凉为折腰”的诗句。郭沫若说：“河西县在唐代有两处：一属于云南，蒙自附近，天宝后没入南诏；一属于四川，在宜宾附近。估计杜甫被任为县尉的是后者。”

谭其骧指出：郭沫若的两说是从商务印书馆1931年版《中国古今地名大辞典》（简称《辞典》）里抄来的，由于欠仔细，既有抄错的地方，也没有抄全。《辞典》“河西县”下有三条，第一条作“唐置，故城在今云南河西县东北，……今属云南蒙自道”。但民国时蒙自道辖境很大，而河西故治在今通海县西，离蒙自达330里，中隔数县，岂能说在蒙自附近？第二条是“见河滨县条”，但郭沫若没有去查。第三条是“唐置，今阙，当在四川旧叙州府境”。《辞典》编者因查不到明确资料，只能姑作推测。因宜宾是旧叙州府的附郭县，郭沫若竟用肯定口气说成“在宜宾附近”，跟《辞典》的原意就不同了。

实际上，郭沫若十分信赖的《中国古今地名大辞典》对唐代的河西县既没有列全，对列出的三个所述沿革、地望又都不确。第一条云南的河西县始置于元，不始于唐。第二条河滨县是唐武德三年（620）析同州朝邑县所置，贞观元年（627）省，没有改过名。第三条的河西县本是唐戎州都督府所领宗州的属县，由于戎州都督府的辖境极大，根本不在宜宾附近，而在今云南境内。但宗州、河西县是羁縻州县，即使不被南诏攻陷，其长官也都是由当地少数民族首领充任，不会调杜甫去的。

谭其骧查了《新唐书·地理志》《旧唐书·地理志》和《元和郡县志》《太平寰宇记》等唐宋总志后发现，唐朝另有两个正县也名河西，并且就在长安以东三四百里之内。一个是武德三年（620）分同州郃阳县所置，乾元三年（760）改名夏阳县，故址在陕西郃阳（今合阳）东南四十里。一个是河中府的附郭县，故址在今山西永济蒲州镇，但初置于开元八年（720），同年省，至乾元三年再置。所以杜甫于天宝末年（约755）被任命的只能是前者，即在今陕西合阳县东南的河西县尉，离杜甫当时所在地并不远。郭沫若将河西县错定在今四川宜宾一带，又断言杜甫不愿赴任是因为路远，怕艰苦，才不服从分配，宁肯在京师当逍遥派，显然是毫无根据的。

事后谭其骧得知，郭沫若著《李白与杜甫》传到大洋彼岸时，他在燕京大学时的老师洪业（煨莲）先生对此书的牵强附会极为不满，他也发现了“河西县”这个极大的漏洞。1978年洪业在哈佛大学演讲时曾指出，郭沫若“因抄捷径径用《地理（应为地名）辞典》，才以为河西县那么远，其实根据《元和郡县志·关内道》《旧唐书·地理志》等参考书就可知杜甫的时代河西县只离京兆之奉先50公里而已”，杜甫拒绝做河西尉并非“不愿意去穷乡僻壤，挑肥拣瘦”。洪业为此还作诗一首：

少陵不作河西尉，总为凄凉恶榜笞。
何把近畿移远地，遽挥刀笔肆诛夷。
半生卓立辟雍外，一语难将驷马追。
奉告先生诗有教，温柔敦厚莫更疑。

读到这首诗后，谭其骧曾对笔者说：“早知道洪先生已经说过，我就该用他的说法了。好在我们的结论是一致的。”他又说：“郭老是聪明人，有的错是他一时疏忽，有的错恐怕倒是他太聪明了。”

与这篇文章有关的另一件事，是1998年丁东先生在《难以澄清的“谜团”》（载1998年5月15日《南方周末》）中提出的：冯家升夫人说“冯先生活着的时候，写过一篇研究李白身世的论文，后来，院长要看，派人取走之后，却署上自己的大名发表了”。此事引起了一场争论，但多少证明了一些事实。据白滨《应当澄清的“谜团”》（原载1998年9月16日《中华读书报》，转引自丁东编《反思郭沫若》，作家出版社1998年版；以下同）一文称：

大约在1969年秋，民族所的人员几乎全部下了“干校”时，冯先生是特许留在北京，参加继续编制《中国历史地图集》（即“杨图”）的工作者之一。那时，郭沫若院长派人到民族所向地图组的专家们征询新疆古地名“碎叶”的准确位置和“条支都督府”的方位两个问题。冯家升是地图组的主持人，即向来人谈了自己的看法。

冯铁侠《我可以澄清这个“谜团”》一文讲得更具体：

30年前，我在中科院院部机关（当时还叫“革委会”）工作，有机会经常同郭老见面。1969年10月的一天，我到郭老家里办事。郭老要我设法查准确唐代中亚碎叶和条支这两处地名今天的地理方位，这涉及李白的出生地。郭老恐怕我记不准确，就撕下一张台历，在上面写了“中亚碎叶”和“条支”两个地名。当时于立群同志也在，她嘱咐我用郭老办公室的名义去联系。我随即与哲学社会科学部值班室通了电话。值班人员说，民族研究所有一个“图组”，负责搞唐宋元明清的疆界地图，可以听听他们的意见。我按照学部值班室的建议，走访了民族所的“图组”。待我说明来意之后，在场的几位同志都对郭老此时仍在从事学术研究，而且对历史地理方面的问题一丝不苟，深感敬佩。经过介绍，我知道了冯家升先生是“图组”的负责人，工作进度是由近及远，刚作到明朝，还没有搞到唐代。冯家升先生谈了他的看法，其他同志也时有插话。归纳起来，他们的意见是：中亚碎叶的位置在苏联哈萨克境内的老托克马克城，即今托克马克城以北15

> 公里处；碎叶在条支国境内，条支国地域很广，相当巴尔喀什湖以南的一大片地区；条支国与条支都督府是两回事。我把这些意见扼要地记在郭老交给我的那张台历上，当晚向郭老作了汇报。冯家升先生没有交给郭老任何文字材料，更没有提到过一部关于李白身世的论文。当天我交给郭老的，仍然是那张郭老写过字的台历。

尽管冯家升曾向郭沫若提供过论文的事尚无法证实，但郭沫若在确定碎叶和条支地望时的确征询过冯家升的意见。不过正如有的文章已经指出的，不具备专业基础的冯铁侠能否凭在一张台历纸上记下的几句话向郭沫若汇报全冯家升的意思，是值得怀疑的。而且事隔30年，他的记忆是否完整正确？如他所说不误，那么冯家升只肯定了一个碎叶，并没有郭沫若书中的两个碎叶说。至于条支的地望，以冯家升的学识，似乎不可能提供这样的答案。莫非是郭沫若听了不准确的汇报就率尔下笔？这依然是个“谜团”。

谭其骧一生与郭沫若有过三次文字缘：第一次是郭沫若采用了他对《楚辞》中庐江地望的解释；第二次是谭其骧在对曹操的评价和对蔡文姬及其作品的考证上提出了与郭沫若不同的看法，郭沫若却没有作出回应；这第三次却是在郭沫若的身后。不过，即使郭沫若还健在，大概也是无法作出反驳的。就是反对谭其骧发表这篇文章的人，对这些“匡谬”的正确性也是没有异议的。

会见美国总统里根

1984年4月，美利坚合众国总统罗纳德·里根来中国访问，复旦大学是他到上海时的访问单位之一，学校闻讯后立即着手作各项准备。学校决定将谭其骧主编的《中国历史地图集》作为礼品，只是图集只出了五册，还有三册尚未出版，校长办公室和外事办公室认为，可以先送五册，其余三册可在出版后寄去。图集虽有精装本，但外面的硬纸套比较粗糙，也不美观，因而就定制了一批锦盒，每册装一盒。精装本中有一部分是特制的“蝴蝶装”，全部用手工装订，可以保证每一页都能摊平。本想将蝴蝶装的图册放在盒内，但盒子取回后发现因蝴蝶装比一般精装稍宽，放不进去，只得仍用普通精装本。图集的第一册上由谭其骧签名。

出访前不久，里根曾在美国国内遇刺，所以美国方面对他的访问提出了各种苛刻的安保要求，中美双方的安保人员对复旦大学进行了多次严密的检查，还要求参加接待的所有人员都要反复演习，做到万无一失。前一次的演习没有惊动谭其骧，校办将要求告诉笔者，由笔者转告他有关注意事项。4月28日是最后一次演习，上午笔者接到通知，立即去淮海路寓所将他接来。

谭其骧将参加的活动有两段：一是在物理楼接待室门口迎接，然后入座参加简短的欢迎座谈；一是在大礼堂主席台就座，参加里根的演讲会，会上将向里根赠送《中国历史地图集》，里根将与他握手致谢。自从1978年2月脑血栓引起半身不遂后，谭其骧左半侧行动不便，不良于行。他还患有过敏性鼻炎，有时会莫名其妙地大量流鼻涕，打喷嚏。平时他外出开会或活动时，一般都由笔者陪同，但里根来访时，限于严格的安保措施，笔者无法在场。第一段活动问题不大，因为等候时间较多，可以由其他人帮助他站到预定位置，由此就座的距离很近，座谈的时间也不长。比较麻烦的是第二段时间，因为主席台和休息处只容许有特号证件的人进入，而除了在主席台就座的人以外，拥有特号证件的只有里根的一名贴身警卫、担任翻译的外语系教授董亚芬和穿着有复旦大学标志外衣的一名锦江饭店女服务员，连学校外办主任、美国驻上海总领事和中方警卫也只能在台下或门外。按规定，主席台上的人要与里根同时上台。谭其骧的座位安排在第二排中间，正在里根座位后面，就座时要跨上一级台阶。会议的时间也比座谈时间要长。那天笔者陪着谭其骧随众人从头到尾演习了一遍，他觉得除了进休息室前的楼梯和上主席台的几级台阶需要人扶持外，其他问题不大。为了以防万一，负责安排大礼堂座位的党委办公室副主任金炳华（后任中共上海市委常委、宣传部部长，中国作协党组书记）破例将笔者排在台下第一排中间，坐在一名中方安保人员和参加会见里根的几位教授之间，以便会议一结束就能及时照顾谭其骧，或者万一发生什么问题时能就近协助。金炳华手中的一份座位表上填着每个参加者的名单，到时必须完全符合。

对于谭其骧的过敏性鼻炎，似乎没有任何控制的办法，因为这些年来已经用过不少治疗手段，都没有产生明显的效果。但有一点是可以肯定的，即与他自己的情绪有关，因为笔者发现有几次关键的时刻，他的过敏性鼻炎都不治自愈。如1982年9月召开国际学术讨论会期间，他的鼻炎曾发得很厉害，但轮到他作报告、参加宴会、主持会议时都没有事。特别是他作报告那天上午，进入锦江俱乐部的会场不久他的鼻炎就发作了，一时间无法止住，只能躺在后台休息室。但就在他作报告前不久，却奇迹般地恢复了正常。所以只要他事先休息得好，再服些预防的药品，就不必紧张。

4月30日上午10点1刻，笔者随学校的汽车到谭其骧家去接他。他已作好出门准备，那天他穿一套深色条纹花呢中山装，显得很有精神。回学校的路上又去长阳路明园村接经济系教授蒋学模，将他们送到第九宿舍51号休息。下午1点半，他搭苏步青教授的汽车去物理楼接待室。2点55分，里根来到接待室，复旦大学名誉校长苏步青、副校长华中一、谭其骧、蒋学模和章培恒等在门口迎接，由谢希德校长一一介绍。在接待室坐定后，谢校长致欢迎词，介绍复旦大学概况，里根致简短答词。然后里根去教室参观，谭其骧等去大礼堂，在主席台旁休息室坐候。

笔者按规定提前两小时进大礼堂，进门时每人都得通过安全检测仪，并接受个别检查。在礼堂中间，设有第二道安全线，只允许持有前排票子的人进入，绝大部分记者被挡在外面。笔者注意到，美国留学生被安排在这道警戒线之外右侧的座位，在他们的前后都坐着一排安保人员。据说有的美国留学生曾表示在里根来时要喊反对他的口号，为此谢希德校长事前专门找他们座谈，要他们尊重学校请来的客人，并要与其他学生一样提前两小时进场。

笔者在台下第一排中段坐下后，见左边几个座位还空着，这是留给参加会见的几位教授坐的，右边则坐着一位西装革履的我方安保人员，而当时大多数教师还不穿西服。这一排的左侧坐着一位女学生，显然已经过安全检查，因为她将上台向里根献花，所以一名美方保安和一名中方保安紧挨着她两边，连那束鲜花也作了仔细的检查。美方的保安用小锤子在装地图的锦盒四边敲打，又将五册地图打开逐一检查，然后送上主席台。连放在台周围的盆花，也都用探条在盆泥中反复插过，自然不管这些花还能活多久。不久，在笔者前面的台边又站来两名高头大马的美国保安，直到会议结束。从第二排开始，坐着从外语、新闻、国际政治等系挑选出来的一批学生，他们是里根演说的基本听众。

近3点，一批美国人来到台前，在右侧前面几排就座，他们是里根的随行人员和美国驻上海总领馆的人员。3点过后，蒋学模教授等人来到会场，坐在左边的几个座位，可知会见已经结束。稍后，董亚芬在台上告诉大家，等里根到达时，她将用英语说“现在让我们热烈欢迎美利坚合众国总统罗纳德·里根先生”，大家就鼓掌欢迎。接着她说了一遍，听众都鼓起掌来。有了这次演习，大家以为在里根到来之前，她肯定先会说这句话的。可是过了不久，人们发现里根已出现在台上，等到大家反应过来发出掌声时，里根差不多已经走到了自己的座位前。不知这是不是就是中美双方事先商定的确保安全的策略？这时笔者见谭其骧已顺利地踏上那级台阶，向中间的座位走去。在第一排就座的除里根外，还有美国国务卿舒尔茨、中国文化部部长朱穆之、上海市市长汪道涵、谢希德校长、苏步青名誉校长，坐在第二排的有美国驻华大使恒安石、中国驻美大使韩叙、上海市副市长阮崇武、复旦大学副校长华中一和谭其骧。

在里根发表演说后，谢希德致谢辞，然后向里根赠送《中国历史地图集》，并向他介绍主编这套地图集的就是本校教授谭其骧。这时，里根回过身去与谭其骧握手，谭其骧微微起身，伸出手去。美国和中国的电视摄像机同时摄下了这一场面，通过卫星和微波同步传输到中国乃至世界各地。

等里根一行一离开礼堂，笔者立即跳上台去，得知谭其骧在这几个小时中一切顺利，如释重负，他也说总算没有出什么洋相。稍息了一阵，笔者就扶他出门，与蒋学模同车回家。

1985年笔者去美国，在介绍《中国历史地图集》时，不少人都说他们曾在电视中看到过谭其骧与里根握手。有的人并不知道复旦大学，但当笔者提起这件事时，他们就会说：“噢，就是向里根总统送一套地图集的那所中国大学。”因为注意到那个场面的人远比听里根演说的人要多。

到1988年《中国历史地图集》八册出全时，里根已经届满离任，我们还是将其余三册寄往美国白宫希望能转交给他。

“老师”成了“自字先生”——与何光岳的关系

1982年8月6日，《光明日报》在头版发表了该报记者张祖璜的报道《失学之后不气馁　困难面前不低头　农民何光岳自学成为历史地理学者》，当天中央人民广播电台的新闻节目播发了这篇文章。

那时谭其骧在衡山宾馆修订《中国历史地图集》，上午听到此事，当晚他让笔者找来《光明日报》，看后认为“多与事实不符”（日记），立即写信给该报要求更正。

报道上有这样一段话：

> 复旦大学教授、中国历史地理专家谭其骧有次来到岳阳考察洞庭湖，面对这个脸色黝黑、衣着朴素的年轻人，一连提出有关洞庭湖变迁的两百多个问题，请他作答。然后，谭教授又从天文地理到中外史籍、文字学到文物民俗，同他进行讨论，一直持续了三天，每天都是谈到深夜。教授听了何光岳的发言，激动地说：“你从一个农民自学到这样的水平，真是难得的啊！”一九七八年七月，经过谭其骧教授的推荐，何光岳被调到湖南省社会科学院工作。……最近，……他的《昆吾氏诸国兴亡与迁徙》一文已被审准参加全国第一届历史地理学术讨论会。

谭其骧去岳阳并认识何光岳是1977年的事，但这篇报道的有关内容完全不符合事实。为了说明问题，不妨看一下谭其骧在岳阳的全过程。以下是他那几天的日记：

> 4.25　六点起，七点许到岳阳，因无人接，背行李甚狼狈。街上吃包子，八点许找到地区革委会，出示介绍信后，由谭某（复旦新闻系70届毕业生）、李某（中山大学毕业生）陪同，住地委招待所。余一间，张（修桂）、袁（樾方）另一间，擦身后休息。午餐后休息，二点三刻李、谭二位

引文化馆何光岳来，继而地区何孟球亦来，谈至五点许散。饭后停电，八点看电影，归后至十点半电灯复明，作书致侯良。

4.26　早候至八点三刻，何光岳来。又候新闻制片厂三人至九点许，同坐地区车赴岳阳楼。出又参观一瓷厂，遂与制片人分手。余等至何光岳（家）观其藏书。近午步行回所午饭。午后二点许何光岳来，以《岳阳风土记》中地名询之，谈至五点许去。晚饭后散步，归而李、谭二人及张、袁同在余室谈至九点而别。夜大雨。

4.27　上午因天气不好，风雨不停，原拟去君山作罢。正在阅读华主席在湘工作回忆录，何光岳来，谈至十一点三刻方去。托渠绘杨么时代洞庭湖图，因昨晚渠家停电未能绘成，约画好寄复旦。午后二点多起，阅读回忆录，匆匆收拾行李，三点许由李盛兴、谭先锋陪同，用吉普车送于车站，四点半开，慢车甚空。

从日记中可见，谭其骧一行在岳阳停留的时间总共不过25日、26日两个整天和27日下午4点半以前，合计也不到三天，怎么可能与何光岳讨论了三天，并且每天都谈到深夜呢？何况谭其骧与他原来并不相识，来岳阳的目的是考察，岂能完全用于与他谈话？

从日记看，谭其骧25日与何光岳初次见面，至多谈了2小时1刻；26日上午与何光岳在一起的时间不会超过3小时，但用于谈话的时间不可能多；下午谈了3小时；27日上午谈了约3小时。谭其骧与何光岳在一起的时间合计约11小时1刻，真正谈话的时间更少。而且第一天晚上停电，谭其骧一行看电影，10点半后又写信；第二天晚上散步，在室内与其他人谈至9点钟；第三天已离开岳阳。连一天晚上都没有与何谈话，又如何能每天谈到深夜？至于问何的内容，主要是《岳阳风土记》中的地名，即使还谈了些其他方面，也不是什么“从天文地理到中外史籍，从文字学到文物民俗”。

谭其骧会不会就洞庭湖的变迁一连向何光岳提出两百多个问题？且不说没有那么多时间，也提不出那么多问题。谭其骧告诉笔者，当时问了一下何光岳对洞庭湖变迁的看法，发现他还是持传统的始终由大变小的观点，并无新意，所以没有深谈。在1981年10月21日给谭其骧的信中，何光岳称："比如当今以老师为主，倡云梦、洞庭演变过程，全国著名学者翕然从之，但我却单持异议。"可以证明在这一点上他们之间没有什么共同语言。

从离开岳阳后，谭其骧从未向湖南任何单位推荐过何光岳，而且1978年2月1日他就发病住院，当年7月还没有出院，自然更不会作推荐。何光岳调入湖南省社科院的消息，谭其骧是从他的来信中得知的。

何光岳即将参加的会并不是全国第一次历史地理学术讨论会，而是由中国地理学会与复旦大学联合主办的中国历史地理学术讨论会。1981年10月23日，何光岳给谭其骧写信："近又闻由老师主持，将于明年四月在上海召开全国历史地理学术讨论会，我迫切要求参加。我是一个农民出身，只高小文化，可能在学者中诧为罕见。但我也有一些学术争议问题，……如能允许我参加这次盛会的话，我将参加辩论，另外我准备《长沙古城历史地理变迁》和《岳州古城历史地理变迁》二文。如蒙批准我参加会，请加照顾名额，并来函告知，则不胜感激之至矣！"他收到信后交笔者办理，并说为了鼓励年轻人自学成才，还是邀请他到会，笔者即将会议通知寄去，并没有人审查过他的论文。不久何光岳从长沙给笔者打来长途电话，要求我们以会议的名义给湖南省社科院打电话邀请他，被笔者婉拒。

其实在此事以前，上海《解放日报》在何光岳一篇短文的按语中已经有过不实的报道，只是因为没有提到谭其骧的名字，内容还没有过于离谱，谭其骧没有计较而已。按语说：

> 本文作者何光岳同志，原来是个贫农，湖南岳阳的农业劳动模范。只读过小学，全靠自己刻苦学习，掌握了大量古汉语、历史以及历史地理方面的知识（这篇文章就是一个有力的证明），……对于中国和世界历史地理都有深湛的研究，曾经得到复旦大学某历史地理教授的重视。一九七七年秋，他曾要求来复旦进修，遭到拒绝。后来煞费周章，才允许他考中国历史地理研究生。尽管事先有关同志介绍了他在历史地理方面的成就，结果仍旧落选，为什么？主要原因，ABC不及格！为此他深有感慨，就写了这

篇文章，寄给本报。不久他的情况被反映到了湖南省委，很快被邀请到湖南省哲学社会科学研究所古代史近代史研究室从事研究工作，并成为湖南省历史学会正式会员。

谭其骧从岳阳回来后的确向研究室和学校反映过何光岳的情况，提出能否吸收他来进修或工作，当时校方已经知道即将招收研究生，提出还是让他参加研究生考试，如合格录取，也可免去很多麻烦的手续。1978年的研究生招生是“不拘一格”，笔者就没有上过大学，是凭高中学历报考的，以后复旦大学录取的对象中连初中未毕业的也有，何光岳报考不需要“煞费周章”。他的确未被录取，但主要原因并不是英语不及格，而是总分不够，还有两门课没有及格，他的成绩是：中国通史72分，地理55分，古汉语90分，外语0分，政治45分。至于说何光岳对“中国和世界历史地理都有深湛的研究”，写按语的人大概只是听了何光岳的自我介绍，因为他如果找过谭其骧或复旦大学中国历史地理研究室的任何人，肯定没有人会对何光岳的“世界历史地理”水平作任何评价，因为他们自己都不研究世界历史地理。

1982年7月6日，谭其骧收到何光岳来信，提出：“我请求老师为我的《楚史论文集》写个序言，如实在没有时间的话，也请老师三言两语写个信给上海人民出版社历史部推荐一下，这点全靠老师帮助。”谭其骧觉得既然没有时间看，就不能随便推荐，婉言谢绝了。

谭其骧给《光明日报》的信发出后，没有收到答复。8月28日，华东师范大学历史系的陈旭麓从长沙回上海，来谭其骧家看他。陈旭麓告诉他，何光岳在多种报刊大吹特吹，大多是打着谭其骧的旗号，湖南省社科院领导也很不以为然，要他来问一下何光岳与谭其骧究竟有什么关系。谭其骧这才知道，在《光明日报》的报道以前，类似的故事已经发表多次了。30日，谭其骧再次致函《光明日报》，坚决要求更正。他还让笔者写信给湖南省社科院领导，说明事实真相。由于历史地理学术讨论会开幕在即，而《光明日报》的文章又造成很大影响，为避免被何光岳再次利用，谭其骧要笔者找何光岳谈话，指出他这种任意编造事实、弄虚作假的不良行为，要求他自己向《光明日报》澄清事实，同时决定在会议期间不与何光岳单独见面，也不对何光岳发表任何意见。

何光岳到上海延安饭店后，笔者在底层大厅找到他，将谭其骧的意见转达给他，希望他能实事求是，主动澄清事实。但何光岳强词夺理，除了承认将历史地理会议名称搞错外，声称其他都是事实。例如，笔者指出谭其骧从未向湖南方面推荐过他，他竟说："怎么没有呢？谭先生走了以后，地方上就重视我了，不是他推荐还有谁呢？"笔者说："这是你的估计，不能当作事实告诉记者。"他说："我是为了谭先生好呀。这样写对他有什么不好呢？说明他慧眼识人才。"笔者劝说甚久，见他的态度仍无改变，只得通知他几点：1.会议期间谭其骧不愿单独见他，希望他也不要找谭其骧。2.会议期间请他不要讲报道中提到的那些事，否则我们将向与会代表公开澄清事实。3.谭其骧将继续向《光明日报》和有关部门说明事实真相，希望他采取主动态度。

会后，何光岳再没有找谭其骧，再见到时不仅视同陌路，而且出言不逊，指桑骂槐，但在报刊上继续重复与谭其骧有关的这些"事迹"。

因《光明日报》一直没有答复，谭其骧在1983年1月24日致函该报总编辑，并让在该报工作的复旦大学历史系毕业生陈清泉转达。2月23日，他收到该报记者部的复信，但除了表示感谢外，对一直未予答复的原因一字不提，对更正的要求也置之不理。所附这篇报道的作者张祖璜的信中将报道失实的原因推诿于"交通原因"，却强调报道的效果很好，"事实上，从报道发出之后，收到的大都是农村知识青年的信，他们的受益也在于此"。为此，谭其骧要笔者继续向有关方面反映。

3月24日，湖南省社科院杨慎之（何光岳所在研究室主任，后任副院长）来看谭其骧，对何光岳的行为向谭其骧表示歉意，谭其骧又向他反映了与何光岳交往的全过程。4月16日，陈清泉陪同记者部负责人到京西宾馆向谭其骧表示歉意，但他再三表示，在报上公开更正影响太大，要谭其骧谅解。

9月，笔者随谭其骧去抚顺参加东北民族源流与分布学术讨论会，何光岳也参加了会议。9日上午，谭其骧到三楼会议室参加秽貊小组讨论，正好何光岳在发言，他的印象是"离题胡吹，狂妄之极"（日记）。当晚，谭其骧问参与会议筹备的中央民族学院历史系的陈连开，为什么请何光岳，陈大惑不解："他们都说是你推荐的呀！他不是你发现和指导的人才吗?”至于何光岳在其他各种场合对谭其骧的诽谤和指责，谭其骧也时有所闻，但他一直未予理睬。

谭其骧逝世后，有关何光岳与他的关系又出现了新的说法，1996年《中华儿女》第3期上刊出了傅朗云撰写的《史坛怪杰何光岳》，其中有一段题为“《史记》岂能‘寡耍’，何光岳不拜白字先生。两篇‘新马说’震动全国”：

1977年春天，国务院要规划洞庭湖区，派一位高级研究人员来岳阳考察洞庭湖的变迁。这位专家19岁就在一所国际名牌大学任教，当过江青的边疆地理高级顾问，一向很傲慢。听说有一个农民写出了《洞庭湖变迁史》，压根就不相信。他专门同何光岳进行“马拉松”式的长谈，先后提出200多个历史地理方面的难题。何光岳对答如流，有理有据。又翻阅了何光岳的资料和待发的文章。答者无心，问者有意，多年来学术上的不少难题，在这里找到了答案。临别时，老专家激动地紧握何光岳的双手：“相见恨晚，你老兄从一个农民自学到这样的水平，真不容易啊！现在我们中国搞历史地理的人已经是凤毛麟角了，希望你终身从事这项伟大的工作。”

其实，何光岳一直在寻找步入科研行列的时机。当粉碎“四人帮”后第一次招收研究生的时候，何光岳报考了上海复旦大学。在答古典文学试卷时，他发现一道出自《史记·太史公自序》的考题中有“博闻而寡耍”的用语，他觉得在这样神圣的大学殿堂居然出现如此严重的错误，是不可原谅的。何光岳在答卷上写道：“汉朝以前无‘耍’字，东汉许慎的《说文解字》中也无此字。‘耍’字最早出现于南北朝，此字或系校对和印刷之误，请指正，故‘博闻而寡耍’应为‘博闻而寡要’之误。”招生办查对原稿，明明写的“博闻而寡耍”，无疑是触犯了出题者的尊严，自然取消了录取资格。有意放风，只要何光岳认错，是可以破格录取的。何光岳坦率地表示：“与其当白字先生的研究生，倒不如回家拨锄柄。”他下决心不再考学校。

湖南一些科研单位得知这个消息，纷纷邀请何光岳参加科研工作。

只要将这个故事与前面所引《光明日报》的报道和《解放日报》的按语一对照，就可知那位“老专家”和“白字先生”都是指谭其骧。可是编造者既要将“江青的边疆地理高级顾问”“一向很傲慢”一类污水泼在谭其骧身上，却又要借助于他来抬高何光岳的身价，连起码的逻辑关系都不讲了。当然或许他根本不知道何光岳与谭其骧在洞庭湖变迁上的看法完全不同，所以才敢炮制何光岳的答话使谭其骧“多年来学术上的不少难题”“找到答案”的神话。

谁都知道，导师不一定为研究生招生出试卷，更不会亲自誊写或打印，何光岳是在长沙参加考试的，他怎么能断定这就是谭其骧写的“白字”呢？阅卷人给了他90分，难道是“触犯了出题者的尊严”的结果吗？是谁放风要他认错（注意，作者这句话故意没有写清主语），难道是谭其骧吗？要真有此事，为什么在《解放日报》的按语中又说成是因为ABC不及格，在《光明日报》的报道中又对这位“白字先生”如此借重呢？

作者大概想不到，谭其骧保留着的何光岳的来信中，有一封上面写着：

谭老师：

你老人家近来健旺否？谢谢您的关心，使我有幸能够参加今年八月底在上海开全国历史地理学术讨论会。我的成就，全靠老师的培养和帮助，使我永铭在心，当结草衔环，以报老师之恩。……

学生　何光岳敬上

一九八二年七月四日

莫非这就是他“结草衔环”的报恩行动？这令人想起了吃不到葡萄就说葡萄酸的故事，但愿这只是传记作者的责任。

“诸葛亮躬耕地”风波

诸葛亮躬耕地在今湖北襄阳，本来是历史学界一致公认的，从来不存在分歧。但从20世纪80年代后期开始，有人发表文章，提出今河南南阳市的卧龙岗才是诸葛亮的躬耕隐居地。1988年，邮电部开始发行《三国演义》系列邮票，围绕着第二组邮票中的“三顾茅庐”和“隆中对策”应在哪里举行首发仪式，襄阳和南阳之争公开化了。

1990年3月15日上午，谭其骧与华东师范大学历史系教授吴泽、简修炜，上海社会科学院历史研究所研究员方诗铭等16人出席了在上海人民出版社召开的诸葛亮躬耕地学术讨论会。谭其骧在会上说（据丁宝斋《谭其骧论诸葛亮躬耕地》，载丁宝斋主编《诸葛亮躬耕何处——有关史料和考证》，武汉大学出版社1998年版）：

> 诸葛亮的躬耕地在南阳还是襄阳的问题，有人说是由来已久的问题，我认为这是向来没有疑义的问题。只要是学历史的，都会说诸葛亮躬耕地问题历史上没有悬案。诸葛亮说自己“躬耕于南阳”，这个“南阳”，不是指南阳郡郡治所在地宛（今南阳市区），而是指南阳郡管辖的一块地方。这块地方，就在今天的襄阳西边的隆中，离襄阳很近，而离南阳郡郡治所在地宛相当远。但在行政区划上，当时隆中属于南阳郡邓县管辖，所以诸葛亮说自己“躬耕于南阳”。
>
> 我看了一些文章（指1989年10月《集邮》和1988年第4期《中州今古》等报刊主张“南阳说”的文章），那些反对诸葛亮躬耕地在襄阳隆中的说法，使人感到有些强词夺理。例如，记载诸葛亮躬耕地在襄阳城西20里的隆中，见于《汉晋春秋》。有些人竟说由于《汉晋春秋》不是正史，所以不能相信。我们学历史的人都晓得，正史不一定都可信，非正史不一定就不可信。一部史书算不算正史是后人定的。当初写历史的人，不是动笔时就说我写的是正史或非正史，不是正史就可以不符合历史事实。不是那么回事。写历史书的人总是认为自己写的是正确的。不一定正史全靠得住，非正史全靠不住。《汉晋春秋》的作者是东晋时的习凿齿，是相当有名的学者，他又是襄阳人，去东汉末年诸葛亮隐居隆中时不过百数十年，这么早的史料不可信，难道去汉末千数百年元、明以后的南阳府志，南阳县志倒可信吗？这怎么说得通呢？

习凿齿的《汉晋春秋》写得清清楚楚：诸葛亮故宅在南阳郡邓县之隆中，在襄阳城西20里。所以，诸葛亮在十年躬耕生活中，交往的人都是襄阳人，他不会老远跑到宛县去广交朋友。而且，宛县一带汉末是袁术占领的，诸葛亮不可能在那儿过隐居生活。襄阳当时是刘表的地方。刘表在初期没有介入军阀混战，所以诸葛亮有可能在那里度过号称十年的躬耕生活。他如果住在宛，那么老早就要卷入到战乱之中，不可能过躬耕隐居生活。

《水经注》讲得更清楚。《沔水注》：沔水又东经隆中，历孔明旧宅北。亮语刘禅云："先帝三顾臣于草庐之中，咨臣以当世之事"，即此宅也。这与现在的襄阳和隆中的地理位置是一致的。《水经注》是北魏郦道元写的，他写荆州地区那一部分所根据的材料，多数来自盛弘之《荆州记》。《荆州记》是一本很好的书，写得很详细很具体。说《水经注》这段记载靠不住，是说不过去的。

还有《元和郡县志》，虽然是唐朝人写的，但它保留了相当一部分唐朝以前的材料。它写道，襄阳城西11里有个山叫万山，是南郡的襄阳和南阳郡的邓县的分界处。所以谚云："襄阳无西"，即一出城西11里，就到了邓县地界。这与《汉晋春秋》、《水经注》等六朝时期的记载是完全符合的。

那么，什么时候隆中归属襄阳的呢？据我的推测，应在北朝时。因为邓县宋齐时犹存，至北周省。邓县既省，其地很可能便就近并入襄阳，所以唐初复置邓城县于故邓县，即改属襄州。唐邓城县至南宋初年又省入襄阳。另外，唐宋时期还有一些诗文，都讲到诸葛亮故居在隆中。总之，从六朝一直到宋代，没有任何史料说诸葛亮躬耕地在南阳宛县，都讲的是在襄阳隆中。

把诸葛亮躬耕地说成是在今日的南阳市内，即当时的宛县，这一说法是从元朝开始的。汉代南阳郡郡治的宛县，隋以后改称南阳县，元代又置南阳府于南阳县，所以元以后便有一部分南阳人把诸葛亮躬耕地附会为南阳郡治的南阳。但是，稍有历史知识的人，决不会相信南阳府志、南阳县志的这些话，而去否定六朝至唐宋时期历代文献上的记载。历史上常有过拉名人作本地人的风气。这个风气现在又盛起来了，而且越来越盛，许多地方都在为拉历史名人而打官司。南阳的同志写的几篇文章，读后很难让人信服，把不符合他们观点的史料，都说声“靠不住”，就予以否定了，这不是科学的态度。到底隆中在南阳的哪一个具体地方，他们又说不出来。

东汉的南阳郡是很大的。南阳郡的地盘绝大部分在沔水以北，但是隆中在沔水以南。主张诸葛亮躬耕于今日的南阳所提出的一条理由，就是南阳郡辖境不应延伸到沔水以南，而应全部在沔水以北。历史上的行政区划，不能简单地完全以自然山水为界来划分。南阳郡和南郡，这一地段基本上以汉水为界，但也有犬牙交错的地方。隆中在沔水以南，但它却归南阳郡管辖。历代行政区划基本上按自然山水为界而又有例外的情况是很多的。

关于《中国历史地图集》所绘东汉荆州刺史部隆中的辖属问题，由于当时参加编绘的人很多，我在审图时没有注意到。我郑重声明：《图集》东汉部分对此画得不太清楚，是有差错的，以后再版时要修改。但《图集》三国部分对此就画得很清楚。

我希望诸葛亮躬耕问题不要再争论下去了。

中午在越友酒家吃饭，饭后谭其骧为襄樊题词：

诸葛亮躬耕于南阳郡邓县之隆中，在襄阳城西二十里。北周省邓县，此后隆中遂属襄阳。

一九九〇年三月 谭其骧

到会的专家学者的意见完全一致。3月17日，上海《文汇报》刊登了这次会议的报道和谭其骧的观点。不久，《文汇报》收到南阳方面的不同意见，对谭其骧的观点提出异议。4月20日，《文汇报》将南阳方面的意见转给谭其骧。5月21日，谭其骧致函《南阳日报》周熠，在重申自己的观点的同时，明确表示：发展旅游与历史研究不同，南阳有卧龙岗，至少也是元明以来的古迹，完全可以继续成为诸葛亮的纪念地。但此后，周熠及南阳方面都没有回信。

可是谭其骧根本不知道，在此期间已经有人干了一件见不得人的事，以致在香港和海外造成了恶劣影响。3月28日，香港的《华侨日报》上刊登了一条“新华社3月27日电”：

> 中国古典小说《三国演义》中，刘备三顾诸葛亮于草庐中的故事，至今还流传在大陆民间，当时诸葛亮躬耕地究竟在何处？日前在上海举行的诸葛亮躬耕问题学术座谈会上，专家们对因旅游景点的开发引起多年争论的上述问题，今获得一致看法。
>
> 著名的中国历史学家谭其骧教授说：根据他的考证，诸葛亮躬耕于今河南省南阳市（当时为南阳郡以南的邓县隆中，这地方邻近湖北省北部，在该省襄阳城西20里地，北周时废邓县，隆中曾属襄阳）。诸葛亮是公元181—234年间的三国蜀汉政治家、军事家，东汉末隐居躬耕，但仍留心世事，被称为“卧龙”，公元207年，刘备三顾草庐即源于此。曾参加这次诸葛亮躬耕问题学术座谈会的有吴泽、方诗铭、张志哲、施宣圆、王界云等著名专家十余人。

这篇报道的依据是权威的“新华社电讯”，自然不由人不信。可是，新华社根本没有人参加这次会议，事前事后也没有向有关人士作过采访，这条“电讯”却公然移花接木，将谭其骧和与会者的“一致看法”由湖北襄阳改到了河南南阳，而且肆意篡改了原话。要说这条电讯没有一句真话倒也未必，时间、地点和参加者的姓名完全正确，可见制造这条电讯的人并非无意出错。由于谭其骧是几个月后才得知此事，他又不愿再为此事多花精力，所以没有向新华社或《华侨日报》提出抗议，所以笔者也无法肯定，究竟是新华社发了这样的电讯，还是《华侨日报》制造了这条电讯。

《华侨日报》上白纸黑字登着的这条权威电讯当然会引起读者的重视，香港《明报月刊》7月号发表了署名容若的文章——《古隆中在湖北襄阳——驳谭其骧“诸葛亮躬耕于今河南南阳市”之议》。容若误以为谭其骧“意图翻历史之案”，所以对电讯作了逐点批驳，还在“结语”中写道：

> 在下对谭其骧教授过去的治学态度一向佩服，初看新华社电，不免产生怀疑，谭教授怎么会有这样的“考证”呢？但是，电文的白纸黑字，不由不信。纵然电文有疏漏，或报刊有误植，而“诸葛亮躬耕于今河南省南阳市”的结论已明确地提出来；即使不说隆中在南阳市区内，而说成是“南阳市以南的邓县”，同样是错误的。……
>
> 新华社电文有一句话，那是“因旅游景点的开发引起多年争论……”。历史就是历史，何必因“开发”什么“旅游景点”而加以人为改变？个人的“考证”与十几人的附和（?）当作“多年争论”的学术问题“获得一致的看法”尤为尊重历史的学术界所不敢苟同。

《明报月刊》的古德明还专门写了一篇《编者的话》——《历史考证不能谓鹿为马》，强调“考证的目的不是哗众，而是辨伪。中国人似乎特别喜欢作伪，这风气在政坛上就演变为颠倒黑白，在学术上就形成无数疑窦。……一个‘不辨真伪’的民族是没有前途的”。尽管古氏没有点谭其骧的名，但矛头所指自然非他莫属。这两篇文章的发表足以证明，这条假电讯已经产生了多么严重的后果，可怜谭其骧本人还一无所知。

幸而谭其骧发表意见时始终在场的襄樊市文化局丁宝斋看到了这期《明报月刊》，并及时寄去了《错批谭其骧——容若〈古隆中在湖北襄阳〉一文的背后》一文。该刊了解真相后，即在第11期上发表，并致函谭其骧道歉。对自己竟曾在香港蒙受如此不白之冤，谭其骧只是一笑了之，他认为既然已经纠正了，还有什么好追究呢？

可是谭其骧万万没有想到，在他去世以后，还会有人在这件事上做文章，把污水泼在他身上。1995年11月2日，《中国青年报》刊出李庚辰的文章《何必辨襄阳南阳》，在“何必辨”的旗号下，公然声称能证明诸葛亮的故居在南阳的资料有一大摞，事关2000万人民的利益。接着就指责一些人“经人一请，宾馆一住，据说只用‘讨论’了那么几天，就有‘老权威’一锤定音”，“那被称作能够‘一锤定音’的‘老权威’不是别人，竟是一个名叫谭其骧的老先生”。然后他又讥讽谭其骧“不自量力无事忙”，“稀里糊涂沦为人枪”，“其‘权威’

水平恐怕距离‘一锤定音’尚存在不小差距”，“不知这位谭先生自我感觉如何”？

名人的另一面

1956年谭其骧就开始拿302.5元的月薪，但他在经济上一直并不宽裕。在这份高薪中，他要拿出相当大一部分，先后用于奉养母亲，资助曾经供养他读书的姑妈、经济困难的三哥和内弟、其他有急难的亲友。“文化大革命”中他得知老友谢兴尧每月只领得生活费60元，“岁云暮矣，天寒地冻，煤米维艰”，立即寄去20元，“区区仅表心意”，因为这钱“乃私房钱所积，小金库无多也”。

1978年笔者师从谭其骧时，他还是大家眼中的高薪阶层，因为我们一般仅50多元工资。但自从当了他的助手后，逐渐发现他的收入与他应有的地位越来越不相称，他的开支也越来越紧，这位誉满海内外的学者、复旦大学的名教授不仅在社会上得不到应有的尊重，就是在本校也往往遇到不愉快的事。

1983年夏天，为了集中时间修订《中国历史地图集》，笔者陪谭其骧住在学校外宾招待所工作。开始几天，正好校长在招待所开会，就与她一起用餐。几天后会议结束，在小餐厅用餐的就剩下谭其骧与笔者，伙食明显差了，很少有适合他口味的菜。一次他忍不住问管事的：“怎么现在伙食这么差了？”此人反问道：“差吗？你们的伙食标准本来就是这样的，前几天是校长在这里，又不是为你们做的，总不能一直这样。”在以后的一个月间，这位管事和服务员那种不冷不热的态度，连笔者也觉得难以忍受。笔者怕影响谭其骧的情绪，总是尽量淡化他们的态度，内心却有说不出的滋味。

1987年7月31日，日本和歌山大学滝野邦雄副教授来访，谭其骧请他吃饭，因上年谭其骧访日时曾得到他的帮助。考虑到滝野是研究中国史的，又懂中文，谭其骧特意请他到城隍庙老饭店就餐，品尝一下有上海特色的菜肴。可是拿起菜单却大失所望，于是就问服务员：“没有你们的特色菜吗？”女服务员打量了他一下，回答倒也爽快：“怎么没有？你吃得起吗？”说罢就报了几个菜名和价格，在谭其骧听来即使不是天文数字，也是完全出乎意料的，的确吃不起。结果，这顿五菜一汤的饭不仅“味平平”（日记），而且菜中的肉丝已变味，宾主的兴致自然高不起来了。

有一次，谭其骧说起螃蟹太贵，想吃也吃不起。笔者说：“你都吃不起，还有谁吃得起？螃蟹再贵，你想吃总可以买两个吧！”原来他家里一起吃饭的人大小九口，家人要单独给他准备什么吃的，他总是不愿意，说要吃就大家一起吃，但要九个人一起吃一次螃蟹，他的确花不起这个钱了。

谭其骧从1956年起住的是一套有四大一小五个房间、厨房和卫生间独用的住房，“文化大革命”中被挤占了两间。1974年底给他“落实政策”，让他搬到同一宿舍一套二大一小的独用房内。1980年初，上海市拨出一批新建住宅，以应高级知识分子落实政策的燃眉之急，谭其骧迁至淮海中路1753号102室。这套住房的三个房间合计59平方米，没有厅，住着一家三代及李永藩一位已退休的弟弟、保姆共七口，每逢过年、暑假儿孙来时人更多。谭其骧将最大的一间用书橱一分为二，里面约10平方米作他的书房兼卧室，外面14平方米作会客室和放书橱，晚上还要供家人睡觉，而在另外两个房间中也放着他的书橱或书架。尽管学校及有关领导曾多次向上级报告反映，市政府领导也曾作出批示给他子女另配了一间房子，但根据上海和学校的具体规定，他作为一位教授，不可能分到更大的住房了。

他的书在书房中放不下，只能放在其他房间，他习惯工作到深夜，有时要用其他房间的书，但儿媳已经睡了，不便进去，只能等第二天再说。由于没有放书的地方，他的书架只能往高处发展，书籍也重重叠叠，拿起来很不方便。晚上拿书时，他不止一次摔倒在地。有一次深夜拿书时倒在地上，家里人都睡了，他不愿意叫他们，但怎么也爬不起来，后来挪到沙发边上，才慢慢站了起来，足足花了20多分钟。罗竹风教授看到他家的情况，听他讲了深夜工作的不便，曾专门写了一篇杂文，发表在《新民晚报》上。

他的书房兼卧室只能放下一张小书桌，桌上总是堆得满满的。他的头绪多，加上记忆力渐渐衰退，经常找不到东西，有时为了寻找一篇稿子、一封信花费很多时间，有几次专门让笔者帮他找。1982年10月笔者随他去昆明开会，住在圆通饭店，房间里有一张很大的办公桌。他感叹说：“什么时候我家里能放得下这样一张大书桌，我的东西一定不会找不到了。可惜不在这里做事，这样大一张桌子派不了用场。”1980年后笔者作为他的助手，经常要到他家去，但他一开始就对笔者说：“实在没有办法给你放一张书桌。”实际上的确没有任何放书桌的地方，所以笔者只能将他吩咐办的事全部带回家去做。有几次因急于要抄写文稿或拟信件，只能等他午睡时用他的书桌。1982年春，笔者随谭其骧到四川大学历史系拜访徐中舒教授，看到徐先生的工作室旁有一大间助手的办公室，他不胜艳羡，说：“要是我也有这样大的房子，你就可以一直在我身边了。”

眼看扩大住房无望，书又在不断增加，他家不得已在阳台与围墙间小院内搭了一间小屋，放了10个书架。这间小屋自然是违章建筑，又挡住了邻居园内的阳光，引起邻居不满，他们要求房管所下令拆除。谭其骧无奈，除亲自上门向邻居道歉外，又将屋面拆至围墙以下，才把此事拖延下来。他逝世后，笔者和他家人清理他的藏书，发现小屋阴暗潮湿，闷热难当，书架间挤得难以转身，一些书籍发霉生虫，很难想象他在世时是如何使用这些书籍的。

谭其骧迁居淮海中路的原因之一，是那里离他日常看病的华东医院较近。但他没有想到中风以后始终未能恢复正常，出门仍离不开车。他当选为学部委员以后，学校就明确规定他随时可以向车队要车，费用由校长办公室结算。但他要车时却经常遇到麻烦，有时说派不出车，有时要他自己叫出租车报销。那时出租车还很少，开始他的“特约乘车证”还管用，不久就不大灵了，常常叫不到出租车。有时去医院时叫到了，等看完病后却叫不到，只能坐在医院等候。眼看有专车的人走了一批又一批，他只能让陪同的人不停地打电话找车。笔者得知后，曾请校长办公室出面要车队派车，果然有效，但总不能每次都找校办呀！家中觉得长此以往实在不便，就从郊县购买了一辆三轮坐车，由家人踩了送他就医或外出。可是由于车不是在市区买的，领不到牌照，随时有被交警拦下罚款的可能。车辆的质量也大成问题，有一次去医院途中，车轴断开，车座倾倒，将他翻倒在地上。所幸他没有受伤，但只得慢慢步行回家，那天天气闷热，到家时他已气喘吁吁，大汗淋漓。

1981年秋，笔者随谭其骧去陕西师大参加学术会议，史念海先生对笔者说：“你知道谭先生以前出门要带什么东西吗？光抽烟的就得有好几件：香烟、烟盒、烟斗、板烟、雪茄、火柴、打火机。要不你这个助手更难当了。”笔者听了觉得很奇怪，因为从1978年夏研究生入学口试在龙华医院的病房中见到他起，从未见他抽过烟。后来才知道，原来他的确曾以烟瘾重出名。

谭其骧说他年轻时就开始抽烟，后来读研究生时养成了夜里写文章的习惯，烟也越抽越多了。不过他说自己并不能算烟瘾最大，“我至少不会像林语堂那样在课堂上抽烟”。至于戒烟的过程，他说非常简单：60岁那年支气管炎越来越严重，冬天气喘得晚上不能躺下，只能坐在床上过夜。医生问他是要命还是要抽烟，说只有戒烟才能治好病。他就此把烟戒了，以后再也没有抽过。笔者问他：“听人说戒烟很难，你用了什么方法？”他说：“什么方法也没有，说戒就戒掉了。”

谭其骧也曾以酒量闻名，年轻时有过好几个醉酒的故事。1946年复员离开遵义时，他曾创下一次喝一瓶陈年茅台的纪录。1955年末全校教师举行迎新年聚餐，历史系安排在第一教学楼1233教室。在陈望道校长主持下，大家尽兴痛饮，结束时他醉倒在大楼的台阶上，由朱永嘉扶着他一步步走回家。他最后一次醉酒是在1963年，苏州大学的柴德赓教授来上海，他在文化俱乐部宴请。由于喝多了，又喝了两种酒，与柴德赓分手时他已酩酊大醉，从3路有轨电车上下来就再也支持不住，就地坐在站头上。当时耳听得一批批上下车的人在说“这人醉了”，却一点力气也没有，过了好久才半醒着回家。但快到家门口时又来了醉意，在门口坐到半夜才进屋。从此他决心戒绝烈酒，三十年间一直只饮啤酒，偶尔喝些绍酒，数量也很节制。

虽然谭其骧从20世纪50年代起就与高层人士时有工作上的来往，也参加过不少重要会议和重大活动，但他注意的只是自己应该说什么、做什么，所以学术以外的知识往往还不如身边这些人。1982年10月，他去昆明参加《肇域志》整理工作会议。由于这是国务院古籍整理出版规划小组的第一项重点任务，会前又曾由国务院办公厅通知云南省政府，省政府对这次会议相当重视，在开幕的15日晚上由省长出面安排了一次电影招待会。当天下午的会议结束后，谭其骧到云南大学教工宿舍访问了李埏和方国瑜，5点多又到了暨南大学的同学江应梁家，由江应梁与方国瑜做东宴请，作陪的还有他的老友周咏先。故人聚首，分外热烈，笔者虽知已过预定时间，也不便催促，饭后到达小影院时已近8点，场内陪看的观众已恭候良久。等他在第一排沙发上坐定，电铃就响了，电影随即开映，他感叹道："还好没有迟到。"笔者听了暗笑，就对他说："今天你到得再晚也不会迟到，你不来，电影是不会放的。"他还觉得奇怪，问："有这样的事吗？"

谭其骧在上海这个大城市生活了几十年，但对现代物质文明却相当陌生，到了80年代，他依然保持着自己长期延续的生活方式。他爱看昆剧、京剧和一切地方戏，但合他胃口的戏越来越少。中风以后出门更不方便，坐公交车不仅上下不便，而且上车后难有人让座；叫出租车又嫌太贵，所以看戏的次数日益减少。年轻时他也看电影，但晚年基本不看，一般只是外出开会时才偶尔看看。电视节目中他看的主要是戏剧，但还是愿意"听"，而不是"看"，他一直说戏是听的，不是看故事，不必有情节，而新的电影和电视片节奏太快，看不懂。有时他也看电视连续剧，看了总说"没有意思"，有时看着看着就在椅子上睡着了。但也有例外，他看了日本动画片《聪明的一休》就觉得很有意思。他每天看几种报，所以常常抱怨看报花的时间太多，但第二天还是看，出差回家还要补看。笔者建议他听新闻广播或看电视新闻，他说不行，听的总不如看的清楚。

1983年上半年，他有几次睡得很迟，有时保姆早上起来准备出门买菜，发现他还没有睡。笔者问他为什么要干得那么晚，他说并不是想睡得那么晚，常常是手表停了不知道，还以为不太晚。因为他中风后手指不灵活，没有劲，拧不紧发条，手表经常停。笔者建议他买一个电子表，他说他看惯了指针，看不惯数字，笔者说电子表也有指针的，他说从来没有听说过。6月17日，笔者替他在淮海路陕西路口的钟表店里买了一块68元的电子表，他感到很满意，从此再没有换过。

第十五章　最后的奉献

1977年11月下旬，《中国自然地理》编委会决定《历史自然地理》分册在上海定稿。原来选定的地点是南汇县的一家招待所，但袁樾方和王守春（中国科学院地理研究所）去后发现条件太差，交通不便。这时，中国科学院地理研究所的郭敬辉、瞿宁淑等已经到达上海，谭其骧与瞿宁淑商量后想改在复旦大学开会，但校方表示无法解决伙食。最后通过华东师范大学的陈吉余联系，决定到华东师大留学生招待所开会。先后参加会议的有杭州大学地理系的陈桥驿，中科院地理研究所的王守春、张丕远，陈吉余，北京大学地理系的侯仁之和研究室的邹逸麟、张修桂等，到1978年1月30日才结束回家。

这两个月间，由于还有其他工作和活动，谭其骧经常乘公交车往返于华东师大和复旦大学之间，他毕竟快满67周岁了，繁忙的活动和来回奔波使他感到"疲极"（日记）。如12月1日下午参加刘大杰（复旦大学中文系教授）的追悼会；2日下午参加在泰兴路的市政协学习会；11日与吴斐丹（复旦大学经济系教授、九三学社复旦分社副主委）等讨论民主党派工作；12日由学校外事组安排，在国际饭店会见香港《大公报》副总编辑陈凡；14日下午，他与李锐夫、李春芬、陈涵奎、吴景祥、钱宝钧、谈家桢等参加了由江华主持的座谈会，谈政协今后如何开展工作；25日起多次列席上海市七届人代会；29日下午回校主持北京钢铁学院教授柯俊的报告会。1月10日和11日两天讨论研究室的发展规划，14日去泰兴路参加市九三学社的传达会，15日由市政协组织去南汇县参观大治河工地，17日参加老友束世澂（华东师大历史系教授）的追悼会，18日和

19日以全国人大代表的身份列席市革委会全体会议。此外，他还要接待不少来访，复信，修改别人的文章等，花去的时间相当可观，但定稿工作也不能耽误，自然更加紧张了。食堂早餐供应时间有限，使他不得不比在家中时更早起，但他习惯于晚睡，又不能不在晚上工作。伙食不能算差，但菜较油腻，又多猪内脏，对患高血压的他就很不利。1977年12月15日天气奇热，谭其骧从下午起患热伤风，到17日尚未痊愈，又转为咳嗽。18日是星期天，他回家，但白天访客不断，晚上李永藩以他长期不在家为由，提出要随他去华东师大住，吵闹到12点。种种原因使谭其骧心力交瘁，已经到了发病的边缘，不幸的是，他和家人、同事都没有丝毫觉察。

“我不会死，我还要好起来继续工作的”

1978年1月31日下午，中共上海市委在锦江小礼堂召开文艺、哲学社会科学工作者座谈会。这是粉碎江青反革命集团后上海文教学术界的一次重要会议，由市委宣传部部长车文仪主持，中宣部部长张平化和市委书记彭冲讲了话，复旦大学有党委第二书记王零，周谷城、郭绍虞、漆琪生、胡曲园、蔡尚思、谭其骧等教授和借调在党委办公室的历史系教师李华兴参加。会上发言的有吴泽、漆琪生、王个簃、袁雪芬、巴金、孟波、丁善德、秦怡等知名人士。由于发言的人多，谭其骧没有机会发言。会后又招待看两部英国、法国电影。他对电影没有兴趣，又感到很累，想早点回家休息，但没有车，只能等大家看完后一起走，到家已晚上11点多了。

2月1日上午，谭其骧一早就到研究室，向全室人员传达了两个月来的工作成果和存在问题。结束时他已感到非常疲倦，但李华兴来找他，说因他昨天没有发言，请他谈谈参加会议的体会。他不好意思推辞，谈完后已近11点。他挟着几册新领到的《中国历史地图集》回家，只觉得脚步越来越沉重，刚走进第九宿舍的大门，左腿就不听使唤，手里的地图也拿不住了。旁边有人发现，急忙将他扶回家去，他已说话不清，口角流涎。家人赶紧到谈家桢家打电话叫来校车，将他送往第六人民医院，在急诊处确诊为脑血栓形成。

经抢救，他的病情稍稍稳定，但2月10日发现患了急性阑尾炎。动手术后，17日又出现溃疡，大便出血。24日替他作胆囊造影，发现了空肠瘘，只能停止进食，在小腹左侧插管进营养液。由于每天出血、流液不止，仅靠营养液无法维持，病情日益严重，医生多次会诊，难以确定治疗方案。最后决定动手术，又因他突患肺炎而作罢。3月6日，瑞金医院医师董方仲决定不开刀，用保守疗法，改用鼻饲营养，终于见效，至中旬肠胃病基本痊愈，刀口愈合。

在他病情险恶的时候，他还念念不忘自己的工作。当他还没有脱离危险，躺在病床上接受输氧、输液时，陈桥驿去看望他。听到陈的话音后，处于半昏迷状态的谭其骧居然用轻微的声音开口说话："桥驿，请你转告杭州的老朋友们，我不会死，我还要好起来继续工作的。"他正是以自己坚强的毅力战胜疾病，顽强地生存了下来。但由于治疗并发症延误了脑血栓后遗症的治疗，谭其骧从此半身不遂，左半边肢体的活动能力丧失了一大半。3月底起用针灸治疗，5月3日转至龙华医院，改用中医中药，但收效不大。考虑到今后的工作将大受影响，谭其骧的情绪一度低落。以后又转至华东医院，因进一步康复无望而出院，前后在三家医院共住院一年又八个月。不过谭其骧并没有长期悒悒，在病情基本稳定后，他面对现实，努力使自己适应半身不遂条件下的生活和工作。实际上，从1979年他就开始去外地开会，到1991年10月他最后一次发病，他的足迹北至长春，南至中越边界，西至昆明，东至日本列岛，并曾经在身边人的扶持下登上长白山天池，乘火车飞机上百次。他不仅依然"有所撰述"，并且完成了上百万字的成果，仅编入《长水集续编》的就有38万字。

"你们应该超过我"

1977年底，谭其骧得知国家将恢复研究生入学考试，已准备招收研究生。1978年招生时，报考者相当踊跃，经初试后，周振鹤（福州大学探矿专业1963年毕业生），周曙（南京大学历史系1967年毕业生），杨正泰、顾承甫（均为复旦大学历史地理专业1967年毕业生）和笔者有幸参加复试。7月的一天，我们去龙华医院的病房参加口试，笔者第一次见到谭其骧。他原计划招生两名，但考虑到急需人才，考生的基本条件都能合格，就决定将五人全部录取。

新中国成立后，谭其骧能全力从事教学的时间很少，只招过三名研究生：中国科学院地理研究所的钮仲勋，1953年毕业于复旦大学历史系，1957年成为中国科学院地理研究所的在职研究生，由谭其骧指导，1962年毕业。他一直在地理研究所工作，后以研究员退休。胡菊兴，女，1958年毕业于复旦大学历史系，同年录取为研究生，毕业后留研究室工作，后提升为副教授，现已退休。史为乐，1964年毕业于复旦大学历史系，同年录取为研究生，1967年毕业，分配至中国科学院历史研究所工作，后任该所历史地理研究室研究员，现已退休。谭其骧长期不能多招研究生的另一个原因，是研究生的招收一直没有实行真正的自由报考，往往需要首先由党组织根据“政治条件”决定，导师没有挑选的余地。所以谭其骧对这次招收的研究生非常重视，希望在晚年找到合适的接班人。

我们在当年10月入学时，谭其骧还住在医院，但他坚持要给我们讲课，第一堂课就是在华东医院的大厅中讲的。由于厅堂高大宽敞，来往人多，声音嘈杂，他讲得很累。从第三次起，才通过在上海辞书出版社工作的朱芳向出版社借了一间在医院附近的房屋作为课堂。除了上课，他还要接待我们的单独问学，审阅、修改我们的习作。当笔者写了一篇关于清初地图测绘的文章送到龙华医院他的病房时，他正在接受头针治疗，头上插着好几根银针。笔者放下稿子就告辞了，他却留住笔者，仔细地问了有关情况。笔者不忍看着他这样多说话，再次告辞，他又挽留，说：“你别看我头上扎着针，其实没有什么不舒服，反正又不能做其他事，正好跟你谈谈。”

1980年底，笔者在《历史教学》上看到几条《中国历史大辞典》的试写条目，对其中“北京”一条颇感兴趣，因为正好笔者笔记中记着魏晋南北朝的几条有关地名称“北京”的资料，核对了一下，发现都没有被引用，就去告诉了谭其骧，却不知道“北京”一条就是他写的。他听到后很高兴，要笔者写成一则札记，说要交给《中国历史大辞典通讯》刊登，以引起大家的重视。《通讯》第2期果然登了这条札记，还同时发表了他给编辑部的信：

中国历史大辞典通讯编辑部：

葛剑雄同志是我的研究生，他近来阅读魏晋南北朝史料，发现了四条关于“北京”的资料，都是我所写的、刊登于《历史教学》(19) 80年第7期上“北京”一条中所没有提到的。他跑来告诉我，我听了很高兴，特意要他写成札记一条，兹随函附上，即以推荐给《通讯》，希能予以刊出。今后“北京”一条定稿时，我准备把这四条资料都收进去。那期《历史教学》上选登了历史地理十五条，现在已有三位同志对我们的辞条内容提了意见，都或多或少能帮助我们提高质量。由此可见，编写辞书在正式定稿之前，先通过某种方式让辞条与读者见面，广泛征求读者意见，确是一个好办法。

敬礼

谭其骧　三月四日

他认为《通讯》是内部刊物，看到的人有限，又让笔者将札记在《历史地理》上发表，在修订《辞海·历史地理分册》和《中国历史大辞典·历史地理分册》定稿时，他都在“北京”一条中增加了这四条资料的内容。

我们五人中，周曙因家庭急需照顾中途辍学，回浙江长兴县原单位工作，后任副县长等职；其余四人于1981年毕业。笔者已于此前一年担任谭其骧的助手，留研究室工作，杨正泰也留室，顾承甫分配去出版社。1982年初首批博士研究生招生，周振鹤被谭其骧招为博士生，笔者被录取为他的在职博士生。1983年8月，笔者和周振鹤经教育部批准，提前通过论文答辩，10月获得历史学博士学位，为全国文科首批。

10月19日下午，学校为授予茅诚司名誉博士和我们两人的博士学位，在数学系礼堂举行了隆重的仪式，由校学位委员会主席、名誉校长苏步青主持，校长谢希德讲话并颁证，年高德劭的朱东润教授代表教师致贺词，国务院学位委员会的负责人也参加了仪式。当我们从谢希德校长手中接过博士证书后，向坐在台下第一排的导师谭其骧深深鞠躬致谢。仪式结束后，记者为我们师生三人合影留念，这张照片次日刊登在《解放日报》上。那天谭其骧异常兴奋，因为这也是他培养的第一批历史地理专业的博士。1985年恢复职称评定后，周振鹤与笔者被评为副教授，1991年又晋升为教授，1993年被批准为博士生导师。

1982年，谭其骧招收吉林大学历史系考古专业毕业生王妙发为硕士研究生，次年又招了本校毕业的郁越祖和卢云（入学后分别由邹逸麟、吴应寿任副导师）。此后他专招博士生，先后被录取的有：王妙发，后改为中日联合培养，去日本大阪大学学习，获大阪大学博士学位，任日本和歌山大学教授，退休后由复旦大学历史地理研究中心聘为教授。卢云，现在美国工作。刘统，山东大学历史学硕士，后任中国人民解放军军事科学院研究员，大校军衔，退役后由上海交通大学聘为教授，2022年病逝。王新民（王颋），南京大学历史学硕士，研究所在职博士生，后任暨南大学教授，退休后于2018年病逝。曹树基，南京农学院农学硕士，后任上海交通大学历史系主任、教授，已退休。吴松弟，本所硕士，研究所在职博士生，现任本所教授，曾任所长。张伟然，湖南师范大学地理系本科毕业，陕西师范大学历史学硕士，现任研究所教授。靳润成，天津师范大学历史学硕士，获博士学位后去华东师范大学地理系作博士后研究，出站后回天津师范大学任教授、校长及天津市教委主任、天津市人大教科文委主任。其中吴松弟由笔者任副导师，张伟然、靳润成由周振鹤任副导师，都是在谭其骧逝世后毕业获学位的。

谭其骧对研究生采用启发式教育，除了讲授历史地理要籍如《禹贡》《汉书·地理志》及历代正史地理志外，一般不上什么专业课，但他非常欢迎学生主动提出问题，或与他谈自己的见解，往往一谈就是一两个小时。不管工作多忙，只要有学生来，他总乐意接待。谭其骧常说：“好学生不是教出来的。你们得靠自己学。”这固然是他的自谦，但的确表明了他的观念，因为他认为，对研究生来说，主要是培养能力和见解，而不是一般性的传授知识。他对学生的论文看得很仔细，博士论文一般都有一二十万甚至三四十万字，为此他要耗费大量时间，但他总是说：“我这个老师是很不称职的，平时教得少，只能在论文上把一下关。”有几位博士生的学位论文在完成前都有过重大修改，就是出于他的指导，答辩和发表后证明，他的意见是极其重要的。他不仅看自己指导的研究生，每年还有不少其他导师或其他学校送来的学位论文，他也都如此认真，一篇博士论文都要看一两个星期。有时笔者看他实在忙，就建议他简单翻翻算了，但他宁可只看其中的一部分，并且在提意见时加以说明，也不愿意草草了事，敷衍应付。

他最关心的是学生如何超过自己，所以每次听到与他不同的意见，或对他的论著提出批评，总是加以鼓励。张伟然当谭其骧学生不久，曾与他谈到自己对洞庭湖演变过程的一些看法与张修桂发表的论文有所不同。事后张伟然得知张修桂这篇论文就是谭其骧的观点时，颇有些紧张担心。笔者告诉他，只要言之有理，就是直接反对他的观点也没有什么关系，要是提错了，他也会指出你的问题所在，我们与他在学术问题上的争论是常有的。谭其骧说："我当然应该超过钱大昕、王国维，你们更应该超过我，要不，学术怎么能进步?"

对学生提出的问题，谭其骧经常用书信的方式答复，别人劝他："写信太花时间了，还不如打个电话找他们来，当面说一下省事。"他说："学校里过来路远，他们的时间也花不起，还是我写吧。"他一生中的最后一封信就是写给博士生靳润成的，是为了答复他的论文大纲。

明知不可为而为之——编绘《国家历史地图集》

1982年，《中国历史地图集》刚开始出版，不少后期工作还有待完成，一项新的更艰巨的任务又摆在谭其骧的面前：由政协委员提案、经国务院批准，国家决定恢复20世纪60年代初中止的《中华人民共和国国家地图集》的编绘工作；其中《中华人民共和国国家历史地图集》的主办单位中国社会科学院提名由谭其骧担任总编辑，主持图集的编绘。当时他已年过七十，不少友人劝他不要再承担这样大的集体项目，历史系杨宽教授直截了当地对他说："我的经验就是不参加集体项目，这些年才能写出几部书来。我劝你不要再揽这样的事，把来不及写的文章写出来。"但他还是毅然受命。

1982年12月14日，《国家历史地图集》第一次编委会在北京中国社会科学院近代史研究所三楼会议室举行。社科院副院长张友渔任编委会主任，谭其骧、侯仁之、史念海、夏鼐、翁独健等任副主任，谭其骧兼任总编辑。谭其骧提出了编纂方案，会议初步确定了图组的设置和工作计划。此后，几乎每年都要举行一次编委扩大会议，并陆续完成了一批图稿。

但工作开始以后，就遇到了在编绘《中国历史地图集》时从未有过的困难。

首先是经费奇缺。国家只拨发了少量经费，随着物价的上涨，更显得杯水车薪，难以为继。不仅分到各个图组的经费极少，连支付绘图费都不够，就是他这位总编辑能使用的也相当有限。为了节省经费，他到北京开会和审稿时经常住在近代史所招待所的一间平房内。白天电话常打不出去，晚上总机下班，电话又接不进来。每天只有晚上供应几个小时热水，而此时一般都来客不断，等客人走后，热水早已断绝。食堂供应时间也很短，有一次金冲及和另一位客人来看他，刚坐下，食堂就来催他去吃饭，因他行走不便，出门去饭馆更难，只能下逐客令。金冲及是熟人，就陪他去食堂，等他吃完后再谈，另一位客人只得告辞。他一位亲戚、民盟中央名誉副主席叶笃义来看他，不禁大吃一惊："你怎么住在这样的地方？你们做这样重要的工作，不能找一个好一点的地方吗？"

《国家历史地图集》的编绘人员虽然几乎包括了国内各主要单位和历史地理学界的大部分同行，但大家同时承担的科研和教学工作很多，国家重点项目也不少，不可能集中精力于这一项。由于图集涉及历史自然和人文地理的各个分支，许多图组很难找到可以利用的成果，在国内外也都没有先例可循，前期研究的任务很重。这与当年编绘《中国历史地图集》时要人有人，要钱有钱，一路绿灯，编绘内容又集中在疆域政区，他以四五十岁的盛年驾轻就熟的情况实在不可同日而语。但谭其骧还是亲自拟订图组和大部分图目，审定各种工作条例和文件，主持历次编委会和工作会议，审阅了大多数已完成的图幅。特别是在保持和提高图幅的质量方面，他总是认真考虑，反复推敲，竭尽全力。

1990年4月5日至7日，谭其骧最后一次在北京主持《国家历史地图集》的工作会议，常常显得精力不济，所以笔者与中国社科院科研局的高德（后任《国家历史地图集》编委会秘书长）商定，下一次会议时不再请他到北京去，我们可以随时用电话请示。他得知后对笔者说："从1982年以来，编委会副主任中已经走了夏鼐、翁独健，我也不会等到图集出全的，但希望能看到第一册。"他还不止一次说过："现在大家对《中国历史地图集》的评价那么高，老实说这是因为以前没有。但这毕竟只有疆域政区，称历史地图集是名不副实的，只有《国家历史地图集》搞出来了才能算数。这件事情完成了，我这一辈子也就不白活了。”笔者深知，他把编绘出一部足以反映我国历史自然地理和人文地理研究成果的、世界第一流的巨型地图集当作他一生的最终追求，作为他对祖国、对学术的最后奉献，明知不可为而为之，一切困难和个人的利益早已置之度外了。

在这次会议期间的4月6日下午，考古研究所请谭其骧去参观近年新发掘的文物和妇好墓出土的骨器、铜器。因为考古所与近代史所仅一墙之隔，笔者扶着他从边门步入考古所的一座院落。这时，高德说：“谭先生，这就是新塑的夏鼐先生的铜像。”谭其骧抬起头来，猛然见到老友熟悉的面庞和神态，霎时间变了脸色，他向着铜像深深地鞠了一躬，立刻涕泪横流，竟一连不停地鞠了几个躬还不停下。我们赶紧扶他进屋，他双脚颤抖，无法跨过这座老式厅堂的门槛。坐下后好一会，他才平静下来，说道：“铜像真像，我就像见到了他。”夏鼐是他的好友，也是一位诤友，他们之间有很多共同语言，但在学术问题上从来是互不相让的。夏鼐也是《国家历史地图集》编委会副主任，生前对由考古所承担的任务十分重视，并多次与谭其骧讨论过传说社会是否能上地图和如何上地图的问题。夏鼐逝世时，笔者正在美国访学，谭其骧在来信中写下了他的哀痛心情。现在骤然见到他的形象，难免使他受到震撼，失去自制。

在谭其骧重病卧床的十个月间，已经无法说话或写字，每当我们向他提到《国家历史地图集》或给他看高德的来信时，他常常号啕大哭，不能自已。当听到《国家历史地图集》编委会主任张友渔同志逝世的消息时，他更是久久不能平静。只是在笔者从北京回来，告诉他图集第一册的图幅已大致完成，可以转入设计时，他才露出欣慰的笑容。在他弥留之际，笔者对着他耳朵大声说：“你放心，我们一定把图集编出来。”不知道他究竟能不能听到，但笔者相信这一定是他最愿意听到的话。

可以告慰谭其骧的是，经过种种曲折，图集的经费终于有了着落，在全体编绘人员的努力下，三册中的第一册已经完成设计清绘，第二册已经交付设计，第三册的图幅已基本完成，这部有1000余幅地图、对开本三巨册的历史地图集，其中第一册已在2012年由中国地图出版社和中国社会科学出版社出版，第二册和第三册将在近年出版。

超越死亡

那是在1988年2月1日，谭其骧在北京开完了《国家历史地图集》工作会议，利用一天的空闲时间访友。上午10点，笔者陪他到了后拐棒胡同周有光家。周有光和夫人张允和热情款待，张允和还抱怨谭其骧不早一点通知，好让她有个准备，现在弄不出什么菜吃，实际上午餐时几款精美的菜肴使大家吃得津津有味。他们是相识30多年的老朋友，笔者也已随谭其骧去过周家很多次，所以他们谈得很自在。

谭其骧告诉他们，今天是他脑血栓发病十周年，大难不死，还能来访友，很高兴；还说："今天到你这个寿星家来，也好图个吉利，多活几年。"周有光听后哈哈大笑，说："你错了，我只有三岁。"面对我们的惊奇，他徐徐道来："我过了80岁生日，就宣布旧的周有光死了，我已经获得了新生，新的周有光只有三岁。所以别人过了80岁就在担心还能活几年，在数日子，我过了80却从头算起，这些年都是额外得来的，还能不高兴吗？"随后，他兴致勃勃地给我们看海外一本杂志封面上他和张允和的大幅合影；还在一台电脑文字处理机上作操作表演，边打出一串串词组，边解释使用汉语拼音输入的好处；他的言语、动作和思维真使人难以与一位83岁的老人联系起来。

归途车上，谭其骧十分感慨，说："周先生真了不得，不但身体好，心境也不同一般人，肯定能活一百岁。不过，要像他那样算法，我也已经赚了十岁了。"当时，还差24天他就满77周岁了。

1988年7月26日，笔者随谭其骧去北京出席中国史学会代表大会，住在京西宾馆351室。当天和27日，他午睡都没有入眠，外出开会早上又不能晚起，晚上他却无法早睡，所以感到很疲倦。但他兴致仍然很高，有客人来访就聊得很高兴。28日，他早上7点就起身了，8点半参加全体会议，10点半参加第二小组的讨论，当天的会议至下午近6点结束。回房间后，文物局文献研究室的景爱在等他，请他为一项基金申请签字。晚饭后在室内填写大会选票，7点去投票，然后到三楼会议室参加主席团会议，十多分钟就结束了。回室后，白寿彝来访。他们已多年不见，见白寿彝已不良于行，谭其骧不胜感慨。白寿彝说："明年是建国四十周年，我们都是75岁以上的老人了，我想约老人合出一本论文集。不是不要年轻人，他们以后机会多得很。"谭其骧说他的主意很好，只是自己太忙，恐怕不一定能完成。谈了一回，白寿彝在助手搀扶下缓缓离去。谭其骧说："那年（1981年5月）在香山别墅开民族关系史会，我已用拐杖了，白先生多精神。可是岁月不饶人，还是周一良说得是：老健不足恃。"（这是周一良给他的一封信上引用的几句古语之一，另三事是春寒、秋暖、君宠。）正说着，洪廷彦和郦家驹来了，不久周振鹤也来了。谈到10点，洪、郦二人先告退。周振鹤也要走，谭其骧说："早了也睡不着，可以再坐一会儿。"近11点周振鹤走后，他在沙发上休息。笔者见他颇有倦意，劝他早点睡，他说还是做完功课吧，所谓功课就是每天的日记、睡前的一套自编的健身动作、吃安眠药。其他事情笔者都可以代办，唯有这三样却无能为力，他的药品种很多，不同的情况有不同的吃法，所以从来就是他自己从各种瓶中、包中配全，笔者的任务就是备好开水。

吃完安眠药，已经快12点，他说昨天没有洗澡，还是洗个澡吧。见他坚持，笔者就作好准备，让他尽快入浴。平时他出入浴盆时，都是由笔者一手拉住他有病的左手，一手托在他右边腰上，他自己用健康的右手拉住浴盆旁的扶手慢慢坐下或站起。可是那天洗完澡，笔者刚将他扶起，他的右脚就打滑，站立不稳，笔者立即跳进盆中，双手抱住他后腰，又用左脚将他的左脚顶出浴盆，好不容易才使他跨到地下。笔者说："你先上床，我把毛巾传出来擦身。"他说："洗把脸再出去吧。"才走到脸盆前，他的脚向前滑去，人向后倾倒，笔者一把将他抱住，不知哪里来的力量，将他抱进房间，放在床上。这时，他的脚还垂在床外，笔者却再也没有气力挪动他的身体了，就拉过一把椅子将他的双脚搁上。

笔者知道这次会议配备着中央文献研究室的保健医生和急救药品，马上拨通了电话。放下电话，又奔到走廊上，见三楼会议室还有灯光，原来是姜义华等人在计票，见笔者惊呼，立即赶来。这时谭其骧已完全失去知觉，医生打了急救针后，他开始说胡话，只听他提到了“毛主席”“林彪”“文化革命”等含糊不清的词语。医生说最好不要让他昏睡，我们不停地呼唤他，但他还是毫无反应。后来又说胡话了，过了一会儿听见他叫他媳妇的名字，又说：“葛剑雄怎么还不来?”笔者马上答应，但他又睡着了。这时救护车已到，大家拥着担架送他上救护车，前往解放军301医院。

在去医院途中，他似乎有了一些知觉，问现在在什么地方，笔者说：“刚才你不大舒服，我们送你去医院检查一下。”在急诊室，他慢慢清醒过来，但一点不知道刚才发生的事情。医生作了检查，没有发现明显的后遗症，而脑部的检查一时又无法做，看一时没有危险，就开了一些药，建议先回宾馆休息。听了他的病史介绍后，医生严肃地对他说：“老同志，不能再这样工作下去了。要不你连现在的情况都保不住啊!”

回到房间已2点多，他很快入睡了，笔者却怎么也睡不着，深恐因自己不能及时发现新情况而耽误大事，直到4点钟后，见他呼吸均匀，睡得很安详，才上床睡觉。第二天早上他对前一夜发生的事基本没有什么印象，只依稀记得到医院后的事。笔者与在场的人约定，为了不给他造成心理影响，不要把事情说得过于严重，只说是由于洗澡引起头晕，等回上海作详细检查后再说。他则认为是由于安眠药吃早了，因为平时都是先洗澡，再吃药，吃完药就睡觉了。上午10点钟医生来打针后，他就又去听大会报告。金冲及等人见后，再三劝阻，他才回房间休息。

我们原定在这次会后直接去哈尔滨，参加在黑河召开的《东北历史地理》审稿会和黑龙江地区的考察。这是一个他很关心的项目，因为从开始到完成初稿，他已作过多次指导，他一直认为，东北地区历史地理研究的空白应该尽早予以填补。他与项目主持人、辽宁省社科院历史研究所的孙进己还有过一段特殊的交往。孙进己虽然长期享受“右派”待遇，对历史地理和民族史的研究却不改初衷。粉碎江青反革命集团后，他调入辽宁省社科院，在谭其骧的指导下组织一批东北学者，开展了一系列的东北历史地理研究工作，并获得国家社会科学基金的资助。因此谭其骧坚持要按原计划在会后去哈尔滨，我们只能以买不到车票为由使他返回上海。

回到上海后，笔者即经沈阳去哈尔滨，将他的意见带给审稿会，行前将在北京发生的事情原原本本告诉了他的子女，要他们立即安排他作检查。8月9日，原定下午3点去八五医院作血液检验，但到了时间，学校的车没来。打电话给汽车间、校长办公室，还是没有车来，汽车间接电话的人甚至说："复旦大学的老教授又不止你一个，派不出车又有什么办法。"10日上午用出租汽车公司的"特约用车卡"叫来出租车去医院，医生当场就说他的血凝度高，每年要住院休养一个多月。回家时又叫不到车，只能挤上56路公交车。

8月10日上午，家人得知他验血的多项结果都超过正常，下午就带他去华东医院做核磁共振检查，医生发现除了右脑有陈旧性血栓外，左脑也有5毫米血栓，要他立即住院。这说明，那天晚上，死神的确曾经逼近过他。经过三个疗程的治疗，到9月19日他才出院。

1990年6月16日下午，谭其骧感到两脚无力，6点钟送走客人后，他发现走路相当困难，吃晚饭时右手几乎握不住筷子。晚饭后，家人送他去华东医院检查，值班医生检查一下后说没有什么问题，但回来后他发现连握笔都已十分困难。他改而看书，到2点3刻睡觉。第二天上午他看到昨晚写的字，自己都辨认不出，步履也更艰难，下午又去华东医院，医生见状立即将他送进病房。第二天，笔者和邹逸麟闻讯赶去，只见他原来健全的右侧也已麻痹，右手无法握笔，连翻身都不能自主。笔者将一支圆珠笔夹在他手上，请他签了个名，但他写不成字形。走出病房后，我们都感到了事态的严重。19日病情继续加重，医生说什么事都可能发生，现在没有脱离危险期。

他自己却没有那么悲观，坚持每天记日记，尽管开始几天所记的连字都分不清。6月29日，他开始用筷子吃饭，以便使右手得到锻炼。并在护工的帮助下起床走路。7月4日，他自己在皮围车的帮助下走到了走廊另一头的护士室。7月28日，医生同意他出院，但要他在家里休息一两个月，并且应注意千万不能第三次中风，还给他规定了五条：（1）不能被动吸烟；（2）血压应保持正常，勿高勿低；（3）体重不能再增加；（4）不能睡得太晚；（5）工作不能劳累。8月25日，医生又查出他有糖尿病，要他不吃糖。但他的糖尿病并没有控制住，以后成为他临终前并发症的一种。

当时他写字和走路仍很困难，我们都担心他还能不能出席将要在11月份举行的“庆祝谭其骧八十寿辰暨从事学术活动六十周年国际中国历史地理学术讨论会”，他却信心十足地说：“我不能坐在轮椅上进会场。”奇迹终于出现了，他不仅自己走上了开幕式的讲台，而且顺利地宣读了主题报告。

在16日的闭幕式上，谭其骧要求在散会前发言。根据会议规定，临时报名发言，不得超过十分钟，掌握闹钟的研究生问到时要不要打铃，笔者说照样打。谭其骧说：这次会议的论文中有不少好文章，可以改正《中国历史地图集》中的错误，希望大家对图集多提意见，也为《国家历史地图集》的编绘提供素材，还举了几个例子。他的话音刚落，铃声恰好响起，会场上爆发出异常热烈的掌声，大家不仅在赞扬他虚怀若谷、对事业极端负责的精神，也为他驾驭自如的讲演能力、清晰的思维和条理所折服。但笔者心里明白，虽然他又一次拒绝了死神，却已经付出了太多的代价。

1991年6月23日，笔者随谭其骧乘9点20分的飞机去北京，参加中国科学院学部增选新委员的大会，住在京西宾馆新楼507室。前一天晚上他12点半睡觉，这是比较早的，却终夜没有入眠。吃完午饭已经较晚，他想午睡，又没有睡着。当晚没有客人来，他为《安阳社会科学》杂志起草了一份题词，说要早点睡，11点过后开始坐在写字台前记日记，吃药。笔者坐在床边等他，他说马上就好，过了一会儿再叫他，却没有答复，一看，他竟坐在椅子上睡着了。笔者叫他、摇他都不见动静，知道情况不妙，一边抱住他身体，防止倒下，一边拨通电话招来医生。会议领导和医生立即赶到，大家抬着他放在床上，情况与1988年那一次相似，但没有说胡话。送到301医院后，他又醒了。笔者自然比上一次更紧张，知道自己完全没有能力帮他抵御死神，连发现预兆的能力也没有。但即使发现了，又能做什么呢？医生不早就发出警告了吗？但能使他完全休息吗？

第二天，中国科学院张玉台秘书长等与他商量，要不要提前回去休息，考虑到这次提名和投票至关重要，他没有同意，他们只能要笔者随时注意，小心照顾。6月30日晚上回到上海后，他似乎不愿意谈论那天晚上的事。友人与学生们不时劝他珍惜身体，细水长流，他对笔者说：“我何尝不知道休息，不知道保命？但活着不工作，或者不能工作，又有什么意思？”工作早已成了他生命中不可或缺的部分，成了他不可取代的、或许是唯一的乐趣。他心里是清楚的，留给他的时间已经不多了。他曾坦然地与笔者谈到了死亡，说：“我不像周有光，是活不到90岁的。我不会等到《国家历史地图集》出版，但希望多活几年，看到第一册出版。”

经常在他身边的人感到他的精力和体力都明显地衰退了，那天晚上的事更使笔者产生了一种不祥的预感，他还有多少能力驱赶日益逼近的死神？我们不敢多想，但又不能不想。笔者曾经与他的大女儿谈过，她提出能不能有便时问一下他对身后事的安排，笔者也有这样的想法，但得找到合适的时机。

于是笔者加紧了《长水集续编》的整理选编，在9月间打印出了一个目录请他审定。10月初，谭其骧打来电话，问笔者哪一天可以在上午去他家，并说白天家里没有人，中午可以在他家吃饭，这样可以有时间谈些事。因为白天交通拥挤，从复旦大学往返淮海中路他家往往得花好几个小时，笔者一般是晚上去的。意识到他肯定有重要的事要办，就约定了时间。7日上午9点多到他家时，一向晚起的他已经端坐在客厅的沙发上。果然，他郑重地向笔者交代了捐资2万元，作为设立一项资助历史地理研究的基金的首批捐款，委托邹逸麟与笔者管理；他要求我们务必对捐款的来源保密。他还谈了对身后事的安排，包括骨灰撒海的意愿。他说：“我告诉过他们（子女们），我死了后将骨灰撒在海里，她（李永藩）的也一起撒掉。”笔者尽力用理智克制情感，认真记下他的嘱咐，并请示了一些细节问题。

其实在两年前谭其骧就与笔者谈过，想捐一笔钱资助历史地理研究。他说：“看到现在中青年做研究这样困难，《历史地理》出版一拖再拖，我很不安。我没有什么积蓄，但还能拿一点出来。你替我想个办法，怎样捐出去帮助大家。”笔者知道他因长期主持集体项目，个人论著不多，稿酬有限，而他病后家中开销颇大，1981年李永藩也中风瘫痪，直到1985年去世，护理、保健和保姆的费用一直是不小的负担。所以曾几次劝他把钱留下，以待不时之需。但这次他却说：“我的时间不会多了，等我走了，恐怕你不一定办得成。”“我知道这点钱做不了什么事，如果我不死，以后还可以捐，你们也替我想想办法扩大基金。”笔者自然没有任何不接受的理由了。他拿出一个存折，让笔者去淮海路储蓄所取出，又加上原暨南大学学生、香港大学高级讲师章群去年作为寿礼赠他的一笔钱，合计7000元，作为第一笔捐款。

午饭以后，他拿出《长水集续编》目录稿，说已想了几个栏目。只见在《秦关中北边长城》一条后面写着“四毋斋丛考”，旁边的空处还写着“方志论丛”。他说可以将补白一类编在一起，名为“四毋斋丛考”，取孔子“毋意、毋必、毋固、毋我”（《论语·子罕》）之意。又说：“这几年有关方志的文章倒有好几篇，可以编为‘方志论丛’或‘地方史志论丛’。”“有几篇文章是不是可以合为‘悼念故旧’，但这个名称不大好，你帮我再想想。”“集子的名字也不一定再用《长水集》，可以换一个，但我一时还想不出，以后再说吧。”

还讨论的一个问题，就是《长水集续编》要不要收他在编绘《中国历史地图集》过程中所写的考释文字。原来在编绘工作基本结束后，研究室已经将大家写的释文一起汇编装订了，除供同人因工作需要查阅外，还准备进一步整理出版。1981年笔者刚当他助手时，就已经开始抄录他所写的释文，以便他修改增补后可收入《长水集续编》。但考虑到如果将他所写的释文单独整理，先行发表，必定会影响其他释文的顺利出版，他就要笔者停止抄录。尽管所里的整理计划因种种原因未能实行，那天他还是嘱咐不要急于将释文收入，先与所长邹逸麟商量一下。

几天后，笔者根据他的意愿起草了一份“捐资意愿书”以及邹逸麟与笔者的“接受委托书”，将它们同修改后的《长水集续编》目录一起邮寄给他。18日中午12点多，他打电话到所里找赵永复，正好由笔者接到，告诉他可以由笔者转告。在谈完其他事后，问他信收到没有，他说：“收到了，你什么时候来我就签字。目录也没有什么意见，就这样编吧。”我们约定第二天（星期六）晚上去取回这两份文书和目录，并与博士生王振忠一起去听取他对王的博士论文的意见。可万万没有想到，就在放下电话不久，他在餐桌上突发脑出血倒下，从此直到次年8月28日去世，再也没有能够说过一句话，写过一个字，这次电话成了他对笔者的最后嘱咐。

从他留下的日记中，可以看到他最后几天的工作记录：

10月13日是星期天，上午他接待了曲友陈宏亮，抄录了明清谢氏籍贯，这是为了为河南谢氏研究会写一篇短文。下午午睡后所里教师满志敏来访。晚上写信答复博士生靳润成，未写完，至3点3刻。

14日，白天将信写完。晚上写信给他北京的弟弟，至2点3刻。

15日，白天翻书，晚上9点客人走后看了一会儿电视，记古人名字，至3点。

16日，下午接待上海市地方志办公室的何惠明。查《元和姓纂》和《通志・氏族略》，发现对谢城的故址有山东宁阳一说，而《左传・昭公七年》又载谢息是孟孙氏臣。晚上又看了些积下的报刊，至3点。

17日，白天查找《两汉不列传人名韵编》，晚上对《青田县志》提意见，至3点。

他的日记至此永远结束了。

18日中午给笔者打完电话，他一个人坐在餐桌旁吃午饭，这时已经下午1点过了。到1点半他突然从座椅上向右侧倒在地上，保姆慌忙拉他起来，但拉不动，赶紧叫来对门楼上的邻居帮助，才将他扶到沙发上，同时打电话叫来他的子女，叫救护车送至华东医院。这天是星期五，医院下午政治学习，医生护士大多外出看电影。值班护士询问后说他是摔倒的，应该送外科；但又有人说他是脑血栓的老病人，应该送神经科；在走廊等了近半小时，还没有医生出来。他的小女儿打来电话时，笔者正在参加政治学习，总支书记牟元珪从九楼奔下来，说谭先生女儿来电话，谭先生已昏迷不醒。笔者到总支办公室拿起电话，传来她女儿的哭诉："爹爹已经完全昏迷，现在在华东医院走廊，没有人管。"这时电话中传来一位女士的声音："谁说没有人管的。"原来此时正好白杨等名流来看病，见此情景指责值班护士不负责任，谭其骧随即被送进急诊室抢救。

笔者打电话到校长办公室，没有人接，意识到此时正是政治学习时间，办公室不会对外办公，于是骑车到行政楼前，校办果然大门紧闭。笔者高声打门，惊动了在二楼开会的校办人员，立即调来汽车，要笔者快去医院。等在校门口的牟元珪和邹逸麟一同上车，到医院时约4点，谭其骧刚做完核磁共振检查被推回病房，完全不省人事。我们得知，经常为谭其骧治病的医生们已经赶到。

不久医生召他的子女和我们去办公室，告诉我们已确诊为脑出血，发出了病危通知书。上海市政协主席、复旦大学顾问谢希德教授每天来医院照料久病的丈夫曹天钦，闻讯后到病房看望，并找了医院院长，请他们全力抢救。

他住的是一间三人病房，另外两位是久病的中风病人，伴有痴呆，经常大叫大嚷。他的病床面窗，而窗外就是锅炉房，机器轰鸣声日夜不绝于耳。我们要求医院换一间单人病房，但院方也有难处：来此住院的都是局级干部和为数不多的老年知名知识分子，大家都是照顾的对象，医院病房又紧，照顾了这个，不能不照顾那个。几天后此事反映到市委书记吴邦国那里，在他的干预下，医院才将谭其骧换到朝北的一间单间。以后，对他的治疗和护理费用方面的问题，吴邦国又作了批示，要对有特殊贡献的谭教授予以特殊照顾，以充分体现党的知识分子政策，体现尊重知识，尊重人才。市委副书记陈铁迪也作了指示。

最危险的两星期过去了，尽管谭其骧又一次地延长了生命，但除了病情比较稳定以外，没有出现任何好转，他有时能睁开眼睛，眼珠也能转动，脸上似有表情，但不会说话，左手和双脚不能动，只有右手还能作幅度不大的运动，能握紧并有一定的力气。他原来是脑血栓，为了防止脑血管堵塞，要采取疏通的办法；但这次出现的是脑出血，为了使破损的血管愈合，却要采取堵的办法；医生很难找到两者兼顾的治疗方案。至于功能的恢复，医生明确表示已经没有希望。

但谭其骧还是顽强地生存着，病情渐渐稳定下来，一些功能居然慢慢恢复了：他开始听他爱听的昆曲录音，有时护工以为他睡着了，把录音机关掉，他嘴里就会发出“啊啊”的声音，重新打开后才平静下来。熟人来了，他会紧紧拉住人家的手不肯放开，常常激动得号啕大哭，在平静下来后，脸上也会出现笑容。他不能说话，但对我们问他的事有时也能微微点头或摇头，来表示他的意见。最使我们感到宽慰的是，在他精力较好时，已开始用原来瘫痪的左手夹着报纸阅读了。这使我们产生了一线希望，这次或许他又能战胜死神了。

听到他的病情后，周有光在电话中对笔者说：“告诉他，这是自然规律，要坦然处之。”笔者附着他的耳朵，将周有光的话告诉他。或许他听到了，或许他根本没有听懂，或许他已没有接受能力，但即使是这样，周有光对生死的达观态度在几年前已经给了他深刻的印象，或许正是支持他与死神抗争的潜在意识，或许会使他坦然迎接死神的到来。

1992年2月22日下午，周振鹤和笔者去看他，祝贺他即将到来的82岁生日(2月25日)。那天他的精神较好，笔者告诉他已着手准备写他的传记了，他含笑点头。3月7日下午，笔者问他到时能不能查阅他的日记，他也点头同意了。这几天，护工开始喂他喝一些酸奶和蛋糊，他白天醒的时间越来越多，不像以前基本都是半睡半醒。在4月间，他先后看了吕东明（他在浙大时的学生和助手、离休干部）、张遵骝（中国社科院近代史研究所）和侯仁之的来信，也看了一些报刊上的文章。但右手和右腿越来越僵直，肌肉萎缩，复原无望。有一次笔者将一支笔夹在他的右手，拉着他的手在纸上划，才划了几下，他的手就松开了，并且再也不愿意握笔。医生的病情报告也始终没有乐观的迹象。

5月初，华东医院组织了一次会诊，医生们的看法是他年事已高，又是多次发病，恢复是没有希望的，能维持现状就不错了，所以没有提出什么具体的治疗方案，只开了一种药，因为是进口的，一时无货，没能用上。医生检查时发现他咽喉部位仍无知觉，恐进食时不慎进入气管发生意外，要求停止对他喂食，全部依靠鼻饲。

在春夏之交，医生的估计似乎显得过于悲观了。有一次他拿着报纸看了很久，显得很兴奋，护工以为他看完了，要将报纸拿掉，他不肯，并且继续盯着报纸的一角，原来上面登着他的老友谈家桢访问台湾的消息。记得在一次闲谈中他曾经说："别人要我访问美国，我不想去，不会说英语，大家都不方便，去干什么？但台湾是应该去的，我想今后也会有机会。"怪不得他看到这条消息会如此激动。以前他看报纸，我们还不知道他究竟看懂了没有，这次使我们相信，他的确是在看，而且看懂了。白天他有很长时间坐在轮椅上，还让护工推着到院子里转，在医院门口他看着外面的马路久久不肯回来。

但奇迹没有再出现。到了8月初，他连续体温偏高，用药后也降不下来，肺炎、糖尿病等多种疾病并发，开始几天还能看看报纸，不几天就精力衰竭，整天昏睡，呼吸也出现困难。大约在22日晚上，笔者接到他病危的电话，请人报告了市委副书记陈至立。等笔者赶到医院时，医院已接到陈至立的电话指示，医生们正在全力抢救，但他们说，现在能做的只是延长他几天的生命。

8月26日晚上，他已经进入弥留阶段，嘴巴半张着，随着呼吸不断发出令人心碎的吼声，对别人的呼叫已没有什么反应。离开病房时，笔者意识到这很可能就是永诀，就对着他的耳朵，大声说着："先生，你放心，地图集的事，其他的事，我们都会做好的。"

28日零时刚过，他的长子德睿打来电话，笔者立即骑车赶去，1点1刻走进病房，见谭其骧静静地躺在床上，困扰了他十个月的输液管、输氧管已经撤除，弥留的痛苦已经解脱，在零时45分，他走尽了人生的最后一步。

半小时后，周振鹤也赶来了。3点过后，他的遗体被白布包裹着送上灵车。我们推着灵车穿过寂静的院子，送他远行。德睿率领大家向他鞠躬告别，随着铁门"砰"的一声便人天永隔了。

一年后，我们在他的遗像和骨灰盒前献上一束金黄的菊花。第二天，他的子女护送他和李永藩的骨灰坛登上海轮，当到达长江口外的东海时，骨灰在夜色中被撒入大海。没有哀乐，没有仪式，没有传媒，没有外人，只有来自青藏高原、汇聚了半个中国的长江之水和连接着全球的东海之波，正敞开巨大的胸怀迎接这位中华民族的优秀儿子、笔者的老师，迎接他的回归，迎接他的永生。

谭其骧逝世了，但他超越了死亡。谭其骧离开了世界，但悠悠长水汇入了浩渺大海，他与大自然共存。谭其骧没有留下骨灰，但他的贡献长留人间，当后人翻阅《中国历史地图集》和《国家历史地图集》时，当人们阅读《长水集》《长水集续编》和他的其他论著时，当中国历史地理学驰名于世界时，又有谁能忘记这个名字？

大事年表

清宣统三年（1911）　1岁

正月二十六日（公历2月25日）出生于奉天（今沈阳）皇姑屯火车站站长宿舍。父谭新润，时任皇姑屯火车站站长。谭其骧于子行四，按谭氏排行取名其骧，以“虎步龙骧”之义，字季龙；因生于奉天，号奉甫。

民国元年（1912）　2岁

谭新润因病去职南归，举家迁回浙江嘉兴原籍，住城内芝桥街24号。

民国四年（1915）　5岁

春，由姑母谭家璜带往浙江海盐，寄养于姑父冯季侯家绮园。

民国七年（1918）　8岁

春，返回嘉兴家中，入谭氏义庄私立慎远小学。

民国十年（1921）　11岁

跳班进入嘉兴县立第一高等小学。

民国十二年（1923）　13岁

秋，高小毕业，考入基督教会所办秀州中学。

民国十三年（1924）　14岁

经考试，直接读高中一年级。

民国十五年（1926）　16岁

夏，因不满校方对进步学生的压制，与同学多人同盟退学。

秋，考入由中共主办的上海大学社会学系，不久加入中国共产主义青年团（CY），从事宣传等革命活动。

民国十六年（1927）　17岁

春，参加上海工人第三次武装起义及胜利后的革命活动。“四一二”反革命政变后，上海大学被封，流浪在外，为蒋介石宪兵所捕，一周后由大哥保释。寻找组织未果，从此脱离。

秋，考入国立暨南大学中文系。

民国十七年（1928）　18岁

秋季开学，转外文系，两周后转入历史社会学系，主修历史。

民国十九年（1930）　20岁

夏，毕业于国立暨南大学，论文为《中国移民史要》，指导教师潘光旦。

9月，入燕京大学研究院，师从顾颉刚。

民国二十年（1931）　21岁

9月，旁听顾颉刚“《尚书》研究”课，其间，对顾颉刚所持西汉十三州部说法提出质疑，师生通信往复争论，解决了重大学术难题。顾颉刚将二人的通信作为讲义附录印发全班，并加按语。

年底，完成毕业论文《中国内地移民史·湖南篇》，期末通过答辩。

民国二十一年（1932）　22岁

年初，经从伯谭新嘉推荐，任国立北平图书馆馆员，负责汇编馆藏方志目录。

2月，经邓之诚推荐，在辅仁大学历史系开“中国地理沿革史”课。

6月，《中国内地移民史·湖南篇》刊于《史学年报》（燕京大学历史系主办），是公开发表的第一篇学术论文。

8月，顾颉刚奔丧南归，代开北京大学史学系“中国古代地理沿革史”课。

民国二十二年（1933）　23岁

南京中央大学《方志月刊》转载《中国内地移民史·湖南篇》，改名为《湖南人由来考》。

民国二十三年（1934）　24岁

年初，于《国闻周报》发表《辽代“东蒙”、“南满”境内之民族杂处》。

2月4日，顾颉刚邀合编《禹贡》半月刊，3月1日创刊，为两位主编之一；并协助顾颉刚筹备禹贡学会。

6月，《晋永嘉丧乱后之民族迁徙》《新莽职方考》同时发表于《燕京学报》第15期；《近代湖南人中之蛮族血统》发表于《史学年报》。

先后在辅仁大学代邓之诚开“魏晋南北朝史”和“隋唐五代史”课。

民国二十四年（1935）　25岁

年初，辞去国立北平图书馆馆员之职。

秋，赴广州任学海书院导师，主讲《汉书》及“三通”研究。于《禹贡》发表《粤东初民考》。

民国二十五年（1936）　26岁

1月20日（农历乙亥年十二月二十六日），与李永藩于北平中央饭店举行婚礼。

5月24日，禹贡学会于燕京大学举行成立大会，当选为七位理事之一。

夏，陈济棠反蒋失败，学海书院被封。暑假后留北平，于燕京大学、北京大学任兼职讲师。

民国二十六年（1937）　27岁

3月，于清华大学社会学系开“近代中国社会研究”课。七七事变爆发后，暂避天津。

9月，仍回燕京大学任教，并于清华大学开“中国地理”课。

民国二十九年（1940）　30岁

应浙江大学之聘，2月19日离北平赴天津，由海道经上海、香港到越南海防转至河内，又由滇越铁路至昆明，3月27日至贵州青岩浙江大学分校报到，任副教授，开一年级“中国通史”公共课。

12月14日，李永藩携子女抵贵州遵义。

民国三十年（1941）　31岁

1月，去湄潭县永兴场分校任教。指导的第一位研究生王爱云毕业。

民国三十一年（1942）　32岁

秋，提升为教授，调回遵义校本部，教史地系的“断代史”和“中国历史（沿革）地理”课。

民国三十二年（1943）　33岁

秋，第二位研究生文焕然入学。

民国三十三年（1944）　34岁

在遵义陆军步兵学校将官班兼课。

民国三十五年（1946） 36岁

9月2日，阖家随浙江大学复员车队离遵义，经贵阳、贵定、黄平、镇远、玉屏、邵阳、湘潭、长沙，于13日至汉口。24日乘船离武昌，27日至南京。10月中旬至杭州报到，在史地系开“中国历史地理”与“魏晋南北朝史”课。

民国三十六年（1947） 37岁

1月，应杭州《东南日报》之邀，主编该报《历史与传说》副刊，每周四刊登，共出5期。

秋季起，在上海暨南大学历史系兼任“专职教授”。

10月4日，《浙江省历代行政区域——兼论浙江各地区的开发过程》发表于《东南日报》。

11月30日，应浙江省教育会等单位之邀，于浙江民众教育馆作讲演，后整理为《杭州都市发展之经过》一文，1948年3月5日发表于杭州《东南日报》。

12月，《秦郡新考》发表于《浙江学报》第二卷第1期。

民国三十七年（1948） 38岁

秋，招第三位研究生吴应寿。

1949年 39岁

5月3日，杭州解放。暨南大学在上海解放后停办，文学院并入复旦大学，复旦历史系主任周予同发出聘书，因故未能应聘。中共接管浙江大学，决定历史系停办一年，与其他11人留校学习马列主义。

1950年 40岁

夏，浙江大学决定不再恢复历史系，应复旦大学历史系之聘，迁居上海。

参加土改，于10月下旬至淮北，先后参加五河县乔集村、灵璧县西叶村工作组，任西叶村工作组组长。

1951年 41岁

1月24日，结束土改，返回上海。

参加九三学社。

1952年 42岁

2月下旬起，在复旦大学参加思想改造运动，第二阶段担任小组长。7月29日，运动结束。

1954年 44岁

秋，毛泽东问及吴晗查阅历史地名的工具书，吴晗推荐了杨守敬的《历代舆地图》，并建议将此图加以改进，得到毛泽东赞成。“重编改绘杨守敬《历代舆地图》委员会”（简称“杨图委员会”）成立，由吴晗、范文澜主持，决定聘谭其骧赴京主编。

1955年 45岁

2月11日，赴北京，住地图出版社，开始《历代舆地图》重编改绘工作。4月，迁至中国科学院历史二所宿舍。

3月上旬起，在中国科学院历史研究所参加批判胡风和肃反运动。

4月9日下午，于地图出版社作学术报告《黄河与运河的变迁》。后发表于当年《地理知识》第8期、第9期。

5月1日，在天安门广场参加五一观礼。

1956年 46岁

1月起，参与中国科学院地学部、地理研究所和历史研究所制定有关历史地理、地理学史、科学史远景规划。6月4日下午，科学规划会议结束，毛泽东、朱德、周恩来、郭沫若在中南海怀仁堂与全体代表合影。

2月16日，历史二所成立学术委员会，受聘为委员。

7月，参加中国科学院、高等教育部教学大纲审查会。

8月18日，返回上海。10月12日，再次赴京工作。

是年，被评为二级教授，迁入第九宿舍新建教授楼。

1957年　47岁

1月9日，在中国科学院历史研究所作历史地理概论的学术报告。

1月12日，离京返上海。范文澜改任顾问，“杨图委员会”由吴晗与尹达主持。21日起在上海北苏州路设工作室并开始编绘工作，参加者有章巽、邹逸麟、王文楚和三名绘图员。

5月27日，于复旦大学校庆学术报告会期间作题为《海河水系的形成与发展》的报告。事后报告提纲流传甚广，全文至1986年方发表于《历史地理》第4辑。

1958年　48岁

10月，在历史系接受对资产阶级学术思想的批判，至12月底结束。

1959年　49岁

3月28日，与郭沫若商榷的《论曹操》一文发表于《文汇报》。

《蔡文姬的生平及其作品》发表于《学术月刊》第8期。

1960年　50岁

5月14日，出席上海市教育、文化、卫生、体育、新闻方面的社会主义建设先进单位和先进工作者大会（简称上海市文教群英会），与其他7人被评为上海市高等学校先进工作者，与其他2人被选为出席全国文教群英会代表。6月1日至17日，在北京出席全国文教群英会。

6月24日至7月10日，参加上海市政协召开的知识分子座谈会（又称“神仙会”）。

11月15日，《关于上海地区的成陆年代》发表于《文汇报》。

1961年　51岁

3月10日，《再论上海地区的成陆年代》发表于《文汇报》。

1962年　52岁

《何以黄河在东汉以后会出现长期安流的局面——从历史上论证黄河中游的土地合理利用是消弭下游水害的决定性因素》一文发表于《学术月刊》第2期。

5月2日，历史系党总支召开座谈会，对1958年的学术批判表示歉意。

夏，所指导的研究生钮仲勋毕业。

11月1日，奉命至岳阳路招待所为叶群（林彪的夫人）讲历史地理课，6日、9日、11日、14日各讲课一次。

1963年　53岁

1月28日，参加民主党派和知名人士座谈会。周恩来总理在会上讲话，鼓励知识分子同心同德过“五关”（思想、政治、生活、家属、社会）。

10月26日至11月16日，在京出席中国科学院哲学社会科学部扩大会议。

1964年　54岁

9月，以民主党派身份，被上海市人代会选为第三届全国人民代表大会代表。12月17日至1965年1月4日，参加第三届全国人民代表大会第一次会议。

11月17日至12月6日，下乡参观社会主义教育运动。12月10日至14日，市政协组织了解城市“五反”形势，参观斗争“不法资本家”“反党反社会主义分子”大会。

1965年　55岁

4月3日，在九三学社复旦大学支部作“洗手”检查（“面上社会主义教育运动”一部分）。

11月2日，收到文汇报社印发的姚文元《评新编历史剧〈海瑞罢官〉》未刊稿。4日，《文汇报》总编辑陈虞孙召集听取意见。10日，《文汇报》发表姚文元文章，中午与陈守实、蒋天枢、田汝康等宴请由北京返回广州途经上海的梁方仲教授（吴晗友人，在京时见过吴）。

12月11日，由校统战部安排，至朱行镇参加“四清”和劳动，至1966年1月17日结束。

12月31日下午，出席《文汇报》召开的座谈会，座谈吴晗《关于〈海瑞罢官〉的自我批判》一文，发表意见。

1966年　56岁

1月7日，《文汇报》以“上海学术界部分人士座谈吴晗《关于〈海瑞罢官〉的自我批判》”为题发表座谈会发言，“文化大革命”时皆成批判“罪证”。

3月23日，于《文汇报》发表《漫谈“清官”与“好官”》一文，当天日记云：“编辑部所撰提要，既未送来给我看过，又歪曲原意，不知是何居心?”5月6日，写成《关于〈“清官”与“好官”〉一文的说明》寄《文汇报》，未刊登。

1969年　59岁

5月15日，《图集》编绘工作恢复，作为具体工作人员参加。

1970年　60岁

12月31日，奉命参加接待荷兰阿姆斯特丹大学一教授夫妇。此后经常参加此类“政治任务”。

1971年　61岁

5月，毛泽东批示传达，奉命参加“二十四史”校点，负责审定。

1973年　63岁

1月初，被任命为复旦大学历史系革命委员会副主任。

1月3日起，奉命为毛泽东注释古文，负责为历史类文章审定“把关”，至

1975年底结束。

《上海市大陆部分的海陆变迁和开发过程》一文发表于《考古》第1期。

6月11日起，奉命为周恩来特批的美国留学生李中清（诺贝尔奖得主李政道之子）上“中国通史”课，至7月26日结束，共6次，每次约3小时。

9月11日起，在北京参加外交部组织的《中国历史地图集》审稿会。周恩来总理委托外交部副部长余湛主持审稿会。12月30日返回上海。

12月下旬，在北京参加《中国自然地理·历史自然地理》第一册编务会，确定纲目和分工方案。

1974年　64岁

2月5日，到北京，继续参加《中国历史地图集》审稿会。21日因家事请假回上海，4月4日返京继续与会。6月20日，会议结束回上海。

7月8日，率11位同人去江苏，先后到吴县、吴江、昆山三县对太湖以东和东太湖地区作为期8天的考察。

12月27日，在上海参加四届全国人大预备会议。

1975年　65岁

1月12日凌晨，随上海代表团到达北京，出席第四届全国人民代表大会，1月25日返回上海。

5月至6月，随国家文物局局长王冶秋视察新疆、甘肃，其间先后在库车、乌鲁木齐、兰州作学术报告。

9月10日，在河北承德召开的北部边疆省区文物考古工作座谈会上作题为《对历史时期的中国边界和边疆的几点看法》的长篇报告。

下半年，《中国历史地图集》第八册（清时期）开始内部发行。其余各册此后陆续发行。

1976年　66岁

9月5日，参加复旦大学出访罗马尼亚布加勒斯特和克鲁日大学代表团赴京。因毛泽东逝世，推迟至22日离京，23日起访问克鲁日大学，30日起访问布加勒斯特大学，10月2日返回北京，8日回上海。

1977年　67岁

4月15日，至武汉出席“长江中下游河道特性及整治规划研究工作成果交流座谈会”，会后至湖北洪湖，湖南岳阳、长沙，江西南昌、九江、湖口等地作为期20余天的调查考察。

5月24日至27日，去南京大学协商对《图集》隋唐西北边界的画法，未解决分歧，决定上报外交部。8月2日至20日，在北京参加外交部召开的会议，余湛裁定《图集》隋唐西北边界采用南京大学意见。

6月5日起，至郑州、荥阳、安阳、浚县、滑县、濮阳、大名、邯郸、新乡、延津、开封、徐州作调查考察，7月10日回上海。

11月下旬至1978年1月30日，在华东师范大学参加《中国自然地理·历史自然地理》定稿会。

12月底，在上海市第七届人民代表大会第一次会议上当选为第五届全国人大代表。

1978年　68岁

2月1日上午，突发脑血栓，2月10日又于医院患急性阑尾炎，经救治脱险，但从此半身不遂，左侧肢体行动不便。

10月，所招研究生五人入学。

《中国历史地图集》第七册（明时期）出版，至此内部本出全。

1979年　69岁

《七洲洋考》发表于《中国史研究动态》第6期，论证史籍所见七洲洋非西沙群岛。

1980年　70岁

1月，受复旦大学党委之命，以个人名义致函中共中央总书记胡耀邦、政治局委员方毅，要求公开出版《中国历史地图集》。此信批转中宣部后，于4月批示中国社会科学院执行。4月13日，常务副院长梅益召集会议，决定由谭其骧主持修订后公开出版。

4月11日，在中国史学会代表大会上当选为中国史学会理事，又由理事会推举为常务理事。

11月，当选为中国科学院地学部委员。

1981年　71岁

2月，所起草的《中国历史地图集》修改方案由中国社会科学院审定上报，由胡耀邦、胡乔木批示批准。

5月，赴京参加中国科学院学部委员大会。

6月，开始主持复旦大学的《中国历史地图集》修订工作。

被聘为首届国务院学位委员会学科评议组历史组成员，7月赴京参加首次会议，被评定为历史学历史地理专业博士生导师。

至太原出席中国地方史志协会成立大会，7月15日作题为《地方史志不可偏废，旧志材料不可轻信》的报告。

1982年　72岁

2月，中国社科院关于公开出版《中国历史地图集》的报告经中共中央领导批准。

3月，招收周振鹤、葛剑雄为博士研究生。

经教育部批准，复旦大学设立中国历史地理研究所。6月4日举行成立大会，被任命为所长，仍兼历史系主任。

12月14日，《国家历史地图集》第一次编委会于北京举行，受任编委会副主任兼总编辑，开始主持编务。

于《历史教学问题》发表《中国历史上的七大首都》，正式提出“七大古都”说。

被聘为国务院古籍整理出版规划小组成员。

1983年　73岁

6月29日，加入中国共产党。

8月，所指导的周振鹤、葛剑雄经教育部批准提前毕业，通过论文答辩，于10月获博士学位，为全国文科首批。

1984年　74岁

3月，《中国历史地图集》第一、第二册公开出版。此后，其余各册陆续出版。

4月30日下午，作为复旦大学教师代表会见来访的美国总统罗纳德·里根，并出席欢迎报告会。会上，复旦大学向里根赠送《中国历史地图集》。

1985年　75岁

4月5日，夫人李永藩因病去世。

4月，应邀赴贵州讲学，重访遵义、湄潭永兴场浙江大学旧地，至昆明主持《肇域志》整理工作会议。

12月，至桂林参加纪念徐霞客学术讨论会，所作报告高度评价明代人文地理学家王士性及其《广志绎》。

1986年　76岁

1月，复旦大学主办“国际中国文化学术讨论会”，作题为《中国文化的时代差异与地区差异》的报告。

8月3日，至北京参加由胡绳主持的全国性专家会议，讨论《中国历史地图集》对台湾与南海的画法，取得一致意见。

9—11月，应日本学术振兴会之邀，去大阪大学等单位访问讲学两个月。不再担任复旦大学中国历史地理研究所所长。

当选为上海市哲学社会科学联合会副主席。

《唐代羁縻州述论》完成，因故至1990年方发表。

1987年　77岁

1月，吴学谦、乔石等国家领导人圈阅同意胡乔木关于《中国历史地图集》出版的意见。至1988年底，《中国历史地图集》公开本出全8册。

个人论文集《长水集》上下册由人民出版社出版。

复旦大学中国历史地理研究所的“历史地理学”被确定为国家重点学科。

1988年　78岁

7月26日，至北京出席中国史学会代表大会；28日深夜发病，送医院急救脱险。

《自汉至唐海南岛历史政治地理——附论梁隋间高凉冼夫人功业及隋唐高凉冯氏地方势力》发表于《历史研究》第5期。

1989年　79岁

3月13日，至北京参加中国社科院庆祝《中国历史地图集》出版集会，胡乔木、胡绳、余湛等出席，丁伟志主持，胡乔木发表有关“宽容”的讲话。

12月7日，至江苏昆山市出席“中国行政区划学术讨论会”，作题为《我国行政区划改革设想》的报告，建议将中国划为50省，并统一政区名称。

12月21日下午，应邀参加在复旦大学召开的“儒家思想与未来社会国际学术讨论会”闭幕式，发表即席讲话。

1990年　80岁

4月5日至7日，于北京最后一次主持《国家历史地图集》编辑工作会议。

6月16日晚，发病住院，至7月28日出院。

11月16日，复旦大学主办“庆祝谭其骧八十寿辰暨从事学术活动六十周年国际中国历史地理学术讨论会”，于开幕式作主题报告《积极开展历史人文地理研究》。

1991年　81岁

6月23日，赴京出席中国科学院学部委员大会，当晚发病，送医院急救脱险。

10月7日上午，在家向葛剑雄口述遗嘱，捐资2万元筹设基金。

10月18日中午，于家中发病，送华东医院急救，从此住院治疗。

所主编的《简明中国历史地图集》由中国地图出版社出版，其中“图说”基本自撰。

1992年　82岁

8月28日零时45分，病逝于上海华东医院。

1993年　逝世后1年

8月29日，骨灰撒入大海。

1994年　逝世后2年

《长水集续编》由人民出版社出版。

《中国历史地图集》获中国社会科学院荣誉奖。

1995年　逝世后3年

《中国历史地图集》获国家教育委员会优秀人文社科成果一等奖。

1996年　逝世后4年

2月，复旦大学召开“纪念谭其骧八十五周年诞辰国际中国历史地理讨论会”，首届“谭其骧禹贡奖”颁发。

所主编的《中国历史大辞典·历史地理分册》由上海辞书出版社出版。

1999年　逝世后7年

复旦大学历史地理研究中心成立，被教育部批准为全国重点研究基地，为全国首批。

2003年　逝世后11年

论文选集《长水粹编》（葛剑雄编）由河北教育出版社出版；2015年由复旦大学出版社再版。

2011年　逝世后19年

复旦大学隆重纪念谭其骧一百周年诞辰。全国人大常委会副委员长陈至立，全国人大常委会副委员长、九三学社中央主席韩启德等题词，“谭其骧文库”在中国历史地理研究所设立。

2012年　逝世后20年

《中华人民共和国国家历史地图集》第一册出版。全书共三册。2014年获第三届中国出版政府图书奖。

2015年　逝世后23年

《谭其骧全集》（葛剑雄编）二卷由人民出版社出版。

2020年　逝世后28年

暨南大学毕业论文手稿《中国移民史要》影印和释文由复旦大学出版社出版。

2021年　逝世后29年

复旦大学隆重纪念谭其骧一百一十周年诞辰。5月25日至6月8日于光华楼志和堂举办“纪念谭其骧院士诞辰110周年文献展”。

2022年　逝世后30年

《谭其骧历史地理十讲》（葛剑雄、孟刚选编）由中华书局出版。

参考文献

《谭其骧日记》，文汇出版社1998年版

《悠悠长水：谭其骧前传》，葛剑雄著，华东师范大学出版社1997年版

《悠悠长水：谭其骧后传》，葛剑雄著，华东师范大学出版社2000年版

《长水集》（上、下册），谭其骧著，人民出版社1987年版

《长水集续编》，谭其骧著，人民出版社1994年版

《谭其骧全集》，人民出版社2015年版

未刊谭其骧日记，复旦大学中国历史地理研究所“谭其骧文库”收藏

未刊谭其骧信函，复旦大学中国历史地理研究所“谭其骧文库”收藏

《中国历史地图集》释文和相关资料，复旦大学中国历史地理研究所收藏

后　记

先师季龙（谭其骧）先生逝世后，我为他撰写的传记《悠悠长水：谭其骧前传》和《悠悠长水：谭其骧后传》由华东师范大学出版社于1997年和2000年先后出版。先师生前，我曾协助他编辑了个人论文集《长水集》（上、下册，人民出版社1987年版），在他去世后又根据他的遗愿编辑了《长水集续编》（人民出版社1994年版）。此外，应天津百花文艺出版社之约，我选辑了他部分论文、杂文、札记，编辑出版了《求索时空》（2000年版），并选编了《谭其骧日记》（文汇出版社1998年版），将他的历史地理论文编为《长水粹编》（河北教育出版社2000年版）。作为他的学生和最后十几年间的助手，这是我应尽的义务。与先师对学术和文化的杰出贡献相比，我所做的还远远不够。

先师虽出生于奉天（今沈阳），但祖籍是嘉兴，2岁时就随全家回到故乡，在嘉兴长大、入学，到上大学时才离开。他直到晚年乡音未改，对嘉兴一往情深。他将自己的论文集命名为《长水集》，就是因为嘉兴古称长水，其寓意自然是自己的一切源于故乡，也是将成果献给故乡。我本人祖籍绍兴，生于吴兴县（今湖州）南浔镇，小学六年级时迁居上海。能作为故乡的文化名人出版传记，先师必定会含笑九泉。而能将先师这部传记奉献给故乡，自然也是我的荣幸。

在撰写《悠悠长水》时，我力图通过这部传记来呈现先师所处的时代、所代表的知识分子和他所献身的学术。但本书限于体例和篇幅，只能集中记述先师个人。对其他有关方面的内容，有兴趣的读者可以参阅《悠悠长水》。本书可以看成《悠悠长水》的缩写本，但也有若干修改，特别是吸收了《悠悠长水》

出版后师友和读者们提出的意见。在此理应向他们表示衷心的感谢，并感谢华东师范大学出版社慨允无偿使用《悠悠长水》一书的版权。我也要感谢浙江省社会科学院和浙江人民出版社的资助与支持，使本书得以问世，使我能以此献给永远活在我心中的先师，献给我亲爱的故乡。

葛剑雄，2002年8月6日于上海寓所

修订版后记

在浙江省社科联主持和支持下，本书入选“浙江文化名人传记”精选修订范围，按项目要求对原书作了修订。

原书是《悠悠长水：谭其骧前传》和《悠悠长水：谭其骧后传》的缩写版。此两书已由我合编为《悠悠长水：谭其骧传》（修订版），作为《葛剑雄文集》第三卷于2014年由广东人民出版社出版。修订版改正了《前传》《后传》出版后师友和读者指出的若干错讹，也根据其间出版的《顾颉刚日记》《夏鼐日记》《竺可桢日记》《夏承焘日记》等书和新发现的资料作了增补。此次本书的修订，除以《悠悠长水：谭其骧传》为依据外，还补充了近年新发现的材料，或据以改正了若干错讹，并增加了一些篇幅。大事年表部分，延续至2022年。

葛剑雄，2023年3月27日